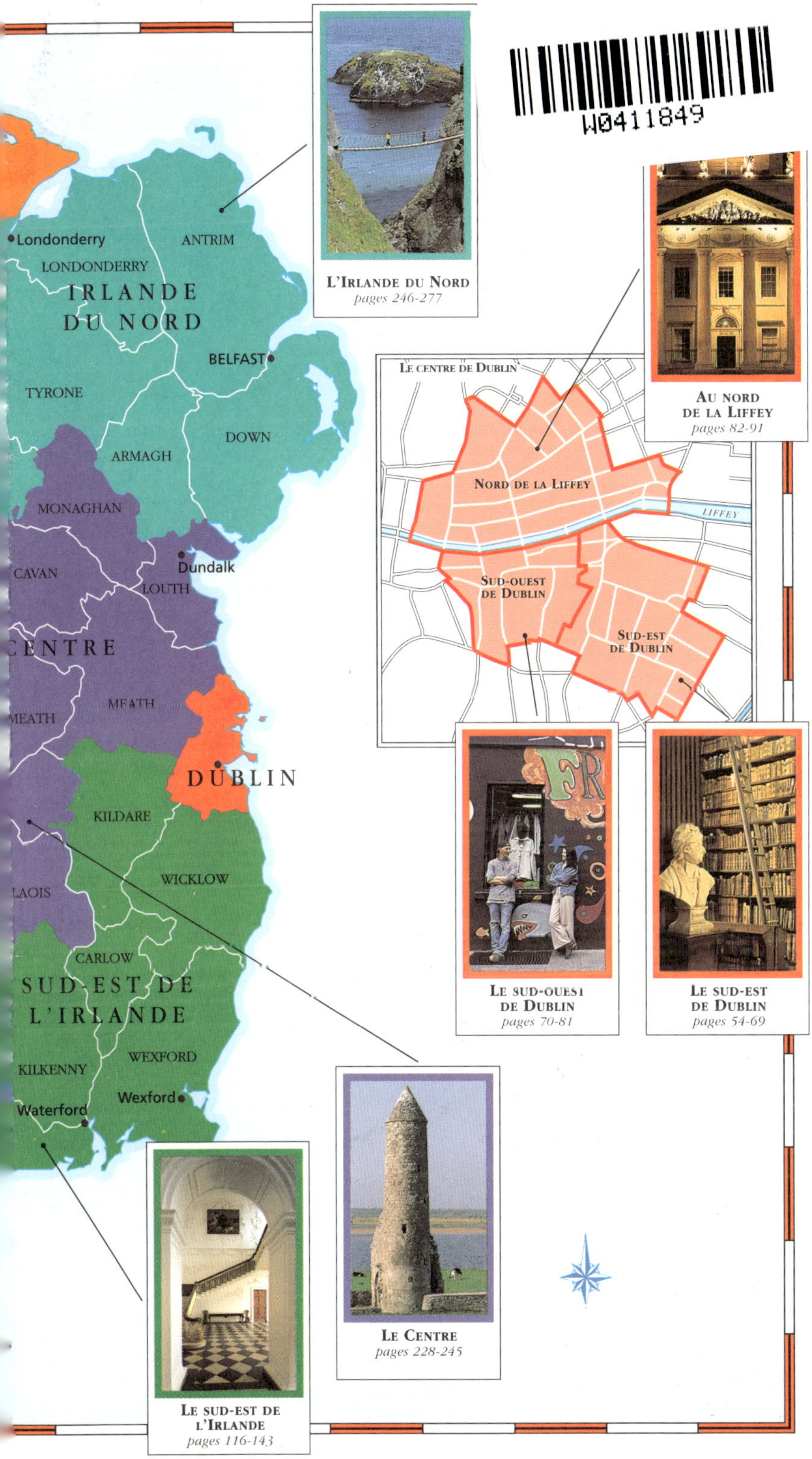
L'Irlande du Nord
pages 246-277
Londonderry
ANTRIM
LONDONDERRY
IRLANDE DU NORD
BELFAST
TYRONE
DOWN
ARMAGH
MONAGHAN
CAVAN
Dundalk
LOUTH
CENTRE
MEATH
MEATH
DUBLIN
KILDARE
WICKLOW
LAOIS
CARLOW
SUD-EST DE L'IRLANDE
WEXFORD
KILKENNY
Wexford
Waterford
Le centre de Dublin
Nord de la Liffey
LIFFEY
Sud-ouest de Dublin
Sud-est de Dublin
Au nord de la Liffey
pages 82-91
Le sud-ouest de Dublin
pages 70-81
Le sud-est de Dublin
pages 54-69
Le Centre
pages 228-245
Le sud-est de l'Irlande
pages 116-143

GUIDES VOIR

IRLANDE

GUIDES VOIR

IRLANDE

HACHETTE

Ce guide Voir a été établi par
Lisa Gerard-Sharp et Tim Perry

Guides de voyage Hachette
43, quai de Grenelle, 75905 Paris Cedex 15

Direction :
Isabelle Jeuge-Maynart

Édition :
Isabelle Jendron,
François Monmarché,
Hélène Gédouin,
Richard Migné

Traduit et adapté de l'anglais par
Marie-Hélène Alfonsi et Tina Calogirou

Mise en pages (P.A.O.) :
Ivan Rubinstein

Publié pour la première fois en Grande-Bretagne
en 1995 sous le titre :
Eyewitness Travel Guides : Ireland

Dépôt légal : 2244 avril 1996
ISBN : 2-01-242364-7
ISSN : 1246-8134
Collection 18 – Édition 01
N° de codification : 24-2364-8

Aussi soigneusement qu'il ait été établi, ce guide
n'est pas à l'abri des changements de dernière heure.
Faites-nous part de vos remarques, informez-nous
de vos découvertes personnelles : nous accordons
la plus grande attention au courrier de nos lecteurs.

Imprimé en Italie par G. Canale & C. S.p.A. - Borgaro T.se - TURIN

Sommaire

Symbole évangélique du *Book of Kells (p. 62)*

Porte georgienne de Fitzwilliam Square à Dublin *(p. 67)*

L'Irlande région par région

Détail de la Chorus Gate de Powerscourt *(p. 126-127)*

Le phare de Spanish Point près de Mizen Head *(p. 159)*

Les bonnes adresses

Renseignements pratiques

Façade d'un pub de Dingle *(p. 149)*

Bunratty Castle dans le comté de Clare *(p. 184-185)*

Comment utiliser ce guide

Ce guide a pour but de vous aider à profiter au mieux de votre séjour en Irlande. L'introduction, *Présentation de l'Irlande*, situe le pays dans son contexte géographique, historique et culturel. Dans les sept chapitres consacrés aux régions, ainsi que dans *Dublin quartier par quartier*, plans, textes et illustrations présentent en détail les principaux sites et monuments. *Les bonnes adresses* vous fourniront des informations sur les hôtels, les pubs, les marchés ou les restaurants, et les *Renseignements pratiques* vous donneront des conseils utiles dans tous les domaines de la vie quotidienne.

Dublin quartier par quartier
Nous avons divisé le centre de Dublin en trois quartiers correspondant chacun à un chapitre. Un quatrième chapitre, *Hors du centre*, est consacré aux alentours et au comté de Dublin. Chaque chapitre débute par une liste des sites décrits. Le plan du quartier permet de les situer facilement : ces numéros correspondent à l'ordre dans lequel ces sites sont présentés dans le corps du chapitre.

Un repère rouge signale toutes les pages concernant Dublin.

Une carte de situation indique où se trouve le quartier dans la ville.

1 Plan général du quartier
Un numéro indique sur ce plan chaque monument du quartier. Il apparaît aussi dans l' Atlas des rues, *p. 110-111.*

Le quartier d'un coup d'œil donne une liste par catégories des centres d'intérêt : églises, musées, monuments, parcs et jardins.

2 Plan du quartier pas à pas
Il offre une vue aérienne du cœur de chaque quartier.

Un itinéraire de promenade emprunte les rues intéressantes.

Des étoiles signalent les sites à ne pas manquer.

3 Renseignements détaillés
Les sites et monuments de Dublin sont décrits un par un. Les adresses, les numéros de téléphone, les heures d'ouverture et le prix des billets sont fournis.

Des encadrés sont consacrés aux particularités des sites.

1 Introduction

Une évocation des paysages et de l'histoire montre la spécificité de chaque région présente son évolution au cours des siècles et ce qu'elle offre aujourd'hui au visiteur.

L'IRLANDE RÉGION PAR RÉGION

Nous avons divisé l'Irlande en sept régions, qui font chacune l'objet d'un chapitre séparé. Sur la *Carte touristique*, un numéro indique l'emplacement des sites et monuments intéressants.

Un repère de couleur correspond à chaque région. Le premier rabat de couverture en donne la liste complète.

2 La carte touristique

Elle offre une vue d'ensemble de toute la région et de son réseau routier. Les sites principaux sont répertoriés et numérotés. Des informations pratiques sont fournies pour qui veut circuler dans la région en voiture ou en train.

Circuler donne des informations sur les moyens de transport de la région.

3 Renseignements détaillés

Les localités et les sites importants sont décrits un par un, dans l'ordre de la numérotation de la Carte touristique. *Textes, plans et illustrations présentent en détail ce qu'il y a d'intéressant à visiter.*

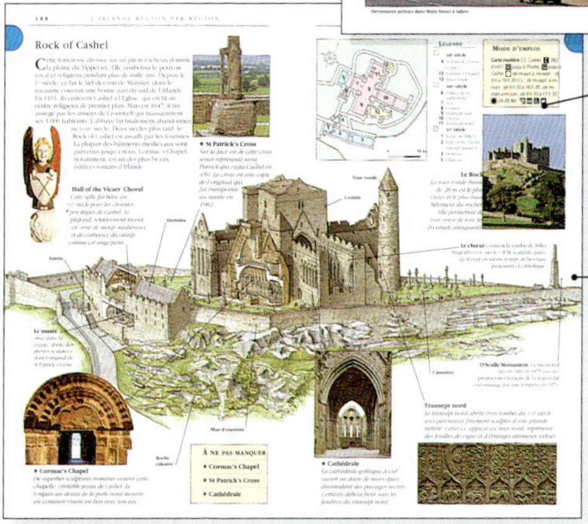

Le mode d'emploi vous aide à organiser votre visite. La légende des symboles figure sur le dernier rabat de couverture.

4 Les principaux sites d'Irlande

Deux pages, ou plus, leur sont réservées. La représentation en coupe des édifices en dévoile l'intérieur. Les vues aériennes des villes et des centres historiques les plus intéressants sont accompagnées d'illustrations commentées.

The Atlantic Inn

PRÉSENTATION DE L'IRLANDE

L'Irlande, au large de l'Europe

Située au nord-ouest du continent européen, l'Irlande est une île de 84 430 km². Ouverte sur l'océan Atlantique à l'ouest, elle est séparée de la Grande-Bretagne par la mer d'Irlande, à l'est. La république d'Irlande (Eire), avec 3,5 millions d'habitants, couvre 85 % de l'île. L'Irlande du Nord (Ulster), qui fait partie du Royaume-Uni, compte 1,5 million d'habitants. La capitale de la république d'Irlande, Dublin, est très bien desservie par les lignes internationales aériennes et maritimes.

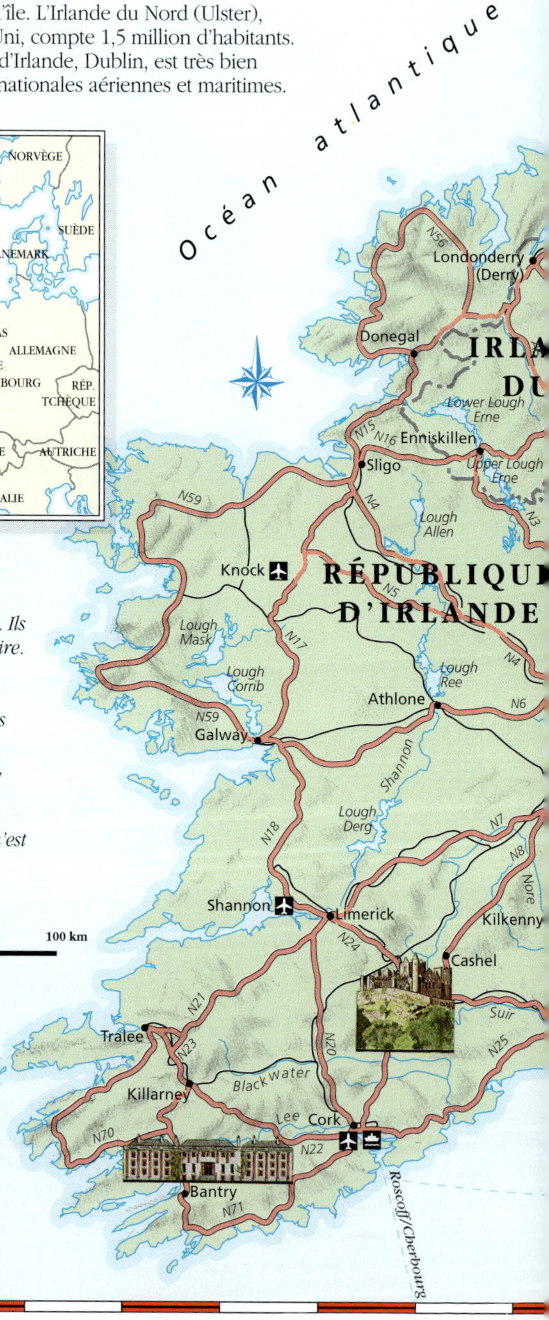

Depuis l'Europe

La plupart des visiteurs qui se rendent en Irlande arrivent à Dublin par avion ou par ferry. Ils accostent alors à Dun Laoghaire. Les principaux ferries relient l'Irlande au pays de Galles, à l'Écosse et à la France. Des vols internationaux desservent les aéroports de Shannon, Belfast, Cork et Dublin. Des avions de toute l'Europe atterrissent en Grande-Bretagne, et Dublin n'est qu'à une heure de vol des aéroports britanniques.

0 100 km

LÉGENDE

- Aéroport
- Embarcadère de ferries
- Autoroute
- Route
- Voie ferrée

Le Grand Dublin

Près d'un habitant de la république d'Irlande sur trois vit à Dublin. Toutefois, la circulation assez fluide permet d'accéder facilement au centre-ville depuis les ports et l'aéroport.

Une image de l'Irlande

On rêve tous d'une Irlande verdoyante et mythologique, de cottages aux toits de chaume et de pubs où règnent la musique, l'esprit et la poésie. Mais l'Irlande est aussi chargée d'une douloureuse et complexe histoire qui a parfois donné de l'île une image moins idyllique. La bonne humeur des Irlandais fera cependant toujours de l'île d'Émeraude l'un des lieux les plus accueillants qui soient.

L'Irlande est, du moins pour le moment, une île divisée car l'histoire et la religion ont créé deux communautés ennemies. Celle du Nord, en majorité protestante, a longtemps rejeté radicalement l'idée d'une Irlande unie. Le monde entier a prêté attention aux conflits et aux attentats à la bombe qui ont mis l'Irlande du Nord à feu et à sang, mais avec l'instauration du cessez-le-feu en 1994 s'ouvre une période d'espoir.

Cathleen ni Houlihan, personnification de l'Irlande

Plus que beaucoup d'autres pays, l'Irlande a connu sa part de guerres et de désastres, notamment la Grande Famine entre 1845 et 1848. Depuis lors, la pauvreté et l'immigration ont marqué l'histoire nationale. Les États-Unis comptent plus de descendants d'Irlandais que l'île elle-même. Les souffrances endurées lors de la lutte pour l'indépendance restent aussi gravées dans la conscience collective avec ses martyrs, ses héros et son égérie, Cathleen ni Houlihan, l'héroïne de la pièce de William Butler Yeats, qui inspira tous les jeunes prêts à se sacrifier.

En dépit du passé, l'île saura trouver son unité grâce à sa population jeune et instruite – en république d'Irlande, par exemple, 50 % de la population a moins de 25 ans. Hier déchirés, aujourd'hui citoyens de l'Union européenne, les Irlandais du Nord et du Sud travaillent pour leur avenir commun.

Au cœur de Dublin, Trinity College, la plus prestigieuse université de la république d'Irlande

◁ **Sous son toit de chaume, un cottage traditionnel à Adare dans le comté de Limerick**

Jour de communion dans le comté de Kerry

Malgré un taux de natalité élevé, l'Irlande rurale est peu peuplée. La révolution industrielle du XIXe siècle a à peine atteint le sud de l'île. La république d'Irlande, plus pauvre que la plupart des membres de l'Union européenne, ne fonctionne pas encore comme un État moderne. Les familles y sont nombreuses, le chômage est important et le taux de personnes vivant des aides de l'État est le plus élevé d'Europe.

LE DÉVELOPPEMENT ÉCONOMIQUE

L'Irlande du Nord a toujours été beaucoup plus industrialisée, mais vingt-cinq années de conflits ont fait fuir les investisseurs. Elles ont contribué au déclin de l'industrie lourde, principalement des chantiers navals. Pour le Nord comme pour le Sud, la géographie constitue un réel obstacle à la prospérité. Au large de l'Europe, l'Irlande est éloignée de ses principaux marchés et a donc été soumise à des coûts de transport élevés. Heureusement, les aides de l'Union européenne ont permis à la république d'Irlande d'améliorer ses infrastructures, surtout ses routes et ses ports. Les avantages fiscaux et le faible taux d'inflation y ont attiré des investisseurs étrangers. De nombreux grands groupes informatiques et chimiques notamment se sont implantés en Irlande. Cependant l'économie reste essentiellement agricole, l'île comptant en effet plus de têtes de bétail que d'hommes. Le tourisme joue aussi un rôle important. La république d'Irlande accueille plus de trois millions de visiteurs par an, et avec la fin des conflits l'Irlande du Nord se prépare à la venue massive de touristes.

Danse traditionnelle irlandaise

LA RELIGION ET LA POLITIQUE

L'influence du catholicisme est forte. En république d'Irlande, la plupart des écoles, certains hôpitaux et services sociaux dépendent de l'Église. Le catholicisme s'exprime comme ailleurs avec plus ou moins d'intensité, mais, selon des estimations, plus de 90 % de la population est pratiquante. La religion joue aussi un rôle capital dans la politique nationale et la morale réprouve le divorce (légalisé depuis le 24 novembre 1995), la contraception, l'avortement et l'homosexualité.

Peinture sur le trottoir d'O'Connell Street à Dublin

En 1990, l'arrivée au pouvoir de l'avocate libérale, Mary Robinson, première femme élue président de la République, fut globalement interprétée comme un signe de libéralisation. Ce nouveau climat politique a

L'agriculture traditionnelle : meules de foin dans un champ dominant la baie de Clew dans le comté de Mayo

favorisé la propagation tranquille du féminisme, la remise en question de la vieille garde politique face aux problèmes sociaux et à la structure clanique des partis traditionnels, le Fianna Fáil et le Fine Gael.

Poney du Connemara

La langue et la culture

Le gaélique a été parlé en Irlande jusqu'au XVIe siècle, avant de décliner au profit de l'anglais. Néanmoins, aujourd'hui la république d'Irlande est officiellement bilingue. Pour aller à l'université ou devenir fonctionnaire, il faut connaître l'irlandais. Si 11 % de la population parle gaélique, seulement 3 % l'utilise.

La culture irlandaise n'est aucunement menacée. Les Irlandais adorent la poésie et les vieilles légendes. Des festivals en tout genre – ils peuvent être consacrés aussi bien à saint Patrick qu'aux pubs ou à la pêche au saumon – animent la vie de la communauté. La musique est une passion nationale, mais le rock de U2 ou des Cranberries est aussi apprécié que la musique folklorique des Chieftains ou de Mary Black. Autre passion, les courses de chevaux. Les éleveurs et les entraîneurs irlandais règnent sur le marché international et jouissent d'une réputation extraordinaire. Certains sports connaissent une popularité immense comme en témoigne la coupe du monde de football de 1994. La boisson est une des composantes de la culture irlandaise. La vie sociale s'organise autour du pub. Mais, ironie du sort, en 1994 furent adoptées des lois restreignant la consommation d'alcool. Les débitants de boissons à la campagne affirmèrent que la société irlandaise allait s'effondrer. Mais l'attachement des Irlandais à la Guinness, à la conversation et à la musique le rend peu probable.

Le pub de Matt Molloy à Westport dans le comté de Mayo

La faune et la flore d'Irlande

Râle des genêts

La variété des paysages fait tout le charme de l'Irlande. Lacs et tourbières forment un décor romantique dans les basses terres du Centre. Montagnes et îlots rocheux donnent du relief à l'Ouest. Entre ces deux extrêmes peu de forêts, mais de nombreux pâturages que l'abondance des précipitations rend très verts. Tout à l'ouest, les terres cultivées de manière traditionnelle offrent un havre de paix pour les espèces menacées comme le râle des genêts.

La faune irlandaise

Crapaud des roseaux

Jusqu'à la création de la mer d'Irlande après l'ère glaciaire, très peu d'animaux vivaient sur l'île. Autre surprise : en Irlande on ne trouve ni taupes, ni belettes, ni crapauds (hormis le crapaud des roseaux qui peut être aperçu çà et là). Les écureuils roux sont plus fréquents que les gris. Le mulot est le seul petit rongeur qui ne soit pas venu d'ailleurs.

Les côtes rocheuses

Crave

La péninsule de Dingle *(p. 150-151)* fait partie des promontoires rocheux et des criques créés quand le niveau de la mer monta à la fin de l'ère glaciaire. Les îlots et les falaises sont autant d'abris pour les oiseaux de mer, dont les fous de Bassan de Little Skellig *(p. 156-157)*. Le crave à bec rouge, en voie de disparition en Europe, vit toujours sur les falaises de l'Ouest.

***L'armérie** forme des coussinets. Elle fleurit du printemps à l'automne et ses pétales roses sont d'une grande délicatesse.*

***La silène maritime** est une petite plante dont les fleurs blanches recouvrent le sommet des falaises et les côtes rocheuses.*

Les lacs, rivières et marécages

Grèbe huppé

Ce paysage humide, proche du Lough Oughter, est typique des rives de l'Erne *(p. 262-263)*. Comme les pluies sont abondantes toute l'année, les terres sont marécageuses, notamment le long du Shannon *(p. 176-177)* et de l'Erne. Le grèbe huppé vit principalement sur les grands lacs du Nord.

***La lobélie** pousse dans les eaux peu profondes des lacs pierreux. Ses feuilles restent sous l'eau, mais ses fleurs mauve pâle se dressent sur des tiges dépourvues de feuilles.*

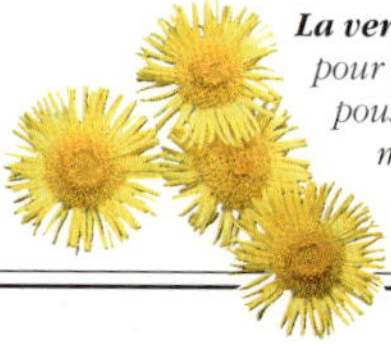

***La vergerette**, jadis utilisée pour chasser les mouches, pousse dans les prés et les marais. Ses fleurs jaunes rappellent les pissenlits.*

Le cerf *vit dans de nombreuses régions, surtout au Connemara.*

Les phoques gris *sont fréquents dans l'Atlantique. Ils se nourrissent de poissons et parfois même d'oiseaux de mer.*

Les loutres *apprécient plus les bas-fonds marins que les rivières ou les lacs même si elles vivent aussi en eau douce.*

Les martres*, principalement nocturnes, peuvent être aperçues les jours d'été.*

La montagne et les tourbières

Traquet

Tout comme les basses terres du Centre *(p. 224)*, la plupart des sols montagneux de l'île, surtout dans l'Ouest et le Connemara *(p. 198-201)*, sont recouverts de tourbières. Sur les hautes terres moins humides, les sols sont pauvres et les landes envahies de bruyères. Le traquet qui niche dans les rocailles et la lande se nourrit de mouches. Ce petit oiseau vif est reconnaissable à son plumage blanc.

La myrte des marais *est un arbrisseau aromatique fort répandu dans les tourbières. Ses feuilles servent à parfumer des liqueurs.*

L'urticulaire *est une plante carnivore. Ses feuilles collantes retiennent de petits insectes. Ses fleurs se dressent sur de longues tiges feuillues.*

Les pâturages

Freux

Les pâturages vallonnés où paissent des troupeaux, comme ci-dessus au pied des monts Wicklow *(p. 130-131)*, sont chose commune en Irlande. L'élevage resté traditionnel dans maintes régions (surtout dans l'Ouest) a permis de préserver la faune, notamment les freux qui se nourrissent de vers et de larves d'insectes trouvés dans les prés.

La gesse des prés *peut, grâce à ses vrilles, grimper le long des autres plantes. Ses fleurs jaune pâle poussent en petits bouquets.*

Le chardon *est une fleur très répandue dans les prés et les terres humides. Ses longues tiges sont ornées de petits capitules violets.*

L'architecture en Irlande

Fenêtre d'un cottage irlandais

Le patrimoine architectural rappelle le passé mouvementé de l'Irlande. Au XVIIe siècle, les soldats de Cromwell détruisirent châteaux, monastères et villes par dizaines en à peine trois ans de guerre. Toutefois, de nombreux monuments sont restés intacts, comme les forts de l'âge de la pierre. L'évangélisation a donné naissance à des édifices religieux, dont de magnifiques tours rondes. Les conflits entre les chefs irlandais et les barons anglo-normands entraînèrent la construction de châteaux et d'ingénieuses maisons fortes. Plus tard, les propriétaires terriens se firent bâtir de somptueuses demeures, leurs ouvriers agricoles se contentant de l'unique pièce de leur cottage.

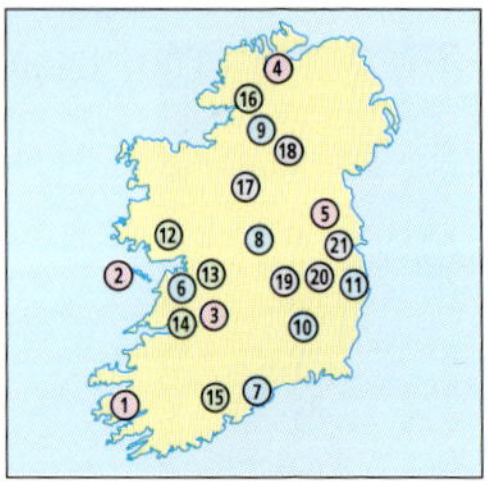

CARTE DE SITUATION

▢	Forts de l'âge de la pierre
▢	Tours rondes
▢	Maisons fortes
▢	Demeures georgiennes

FORT DE L'ÂGE DE LA PIERRE

Les forts circulaires (rath *en gaélique), bâtis à l'âge de la pierre, étaient des fermes isolées par une bande de terre, une clôture de bois et un fossé. Les habitants vivaient là, dans des huttes dotées d'un souterrain qui servait d'entrepôt et de refuge. Toujours habités au XVIIe siècle, il n'en reste aujourd'hui que des ruines en cercle. À l'Ouest, on utilisa la pierre pour bâtir des forts circulaires et semi-circulaires. Ces derniers furent élevés sur des falaises, la mer constituant un moyen de défense naturel.*

TOUR RONDE

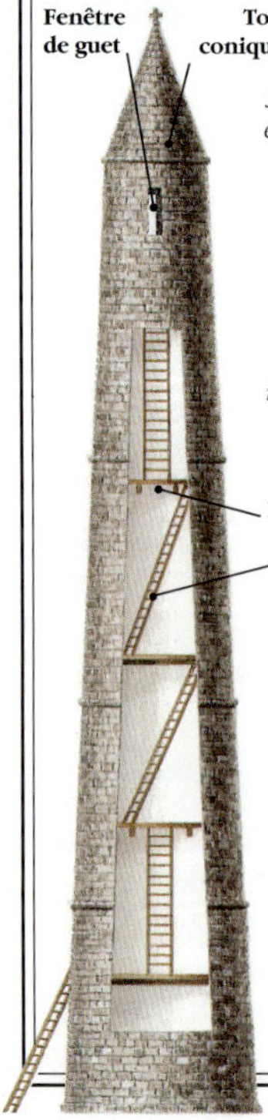

Les tours rondes*, souvent hautes de plus de 30 m, furent érigées entre le Xe et le XIIe siècle à l'emplacement de monastères. Ces clochers servaient d'abri pour les hommes et de dépôt pour les manuscrits précieux. L'entrée pouvait se trouver à 4 m au-dessus du sol. On y accédait par une échelle que l'on rentrait ensuite à l'intérieur et des échelles mobiles reliaient les différents étages de la tour.*

MAISON FORTE

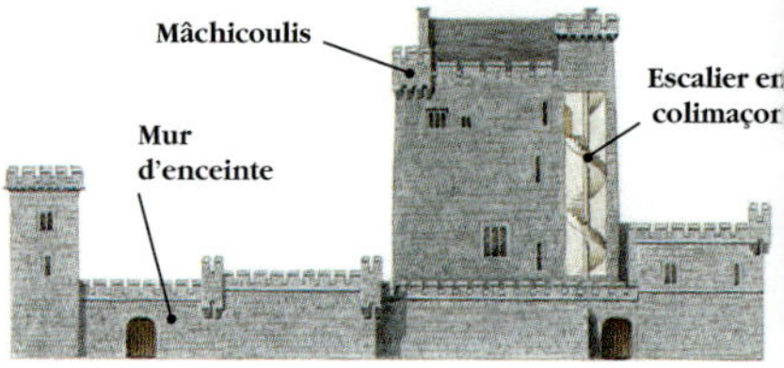

Les maisons fortes *étaient de petits châteaux ou des demeures fortifiées. Elles furent bâties entre le XVe et le XVIIe siècle. Ces hautes maisons carrées était souvent cernées d'un mur de pierres servant de rempart et d'enclos pour le bétail. Des mâchicoulis (parapets d'où étaient lancés des projectiles) étaient situés au sommet de la maison.*

COTTAGE

Le cottage*, construit en pierres depuis le néolithique, recouvert de chaume ou d'ardoises, symbolise le paysage irlandais. Avec sa pièce unique et ses petites fenêtres, le cottage était jadis habité par des ouvriers agricoles ou de petits cultivateurs.*

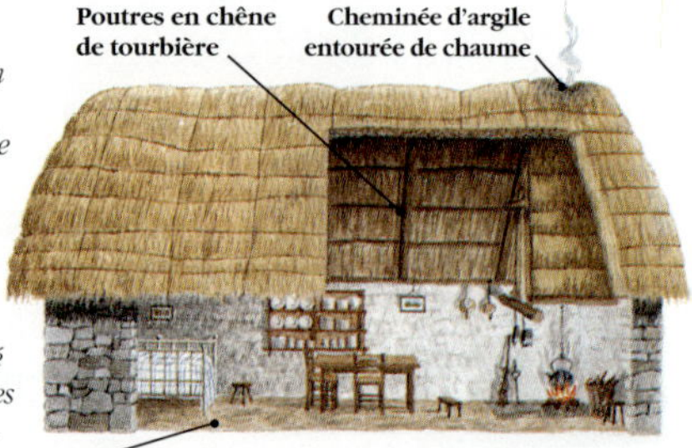

FORTS (ÂGE DE LA PIERRE)

1. Staigue Fort *p. 156*
2. Dún Aonghasa *p. 206*
3. Craggaunowen *p. 182*
4. Grianán of Aileach *p. 218-219*
5. Colline de Tara *p. 240*

TOURS RONDES

6. Kilmacduagh *p. 204*
7. Ardmore *p. 137*
8. Clonmacnoise *p. 242-243*
9. Devenish Island *p. 263*
10. Kilkenny *p. 136*
11. Glendalough *p. 132-133*

MAISONS FORTES

12. Aughnanure Castle *p. 201*
13. Thoor Ballylee *p. 204-205*
14. Knappogue Castle *p. 181*
15. Blarney Castle *p. 163*
16. Donegal Castle *p. 222*

DEMEURES GEORGIENNES

17. Strokestown Park House *p. 210-211*
18. Castle Coole *p. 264*
19. Emo Court *p. 245*
20. Russborough House *p. 124-125*
21. Castletown House *p. 122-123*

La tour ronde d'Ardmore toujours bien conservée

DEMEURE GEORGIENNE

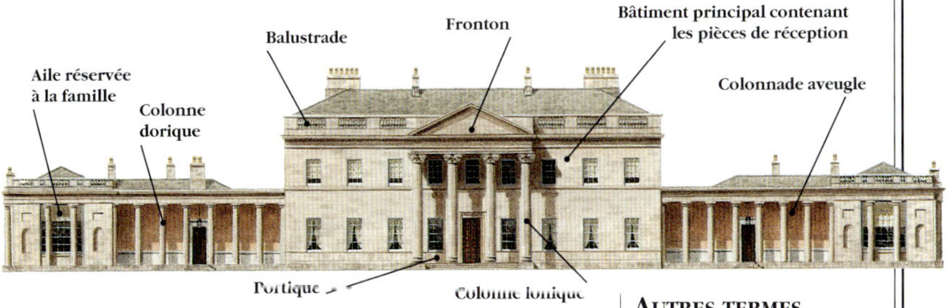

***Entre 1720 et 1800**, de riches propriétaires firent bâtir sur leurs terres des demeures de styles palladien et néo-classique, alors à la mode en Grande-Bretagne. La façade de Castle Coole* (ci-dessus) *est typiquement palladienne. De part et d'autre du bâtiment principal, des ailes à colonnades mènent chacune à un petit pavillon. L'influence néo-classique est perceptible dans l'austérité de la façade et les colonnes doriques. Richard Castle (1690-1751) et James Wyatt (1746-1813) conçurent les plus belles demeures georgiennes.*

STUC

Le stuc (relief de plâtre décoratif), en vogue au XVIIIe siècle, orne souvent l'intérieur des bâtiments georgiens à la campagne et en ville. Des Suisses, les frères Francini, étaient alors fort prisés pour leurs stucs sophistiqués (tels ceux de Castletown et Russborough), alors que l'Irlandais Michael Stapleton recourait lui à des motifs plus sobres, visibles à Trinity College et au musée des écrivains de Dublin.

Détail d'un relief à Emo Court

À Dublin, le musée des écrivains

Portrait en stuc dans Castletown House

Stuc raffiné à Russborough House

AUTRES TERMES UTILISÉS DANS CE GUIDE

Cashel : Fort de pierre circulaire.

Crannog : Île défensive, partiellement artificielle, située sur un lac. Des huttes étaient souvent bâties sur des crannogs *(p. 31)*.

Courtine : Mur extérieur d'un château entre des tours placées à intervalles réguliers.

Hutte en forme de ruche : Construction caractérisée par sa fausse voûte en ruche obtenue par superposition de pierres mises en encorbellement.

Motte et bailey : Au XIIe siècle, les Normands bâtirent sur des buttes élevées (mottes) des tours de bois. Érigées à la hâte en période de guerre, elles étaient situées au centre d'une cour clôturée (bailey).

Roman irlandais : Style caractérisant les églises dont les voussures de l'arc en plein cintre sont richement décorées de dessins géométriques et de figures humaines et animales.

Tympan : Espace décoré situé au-dessus d'une porte ou d'une fenêtre.

La littérature irlandaise

Première édition d'*Ulysse*

Il est extraordinaire qu'un pays aussi petit que l'Irlande ait donné quatre prix Nobel de littérature : Shaw, Yeats, Beckett et Heaney. Cependant, il est difficile de parler de « tradition littéraire irlandaise », car un tel concept ne peut embrasser les traditions rurale et urbaine, protestante et catholique, et les langues anglaise et gaélique. La littérature irlandaise actuelle se caractérise tout de même par un grand sens de la communauté et de l'histoire et l'amour du récit.

W. B. Yeats, le plus grand poète irlandais

Les îles Blasket, source d'inspiration de tant d'écrivains

La littérature gaélique

Les Irlandais prétendent que leur littérature vernaculaire est la plus ancienne d'Europe occidentale. Elle remonterait au début de l'évangélisation de l'Irlande, lorsque les légendes celtes comme l'épopée de Cuchulainn *(p. 24)* furent couchées sur papier. La littérature gaélique disparut après l'expropriation, au XVIIe siècle, de la noblesse pour qui elle était écrite. La littérature gaélique connut plusieurs renouveaux. Peig Sayers fit le récit de la vie pénible des habitants des îles Blasket *(p. 150)* au début du siècle.

La littérature anglo-irlandaise

L'extinction de la culture gaélique et l'avènement du protestantisme firent de l'anglais la langue dominante. La plupart des livres étaient destinés alors à la société privilégiée. Jonathan Swift *(p. 80)* compte parmi les meilleurs écrivains anglo-irlandais. Ce satiriste de renom, auteur des *Voyages de Gulliver*, est né à Dublin en 1667 de parents anglais. Le théâtre anglo-irlandais était remarquable, pourtant les pièces n'étaient destinées qu'aux personnes instruites. En dépit de leur qualité, ces œuvres ne reflétaient ni la vie ni la sensibilité irlandaises. Au début du XVIIIe siècle, Oliver Goldsmith et Richard Brinsley Sheridan donnèrent au théâtre irlandais ses lettres de noblesse. Néanmoins, la plupart des grandes pièces étaient toujours consacrées à Londres. Il fallut attendre la fin du XVIIIe siècle avec la romancière Maria Edgeworth notamment pour que soit évoquée enfin l'Irlande.

La romancière Maria Edgeworth

Le XIXe siècle vit l'exode vers l'Angleterre des écrivains irlandais, dont Oscar Wilde, qui fut admis à Oxford en 1874. Il devint ensuite la coqueluche de la bonne société londonienne grâce à ses pièces qui connurent un succès retentissant. George Bernard Shaw *(p. 98)*, l'auteur de *Pygmalion*, dramaturge socialiste et pacifiste, s'installa aussi à Londres et continua d'écrire au XXe siècle.

Le dramaturge George Bernard Shaw

Les auteurs du XXe siècle

En 1898, W. B. Yeats et Lady Gregory fondèrent l'Abbey Theatre de Dublin *(p. 86)*. Son ouverture en 1904 annonça le renouveau littéraire irlandais. Tous les ouvrages traitaient alors de thèmes nationaux ou locaux. Le dramaturge John Millington Synge notamment laissait libre cours à sa passion pour le folklore irlandais dans ses pièces, mais son « langage immoral » provoqua une émeute lors de l'ouverture de l'Abbey Theatre. À l'instar de ses contemporains,

W. B. Yeats et Sean O'Casey, il eut une influence considérable sur les nouvelles générations d'auteurs, Seán O'Faolain, Flann O'Brien et le coléreux Brendan Behan. Le renouveau littéraire ne se cantonna pas aux ouvrages en prose. De nombreux poètes, dont le surdoué Patrick Kavanagh et Louis MacNeice, furent eux aussi inspirés par leur île natale.

Caricature de protestataires à l'Abbey Theatre de Dublin en 1907

Trois géants de la littérature

Parmi les écrivains irlandais les plus talentueux, il en est trois qui furent des visionnaires. W. B. Yeats *(p. 225)* passa la moitié de sa vie hors d'Irlande, mais il symbolise à jamais l'Ouest rural. Fer de lance du renouveau littéraire irlandais, cet auteur de poèmes

L'écrivain Brendan Behan dans un pub de Dublin

désenchantés espérait forger une nouvelle identité culturelle nationale. James Joyce *(p. 88)* fut lui aussi un pionnier de la littérature irlandaise. Ses techniques narratives complexes et son « monologue intérieur » influencèrent les romanciers modernes. Dans son chef-d'œuvre, *Ulysse*, il décrit une journée dans le Dublin qu'il aimait tant. Tous les ans, la ville fête d'ailleurs Bloomsday, du nom de l'un des personnages de ce roman, Leopold Bloom. Le dernier est le romancier et dramaturge Samuel Beckett *(p. 60)*, lui aussi originaire de Dublin. Les grands thèmes de son œuvre, l'aliénation, le désespoir et la futilité de la vie humaine, sont magnifiquement traités dans *En attendant Godot*.

Le poète Patrick Kavanagh célébrant Bloomsday

Les auteurs contemporains

Des écrivains talentueux font encore aujourd'hui honneur à la tradition littéraire irlandaise. Séamus Heaney, le prix Nobel 1995, et Derek Mahon, tous deux nés en Ulster, représentent magnifiquement la poésie irlandaise. William Trevor, né à Cork, est le maître incontesté de la nouvelle.

Brian Moore situe ses récits empreints de désillusions personnelles et politiques dans son Belfast natal. Le Dublinois Roddy Doyle évoque ses origines ouvrières dans des romans tels que *Paddy Clarke Ha Ha Ha* ou encore *The Snapper* qui fut adapté récemment au cinéma.

L'Irlande à l'écran

L'Irlande est depuis longtemps une source d'inspiration pour les cinéastes. Hollywood vint dès 1951 y tourner *L'homme tranquille* avec John Wayne. L'action se déroulait dans le village folklorique de Cong. Récemment, l'Irlande et ses habitants firent l'objet de nombreux films, notamment *My left foot* (1989) et *Au nom du père* (1994). *Les Commitments* (1991) connut lui aussi un grand succès. Cette adaptation d'un roman de Roddy Doyle fut tournée à Dublin et aux environs de la capitale avec uniquement des acteurs irlandais.

Les acteurs des *Commitments*, écrit par Roddy Doyle

La musique en Irlande

Gigue irlandaise

L'Irlande est le seul pays au monde à avoir choisi pour emblème un instrument de musique : la harpe. Les Irlandais apprécient la country et le rock, mais seule la musique traditionnelle a su exprimer l'âme de ce pays. Que vous écoutiez des chansons d'amour gaéliques médiévales ou des airs folkloriques du XVIIe ou du XVIIIe siècle d'origine anglaise et écossaise, la musique reste malgré tout irlandaise. La danse accompagne souvent les mélodies traditionnelles. Certains des airs les plus populaires rythment des danses séculaires telles que les gigues et les matelotes ; on les interprète et les danse aujourd'hui à l'occasion de festivals *(fleadhs).*

Turlough O'Carolan *(1670-1738) fut le plus grand harpiste irlandais. Ce musicien aveugle sillonnait le pays, jouant pour les riches et les pauvres.* La complainte d'Owen O'Neill *et beaucoup de ses mélodies connaissent toujours un grand succès.*

John F. McCormack *(1884-1945) Ce ténor irlandais triompha aux États-Unis au début du siècle. Il excellait dans l'interprétation des arias de Mozart. Josef Locke, originaire de Derry, fut lui aussi un ténor célèbre. Chanteur de ballades populaires dans les années quarante et cinquante, son histoire fit l'objet d'un film sorti en 1992,* Hear my song.

Accordéon à touches

Le *bodhrán* est un tambourin sur lequel est tendue une peau de chèvre. On en joue avec une petite baguette traditionnellement pour accompagner la flûte.

Flûte

Accordéon à double rangée de boutons

La scène musicale actuelle

Mary Black

L'Irlande aujourd'hui est un creuset de styles musicaux différents. La résurgence de la musique traditionnelle a fait connaître d'excellents musiciens, tels que les joueurs de cornemuse Liam Ó Floin et Paddy Keenan de Dublin. Des groupes comme les Chieftains et les Fureys ont su allier instruments traditionnels et sonorités nouvelles. Le rock a explosé en Irlande dans les années soixante avec les Them. Thin Lizzy prit la relève dix ans plus tard. Actuellement le groupe de rock le plus connu est U2 ; originaire de Dublin, ce groupe devint mondialement célèbre dans les années quatre-vingt. Plus récemment, la série d'albums *A Woman's Heart* a rassemblé Sinéad O'Connor, Mary Black, Eleanor McEvoy et d'autres artistes irlandaises de talent.

Bono de U2

Les danses traditionnelles irlandaises *sont de nouveau à la mode. À partir du XVIIe siècle, la vie des villages s'animait tous les dimanches lors du bal, et depuis les danses irlandaises ont toujours connu un grand succès.*

La musique traditionnelle aujourd'hui

Où que vous alliez en Irlande, vous ne serez jamais loin d'un pub où se produit un groupe. La musique traditionnelle irlandaise obéit à quelques règles, mais elle fait surtout la part belle à l'improvisation. C'est pourquoi on n'assiste jamais à deux représentations identiques.

Les violons, ou *fiddles*, peuvent être placés sous le menton, contre le bras, l'épaule ou la poitrine.

Les chansons populaires irlandaises*, comme celle-ci sur l'insurrection d'avril 1916, sont souvent patriotiques. Mais certaines parmi les plus populaires ont pour thème la misère, l'émigration et la nostalgie de la terre natale.*

Instruments traditionnels

Les groupes traditionnels irlandais utilisent à leur gré divers instruments. Le violon est probablement le plus employé. Certains instruments sont d'origine celte, comme la musique. C'est le cas des « uillean pipes » qui rappellent les cornemuses écossaises.

Le mélodion *est un accordéon à boutons simplifié. Cet instrument convient mieux à cette musique que l'accordéon à touches.*

Les « uillean pipes » *sont semblables aux cornemuses et sont considérées comme l'un des principaux instruments traditionnels irlandais.*

La harpe *est utilisée en Irlande depuis le Xe siècle. Récemment, la harpe a fait sa réapparition dans la musique folklorique irlandaise.*

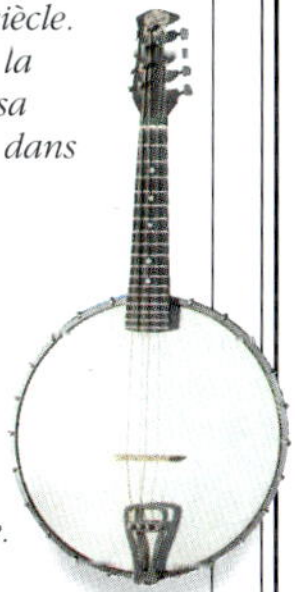

Le banjo *vient du sud des États-Unis. Il a donné une nouvelle sonorité aux groupes de musique traditionnelle.*

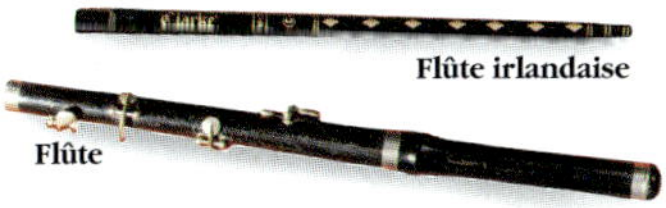

Flûte irlandaise

Flûte

La flûte et la flûte irlandaise *sont parmi les instruments les plus utilisés de la musique irlandaise. La seconde est souvent appelée* penny whistle *car elle est en fer blanc.*

Le violon *est aussi appelé* fiddle*. La manière d'en jouer et le son produit varient selon la région.*

L'héritage celte de l'Irlande

Pierre gravée sur l'île Boa

Fruits d'une longue tradition, les contes irlandais sont enrichis par les mythes et les superstitions populaires. Certaines légendes ont été fixées par écrit au VIIIe siècle, mais la plupart virent le jour il y a plus de 2 000 ans. Transmises par les druides de génération en génération, elles sont parvenues jusqu'à nous. À l'instar de la langue gaélique, ces légendes séculaires étaient souvent communes aux anciennes tribus celtes qui vivaient dans toute l'Europe. Le folklore irlandais est riche de guerriers fabuleux, mais aussi de fées, de lutins et de sinistres dames blanches…

Détail du chaudron de Gundestrup, vieux de 2 300 ans, décrivant le triomphe de Cuchulainn lors de la « Razzia des bœufs de Cooley »

Cuchulainn

Cuchulainn est le guerrier le plus célèbre de la mythologie irlandaise. À sept ans, alors qu'on l'appelait encore Setanta, il tua le féroce chien de garde de Culainn le forgeron en le frappant à coups de crosse de hurling (c'est l'une des premières fois où ce sport est mentionné dans le folklore). Devant la tristesse de Culainn, Setanta se proposa pour garder sa maison. Il fut alors surnommé Cuchulainn, autrement dit le chien de garde de Culainn.

Avant d'aller au combat, Cuchulainn pouvait changer de taille, de couleur, et l'un de ses yeux devenait énorme. Sa plus belle victoire fut celle de la « Razzia des bœufs de Cooley ». La reine Maeve de Connaught avait ordonné à ses troupes de capturer le taureau magique de l'Ulster. Averti du complot, Cuchulainn les vainquit, mais la reine Maeve se vengea de Cuchulainn en ordonnant à ses sorciers de l'attirer vers la mort. Aujourd'hui, à la Grande Poste de Dublin *(p. 87)*, une statue de Cuchulainn commémore l'insurrection d'avril 1916.

La redoutable et fascinante reine Maeve de Connaught

Finn MacCool

Le guerrier Finn MacCool est le chef le plus connu de la Fianna, cette bande de guerriers errants choisis pour leur force et leur bravoure, qui défendaient l'Irlande contre les forces étrangères. Finn, fort et courageux, pouvait prédire l'avenir et acquérir une grande sagesse par le simple fait de sucer son pouce. Quand elle ne faisait pas la guerre, la Fianna chassait. Le chien de Finn, Bran, était presque aussi grand que son maître (ce serait l'ancêtre des actuels lévriers d'Irlande). La plupart des guerriers étaient dotés de pouvoirs surnaturels. Comme le fils

Fées, lutins et dames blanches

Le minuscule et facétieux lutin

L'existence d'esprits et en particulier de petits êtres joue un grand rôle dans le folklore irlandais. Jadis, on croyait que les fées vivaient sous des tas de terre, et que le fait de toucher un de ces petits êtres surnaturels portait malheur. La plus célèbre de ces créatures est le lutin. Selon la légende, si vous en attrapez un, il vous fera découvrir de l'or, mais ne le quittez pas des yeux ou il disparaîtra dans les airs. La dame blanche est un esprit reconnaissable à ses cris plaintifs. Sa présence maléfique à proximité d'une maison signifie qu'un de ses habitants va bientôt mourir.

Une dame blanche à la longue chevelure

de Finn, Ossian, ils s'aventuraient souvent dans l'autre monde appelé l'au-delà. Sage et poète, Ossian était surtout un grand guerrier comme son père, et au cours des âges ce dernier fut représenté comme un géant. La légende raconte qu'il aurait construit la Chaussée des Géants du comté d'Antrim *(p. 254-255)*. Il aurait aussi créé l'île de Man en jetant à la mer un morceau de l'Irlande.

Gravure du XIXe siècle représentant Finn MacCool en armes

Les enfants du roi Lir

Ce conte est l'un des plus tristes du folklore irlandais. Le roi Lir aimait tant ses quatre enfants que leur belle-mère en devint folle de jalousie. Un jour, elle emmena les enfants au bord d'un lac et leur jeta un sort. Transformés en cygnes blancs, ils furent condamnés à errer sur les eaux de l'Irlande pendant 900 ans. Mais à peine eut-elle commis ce forfait qu'elle fut prise de remords et leur dédia une chanson magnifique. La fin de la période de

Les enfants du roi Lir se transformant en cygnes

900 ans coïncida avec le début de la chrétienté. Les enfants reprirent alors forme humaine, mais, très faibles, ils moururent peu de temps après avoir été baptisés. Le roi Lir décréta alors qu'il était interdit de tuer des cygnes en Irlande. Cette interdiction est toujours en vigueur actuellement.

Saint Brendan

Brendan le navigateur, comme de nombreux autres moines du VIe siècle, était un grand voyageur. Bien qu'il vécût dans l'ouest de l'Irlande, il visita le Pays de Galles, l'Écosse et la France. Son expédition la plus célèbre semble pourtant relever de la fiction. Il aurait voyagé avec des moines pendant sept ans, faisant d'étranges rencontres destinées à tester leur foi, avant de découvrir la Terre promise. Cette légende est en fait la version chrétienne des contes de l'au delà celte. Pour fêter la Saint-Brendan, tous les 16 mai dans le Kerry, on fait l'ascension du mont Brandon.

Gravure représentant saint Brendan et ses moines rencontrant une sirène

Origine des noms de lieux irlandais

Les noms de nombreuses localités d'Irlande viennent de l'ancien gaélique. Ils désignent une caractéristique du paysage qui bien souvent n'existe plus. Voici quelques termes qui décriront, peut-être, les lieux où vous passerez.

Fort de pierres au sommet du rocher qui donna son nom à la ville de Cashel

Ar, ard – *haut, hauteur*
Ass, ess – *chute d'eau*
A, ah, ath – *gué d'une rivière*
Bal, bally – *ville*
Beg – *petit*
Ben – *pic, montagne*
Carrick, carrig – *roc*
Cashel – *fort de pierres*
Crock, knock – *colline*
Curra, curragh – *marais*
Darry, derry – *chêne*
Dun – *château*
Eden – *front d'une colline*
Innis, inch – *île*
Inver – *embouchure d'une rivière*
Isk, iska – *eau*
Glas, glass – *vert*
Glen, glyn – *vallée*
Kil, kill – *église*
Lough – *lac, bras de mer*
Mona, mone – *tourbière*
Mor – *grand, imposant*
Mullen, mullin – *moulin*
Rath, raha – *fort circulaire*
Slieve – *montagne*
Toom – *cimetière*
Tul, tulagh – *petite colline*

La cathédrale St Canice de Kilkenny (le nom de la ville signifie église de Canice)

Une année de sport

Tous les grands sports internationaux sont pratiqués en Irlande, mais le football gaélique et le hurling restent les plus populaires. Pour assister à une rencontre de football et de rugby, il est indispensable d'acheter son billet longtemps à l'avance. Si l'on ne parvient pas à en obtenir, il suffit d'aller au pub regarder la retransmission télévisée. Loin des stades, certains préféreront la pêche ou le golf *(p. 332-333)*. Les courses de chevaux qui ont lieu plus de 240 jours par an passionnent aussi des milliers d'Irlandais.

Le North West 200 *est la course de motos sur route la plus rapide du monde. Elle se déroule près de Portstewart* (p. 252).

L'Irish Grand National *est un steeple-chase âprement disputé. Il se court à Fairyhouse, comté de Meath.*

Football Association of Ireland Cup, finale de la coupe de la république d'Irlande de football

Irish Gold Cup : steeple-chase de Punchestown

Round Ireland Yacht Race – cette course de voiliers a lieu tous les deux ans

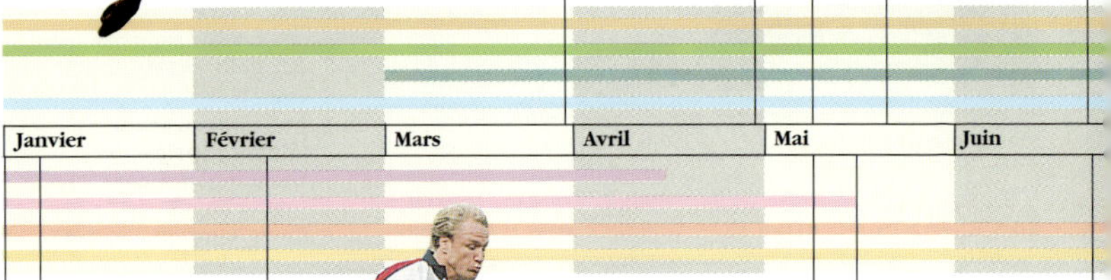

Irish Champion Hurdle (course d'obstacles) couru à Leopardstown, comté de Wicklow

Début de la saison de pêche au saumon

Le tournoi des cinq nations *opposant l'Irlande, l'Écosse, le Pays de Galles, l'Angleterre et la France prend fin en avril. À Dublin, le match a lieu à Lansdowne Road.*

L' International Rally of the Lakes est un rallye automobile prestigieux autour des lacs de Killarney *(p. 154-155)*.

Irish Football League Cup, finale de la coupe d'Irlande du Nord de football

Légende des saisons

- Hurling
- Football gaélique
- Course de plat
- Course d'obstacles
- Rugby
- Football
- Pêche au saumon
- Hippisme

L'Irish Derby. *Les meilleurs chevaux de trois ans d'Europe participent à cette course de plat, la plus importante d'Irlande. Elle a lieu à Curragh* (p. 121).

Cork Week *est une régate organisée par le Royal Cork Yacht Club tous les deux ans et ouverte à des bateaux de toutes catégories.*

All Ireland Football Final*, au Croke Park de Dublin, oppose les deux meilleurs comtés au terme du championnat de football gaélique. Le nombre de spectateurs en témoigne, ce match est l'événement le plus populaire d'Irlande.*

Greyhound Derby : cette course de lévriers a lieu au Shelbourne Park de Dublin

Le marathon de Dublin *est le plus important d'Irlande. Il attire une foule d'anonymes et des athlètes de haut niveau venus du monde entier.*

Galway Race Week, l'un des principaux festivals d'Irlande, est un vrai phénomène de société.

Le concours hippique international indoor de Millstreet

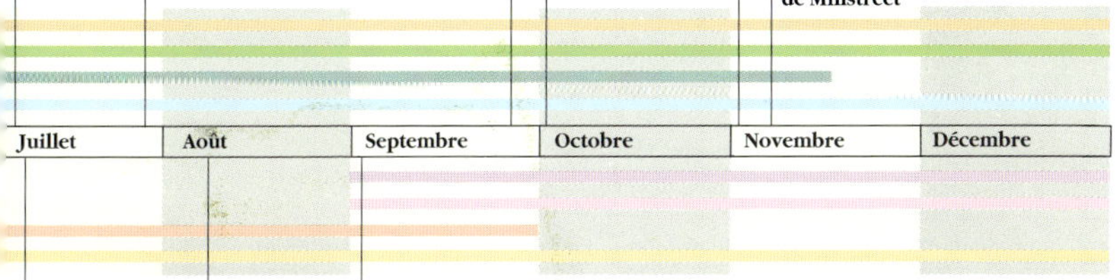

Le Dublin Horse Show *est la plus grande course hippique d'Irlande et la réunion où il faut être vu.*

All Ireland Hurling Final, au Croke Park de Dublin

L'Irish Open Golf Championship *se déroule sur un parcours différent chaque année et attire des spectateurs du monde entier sur les terrains de golf.*

La Gaelic Athletic Association

Elle fut fondée en 1884 pour promouvoir les sports proprement irlandais. Jadis, les membres de cette association n'avaient pas le droit de jouer à des jeux étrangers comme le cricket. Aujourd'hui, le football gaélique reste le sport le plus populaire d'Irlande malgré la forte concurrence du football. Le plus étrange des sports de l'association reste le hurling. Ce sport de plein air, physique et rapide, se joue avec des crosses et une petite boule de cuir. Le football gaélique et le hurling sont des sports amateurs pratiqués à l'échelon des paroisses et des comtés dans l'Irlande entière. La saison prend fin avec la finale qui, dans les deux cas, attire une foule immense à Dublin.

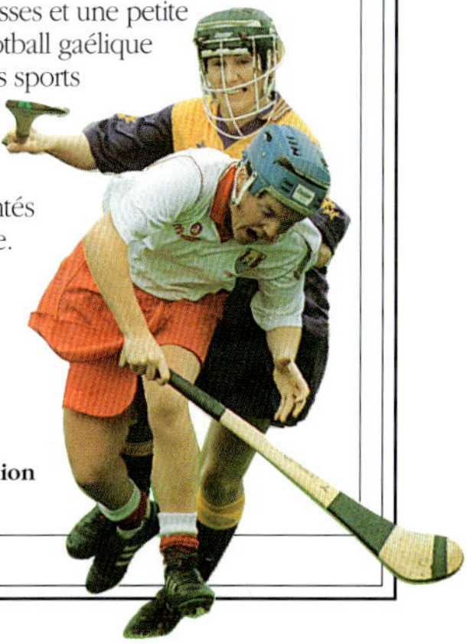

Le camogie ou la version féminine du hurling

HISTOIRE DE L'IRLANDE

L'isolement de l'Irlande a longtemps éloigné ce pays de certains grands événements de l'histoire européenne ; les légions romaines, par exemple, ne l'envahirent jamais. Le lointain passé de cette île se perd dans des mythes peuplés de dieux guerriers et de rois héroïques. Néanmoins, les Celtes belliqueux se convertirent rapidement au christianisme après l'arrivée de saint Patrick en 432.

La South Cross de Clonmacnoise

Jusqu'aux invasions vikings du IXe siècle, l'Irlande a joui d'une paix relative. On fonda alors Clonmacnoise, Glendalough et bien d'autres grands monastères. Si les Vikings ne réussirent pas à contrôler l'île, les Anglo-Normands qui arrivèrent en 1169 comptaient bien y parvenir. De nombreux chefs irlandais se soumirent à Henri II d'Angleterre, qui se proclama seigneur d'Irlande. Quand il partit en 1172, ses chevaliers se répartirent alors de grandes baronnies.

Lorsqu'Henri VIII d'Angleterre rompit avec l'Église catholique en 1532, l'Irlande devint un champ de bataille où s'affrontèrent les Irlandais de souche, catholiques, et les forces de la Couronne d'Angleterre. Les Irlandais vaincus, leurs terres furent confisquées et confiées aux protestants anglais et écossais. La conquête menée par l'Angleterre fut achevée lorsque Guillaume d'Orange battit Jacques II lors de la bataille de la Boyne en 1690. Le nouvel ordre en place était renforcé par des lois très répressives qui retiraient aux Irlandais toute liberté. Malgré tout, l'opposition à l'Angleterre ne fut jamais totalement écrasée.

La famine qui sévit entre 1845 et 1848 fut la période la plus sombre de l'histoire irlandaise. Plus de deux millions de personnes moururent ou durent émigrer. Une campagne pour l'autonomie *(Home Rule)* s'engagea alors, ralliant des milliers d'Irlandais, mais il fallut encore des années de luttes parlementaires et de combats sanglants avant que le *Government of Ireland Act* ne soit passé en 1920. L'île fut alors coupée en deux ; le Sud devint l'État libre d'Irlande et obtint l'indépendance en 1937, et l'Irlande du Nord, en majorité protestante, fait encore partie du Royaume-Uni.

Carte d'Irlande de 1592 montrant les quatre provinces traditionnelles

◁ ***La fête de saint Kevin dans les ruines de Glendalough*** **par Joseph Peacock (1813)**

L'Irlande préhistorique

Fer de hache de l'âge du bronze

Il y a 9 500 ans de cela, l'Irlande était déserte. Les premiers hommes y seraient arrivés par un bras de terre reliant alors l'île à l'Écosse. Le peu de traces que laissèrent ces groupes de chasseurs porte à croire qu'ils étaient nomades. Vers 4000 av. J.-C. vinrent des fermiers et des éleveurs qui érigèrent bon nombre de monuments funéraires, comme la tombe de Newgrange. Le travail des métaux fut importé vers 2000 av. J.-C. Les artisans de l'âge du bronze apportèrent aussi de nouvelles techniques de poterie. L'Irlande entra dans l'âge du fer au IIIe siècle av. J.-C. avec l'arrivée des Celtes, originaires d'Europe centrale, qui imposèrent rapidement leur propre culture.

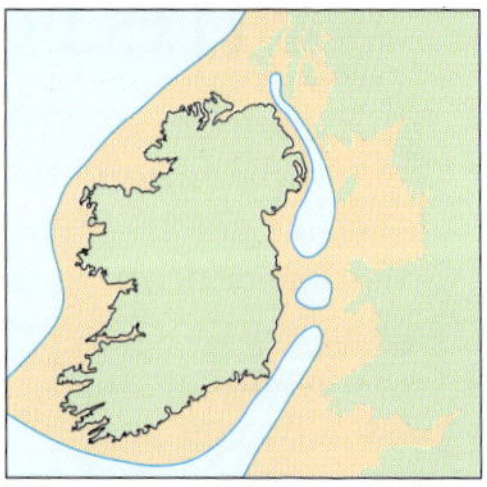

L'IRLANDE EN 8000 AV. J.-C.

L'ancienne côte

La côte actuelle

Dolmens à portique
Ces tombes mégalithiques datent d'environ 2000 av. J.-C. Le dolmen de Legananny dans les montagnes de Mourne (p. 276) *en est un exemple.*

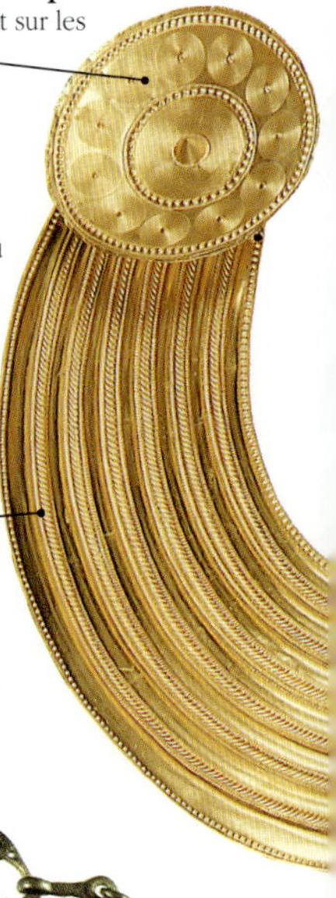

Les deux disques reposaient sur les épaules

Motif de corde à trois fils

TORQUE D'OR DE GLENINSHEEN

De nombreux bijoux en or furent créés à la fin de l'âge du bronze. Ce collier en or date d'environ 700 av. J.-C. Les Celtes de l'âge du fer en fabriquèrent aussi.

Idole de bois
Ce fétiche de l'âge de la pierre aurait servi aux rites païens de fertilité.

Idole de pierre celte
Cette étrange tête à trois faces révèle la signification particulière du chiffre trois dans la religion celte.

Mors de bride en bronze
Les chefs celtes combattaient sur des chariots magnifiques.

CHRONOLOGIE

Vers 7500 av. J.-C. Premiers hommes en Irlande

Le cerf géant aujourd'hui disparu

5000-3000 L'Irlande est recouverte d'épaisses forêts, principalement de chênes et d'ormes

2500 Construction de la tombe à couloir de Newgrange *(p. 238-239)*

1500 Grand progrès dans le travail des métaux, surtout de l'or

8000 av. J.-C. | **6000** | **4000** | **2000** | **1000**

6000 Les plus anciennes habitations d'Europe au Mount Sandel, comté de Londonderry

3700 Les fermiers néolithiques atteignent l'Irlande. Ils déboisent pour planter des céréales

2050 Des peuplades connaissant les techniques de la poterie s'installent en Irlande au début de l'âge du bronze

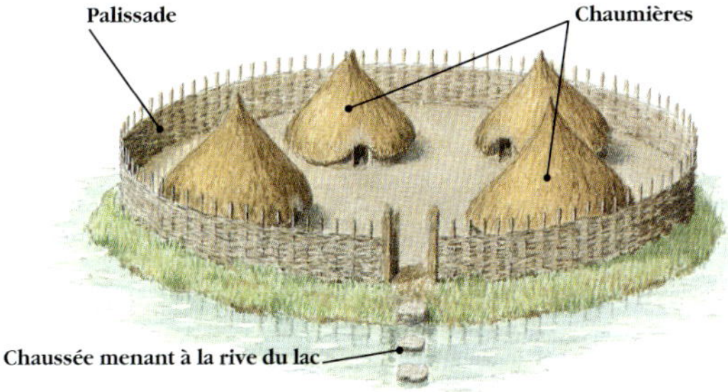

Reconstitution d'un crannog
Créés à l'âge du bronze, les crannogs étaient des îles artificielles circulaires bâties sur des lacs. À l'origine destinés à la pêche, ils devinrent lieux de résidence très protégés. On y vécut jusqu'au XVIIe siècle.

Les rangs en relief étaient créés par repoussage, l'or étant travaillé depuis l'envers du collier. Les motifs en forme de corde étaient ensuite gravés au couteau.

L'os décoré
(50 av. J.-C.)
Il aurait servi pour la divination ou pour des jeux.

Le bateau d'or
Trouvé à Broighter dans le comté de Londonderry avec une série d'objets en or, il date du Ier siècle av. J.-C. et servait pour les offrandes.

Où voir l'Irlande préhistorique

Sont parvenus jusqu'à nous des tombes individuelles, comme celles de Newgrange, de Browne's Hill *(p. 133)* ou d'Ossian, et des cimetières tels ceux de Céide Fields *(p. 196)* et Lough Gur *(p. 186)*. Le plus grand cimetière de l'âge de la pierre se trouve à Carrowmore *(p. 226)*. Des sites historiques furent reconstitués à Craggaunowen *(p. 182)* et dans l'Ulster History Park *(p. 261)*. Le National Museum de Dublin *(p. 64-65)* abrite la plus belle collection d'objets façonnés, dont certains datent de l'âge du bronze.

Newgrange (p. 238-239) *est la plus belle tombe néolithique. À l'entrée se trouvent d'immenses blocs gravés de spirales.*

La tombe d'Ossian *est une des plus anciennes tombes néolithiques* (p. 259). *Le tombeau était précédé d'une cour ouverte.*

600 Première invasion celte

500 Guerre tribale ; les chefs luttent pour le titre d'*Ard Ri* (roi suprême)

80 apr. J.-C. Le général romain Agricola envisage d'envahir l'Irlande depuis la Grande-Bretagne

367 La Grande-Bretagne romaine est attaquée par les Irlandais, Pictes et Saxons

750	500	250	1	250 apr. J.-C.

250 Seconde invasion des Celtes qui apportent le style La Tène en poterie

150 apr. J.-C. Le géographe grec Ptolémée dessine une carte où figure l'Irlande

Aiguillon de bronze orné d'oiseaux

Poignée d'épée en bronze importée du sud de la France

La chrétienté celtique

Moine enluminant un manuscrit

L'Irlande celtique était divisée en petits royaumes. Leurs chefs obéissaient aux rois des provinces plus grandes comme le Munster et le Connaught. Un roi suprême siégeait parfois à Tara *(p. 240)*. L'Irlande fut christianisée au ve siècle apr. J.-C., période où débuta l'âge d'or des savants dans les monastères, tandis que saint Colomba et d'autres missionnaires partaient pour l'étranger. À la fin du VIIIe siècle, l'arrivée en Irlande des Vikings bouleversa complètement cette société celtique.

L'IRLANDE EN 1000

- *Établissements vikings*
- *Provinces irlandaises*

Pierre d'Ogham
Cette première inscription irlandaise date d'environ 300 apr. J.-C. Les encoches correspondent aux lettres romaines, à la façon du morse.

MONASTÈRE CELTIQUE

Les monastères étaient très peuplés. Cette reconstitution montre Glendalough *(p. 132-133)* aux alentours de 1100. La tour ronde servait à guetter l'arrivée des Vikings.

Moulin à eau où l'on produisait de la farine de blé et d'orge.

Le Magnus Domus était un vaste édifice communautaire réservé aux abbés et aux moines.

Église St-Kevin

Pont de pierres

Une grande croix marque l'entrée du monastère.

Bataille de Clontarf
Après avoir été battus en 1014 par le roi irlandais Brian Boru, les Vikings commencèrent à s'intégrer à la population locale. Brian Boru périt cependant durant la bataille.

CHRONOLOGIE

430 Le pape envoie le premier missionnaire chrétien, Palladius

432 Début de la mission de saint Patrick en Irlande

455 Saint Patrick fonde une église à Armagh

Saint Patrick

400

500

550 Début de l'âge d'or de la vie monastique celte

563 Saint Colomba (ou Colmcille), premier missionnaire irlandais, fonde un monastère à Iona aux Hébrides

600

615 Saint Colombanus meurt en Italie après avoir fondé de nouveaux monastères sur le continent

664 Synode de Whitby. L'Église irlandaise se soumet à Rome

690 Le *Book of Durrow (p. 61)* est achevé

700

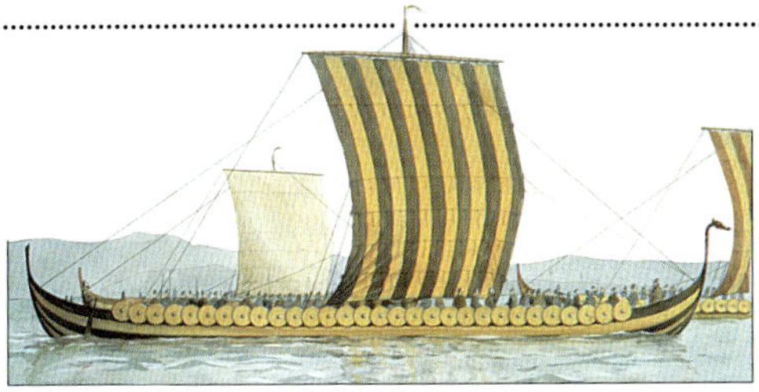

Invasion et établissement des Vikings
Les premiers drakkars atteignirent l'Irlande en 795. Les Vikings pillèrent les monastères, mais introduisirent aussi la monnaie et de nouvelles méthodes agricoles. Ils fondèrent des villes fortifiées comme Dublin, Waterford et Limerick.

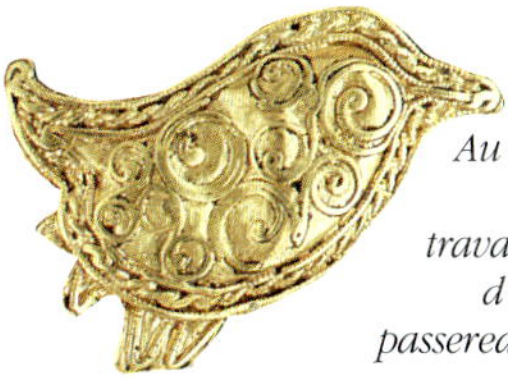

Oiseau d'or de Garryduff
Au début de l'ère chrétienne, les Irlandais excellaient dans le travail des métaux. Cet ornement d'or représentant peut-être un passereau date environ du VIIe siècle.

Église St-Kieran
Elle est construite en pierres comme d'autres grandes églises, mais la plupart des édifices étaient en bois.

Crosse de Clonmacnoise
Cette crosse d'évêque du XIe siècle est gainée d'argent. Les motifs gravés sont de style viking.

Où voir l'Irlande chrétienne

Outre Glendalough furent bâtis d'importants monastères comme Clonmacnoise et Devenish Island. Les premières églises furent fondées à Gallarus *(p. 149)*, Clonfert *(p. 205)*, ainsi qu'au Rock of Cashel *(p. 188-189)*. Croix celtiques *(p. 235)* et tours rondes *(p. 18)* se dressent encore dans toute l'Irlande. Le National Museum de Dublin *(p. 64-65)* abrite la plus belle collection d'objets religieux (et vikings), et Trinity College *(p. 60-62)* des manuscrits ornés enluminés splendides.

Devenish Island *et sa tour ronde du XIIe siècle se mirent dans les eaux calmes du Lower Lough Erne* (p. 263).

Clonmacnoise (p. 242-243) *fut bâti sur la rive est du Shannon. De l'église des religieuses ne reste que ce superbe portail roman.*

Broche d'argent viking

795 Première invasion viking des monastères situés sur les côtes

800

807 Construction du monastère de Kells *(p. 233)*

841 Une immense flotte viking passe l'hiver à Dublin

900

967 Des guerriers irlandais pillent Limerick et partent en campagne contre les suzerains vikings

999 Sitric Silkenbeard, le roi viking de Dublin, se rend à Brian Boru

1000

1014 Le roi Brian Boru de Munster bat l'armée viking et le roi de Leinster à Clontarf

Pièce viking

1100

1134 La chapelle de Cormac est bâtie à Cashel *(p. 188-189)*

1142 Le premier édifice cistercien d'Irlande est fondé à Mellifont *(p. 237)*

1166 Dermot McMurrough, roi de Leinster, part sur les mers

L'Irlande anglo-normande

Broche en or du XIIIe siècle

Les nobles anglo-normands commandés par Richard de Clare dit Strongbow (arc fort) débarquèrent en Irlande à la demande du roi de Leinster, en 1169. Ils s'emparèrent alors des villes principales et le roi d'Angleterre, Henri II, se proclama suzerain d'Irlande. Néanmoins, l'autorité britannique faiblissant, la Couronne ne contrôla plus qu'une petite zone autour de Dublin, le Pale *(p. 124)*. Dans le reste de l'île, de nombreux barons anglo-normands s'opposèrent à la domination britannique.

L'Irlande en 1488

Superficie du Pale

Le mariage de Strongbow

Le roi déchu de Leinster offrit sa fille à Strongbow contre la reconquête de ses terres. Cette peinture de Daniel Maclise (1854) met l'accent sur la suprématie anglo-normande.

Carrickfergus Castle

Les premiers forts anglo-normands étaient fait de bois, avant de devenir d'imposants châteaux de pierre. La construction de Carrickfergus Castle *(p. 267)* débuta dans les années 1180. Le donjon et le corps de garde furent achevés en 1250.

Armes normandes

Ces arcs et ces flèches déterrés à Waterford servirent peut-être lors de l'attaque de la ville par Strongbow en 1170.

Chronologie

1169 Arrivée des Anglo-Normands dirigés par Strongbow, à la demande du roi de Leinster en exil, Dermot McMurrough

1172 Le pape déclare Henri II d'Angleterre suzerain d'Irlande

1177 Jean de Courcy envahit l'Ulster

1200

Dermot McMurrough, roi de Leinster, appela Strongbow à la rescousse

1224 Les dominicains arrivent en Irlande et bâtissent des monastères

1250

1260 Mort du puissant seigneur irlandais Brian O'Neill à la bataille de Down

1297 Réunion du premier Parlement irlandais à Dublin

1300

1315 Les Écossais envahissent l'Irlande. Edward Bruce devient roi

1318 Mort de Bruce au combat

Retour de la flotte de Richard II en Angleterre en 1399
Richard II effectua deux expéditions en Irlande, en 1394 et en 1399. Lors de la première, il vainquit Art McMurrough, roi de Leinster, mais la seconde expédition se solda par un échec.

Éamonn Burke
Seigneur de Mayo au XIVe siècle, ce chef d'origine anglo-normande était très indépendant.

OÙ VOIR L'IRLANDE ANGLO-NORMANDE

Carrickfergus, Limerick *(p. 183)*, Trim *(p. 240)* et les remparts de Waterford montrent la solidité des fortifications normandes. Ont aussi résisté des cathédrales gothiques, dont Christ Church *(p. 78-79)* et St Patrick *(p. 80-81)* à Dublin et St Canice *(p. 136)* à Kilkenny, et les restes d'abbayes cisterciennes qui se dressaient jadis à Jerpoint et à Boyle *(p. 211)*.

L'abbaye de Jerpoint (p. 137)
Son cloître du XVe siècle, remarquablement préservé, est décoré de longues figures étranges.

***Les remparts anglo-normands de Waterford** et leur imposante tour de guet* (p. 138-139).

Great Charter Roll of Waterford (1372), charte où figurent les maires de quatre cités médiévales

1394 Richard II d'Angleterre débarque avec son armée pour renforcer le contrôle britannique. Il repart cinq ans plus tard sans résultats concluants

1496 Kildare est à nouveau lord-député

1491 Kildare soutient Perkin Warbeck, prétendant au trône d'Angleterre

1471 Le huitième comte de Kildare est fait lord-député d'Irlande

1350 | **1400** | **1450**

1348 Peste noire. En trois ans, un tiers de la population périt

1366 Les statuts de Kilkenny interdisent les mariages entre Anglo-Normands et Irlandais

Soldats anglais (à gauche) et irlandais face à face, lors du retour de Richard II

1487 Kildare couronne Lambert Simnel, Édouard VI à Dublin

1494 Edward Poynings interdit au Parlement irlandais de se réunir sans autorisation royale

La conquête protestante

Hugh O'Neill, comte de Tyrone

La rupture de l'Angleterre avec l'Église catholique, la dissolution des monastères et l'accession d'Henri VIII d'Angleterre au trône d'Irlande révoltèrent les dynasties anglo-normandes et les clans irlandais renaissants, dont les O'Neill. Leur résistance fut telle que les protestants anglais durent guerroyer plus de 150 ans pour asseoir leur autorité. Les monarques successifs, Tudors et Stuarts, adoptèrent une politique répressive, puis celle dite des « plantations ». Oliver Cromwell fut même encore plus cruel. Les Irlandais reprirent espoir lorsqu'un catholique, Jacques II, devint roi d'Angleterre. Mais détrôné, il s'enfuit en Irlande où il fut vaincu par Guillaume d'Orange en 1690.

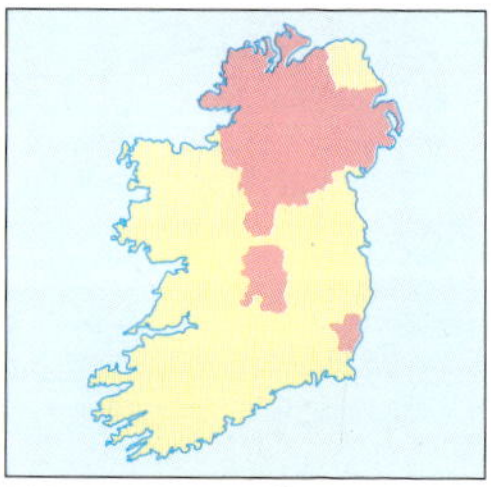

L'Irlande en 1625

Principales zones de plantations sous le règne de Jacques Ier

La bataille de la Boyne
Cette tapisserie appartenant à la Bank of Ireland (p. 58) *représente la bataille entre Guillaume d'Orange et Jacques II en 1690. Cette victoire est toujours célébrée en Irlande du Nord par les Orangistes.*

Le premier navire venu aider les protestants de Londonderry fut le *Phoenix*. Trois mois durant, les bateaux anglais ne purent remonter la Foyle à cause d'une barricade de bois barrant le fleuve.

L'armée de Jacques II, sur la rive est de la Foyle, attaque le navire.

Les armes et les uniformes peints par l'artiste sont bien différents de ceux du XVIIe siècle.

Silken Thomas Fitzgerald
Silken Thomas, chef des puissants comtes de Kildare, rompt son serment de fidélité à Henri VIII en 1534. Il est pendu avec cinq de ses oncles en 1537.

Chronologie

Henri VIII

1500 – **1525** – **1550** – **1575** – **1600**

1504 Le huitième comte de Kildare prend la tête de l'Irlande après la victoire de Knocktoe

1534 Silken Thomas se rebelle contre Henri VIII

1539 Henri VIII dissout les ordres monastiques

1541 Henri VIII est déclaré roi d'Irlande par le Parlement irlandais

1557 Marie Ire fait bâtir les premières plantations à Offaly et Laois

Sir Thomas Lee, officier de l'armée d'Élisabeth Ire, vêtu à l'irlandaise

1582 Révolte de Desmond, province de Munster

1585 L'Irlande est divisée en 32 comtés

1588 L'Invincible Armada s'échoue au large de la côte ouest

1592 Fondation de Trinity College à Dublin

Le siège de Drogheda
Entre 1649 et 1652, l'armée de Cromwell venge les colons protestants de manière impitoyable. Ici, Cromwell en personne dirige les artilleurs pilonnant Drogheda.

L'Irlande des plantations

Jacques Ier comprit que la force ne suffirait pas à rétablir l'ordre. Le programme des plantations expropria les Irlandais de souche. Leurs terres furent données aux colons protestants anglais et écossais. Les corporations de Londres organisèrent nombre de ces implantations. Des garnisons furent créées pour défendre la Couronne.

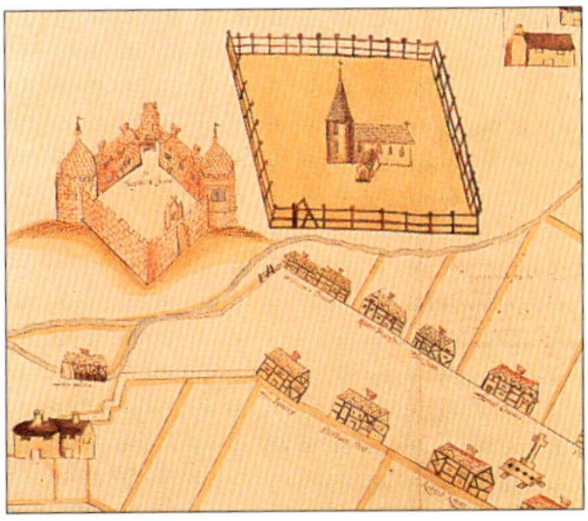

***Bellaghy** dans le comté de Londonderry fut fondée par la corporation des négociants en vins. Cette carte de la ville date de 1622.*

Dans les remparts de Derry, aucune brèche n'a jamais été ouverte. De nombreux bastions et portes d'origine résistèrent au siège de 1689. Ils sont toujours intacts *(p. 250-251)*.

Drapeau de St-Georges

Quai

Les protestants sortent de la ville assiégée pour féliciter les Anglais venus à leur rescousse et engager le combat.

Le siège de Derry *(1689)*

Quelque 20 000 protestants furent assiégés pendant 105 jours à Londonderry par les troupes de Jacques II. Des milliers moururent de faim avant l'arrivée de navires anglais venus à leur secours. Cette toile du XVIIIe siècle peinte par William Sadler donne une version assez fantaisiste de la fin du siège.

La coupe de Loftus
Adam Loftus, chancelier d'Irlande, profita de son titre pour s'enrichir. En 1593, il obtint le grand sceau d'Irlande qu'il transforma en coupe.

1607 « Fuite des comtes » : les vieux chefs irlandais fuient sur le continent ; colonisation de l'Ulster

1632 *Les Annales des quatre maîtres* est une histoire de l'Irlande écrite par quatre franciscains de Donegal

Treize apprentis, protestants, ferment les portes de Derry avant le siège de 1689

1690 Bataille de la Boyne. Guillaume d'Orange bat Jacques II, dont l'armée se rendra l'année suivante à Limerick

1625 — **1650** — **1675** — **1700**

1603 Le comte de Tyrone signe le traité de Mellifont qui met fin à huit ans de guerre

1641 Rébellion armée en Ulster contre les colons

1649 Cromwell arrive à Dublin. Il rase Drogheda et Wexford. Les propriétaires catholiques sont chassés vers l'ouest

1688 Déposition de Jacques II, roi catholique d'Angleterre. Il fuit en Irlande et lève une armée

1689 Siège de Derry

1695 Le code pénal réduit sévèrement les droits des catholiques

L'Irlande georgienne

Cabinet de laque à Castletown House

La domination protestante fut une période très prospère pour les riches propriétaires protestants. Les catholiques, eux, n'avaient pas le droit d'acheter de terres. Vers la fin du siècle, des radicaux, influencés par les révolutions française et américaine, voulurent se séparer de la Couronne anglaise. Le premier ministre, Henry Grattan, tenta d'obtenir l'indépendance par voie parlementaire ; Wolfe Tone à la tête des United Irishmen (Irlandais unis) prit les armes. Mais ces deux tentatives furent vaines.

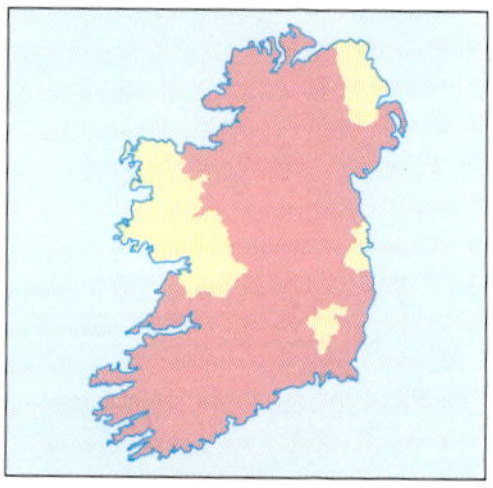

L'Irlande en 1703

Comtés où les protestants détenaient plus de 75 % des terres

Le Parlement irlandais

Cette toile représente le leader irlandais Henry Grattan s'adressant aux parlementaires (p. 58). *Le « Parlement Grattan » dura de 1782 à 1800. Il fut dissous par l'Acte d'Union.*

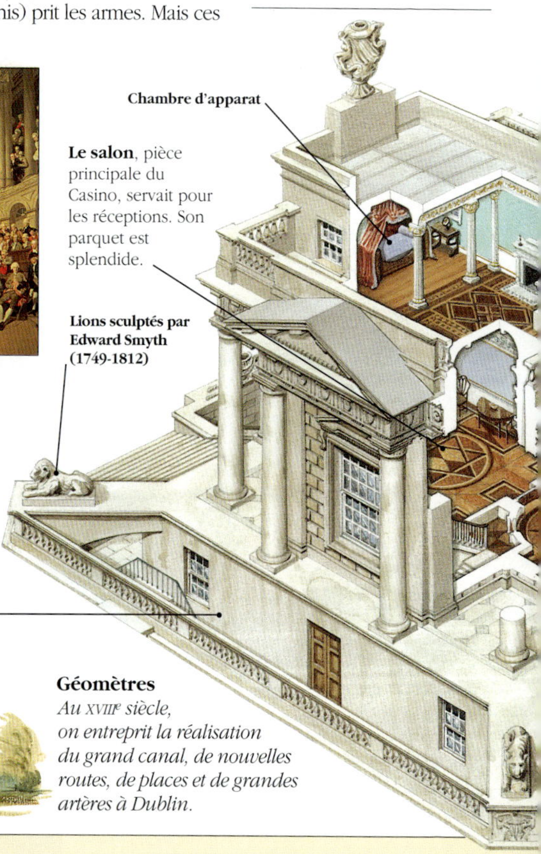

Géomètres

Au XVIIIe siècle, on entreprit la réalisation du grand canal, de nouvelles routes, de places et de grandes artères à Dublin.

Chronologie

Jonathan Swift (1667-1745)

1710 — 1720 — 1730 — 1740 — 1750

1713 Jonathan Swift est nommé doyen de la cathédrale St Patrick *(p. 80)*

1724 Swift défend âprement son pays avec des pamphlets

1731 Premier numéro du *Belfast Newsletter*. Toujours publié, c'est le plus vieux journal au monde

1731 Création de la Royal Dublin Society pour encourager l'agriculture, l'art et l'artisanat

1738 Mort du plus grand harpiste irlandais, Turlough O'Carolan *(p. 22)*

1742 Première représentation du *Messie* de Haendel à Dublin

1751 Le Rotunda Hospital de Dublin est la première maternité des îles britanniques

Blanchiment du lin
L'industrie textile en Ulster était florissante grâce au savoir-faire des tisserands huguenots venus de France. L'étoffe tissée était étendue dans les prés et sur les berges des rivières.

Peinture irlandaise
La noblesse encouragea le développement d'une école irlandaise. L'inconnu qui peignit cette toile représenta Leixlip Castle dans un décor champêtre idéalisé.

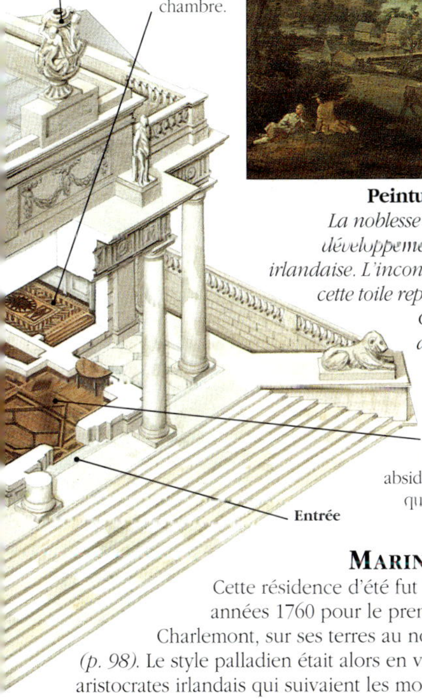

Marino Casino

Cette résidence d'été fut bâtie dans les années 1760 pour le premier comte de Charlemont, sur ses terres au nord de Dublin *(p. 98)*. Le style palladien était alors en vogue chez les aristocrates irlandais qui suivaient les modes anglaises.

Où voir l'Irlande georgienne

À Dublin, nombreux sont les édifices georgiens publics ou privés comme la Custom House *(p. 86)* et Four Courts *(p. 91)*. Près de Dublin, Castletown *(p. 122-123)*, Russborough et Powerscourt *(p. 126-127)* reflètent la vie idyllique que menait la petite noblesse. D'autres bâtiments du XVIIIe siècle sont ouverts au public, dont Emo Court, Westport House *(p. 196-197)* et Castle Coole *(p. 264)*.

***La façade d'Emo Court**, au portique ionique, est de James Gandon qui conçut maints édifices publics de Dublin* (p. 245).

Russborough House (p. 124) *fut bâtie en 1741 par Richard Castle. D'élégantes niches ornées de bustes classiques agrémentent la cheminée du vestibule.*

Entrée de la brasserie Guinness

1782 Le Parlement devient plus indépendant de Westminster

Les Irish Volunteers, milice irlandaise, réclament l'indépendance législative

1798 La révolte des United Irishmen de Wolfe Tone est écrasée

1760	1770	1780	1790

1759 Guinness achète la brasserie de St James's Gate à Dublin

Custom House

1791 Custom House est bâtie par James Gandon à Dublin

1793 Émancipation limitée des catholiques irlandais

1795 Création de l'ordre d'Orange par les protestants de l'Ulster

La famine et l'émigration

Ticket de rationnement datant de la famine

La Grande Famine de 1845-1848 a profondément marqué l'Irlande du siècle dernier. Elle fut provoquée par le mildiou qui détruisit trois récoltes de pommes de terre. La faim et le choléra firent un million de victimes. Des millions d'Irlandais mirent alors le cap sur l'Amérique. En 1900, la population avait diminué de moitié. La misère rurale engendra une campagne pour les droits des cultivateurs. Elle devint bientôt une lutte pour l'indépendance. De grands pas vers le *Home Rule* (autonomie) furent faits au Parlement grâce à un politicien charismatique, Charles Stuart Parnell.

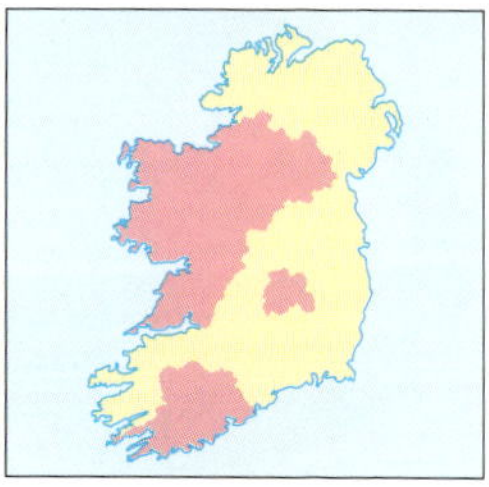

L'Irlande en 1851

Zones où la population a chuté de plus de 25 %

Daniel O'Connell
Surnommé « le libérateur », il organisa des rassemblements pacifiques d'un million de personnes, pour l'émancipation des catholiques. Il fut élu député en 1828.

Sur les navires bondés qui emmenaient les Irlandais en Amérique, des épidémies se déclaraient souvent d'où leur surnom de « bateaux cercueils ».

Castle Clinton. On y enregistra les nouveaux arrivants à New York jusqu'à ce que des services de l'immigration s'établissent à Ellis Island.

Le boycottage des propriétaires
En 1880, des troupes confisquèrent les récoltes du capitaine Boycott, première victime d'une campagne menée contre les propriétaires ayant chassé leurs cultivateurs. Son nom passa ensuite dans le langage courant.

Chronologie

Le service de diligences de Charles Bianconi en 1836

1800 | 1810 | 1820 | 1830 | 1840

1800 Acte d'Union : l'Irlande fait légalement partie de la Grande-Bretagne

1803 Échec du soulèvement mené par Robert Emmet, chef des Irlandais unis

1815 Premier service de diligences en Irlande

1817 Le Royal Canal est achevé

1828 Après une campagne menée pendant cinq ans par Daniel O'Connell, l'acte d'émancipation des catholiques est adopté. Certains catholiques accèdent au droit de vote

1838 Le père Mathew lance une croisade contre l'alcoolisme. Cinq millions d'Irlandais s'engagent à ne pas boire.

1845 Début de la Grande Famine qui durera quatre ans

Le père Mathew

L'éviction des fermiers irlandais
À la fin des années 1870, les prix agricoles chutèrent brutalement. Les cultivateurs insolvables furent chassés par les propriétaires. Ainsi naquit une ligue paysanne, la Land League, *qui finit par obtenir une réforme.*

L'émigration irlandaise

Une des conséquences de la famine fut le renforcement de la communauté irlandaise aux États-Unis. Dès qu'ils le purent, les émigrés envoyèrent des fonds aux indépendantistes restés au pays et fondèrent le mouvement Fenian. Ils influèrent sur le gouvernement américain qui incita les Britanniques à changer de politique vis-à-vis de l'Irlande. Des vétérans de la guerre de Sécession retournèrent même en Irlande participer aux soulèvements Fenians entre 1865 et 1867.

Défilé *le jour de la Saint-Patrick à New York le 17 mars 1870.*

Les Irlandais étaient généralement considérés comme des paysans illettrés par les Américains souvent hostiles à leur venue.

Arrivée d'immigrants à New York

Les Irlandais qui survécurent à la traversée débarquèrent à New York, au port de Castle Garden représenté ci-dessus par Samuel Waugh (1855). Bien que d'origine paysanne, la plupart des nouveaux arrivants s'installèrent à Manhattan dans des conditions souvent épouvantables.

Charles Stuart Parnell
Partisan de la Land League *et du* Home Rule, *sa carrière politique fut ruinée en 1890 lorsqu'il fut convaincu d'adultère.*

1848 Échec du soulèvement de la Jeune Irlande, une des multiples insurrections éclatant alors dans toute l'Europe

1853 Exposition de Dublin inaugurée par la reine Victoria

L'exposition de Dublin

1867 Les Irlandais d'Amérique retournent au pays. Ils participent à la lutte pour l'indépendance menée par l'Irish Republican Brotherhood, ou mouvement Fenian

1877 Charles Stuart Parnell prend la tête du nouveau Home Rule Party

1879-1882 Land War, représailles menées par la Land League de Michael Davitt contre les évictions des agriculteurs

1881 Parnell est emprisonné à Kilmainham à Dublin

1884 Création de la Gaelic Athletic Association, premier groupe à promouvoir les traditions

1886 Gladstone, parlementaire britannique, propose un premier *Home Rule*, mais il n'a pas l'appui du Parlement

1892 Échec du deuxième *Home Rule*

1850 — 1860 — 1870 — 1880 — 1890

La guerre et l'indépendance

Timbre de l'Irish Free State, 1922

Les projets de *Home Rule* irlandais furent anéantis par la Première Guerre mondiale. Mais l'insurrection manquée d'avril 1916 redonna espoir en la cause républicaine. En 1919, un Parlement irlandais officieux fut créé et l'on déclencha la guerre contre l'occupant britannique. Le traité de Londres signé en 1921 divisa l'île en deux. L'État libre d'Irlande était indépendant. L'Irlande du Nord restait attachée au Royaume-Uni. La guerre civile éclata dans le Sud où factions favorables et opposées au traité s'entre-déchirèrent.

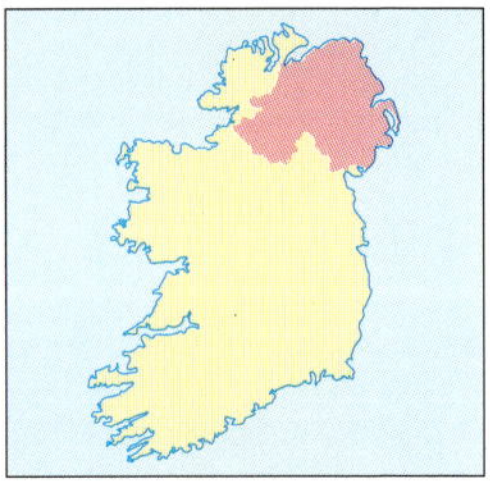

L'Irlande en 1922

- *L'Irlande du Nord*
- *L'État libre d'Irlande*

Le parti unioniste
Le chef des unionistes hostiles au Home Rule *était Edward Carson. En 1913, l'Ulster Volunteer Force fut créée. Son objectif était que six comtés de l'Ulster restent attachés au Royaume-Uni.*

Patrick Pearse, poète, lut la proclamation de la République depuis les marches de la Grande Poste le lundi de Pâques.

La Service Medal de 1916 fut donnée à tous les participants de l'insurrection d'avril. Elle représente Cuchulainn, le guerrier mythique irlandais.

Les Black and Tans
Ces soldats britanniques aux uniformes noirs et bruns, généralement des vétérans de 1914-1918, exercèrent d'atroces représailles contre les Irlandais en 1920-1921.

Chronologie

Le Titanic

1904 Ouverture à Dublin de l'Abbey Theatre

1905 Création du Sinn Féin (Nous Seuls)

1912 Construit à Belfast, le *Titanic* coule lors de son premier voyage

1912 Edward Carson rallie les protestants de l'Ulster. Convention solennelle contre le *Home Rule* signée par 471 414 personnes

1913 Grève générale à Dublin

1916 Échec de l'insurrection d'avril

1918 Le Sinn Féin gagne 73 sièges. Constance Markievicz devient la première femme parlementaire

1919 Premi séance du Parlement indépendan *(Dáil Éireann)*

1920 L'*Irish Government Act* propose de diviser l'île

1921 Signature du traité de Londres. L'Irlande du Sud plonge dans la guerre civile

1905 | 1910 | 1915 | 1920

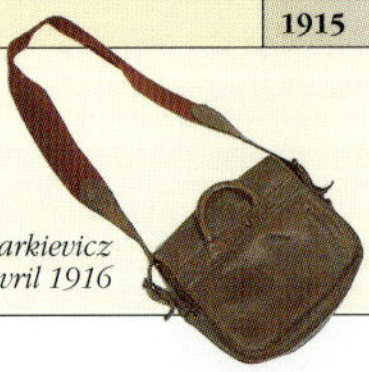

Sacoche portée par Constance Markievicz lors de l'insurrection d'avril 1916

La Grande Poste, Pâques 1916
Ce qui était censé être un soulèvement national ne réunit en fait que 2 500 insurgés armés à Dublin. Ils assiégèrent la Grande Poste et d'autres édifices publics pendant cinq jours.

Eamon de Valera (1882-1975)

Acteur de l'insurrection de la Grande Poste, il échappa à l'exécution. Il domina la scène politique irlandaise pendant près de 60 ans. Son parti, le Sinn Féin, s'opposera au traité de Londres de 1921, plongeant l'État libre d'Irlande dans la guerre civile. Après avoir créé un nouveau parti, le Fianna Fáil, il devint premier ministre *(Taioseach)* en 1932. Il resta en fonction jusqu'en 1948 et fut réélu plusieurs fois dans les années cinquante. Il fut président d'Irlande de 1959 à 1973.

Ce mauser pris aux Allemands en 1914 servit lors de l'insurrection de Pâques.

Parmi les souvenirs de l'insurrection conservés à Kilmainham Gaol à Dublin *(p. 95)*, ce crucifix fait avec des cartouches par un soldat britannique.

Les chefs de l'insurrection de 1916

Ce montage représente les quatorze chefs de l'insurrection. Ils passèrent tous en cour martiale et furent fusillés à Kilmainham Gaol. La sauvagerie avec laquelle ils furent tués (James Connolly atrocement blessé fut lié à une chaise avant d'être abattu) bouleversa l'opinion publique. Ils devinrent alors des martyrs.

Affiche électorale
Cumann na nGaedheal, le parti favorable au Traité, remporta la première élection générale de l'État libre en 1923. Il fusionna avec d'autres partis en 1933 : le Fine Gael était né.

1922 Naissance de l'État libre d'Irlande. Michael Collins est abattu dans une embuscade à Cork

Michael Collins (1890-1922), héros de la guerre d'indépendance, fut président de l'État libre et commandant en chef des armées

1923 Yeats reçoit le prix Nobel de littérature

1925

1925 G. B. Shaw reçoit le prix Nobel de littérature

1926 De Valera quitte le Sinn Féin et créé le Fianna Fáil (Soldats de la Destinée)

1929 Début de la construction sur le Shannon d'une centrale hydro-électrique

1930

1932 Le Fianna Fáil gagne l'élection générale. De Valera devient premier ministre. Il le restera 16 ans

1933 Le Fine Gael (Irlande unie) s'oppose au Fianna Fáil

1935

1936 L'IRA est interdite par le gouvernement de l'État libre

1937 La nouvelle constitution déclare l'indépendance totale vis-à-vis de la Grande-Bretagne. L'État libre devient l'Eire

1939 Deuxième Guerre mondiale. L'Eire est neutre

L'Irlande moderne

Mary Robinson, première femme président

Depuis son entrée en 1973 dans la CEE, la république d'Irlande s'est efforcée de moderniser son économie essentiellement agricole. La société aussi a évolué. Les lois interdisant l'avortement et le divorce ont lentement été libéralisées. Quant à l'Irlande du Nord, quadrillée par l'armée britannique, elle a traversé plus de vingt-cinq années d'attentats et d'émeutes. Dans un tel climat, l'industrie a considérablement décliné. Toutefois, l'instauration du cessez-le-feu en 1994 a redonné espoir à toute la province.

1972 Dimanche sanglant *(Bloody Sunday)*. L'armée britannique tue 13 manifestants à Derry. Le Parlement d'Irlande du Nord est suspendu et la *Direct Rule* est instaurée

1970 Le révérend Ian Paisley, protestant unioniste radical, est élu au Parlement de Belfast

1969 Violents affrontements entre policiers et manifestants à Belfast et Derry. L'armée britannique est envoyée pour rétablir l'ordre

1956 L'IRA lance une campagne d'attentats contre les postes frontière avec l'Ulster. Elle durera jusqu'en 1962

1967 Création de l'association pour les droits civiques d'Irlande du Nord. Son but : faire cesser les discriminations contre les catholiques

IRLANDE DU NORD

1945 | 1955 | 1965

RÉPUBLIQUE D'IRLANDE

1949 Nouveau gouvernement dirigé par John A. Costello. L'Eire devient la république d'Irlande et quitte le Commonwealth

1959 Eamon de Valera alors premier ministre démissionne. Il sera ensuite élu président

1955 La république d'Irlande entre aux Nations unies. L'armée irlandaise a depuis lors participé efficacement au maintien de la paix dans le monde

1969 Samuel Beckett (ici faisant répéter une de ses pièces) reçoit le prix Nobel de littérature, mais n'ira pas à la cérémonie à Oslo

1963 John F. Kennedy, premier président américain catholique d'origine irlandaise, visite l'Irlande (ci-dessus avec le président De Valera)

1947 La statue de la reine Victoria est retirée de la cour du Parlement irlandais de Dublin

1973 Entrée de la république d'Irlande (et du Royaume-Uni) dans la CEE. Le pays perçoit des aides au développement qui lui sont indispensables

974 Le partage du pouvoir prend in en raison d'une grève organisée ar les ouvriers protestants. La *irect Rule* est imposée à nouveau

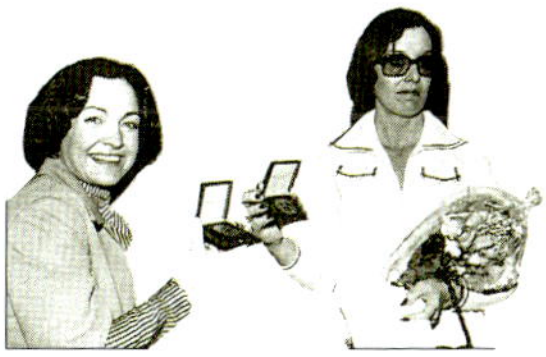

1976 Mairead Corrigan et Betty Williams, chefs de l'Ulster Peace Movement, reçoivent le prix Nobel de la paix à Oslo

1982 Le constructeur automobile De Lorean installé à Belfast ferme ses portes 4 ans après avoir reçu 17 millions de livres de subventions

1981 Bobbie Sands fait la grève de la faim et meurt en prison

1985 Barry McGuigan bat le Panaméen Eusebio Pedroza et devient champion du monde des poids plume

1986 Amertume au sein de l'opposition loyaliste après l'accord sur l'Irlande du Nord conclu en 1985 entre l'Angleterre et la république d'Irlande

1987 Une bombe de l'IRA explose lors de la commémoration d'Enniskillen et fait 11 morts

1991 Négociations de paix entre les grands partis d'Irlande du Nord (sauf le Sinn Féin) et les gouvernements britanniques et irlandais

1994 Cessez-le-feu de l'IRA avant le cessez-le-feu protestant le mois suivant. Gerry Adams, leader du Sinn Féin, est autorisé à s'exprimer à la radio et à la télévision britanniques

1995 Pour la première fois en 25 ans, l'armée cesse ses patrouilles de jour en Irlande du Nord. Séamus Heaney reçoit le prix Nobel de littérature. Le divorce est légalisé par voie référendaire.

		IRLANDE DU NORD
1975	1985	1995
		RÉPUBLIQUE D'IRLANDE

1979 Le pape Jean-Paul II se rend en Irlande et célèbre une messe devant plus d'un million de fidèles au Phoenix Park de Dublin

1985 Le chanteur irlandais Bob Geldof organise des concerts à Londres et Philadelphie pour lutter contre la famine en Afrique

1988 Célébration du millénaire de Dublin. Le blason de la ville est redoré

1991 Mary Robinson, première femme élue président de la République

1994 L'équipe de football de la république d'Irlande atteint les quarts de finale de la coupe du monde aux États-Unis. Ci-dessus, Ray Houghton est congratulé après avoir inscrit le but de la victoire contre l'Italie

1992 À l'occasion d'un référendum, 62 % des Irlandais sont d'accord pour que les femmes enceintes puissent avorter à l'étranger

1987 Le Dublinois Steven Roche remporte le Tour de France, le tour d'Italie et le championnat du monde en une seule saison

L'Irlande au jour le jour

Les plus beaux mois pour visiter l'Irlande sont juillet et août. En effet, même en plein été, l'île n'est jamais envahie par les touristes. Juin et septembre sont agréables, mais le temps est alors variable. Il ne faut jamais oublier en effet que l'Irlande doit sa beauté luxuriante aux pluies abondantes. Certains monuments ferment à la basse saison, mais la plupart sont ouverts de Pâques à septembre. Le printemps et l'été voient se multiplier les festivals sur les thèmes les plus divers : spécialités culinaires, religion ou pêche au saumon. Seul point commun à toutes ces manifestations, la musique, qui retentit aussi au cœur de l'hiver lorsque l'Irlande fête Noël et le jour de l'an. Sur votre route, cherchez le mot *fleadh* (festival), mais n'oubliez pas qu'en Irlande un rien suffit pour que la fête commence, un air de violon ou une simple chanson.

Toilette pour le Dublin Horse Show

Parade annuelle de la Saint-Patrick (17 mars) à Dublin

Le printemps

La Saint-Patrick est souvent considérée comme le début de la saison touristique. Les congés de mai, lorsque les hôtels sont presque pleins, sont célébrés en musique un peu partout. Après les longs mois d'hiver, les festivals et les divertissements commencent.

Mars

Adare Jazz Festival *(mi-mars, p. 186)*. Il a lieu dans les pubs et les hôtels de la ville durant cinq jours. **Saint-Patrick** *(17 mars)*. Les pèlerinages se déroulent entre autres à Downpatrick, Armagh, Dublin, Cork et Limerick. **Horse Ploughing Match** et **Heavy Horse Show** *(17 mars, p. 258)*. Lors de ce concours annuel, vieux de plus de 100 ans, Ballycastle est envahie.

Char publicitaire pour la Guinness lors de la Saint-Patrick

Avril

Feis Ceoil, Dublin *(déb. avril)*. Ce festival de musique classique se déroule en différents endroits de la ville. **Pan Celtic Festival**, Tralee *(mi-avril, p. 148)*. Très animé, ce festival célèbre la culture celte. **Cork Choral Festival** *(fin avril-mai, p. 166-167)*.

Mai

Belfast Civic Festival et **Lord Mayor's Show** *(mi-mai, p. 268-271)*. Parade avec orchestres et chars. **Royal Ulster Agriculture Society Show**, Belfast *(mi-mai)*. Trois jours d'activités diverses, dont des concours de tonte des moutons. **« A Taste of Baltimore » Shellfish Festival** *(fin mai, p. 162)*. **Fleadh Nua**, Ennis *(fin mai, p. 181)*. Quatre jours de musique et de danses irlandaises.

Été

En Irlande, l'été est la saison où la fête bat son plein. C'est la saison la plus trépidante de l'année. Que d'activités ! Festivals, cours d'été, concerts, courses… vous aurez l'embarras du choix, mais réservez à l'avance si vous comptez vous rendre à un grand festival.

Courses sur les plages de Laytown (août)

Juin

County Wicklow Garden Festival *(tout le mois)*. Il a lieu dans des jardins publics ou privés du comté, notamment à Powerscourt *(p. 126-127)*. **An Tostal**, Drumshanbo, comté de Leitrim *(mi-juin)*. Musique et danses irlandaises au programme. **Maracycle**, Belfast et Dublin *(mi-juin)*. Des milliers de cyclistes relient ces deux villes. **Bloomsday**, Dublin *(16 juin)*. Conférences, conversations dans les pubs et promenades en l'honneur du roman de James Joyce, *Ulysse*. **Scurlogstown Olympiad Celtic Festival**, Trim *(mi-juin, p. 240)*. Musique irlandaise

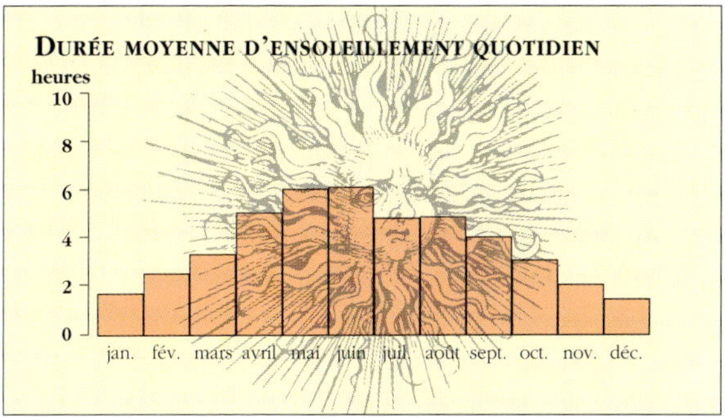

Ensoleillement
Ce schéma donne l'ensoleillement de Dublin, mais il peut s'appliquer à toute l'Irlande. Le Sud-Est est la région la plus ensoleillée de l'île. La république d'Irlande jouit de quelques heures de soleil de plus que l'Irlande du Nord.

traditionnelle, danse, concours de beauté. **Music in Great Irish Houses** *(2e et 3e sem.)*. Récitals de musique classique dans divers endroits. **Castle Ward Opera**, Strangford *(fin juin, p. 276)*. Festival d'opéra dans un château du XVIIIe siècle. **County Wexford Strawberry Fair**, Enniscorthy *(fin juin-déb. juil., p. 141)*. Lors de cette foire aux fraises se produisent comédiens, musiciens et artisans.

Rassemblement de bateaux lors du Cruinniú na mBad de Kinvarra (août)

JUILLET

Battle of the Boyne Day *(12 juil., p. 236)*. Les Orangistes paradent dans les villes d'Irlande du Nord pour fêter la victoire des protestants sur l'armée catholique de Jacques II en 1690. **Cork Regatta Week**, Crosshaven, comté de Cork *(mi-juil.)*. **Galway Arts Festival** *(3e et 4e sem., p. 202-203)*. Processions, concerts, théâtre de rue, spectacles d'enfants dans le centre médiéval de la ville. Suivent immédiatement les cinq jours de courses de Galway. **Mary of Dungloe International Festival**, Dungloe *(der. sem., p. 220)*. Danse, musique et concours de beauté. **Ballyshannon International Folk Festival** *(fin juil., p. 223)*. Trois jours de musique folklorique irlandaise. **Lughnasa Fair**, Carrickfergus Castle *(fin juil., p. 267)*. Foire populaire médiévale. **O'Carolan Harp and Traditional Music Festival**, Keadue, comté de Roscommon *(fin juil.-déb. août)*. Musique et danses folkloriques.

Orangistes commémorant la bataille de la Boyne

Machine à vapeur au Stradbally Rally (août)

AOÛT

Letterkenny Folk Festival *(déb. août, p. 219)*. Une semaine de musique. **Stradbally Steamengine Rally**, comté de Laois *(déb. août)*. Festival des machines à vapeur. **Dublin Horse show** *(2e sem.)*. Un grand concours de saut d'obstacles prisé par la bonne société. **Puck Fair**, Killorglin, comté de Kerry *(mi-août, p. 157)*. Un bouc est couronné lors de ce festival traditionnel. **Laytown Beach Races**, comté de Meath *(mi-août)*. Courses de chevaux sur la plage. **Blessing of the Sea** *(2e ou 3e dim.)*. Bénédiction de la mer dans toutes les villes côtières d'Irlande. **Oul'Lammas Fair**, Ballycastle *(mi-août, p. 258)*. Foire réputée pour ses dégustations d'algues. **Kilkenny Arts Week** *(4e sem., p. 134-136)*. Grand festival des arts : poésie, film, artisanat, musique classique. **Rose of Tralee Festival** *(fin août, p. 148)*. Processions, danses et concours de beauté. **Cruinniú na mBad**, Kinvarra *(fin août, p. 202-204)*. Rassemblement de bateaux traditionnels.

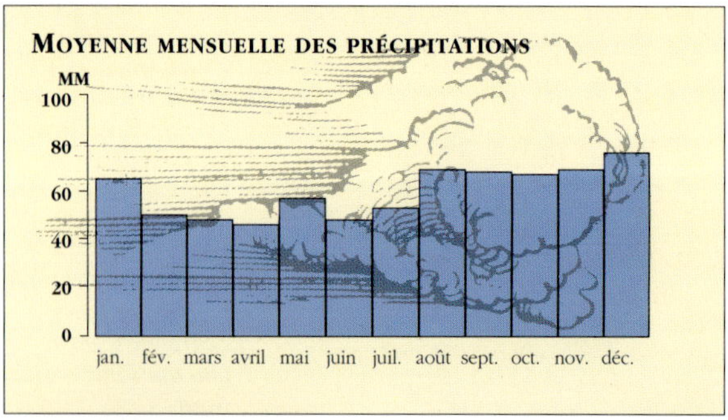

Précipitations
L'Irlande est un des pays les plus pluvieux d'Europe. Les précipitations sont constantes toute l'année. Ces chiffres sont ceux de Dublin. L'Ouest est la région la plus humide, le Sud-Est la moins pluvieuse.

Festival de l'huître à Galway (sept.)

AUTOMNE

Les huîtres et l'opéra sont les deux grands événements de l'automne avec les festivals de jazz et de cinéma. Les congés d'octobre sont fêtés en musique dans de nombreuses villes. Attention, même en automne les hôtels peuvent afficher complet.

SEPTEMBRE

All-Ireland Hurling Final, finale de hurling à Croke Park, Dublin *(1er dim., p. 27).*
Lisdoonvarna Matchmaking Festival *(tout le mois et la 1re sem. d'oct.).* Les célibataires se réunissent pour danser sur des airs traditionnels.
Waterford International Festival of Light Opera *(mi-sept.-déb. oct., p. 329).* Comédies musicales et opérettes au Theatre Royal.
All-Ireland Football Final, finale de football gaélique au Croke Park de Dublin *(3e dim., p. 27).*
Sligo Arts Festival *(der. sem., p. 226).* Spectacles de rue, jazz, musique et danses irlandaises.
Galway Oyster Festival *(fin sept., p. 202-203).* Dégustations d'huîtres en différents points de la ville.

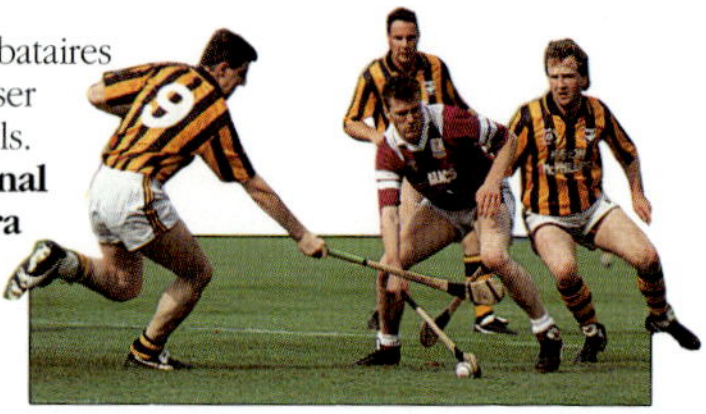

Finale de hurling au Croke Park de Dublin

OCTOBRE

Octoberfest, Londonderry *(tout le mois, p. 250-251).* Danse, poésie, cinéma, théâtre et musique.
Cork Film Festival *(déb. oct., p. 166-167).* Films irlandais et étrangers.
Kinsale Gourmet Festival *(déb. oct., p. 164-165).* Les hôtels, restaurants et pubs de la capitale gastronomique de l'Irlande servent leurs spécialités.
Ballinasloe Fair, comté de Galway *(1re sem.).* Une des plus vieilles foires (très animée) de chevaux d'Europe.
Dublin Theatre Festival *(1re et 2e sem.).* Pièces d'auteurs irlandais et étrangers.
Wexford Opera Festival *(der. sem. d'oct.-1re sem. de nov., p. 329).* Festival d'opéras peu connus.
Hallowe'en (ou **Shamhana**) *(31 oct.).* Fête célébrée dans tout le pays.
Cork Jazz Festival *(fin oct., p. 166-167).* Festival apprécié. La musique envahit Cork.

Attelage à la foire de Lisdoonvarna

NOVEMBRE

Sligo International Choral Festival *(déb. nov., p. 226).* Concerts et concours de chorales du monde entier.
Carrick Theatre Festival, Carrick-on-Shannon, comté de Letrim *(mi-nov., p. 227).* Sélection de pièces en un acte pour le festival national de théâtre.
Belfast Festival at Queen's, Queen's University *(3 der. sem., p. 268-271).* Théâtre, danse classique, cinéma et musiques diverses.

Foire aux chevaux à Ballinasloe dans le comté de Galway (octobre)

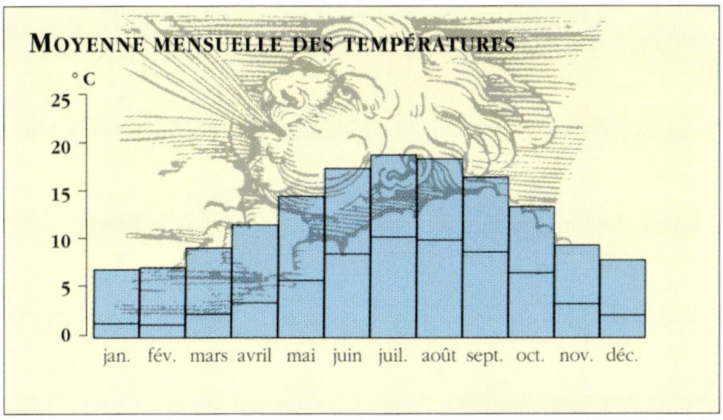

Températures
Les températures indiquées sont les plus hautes et les plus basses de la ville de Dublin. L'hiver est doux dans toute l'Irlande sauf en montagne. En été, la région la plus chaude est le Sud-Est.

Hiver

Les festivals sont moins nombreux qu'à la belle saison, mais de concerts en pièces de théâtre les occasions de se divertir ne manquent pas. Noël est la période des célébrations improvisées. De nombreuses courses de chevaux *(p. 26)* animent aussi l'hiver.

Enfants déguisés en ramoneurs pour la Saint-Étienne

Décembre

Pantomime Season *(déc.-jan.)*. Pantomime dans divers théâtres d'Irlande.
Leopardstown Races *(26 déc., p. 121)*. La plus grande réunion en ce jour de courses traditionnel. D'autres courses ont lieu à Limerick et Down Royal.
St Stephen's Day *(26 déc.)*. Les petits catholiques déguisés en ramoneurs chantent des hymnes et font la quête pour des œuvres caritatives.

Janvier

Salmon and Sea Trout Season *(1er jan.-fin sept.)*. Ouverture de la pêche au saumon et à la truite, un des passe-temps des Irlandais.

Février

Dublin Film Festival *(fin fév.-déb. mars)*. Films étrangers un peu partout dans Dublin.
Belfast Music Festival *(fin fév.-mi-mars)*. Pour les jeunes, concours de musique, théâtre, déclamation. **Five Nations Rugby Tournament**, à Lansdowne Road, Dublin *(certains sam., fév.-avr., p. 26)*.

Glendalough sous un manteau de neige *(p. 132-133)*

Jours fériés

Jour de l'an (1er jan.)
Saint-Patrick (17 mars)
Vendredi saint
Lundi de Pâques
Premier mai
Fête légale de printemps (Irlande du Nord : der. lun. de mai)
Fête légale de juin (république : 1er lun. de juin)
Jour de la bataille de la Boyne (Irlande du Nord : 12 juil.)
Fête légale d'août (1er lun. d'août)
Fête légale d'été (Irlande du Nord : der. lun. d'août)
Fête légale d'octobre (der. lun. d'oct.)
Noël (25 décembre)
Saint-Étienne (république et Irlande du Nord : 26 déc.)

DUBLIN QUARTIER PAR QUARTIER

Dublin d'un coup d'œil

Les monuments de la capitale sont proches les uns des autres. Pour plus de simplicité, nous avons donc divisé le centre de Dublin en trois quartiers. Le *sud-est de Dublin* est le cœur de la cité moderne qui bat autour du prestigieux Trinity College. Le *sud-ouest de Dublin*, centre historique de la ville, s'enorgueillit de Dublin Castle. Au *nord de la Liffey*, le quartier folklorique d'O'Connell Street est un passage obligé. Les références des monuments ci-dessous renvoient à l'*Atlas et au répertoire des noms de rues*, p. 110-111.

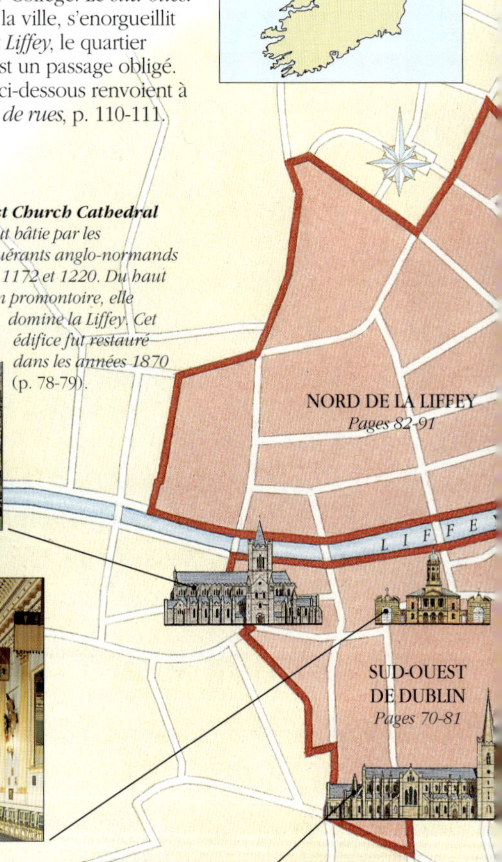

Christ Church Cathedral
Elle fut bâtie par les conquérants anglo-normands entre 1172 et 1220. Du haut de son promontoire, elle domine la Liffey. Cet édifice fut restauré dans les années 1870 (p. 78-79).

Dublin Castle
Il se dresse au cœur du vieux Dublin. Les luxueux grands appartements occupent les étages supérieurs du château. Aujourd'hui, ces salles servent aux cérémonies officielles comme l'investiture du président de la République (p. 74-75).

St Patrick's Cathedral
Son chœur est orné de drapeaux qui, comme les stalles, portent les armoiries des Chevaliers de Saint-Patrick. Son orgue est le plus grand et le plus puissant d'Irlande. Jonathan Swift et de grandes familles anglo-irlandaises reposent dans la cathédrale (p. 80-81).

O'Connell Street
Principale artère de Dublin, elle est toujours animée. Des façades de styles différents donnent sur l'allée centrale où se dressent les statues d'Irlandais célèbres. Un marché très coloré se tient dans Moore Street toute proche (p. 86-87).

Custom House
Ce bâtiment georgien conçu par James Gandon fut construit entre 1781 et 1791. Les têtes scuptées sur les clefs de voûte représentent les fleuves d'Irlande. Ci-dessus, la Foyle personnifiée (p. 86).

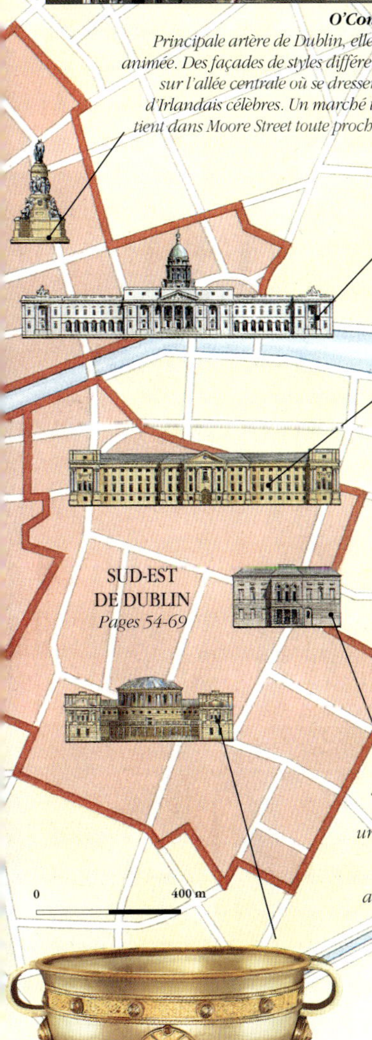

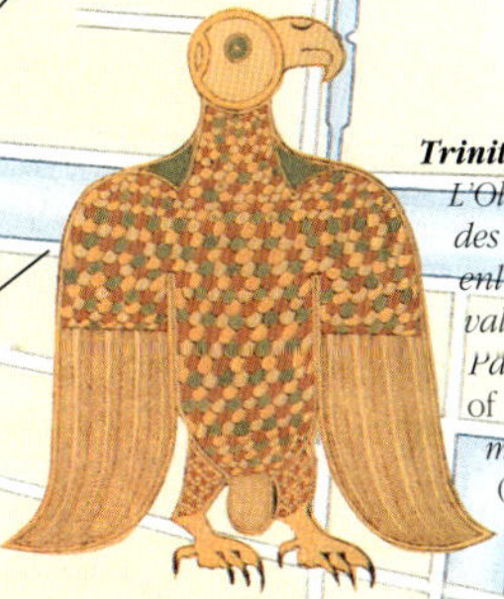

Trinity College
L'Old Library contient des manuscrits enluminés d'une valeur inestimable. Parmi ceux-ci, le Book of Durrow *qui date du milieu du VIIe siècle* (p. 60-62).

La National Gallery *ouvrit ses portes en 1864. Sur deux étages, ce musée très bien organisé abrite une vaste collection de toiles où les maîtres italiens et irlandais sont abondamment représentés. La construction d'une nouvelle aile devrait permettre au musée d'exposer de nouvelles œuvres* (p. 68-69).

National Museum. *Ce musée contient une collection merveilleuse d'objets. Toutes les époques y sont représentées, de l'âge de la pierre jusqu'à nos jours. Le calice d'Ardagh (800 av. J.-C.) est l'un des nombreux joyaux celtes exposés* (p. 64-65).

Dr. SWIFT
K
I

LE SUD-EST DE DUBLIN

Ce quartier est tout proche de la vieille ville fortifiée. Toutefois, il resta en friche jusqu'en 1592, date où fut fondé Trinity College. Il fallut attendre cent ans pour que soit aménagé plus au sud le vaste parc de St Stephen's Green. C'est vers le milieu du XVIIIe siècle que le quartier sud-est fut bâti.

De splendides édifices publics surgirent alors de terre, comme l'Old Library de Trinity College, Leinster House et la Bank of Ireland... Néanmoins, pour replonger dans l'époque georgienne, rien de tel qu'une flânerie romantique dans les environs où les rues et les places élégantes sont restées intactes. Les maisons de Merrion Square ont gardé jusqu'aux heurtoirs, impostes et balcons en fer forgé. Le sud-est de Dublin enchante toujours les visiteurs. Certains se laissent tenter par les luxueuses boutiques de Grafton Street, tandis que d'autres préfèrent visiter les plus prestigieux musées d'Irlande. Dans la National Gallery sont exposées de magnifiques toiles d'artistes irlandais et européens. Le National Museum abrite des trésors de l'âge du bronze et de la période de l'évangélisation. Le Natural History Museum tout proche mérite aussi une visite, ne serait-ce que pour son intérieur victorien toujours intact.

Heurtoir georgien à Merrion Square

LE QUARTIER D'UN COUP D'ŒIL

Musées, bibliothèques et galeries

National Gallery p. 68-69 11
National Library 8
National Museum p. 64-65 7
Natural History Museum 10
Royal Hibernian Academy 13

Bâtiments historiques

Bank of Ireland 1
Leinster House 9
Mansion House 5
Trinity College p. 60-61 2

Rues historiques

Fitzwilliam Square 14
Grafton Street 3
Merrion Square 12

Églises

St Ann's Church 6

Parcs et jardins

St Stephen's Green 4

LÉGENDE

Plan du quartier pas à pas p. 56-57
Gare
Station de DART
Parc de stationnement
Information touristique

◁ **Buste en marbre de Jonathan Swift dans l'Old Library de Trinity College**

Le sud-est de Dublin pas à pas

Les alentours de College Green constituent le cœur de Dublin. Les employés de la Bank of Ireland y croisent les étudiants de Trinity College. Les plus luxueuses boutiques de la ville ont ouvert dans les artères perpendiculaires à Grafton Street. Grands hôtels et restaurants chic sont tous dans ce quartier. La National Library, le Parlement irlandais et le National Museum sont à deux pas de Kildare Street. Loin du tourbillon de la ville, les Dublinois se détendent à St Stephen's Green, un parc paisible bordé de demeures georgiennes.

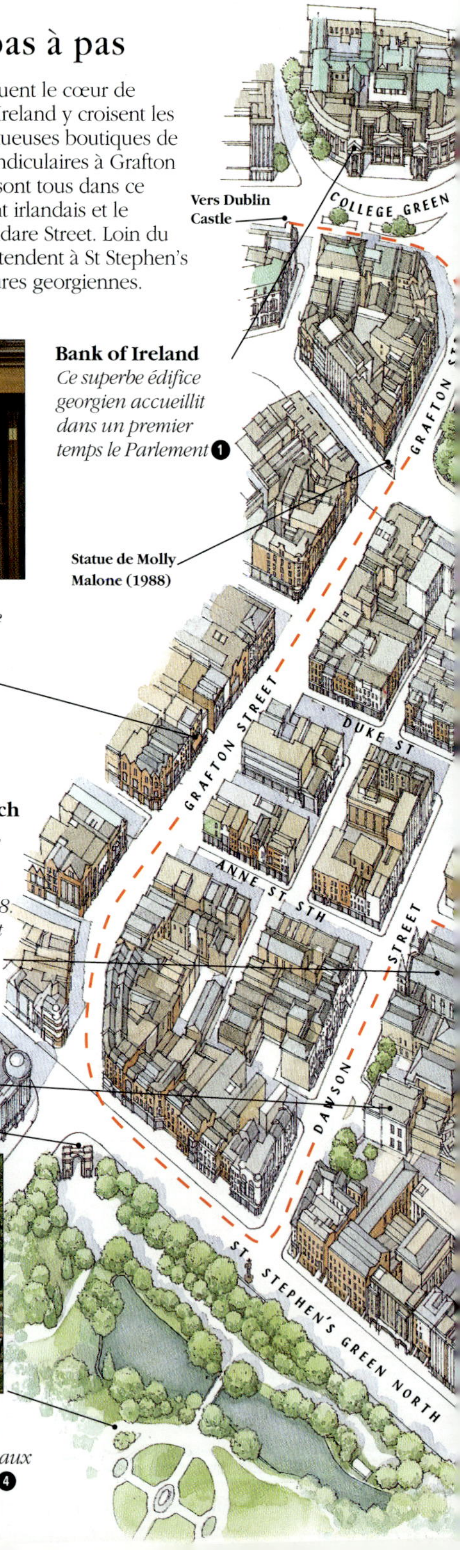

Bank of Ireland
Ce superbe édifice georgien accueillit dans un premier temps le Parlement ❶

Grafton Street
Une adresse courue dans cette rue animée par des jongleurs et des musiciens de talent : le Bewley's Oriental Café ❸

St Ann's Church
Église du XVIIIe s., sa façade éblouissante fut rajoutée en 1868. Ses vitraux sont splendides ❻

Mansion House
C'est la résidence officielle du maire de Dublin depuis 1715 ❺

★ St Stephen's Green
Ce parc tranquille est entouré de demeures élégantes. En été, le public vient nombreux aux concerts qui ont lieu à l'heure du déjeuner ❹

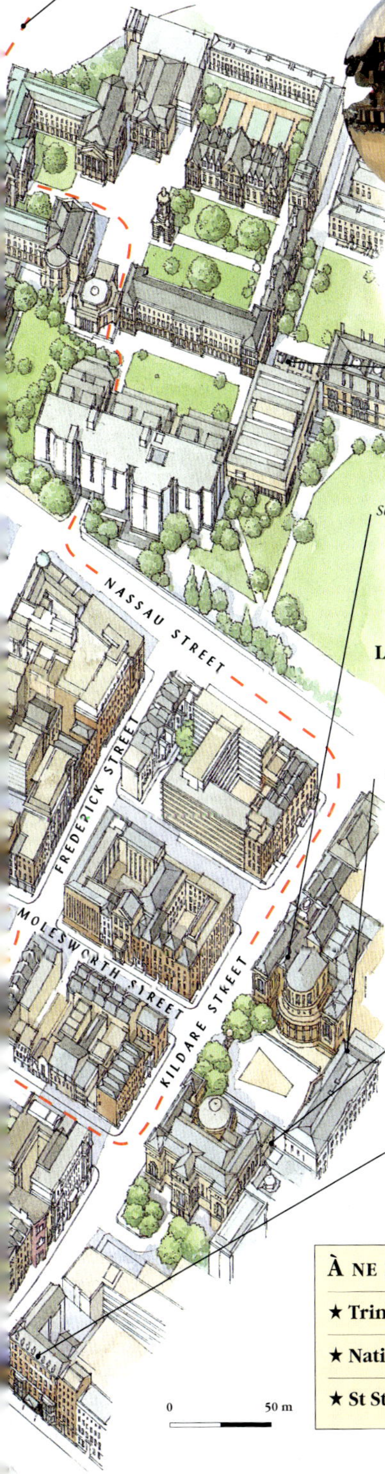

★ Trinity College
La sculpture de Pomodoro, Sphere within Sphere *(1982), donne une note moderne au campus* ❷

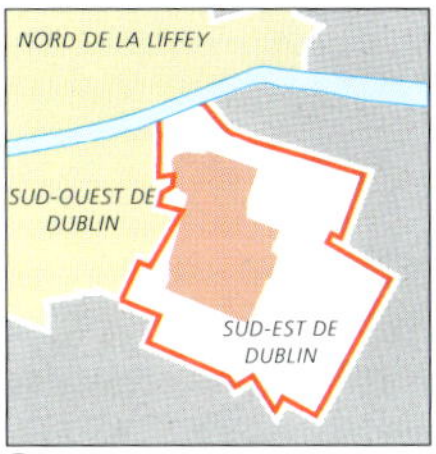

CARTE DE SITUATION
Voir le plan de Dublin p. 110-111

National Library
Des chérubins ornent la frise de la salle de lecture. James Joyce passa de longues heures dans cette somptueuse bibliothèque ❽

Leinster House
Le Parlement siège dans ce bâtiment grandiose depuis 1922 ❾

★ National Museum
Sa collection d'antiquités irlandaises comprend un mystérieux objet de bronze : la Petrie Crown *(IIe siècle apr. J.-C.)* ❼

Le Shelbourne Hotel
Bâti en 1867, il donne sur le parc de St Stephen's Green. Dublinois et touristes adorent y prendre le thé.

À NE PAS MANQUER
- ★ **Trinity College**
- ★ **National Museum**
- ★ **St Stephen's Green**

LÉGENDE
– – – Itinéraire conseillé

L'ancienne Chambre des lords dans l'actuelle Bank of Ireland

Bank of Ireland ❶

2 College Green. **Plan** D3. *661 5933 poste 2265.* *de 10 h à 16 h du lun. au mer. et ven., de 10 h à 17 h le jeu.* *jours fériés.* **House of Lords** *10 h 30, 11 h 30 et 13 h 45 le mar. ou sur r.-v.*

L'actuelle banque d'Irlande fut le premier édifice d'Europe conçu pour accueillir un Parlement. La partie centrale fut commencée par Edward Lovett Pearce ; malheureusement, l'architecte mourut avant qu'elle ne soit achevée en 1739. Son chef-d'œuvre, la salle octogonale de la Chambre des communes *(p. 38)*, fut ravagé par les flammes en 1792. Par chance, la Chambre des lords est toujours intacte. Pour la visiter, il faut vous adresser à un huissier. Son plafond à caissons et ses boiseries mettent en valeur son superbe volume. Aux murs, d'immenses tapisseries rappellent la *Bataille de la Boyne* et le *Siège de Londonderry*. La salle est ornée d'un lustre extraordinaire du XVIIIe siècle. Pas moins de 1 233 pièces de cristal réfléchissent la lumière de toutes parts. Le portique est, imaginé par James Gandon, fut ajouté en 1785. Après la dissolution du Parlement irlandais en 1800, la Bank of Ireland s'installa dans les lieux. De magnifiques guichets furent aménagés dans l'ancienne Chambre des communes. La banque fut achevée en 1808. Au pied de la façade qui donne sur College Green, une statue de John Foley fut érigée en 1879 en l'honneur d'Henry Grattan *(p. 38)*, le plus illustre parlementaire irlandais.

Molly Malone à jamais figée dans le bronze à Grafton Street

Trinity College ❷

Voir p. 60-61.

Grafton Street ❸

Plan D4.

Cette rue piétonne pleine de charme relie Trinity College au superbe centre commercial de St Stephen's Green. Au croisement avec Nassau Street se dresse une statue de Jean Rynhart représentant *Molly Malone* (1988). Une chanson populaire rend aussi honneur à cette fameuse marchande. Tandis que jongleurs et musiciens distraient les passants, certains se rendent chez Brown Thomas, l'un des magasins les plus luxueux de la ville *(p. 325)*. D'autres se hâtent vers le Bewley's Oriental Café *(p. 306)*. Cette vénérable institution, vieille de 150 ans, se trouve au n° 78. C'est le café préféré des Dublinois. Jadis se tenait là l'école de Samuel Whyte. Elle fut fréquentée entre autres par Robert Emmet *(p. 75)* qui s'illustra lors du soulèvement de 1803. Malgré quelques légères modifications, le Bewley's Oriental Café (surtout la salle à l'étage) représente à merveille l'époque victorienne.

St Stephen's Green ❹

Plan D5. *de l'aube au crépuscule.* **Newman House** 85-86 St Stephen's Green. *706 7422.* *de juin à sept. : de 10 h à 16 h 30 du mar. au ven., de 14 h à 16 h 30 le sam., de 11 h à 14 h le dim. (d'oct. à mai : réservé aux groupes).* *jours fériés.*

Le Royal College of Surgeons qui borde St Stephen's Green

Ce parc était jadis un des trois terrains communaux de la ville. St Stephen's Green fut clôturé en 1664. Ses 9 hectares furent aménagés en 1880 grâce à une subvention de Lord Ardilaun, un membre de la famille Guinness. Des arbres majestueux se mirent dans un lac bordé de plates-bandes. Au milieu des parterres fleuris, une fontaine murmure. Les statues de Dublinois célèbres, dont Ardilaun, contrastent avec les vertes pelouses. Les écrivains sont à l'honneur, notamment avec un buste de James Joyce *(p. 88)* et une stèle à la

Détente au bord du lac de St Stephen's Green

mémoire de W. B. Yeats *(p. 224-225)* sculptée par Henry Moore en 1967. La même année, Edward Delaney érigeait au coin de Merrion Row un imposant monument représentant le chef nationaliste Wolfe Tone. L'été, des concerts ont lieu dans le kiosque (1887).

À l'ouest fut bâti en 1806 le Royal College of Surgeons (la faculté de médecine). Il fut réquisitionné par les insurgés, dont Constance Markievicz, en 1916 *(p. 42-43)*. Ses colonnes portent encore des traces de balles.

La partie nord est la plus animée du parc. Elle est traversée depuis la création du parc au XIXe siècle par des gentlemen qui se rendent à leur club. L'édifice principal est le luxueux Shelbourne Hotel *(p. 287)*. En 1867, princesses et esclaves statufiés ornaient l'entrée. Il faut pénétrer dans l'hôtel, ne serait-ce que quelques instants, pour admirer les lustres du hall. Le Lord Mayor's Lounge, son salon de thé, est très apprécié des Dublinois.

Au sud du parc se trouve l'université catholique d'Irlande, Newman House. Elle ouvrit en 1854 et son premier président fut le théologien britannique John Henry Newman. Certains étudiants, comme James Joyce, Patrick Pearse qui dirigea l'insurrection de 1916 et Eamon De Valera *(p. 43)* qui fut élu président de la République, sont passés à la postérité. Grâce aux visites guidées, on découvre les intérieurs georgiens les plus élégants de Dublin. Les murs et plafonds de la demeure située au nº 85 sont festonnés de stucs baroques. Ils furent réalisés en 1739 par les frères Francini. La décoration très chargée du Bishop's Room au nº 86 est caractéristique du XIXe siècle.

La petite église de l'université (1856) est toute proche. Elle abrite des marbres ouvragés dans le style byzantin. Toujours au sud du parc, Iveagh House, l'actuel ministère des affaires étrangères. La famille Guinness y résida jadis.

Mansion House ❺

Dawson St. **Plan** E4. ● *au public.*

En retrait de Dawson Street, Mansion House est une belle demeure de style Queen Ann. Elle fut construite en 1710 pour Joshua Dawson, un noble qui laissa son nom à la rue. La Dublin Corporation la racheta cinq ans plus tard. Elle devint alors la résidence du lord-maire. La façade décorée de stucs date de l'époque victorienne. Le Dáil Éireann *(p. 63)* qui adopta la déclaration de l'indépendance s'y réunit pour la première fois le 21 janvier 1919.

Aujourd'hui, Mansion House est surtout un lieu de réceptions.

St Ann's Church ❻

Dawson St. **Plan** E4. ☎ *676 7727.* ◯ *de 10 h à 16 h du lun. au ven.*

Cette église fut fondée en 1707. Sa façade néo-romane fut ajoutée en 1868. Au siècle dernier, des vitraux aux tonalités vives vinrent égayer l'intérieur. St Ann est depuis longtemps synonyme de charité. En 1723, Lord Newton fit un legs à l'église pour aider les pauvres. L'étagère où ils venaient prendre leur pain se trouve toujours près de l'autel. Parmi les paroissiens célèbres, Wolfe Tone *(p. 39)* qui s'y maria en 1785, Douglas Hyde *(p. 43)* et Bram Stoker (1847-1912), l'auteur de *Dracula.*

La Foi, l'Espoir et la Charité dans un vitrail de St Ann's Church

Trinity College ❷

Armoiries de Trinity College

Trinity College fut fondé en 1592 par Élisabeth Ire sur l'emplacement d'un ancien monastère. Ce fut jadis une université protestante. Les catholiques ne purent s'y inscrire avant 1873. Les dramaturges Oliver Goldsmith et Samuel Beckett et l'auteur d'ouvrages politiques Edmund Burke y étudièrent autrefois. Trinity College est un havre de paix au cœur de la capitale. Les allées pavées qui serpentent entre ses pelouses vous mèneront à l'Old Library et au Treasury. Là, vous pourrez admirer le merveilleux *Book of Kells*.

★ Campanile
Haut de 30 m, il fut bâti en 1853 par Sir Charles Lanyon. On lui doit aussi Queen's University à Belfast (p. 270).

Reclining Connected Forms (1969), statue d'Henry Moore

Chapelle *(1798)*
C'est l'unique chapelle de la république où toutes les confessions sont représentées. Le vitrail au-dessus de l'autel date de 1867.

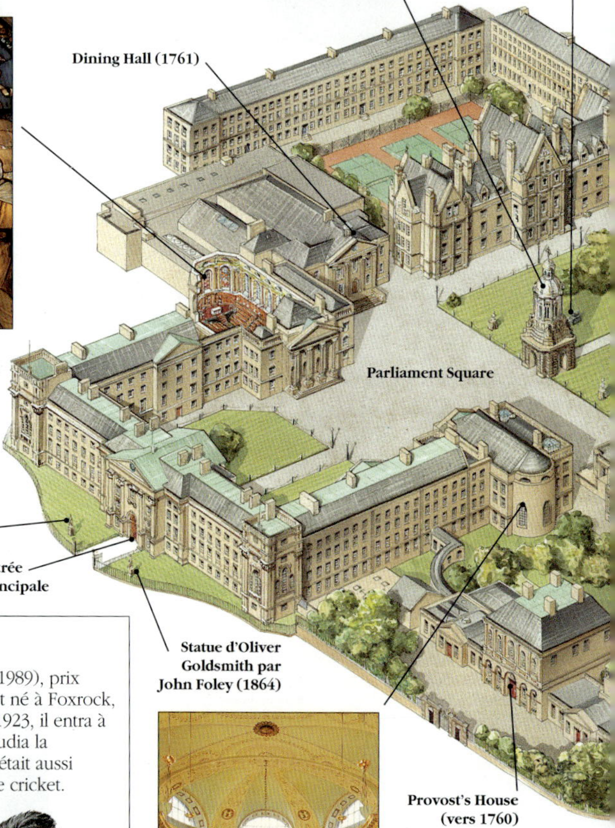

Dining Hall (1761)

Parliament Square

Statue d'Edmund Burke (1868) par John Foley

Entrée principale

Statue d'Oliver Goldsmith par John Foley (1864)

Provost's House (vers 1760)

Samuel Beckett

Samuel Beckett (1906-1989), prix Nobel de littérature, est né à Foxrock, au sud de Dublin. En 1923, il entra à Trinity College où il étudia la littérature moderne. Il était aussi membre de l'équipe de cricket. Délaissant l'Irlande, il vécut en France au début des années trente. Il rédigeait la plupart de ses livres, dont *En attendant Godot* (1951), en français et les traduisait lui-même en anglais.

Examination Hall
fut bâti en 1791 par Sir William Chambers. À l'intérieur, il faut noter le lustre magnifique et les plafonds décorés par Michael Stapleton.

Library Square
L'édifice de briques rouges qui borde Library Square à l'est fut bâti vers 1700. Surnommé Rubrics, c'est le plus vieux bâtiment de Trinity College.

MODE D'EMPLOI

College Green. **Plan** D3. 677 2941. *DART jusqu'à Tara Street.* *14, 15, 46 et nombreuses lignes.* **Old Library et Treasury** *de 9 h 30 à 17 h 30 du lun. au sam. (der. ent. : 17 h), de 12 h à 17 h le dim. et certains jours fériés (der. ent. : 16 h 30).* *10 jours à Noël.* *sur r.-v.* **Chapelle** *de 9 h à 18 h du lun. au ven.* **Douglas Hyde Gallery** *seulement pour les expositions.*

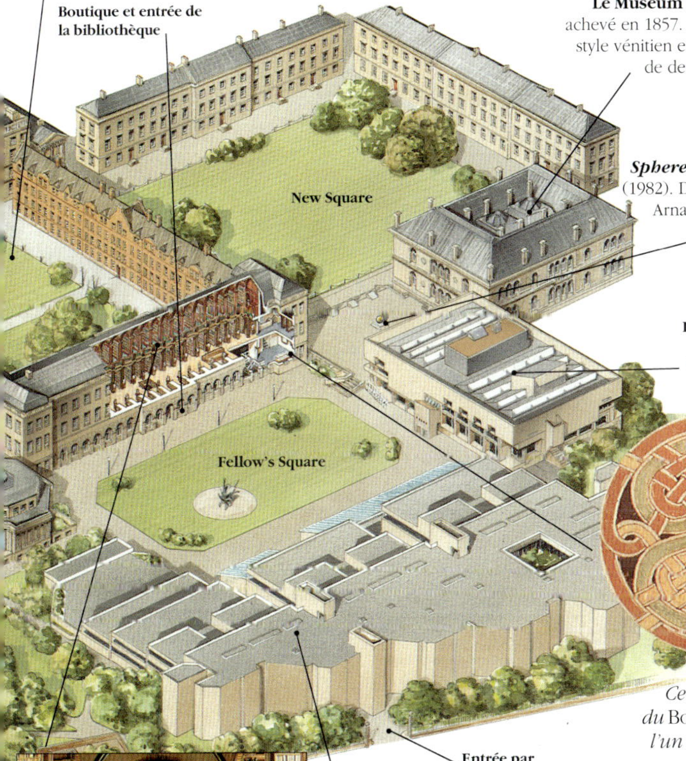

Boutique et entrée de la bibliothèque

Le Museum Building fut achevé en 1857. La façade de style vénitien est surmontée de deux coupoles.

Sphere within Sphere (1982). Don du sculpteur Arnaldo Pomodoro à l'université.

Berkeley Library réalisée par Paul Koralek (1967)

★ Treasury
Ce détail provient du Book of Durrow, *l'un des manuscrits enluminés du Treasury. Il contient aussi le* Book of Kells (p. 62).

Entrée par Nassau Street

La Douglas Hyde Gallery fut édifiée dans les années 1970 pour accueillir des expositions.

★ Old Library *(1732)*
La Long Room mesure 64 m de long ! Elle est ornée de marbres à l'effigie d'étudiants célèbres. Elle comprend 200 000 textes anciens et la plus vieille harpe d'Irlande.

À NE PAS MANQUER

- ★ **Old Library**
- ★ **Treasury**
- ★ **Le campanile**

Le Book of Kells

Ce manuscrit enluminé est le plus beau du Moyen Âge irlandais. Le *Book of Kells* fut richement décoré par les moines d'Iona. Ceux-ci se réfugièrent à Kells *(p. 233)* en 806 après avoir été attaqués par les Vikings. Ce livre, qui fut transféré à Trinity College *(p. 60-61)* au XVIIe siècle, comprend les quatre Évangiles en latin. Les moines qui copièrent le texte ornèrent leur calligraphie de spirales entrelacées, de figures humaines et animales. Certaines des teintures venaient du Moyen-Orient.

Les symboles des quatre évangélistes décorent tout le livre. La figure humaine représente saint Matthieu.

Les rats mangeant du pain représenteraient les pêcheurs en train de communier. La symbolique des animaux et des hommes qui ornent ce manuscrit est parfois difficile à interpréter.

Page du Monogramme

Cette page est la plus belle du livre. Y sont inscrits les trois premiers mots du récit de la naissance de Jésus par saint Matthieu. Le premier « XRI » est l'abréviation de « Christi ».

***Ce portrait de saint Matthieu** couvre toute une page. Il est représenté pieds nus face à un trône. Cette page superbe précède son Évangile.*

***Le texte** est rédigé dans une écriture celte arrondie. Les initiales sont très travaillées. Les figures humaines et animales ornent souvent la fin des lignes.*

Sous une coupole magnifique, la salle de lecture au premier étage de la National Library

National Museum ❼

Voir p. 64-65.

National Library ❽

Kildare St. **Plan** E4. *661 8811.* *de jan. à nov. : de 10 h à 21 h le lun., de 14 h à 21 h mar. et mer., de 10 h à 17 h jeu. et ven., de 10 h à 13 h le sam.* *jours fériés.*

Dessinée par Sir Thomas Deane, la National Library ouvrit en 1890. Elle accueillit alors la collection de la Royal Dublin Society. Cette société fut fondée en 1731 pour promouvoir les arts et les sciences, mais aussi pour aider les pauvres. Dans le hall sont temporairement présentées les splendeurs de la bibliothèque. Le public peut ainsi admirer des manuscrits de George Bernard Shaw ou du politicien Daniel O'Connell *(p. 40).* Parmi les trésors de la bibliothèque, on trouve un manuscrit du XIIIe siècle de Giraldus Cambrensis : *Topographia Hiberniae.* Une superbe exposition de photos fait revivre l'Irlande victorienne. La salle de lecture du premier étage (où Joyce situa le débat littéraire dans *Ulysse*) est éclairée par des lampes vertes reposant sur des tables anciennes. Pour y entrer, demandez simplement à l'employé un laissez-passer de visiteur. Elle présente aussi une petite exposition de généalogie. Aux nos 2 et 3 de Kildare Street, l'Heraldic Museum vous fournira plus de détails sur les arbres généalogiques.

Leinster House ❾

Kildare St. **Plan** E4. *678 9911.* *au public* *sur r.-v., demander à l'entrée de Kildare St ou téléphoner pour plus de détails.*

Cet édifice abrite le *Dáil* et le *Seanad*, les deux chambres du Parlement irlandais. Il fut bâti en 1745 pour le duc de Leinster. La façade qui donne sur Kildare Street fut imaginée par Richard Castle. Elle ressemble à celle d'une grande maison. Toutefois l'arrière, avec ses pelouses verdoyantes, a un petit air de campagne. La Royal Dublin Society acquit cette demeure en 1815. Le gouvernement en acheta une partie en 1922 pour y installer le Parlement. Deux ans plus tard, il possédait tout le bâtiment.

Les pièces principales sont ouvertes à la visite. La salle du *Seanad* est dotée d'un plafond magnifique.

Le Parlement irlandais

L'État libre d'Irlande, prédécesseur de la république d'Irlande, vit le jour en 1922 *(p. 42).* Un Parlement officieux, le *Dáil*, avait été créé dès 1919. Aujourd'hui, le Parlement est composé de deux chambres : le *Dáil* (Chambre des représentants) et le *Seanad Éireann* (Sénat). Le premier ministre est le *Taoiseach*, le parlementaire le *Tánaiste.* Les 166 membres du *Dáil*, ou *Teachta Dala*, connus sous l'abréviation TDs, sont élus par un vote à la proportionnelle. Les 60 *Seanad* sont nommés par diverses autorités politiques et institutionnelles, dont le *Taoiseach* et l'université de Dublin.

Ouverture du premier Parlement de l'État libre d'Irlande en 1922

National Museum ❼

Le musée national d'Irlande fut bâti dans les années 1880. À l'intérieur, des mosaïques représentent les signes du zodiaque. Le Treasury abrite des pièces inestimables, tels que le bateau d'or de Broighter *(p. 31). Ór – Ireland's Gold* est une collection d'objets en or dont les plus anciens datent de l'âge du bronze. Le torque d'or de Gleninsheen *(p. 30-31)* est sans doute le plus fascinant. Le musée a aussi mis à l'honneur l'argenterie et la verrerie irlandaises.

Argenterie
Cette coupe d'argent doré de Thomas Bolton date de 1703. Aussi appelée monteith, *elle servait à refroidir les verres de vin.*

★ Ór – Ireland's Gold
Cette collection d'objets en or de l'âge du bronze est l'une des plus complètes d'Europe occidentale. Cette lunule (1800 av. J.-C.) est l'un des nombreux bijoux présentés.

L'insurrection de 1916
The Road to Independence *est une salle consacrée à la période 1900-1921. Ce drapeau flotta sur la Grande Poste lors de l'insurrection de Pâques* (p. 87).

Les céramiques d'Europe et d'Extrême-Orient sont exposées dans cette aile.

La rotonde à coupole, inspirée de l'Altes Museum de Berlin, rend le vestibule grandiose.

Entrée principale

Le Treasury abrite les trésors de l'artisanat irlandais, dont le calice d'Ardagh *(p. 53).*

Suivez le guide !

Au rez-de-chaussée, le Treasury comprend Ór – Ireland's Gold *et deux salles évoquant la préhistoire et l'indépendance de l'Irlande. Le premier étage abrite des objets vikings, l'argenterie, les verreries et céramiques. En raison de la réorganisation du musée, les collections peuvent varier. De même, certaines salles peuvent être fermées momentanément.*

Légende du plan

- The Road to Independence
- Ór – Ireland's Gold
- Le Treasury
- L'Irlande préhistorique
- Céramiques
- Verrerie irlandaise
- Argenterie irlandaise
- Instruments scientifiques
- Exposition sur les Vikings
- Circulations et services

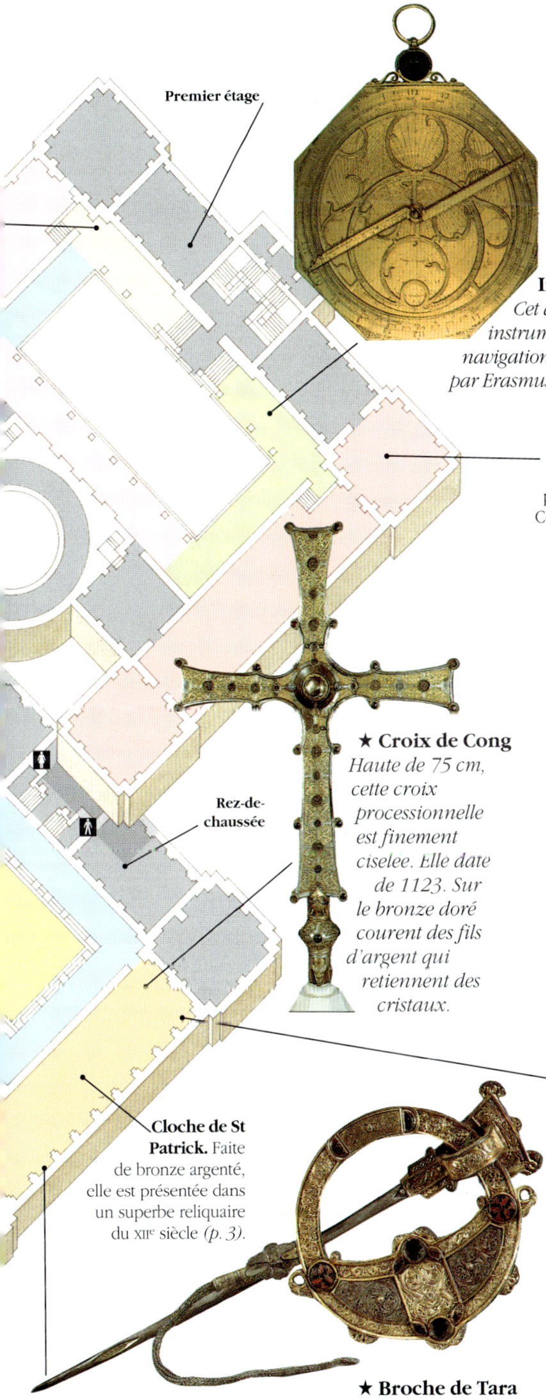

MODE D'EMPLOI

Kildare St. **Plan** E4. *661 8811.* *DART jusqu'à Pearse Station.* *10, 11, 13 et nombreuses lignes.* *de 10 h à 17 h du mar. au sam., de 14 h à 17 h le dim.* *ven. saint et 25 déc.* *rez-de-chaussée seulement.* *de juin à sept.*

Instruments scientifiques
Cet astrolabe est un des nombreux instruments d'observation et de navigation exposés. Il fut fabriqué à Prague par Erasmus Habermel entre 1580 et 1590.

L'exposition sur les Vikings comprend des poteries, des pièces de monnaie et des épées. Ces objets furent découverts dans les années soixante-dix à Wood Quay *(p. 76)* près de la Liffey.

★ Croix de Cong
Haute de 75 cm, cette croix processionnelle est finement ciselée. Elle date de 1123. Sur le bronze doré courent des fils d'argent qui retiennent des cristaux.

Plaque de la crucifixion
C'est l'une des premières représentations irlandaises de la crucifixion. Elle date du VIIe siècle. Elle décorait peut-être la couverture d'un manuscrit.

Cloche de St Patrick. Faite de bronze argenté, elle est présentée dans un superbe reliquaire du XIIe siècle *(p. 3).*

★ Broche de Tara
Cette fibule, découverte à Bettystown dans le comté de Meath, date du VIIIe siècle. Les deux faces de ce bijou sont filigranées. Des fils d'or serpentent autour d'incrustations d'ambre et d'émail.

À NE PAS MANQUER

- ★ **Ór – Ireland's Gold**
- ★ **Croix de Cong**
- ★ **Broche de Tara**

National History Museum ⓾

Merrion St. **Plan** E4. *661 8811. de 10 h à 17 h du mar. au sam., de 14 h à 17 h le dim. jours fériés. r-d-ch. seulement. de mai à sept.*

Ce musée est surnommé, non sans humour, le « zoo mort » par ceux qui l'apprécient. Des animaux empaillés du monde entier sont exposés dans ce bâtiment suranné. Pour son inauguration en 1857, David Livingstone en personne fit une conférence sur la faune africaine. Le musée n'a pas changé depuis lors et d'aucuns le visitent uniquement pour replonger dans l'époque victorienne.

La salle irlandaise, au rez-de-chaussée, renferme des témoignages de la vie sauvage, dont trois gigantesques squelettes de cerfs. Plus loin, pieuvres, vers et sangsues d'un autre âge sont conservés dans des bocaux.

L'étage abrite la Blaschka Collection, réputée pour ses reproductions en verre d'animaux marins, et des têtes de buffles et de cerfs. Suspendus au plafond, des squelettes de baleine. L'un fut découvert en 1862 dans la baie de Bantry *(p. 159)* et l'autre fut trouvé à Inishcrone dans le comté de Sligo en 1893.

Pelouse et entrée du National History Museum

National Gallery ⓫

Voir p. 68-69.

Maisons georgiennes autour du parc de Merrion Square

Merrion Square ⓬

Plan F4.

Merrion Square est l'une des plus vastes et des plus magnifiques places georgiennes de Dublin. D'une superficie de 5 hectares environ, elle fut aménagée par John Ensor vers 1762.

À l'ouest se dressent le National History Museum, la National Gallery et Leinster House *(p. 63)*. Ces trois modèles d'architecture ne peuvent toutefois rivaliser avec les maisons ravissantes qui bordent le reste de la place. Leurs jolies façades sont égayées par d'élégants balcons en fer forgé. De superbes heurtoirs ornent des portes colorées. Au-dessus, des impostes laissent entrer le jour. Les demeures les plus belles se trouvent au nord de la place.

Des plaques évoquent les célébrités qui habitèrent jadis ces maisons, souvent transformées aujourd'hui en bureaux. Le chef de l'émancipation catholique Daniel O'Connell *(p. 40)* vécut au n° 58 ; W. B. Yeats *(p. 224-225)* passa quant à lui une partie de sa vie au n° 82. Un autre immense écrivain, Oscar Wilde *(p. 20)*, passa son enfance au n° 1.

Le parc central est magnifique. Au siècle dernier, lors de la Grande Famine *(p. 211)*, on y servait la soupe aux miséreux. La Rutland Fountain, au nord-ouest du jardin, fut construite en 1791. Seuls les pauvres pouvaient y étancher leur soif.

Juste à la sortie du square, au n° 24 de Merrion Street Upper, est né le duc de Wellington. Irrité par le rappel de son origine irlandaise, il s'exclamera : « Naître dans une étable, ne fait pas de vous un cheval. »

Royal Hibernian Academy ⓭

15 Ely Place. **Plan** E5. *661 2558. de 11 h à 17 h du lun. au mer., ven. et sam., de 11 h à 21 h le jeu., de 14 h à 17 h le dim. jours fériés.*

Cette académie est l'un des plus vastes lieux d'exposition de la capitale. Les étudiants en art y exposent leurs œuvres. Les jeunes talents peuvent ainsi s'y faire connaître. Le bâtiment ultramoderne de l'Academy allie la brique et le verre. Il se trouve tout au bout d'Ely Place, une superbe impasse georgienne.

Fitzwilliam Square ⓮

Plan E5. **No. 29 Fitzwilliam St Lower** *702 6165. de 10 h à 17 h du mar. au sam., de 14 h à 17 h les dim. et jours fériés. 3 sem. à Noël.*

Datant de 1825, cette place georgienne, plus petite que Merrion Square, est l'une des dernières qui furent aménagées au centre de Dublin. Dans les années soixante, plus de 20 maisons de Fitzwilliam Street Lower (le prolongement du côté est de la place) furent démolies. Elles firent place aux locaux de l'Electricity Supply Board. Face à l'indignation grandissante des Dublinois, cette entreprise tenta de se racheter en faisant rénover la maison située au n° 29.

Les maisons georgiennes de Dublin

Le Dublin du XVIIIe siècle tient en un mot : élégance. La bonne société irlandaise, relativement prospère, refusait de passer pour le parent pauvre de l'Angleterre. Elle entreprit donc de faire de Dublin l'une des plus belles ville d'Europe. Ainsi furent tracées de nouvelles artères, bordées de demeures et de parcs superbes. Au milieu du siècle dernier, la ville s'appauvrit. Les familles divisèrent leurs maisons en appartements et les grandes rues se dégradèrent lentement. Dans les années soixante, les promoteurs rasèrent presque toutes les maisons georgiennes. Heureusement, grâce à diverses associations, Merrion Square et Fitzwilliam Square furent tout de même préservés.

Heurtoir à Merrion Square

Les balcons de fer forgé *ajoutaient au prestige de la maison georgienne. Ceux que l'on voit aujourd'hui furent souvent rajoutés à l'époque victorienne.*

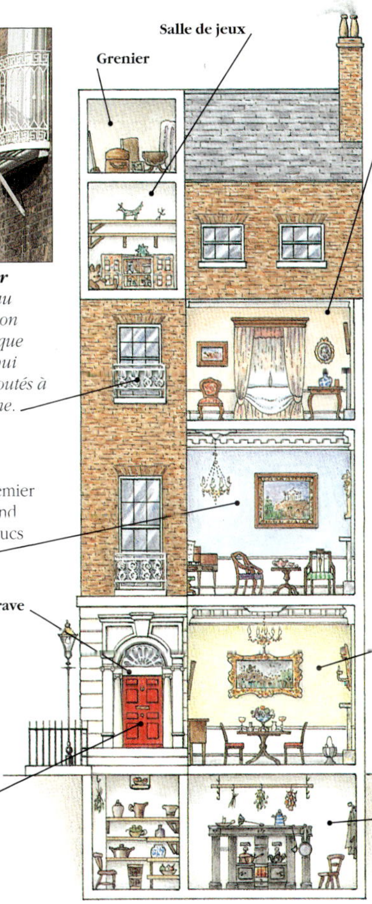

Les chambres étaient généralement au deuxième étage. Au-dessus logeaient les enfants et les domestiques.

Les stucs raffinés *donnaient une idée de la richesse du propriétaire.*

Le salon était toujours au premier étage. Le plafond était orné de stucs raffinés.

La salle à manger se trouvait généralement au rez-de-chaussée.

La cuisine contenait un foyer immense où l'on brûlait du charbon ou au bois. L'épicerie était entreposée dans la dépense voisine.

La porte *était souvent surmontée d'une imposte en éventail. Véritable œuvre d'art, le heurtoir apportait beaucoup à l'ensemble.*

MAISON GEORGIENNE

Les rues georgiennes se ressemblent a priori, mais un œil attentif notera la diversité des impostes, des architraves et des balcons. Au fond de l'entrée, un escalier menait aux étages. Ces maisons n'avaient pas de jardin. En effet, les parcs au centre des places étaient réservés aux seuls résidents.

National Gallery ⓫

Ce musée d'art, inauguré en 1864, s'est enrichi grâce à de généreux donateurs. L'écrivain George Bernard Shaw, par exemple, lui laissa un tiers de sa fortune. Parmi ces nombreux legs, la collection Milltown réunit les plus belles pièces de Russborough House *(p. 124)*. Le musée comprend plus de 2 000 œuvres. Une place de choix est réservée aux paysagistes et aux portraitistes irlandais, mais les grands maîtres européens sont aussi à l'honneur.

***The Houseless Wanderer* de John Foley**

Pierrot
Magnifique exemple de cubisme, cette toile de Juan Gris est une des nombreuses variations sur le thème de Pierrot et Arlequin. Elle date de 1921.

★ For the Road
Une salle entière est consacrée aux tableaux de Jack Yeats (1871-1957). Cette œuvre tardive révèle la fascination de l'artiste pour la campagne de Sligo.

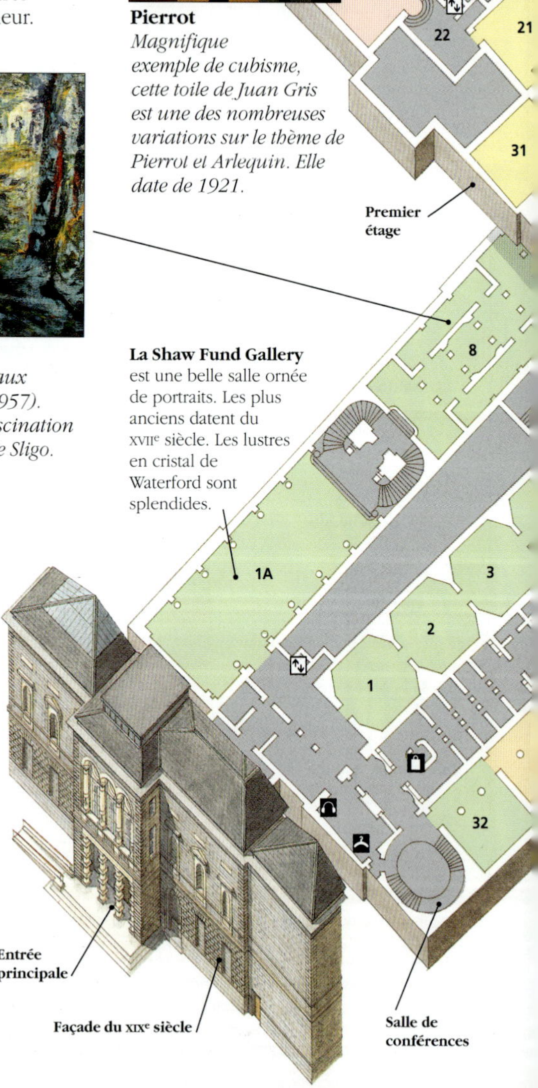

La Shaw Fund Gallery est une belle salle ornée de portraits. Les plus anciens datent du XVIIe siècle. Les lustres en cristal de Waterford sont splendides.

Suivez le guide !

Les toiles sont réparties sur deux étages. Les salles irlandaises et anglaises sont au rez-de-chaussée. La salle nº 32 est consacrée aux portraitistes irlandais. À l'étage, les tableaux sont exposés dans l'ordre chronologique, pays par pays. Les collections italienne, française, hollandaise et flamande sont les plus importantes.

À ne pas manquer

- ★ ***L'Arrestation du Christ* du Caravage**
- ★ ***Le Château de Bentheim* de Ruisdael**
- ★ ***For the Road* de Jack Yeats**

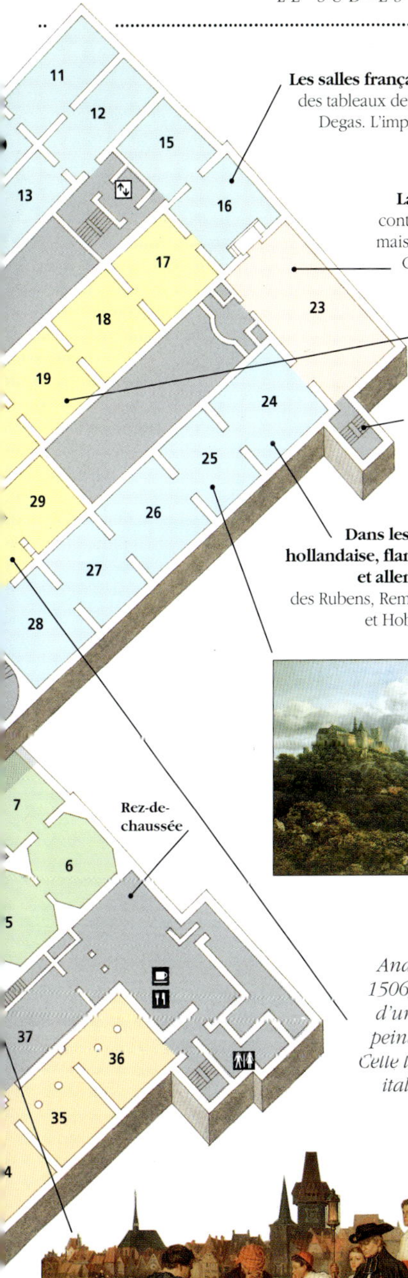

Les salles françaises renferment des tableaux de Poussin, Monet, Degas. L'impressionnisme est bien représenté.

La salle espagnole contient peu de toiles, mais elles sont signées Goya ou Zurbarán.

Escalier

Dans les salles hollandaise, flamande et allemande des Rubens, Rembrandt et Hobbema.

Mode d'emploi

Merrion Square West. **Plan** E4. 661 5133. DART jusqu'à Pearse Station. 5, 7, 8, 44, 45, 47 et 48. *lun. au mer., ven. et sam. de 10 h à 17 h 30, jeu. de 10 h à 20 h 30, dim. de 14 h 17 h. ven. saint, du 24 au 26 déc. pour les expositions temporaires.*

★ L'Arrestation du Christ
Redécouverte en 1990 dans la Jesuit House of Study de Dublin, cette œuvre réalisée par le Caravage en 1602 a contribué au prestige du musée.

★ Le Château de Bentheim
Ce paysage hollandais du XVIIe siècle fut peint par Jacob van Ruisdael. Il n'avait alors que 24 ans.

Judith avec la tête d'Holopherne
Andrea Mantegna (1431-1506) utilisa plusieurs tons d'une même couleur pour peindre cette décapitation. Cette toile de la Renaissance italienne rappelle les bas-reliefs de l'antiquité.

The Sick Call
Ce tableau peint en 1863 par Matthew James Lawless est de style préraphaélite. L'évocation de la souffrance des Irlandais lors de la Grande Famine est saisissante.

Légende du plan

- Irlandais
- Britannique
- Baroque
- Français
- Italien
- Espagnol
- Hollandais, Flamand, Allemand
- Circulations et services

LE SUD-OUEST DE DUBLIN

Les alentours de Dublin Castle furent habités dès la préhistoire. La ville de Dublin s'organisa autour de ce secteur et plus particulièrement à proximité d'une « mare noire » *(Dubh Linn)* qui lui donna son nom. Il s'agissait en fait du confluent de la Liffey et de la Poddle, une rivière qui courait au milieu de Dublin Castle et dont les eaux étaient teintées par la tourbe. Des fouilles effectuées à Wood Quay ont révélé que des colons vikings avaient créé sur cette rive du fleuve un comptoir de commerce vers 841.

Tombeau de Turlough O'Carolan dans St Patrick Cathedral

Après l'invasion de Strongbow en 1170, on vit émerger une cité médiévale. En effet, les Anglo-Normands élevèrent des remparts autour du château. On peut voir une partie reconstruite de ces fortifications à St Audoen's Church. Les traces les plus importantes laissées par les Anglo-Normands sont Christ Church Cathedral et St Patrick's Cathedral, la plus grande église d'Irlande. À l'époque georgienne, la ville s'étendit au nord et à l'est. Les ruelles pavées de Temple Bar devinrent le royaume des artisans et des marchands. Aujourd'hui, cafés et galeries d'art ont pris le relais et font du quartier l'endroit le plus en vogue de Dublin. Non loin de là, Powerscourt Townhouse, résidence huppée du XVIIIe siècle, s'est convertie en un des plus chic centres commerciaux de la ville.

LE QUARTIER D'UN COUP D'ŒIL

Musées et bibliothèques
Dublin Civic Museum 4
Dublinia 9
Marsh's Library 13

Bâtiments historiques
City Hall 2
Dublin Castle p. 74-75 1
Powerscourt Townhouse 5
Tailors' Hall 11

Rues historiques
Temple Bar 6
Wood Quay 7

Églises
Christ Church Cathedral p. 78-79 8
St Audoen's Church 10
St Patrick's Cathedral 12
St Werburgh's Church 3
Whitefriar Street Carmelite Church 14

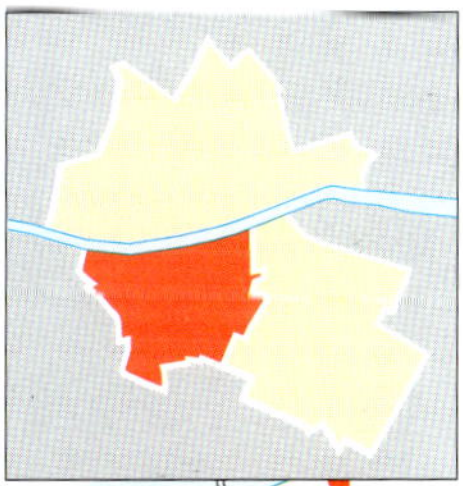

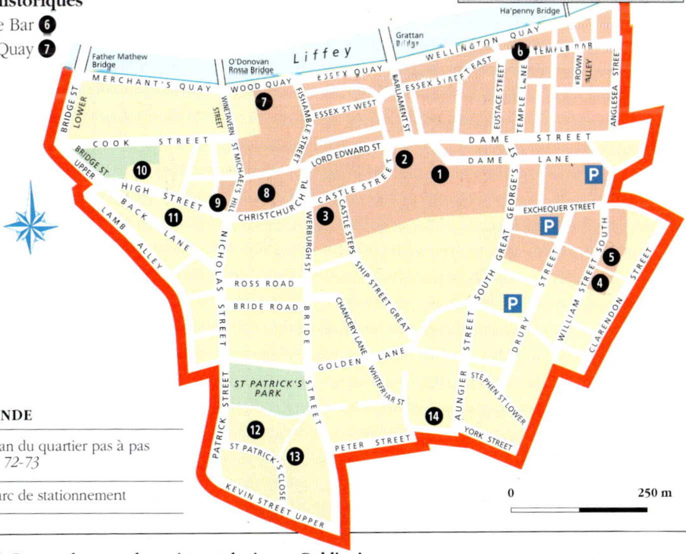

LÉGENDE

Plan du quartier pas à pas *p. 72-73*

P Parc de stationnement

◁ **Temple Bar, rendez-vous des artistes et des jeunes Dublinois**

Le sud-ouest de Dublin pas à pas

Malgré la splendeur des anciens monuments, comme Dublin Castle et Christ Church Cathedral, cette partie de Dublin ne possède pas le charme de Grafton Street. Cependant le quartier a été rénové récemment, notamment autour de Temple Bar. Galeries d'art, boutiques et cafés bordent désormais ces anciennes rues pavées.

Sunlight Chambers fut construit en 1900 pour la Lever Brothers Company. La décoration en terre cuite de la façade est une publicité pour leur fabrique de savons.

Wood Quay
Premier établissement viking en Irlande vers 841 ❼

★ Christ Church Cathedral
Les grands d'Irlande, dont le comte de Kildare, y reposent. La crypte de cette cathédrale, la plus ancienne d'Irlande, est magnifique ❽

Dublinia
Ce musée « interactif » fait revivre le Dublin médiéval. Il se trouve dans l'ancien Synod Hall de l'Église d'Irlande. Un pont le relie à Christ Church ❾

St Werburgh's Church
Derrière la façade austère de cette église du XVIIIe siècle se cache un intérieur richement décoré ❸

City Hall
Bâtie en 1779 pour accueillir le Royal Exchange, l'actuelle mairie se distingue par un grand portique corinthien ❷

★ Dublin Castle
Un lustre en cristal de Waterford illumine le salon. Cette salle est l'une des plus luxueuses des appartements construits pour les vice-rois d'Irlande au XVIIIe siècle ❶

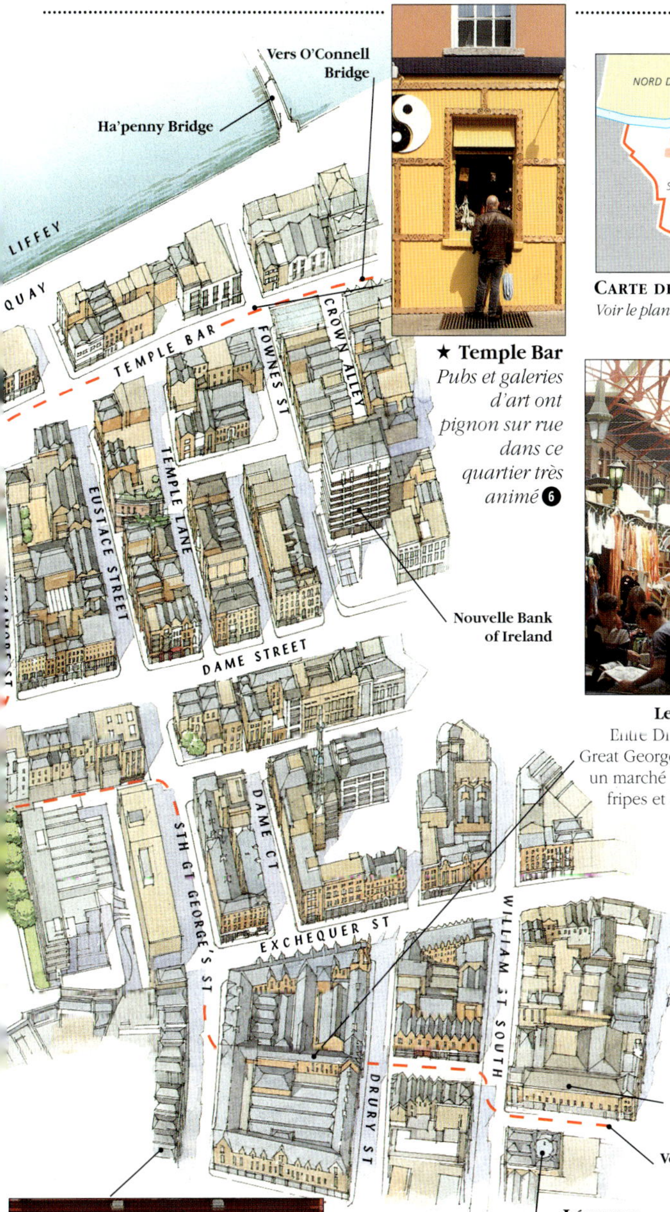

★ Temple Bar
Pubs et galeries d'art ont pignon sur rue dans ce quartier très animé ❻

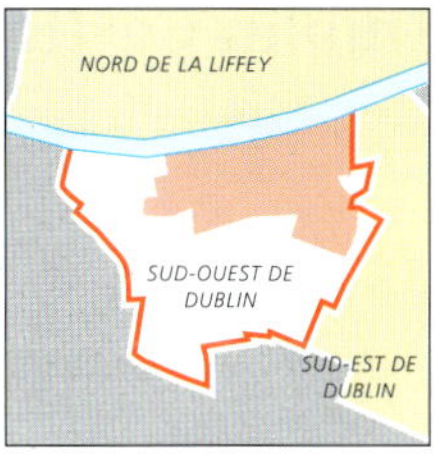

CARTE DE SITUATION
Voir le plan de Dublin p. 110-111

Le marché couvert
Entre Drury Street et South Great George's Street se trouve un marché spécialisé dans les fripes et les bijoux anciens.

Powerscourt Townhouse
Ce centre commercial est un endroit idéal pour trouver des accessoires à la mode, des œuvres d'art ou d'artisanat ❺

Le Long Hall est un magnifique vieux pub enfumé. Derrière le bar de la longue salle est exposée une collection étonnante de pendules anciennes.

Dublin Civic Museum
Il retrace l'histoire de Dublin, depuis l'époque pré-viking jusqu'aux années soixante ❹

0 50 m

LÉGENDE

- - - Itinéraire conseillé

À NE PAS MANQUER

★ **Dublin Castle**

★ **Temple Bar**

★ **Christ Church Cathedral**

Dublin Castle ❶

Saint Patrick par Edward Smyth

Érigé par les Anglo-Normands au XIIIe siècle, Dublin Castle symbolisa pendant sept siècles la domination anglaise. Il ne reste rien de la forteresse d'origine hormis la Record Tower maintes fois modifiée. Après l'incendie de 1684, Sir William Robinson imagina les deux cours actuelles. Au premier étage donnant sur l'Upper Yard (cour haute) se trouvent les grands appartements d'État où résidaient les vice-rois d'Irlande nommés par l'Angleterre. Des tapis de Killybegs et des lustres en cristal de Waterford ornent ces pièces luxueuses.

La Justice
Cette statue symbolisant la justice domine l'entrée principale de Cork Hill. Elle suscita le cynisme des Dublinois car elle tourne le dos à la ville.

★ Throne Room
Achevée en 1740, cette salle comprend un trône qui aurait été offert par Guillaume d'Orange après sa victoire à la bataille de la Boyne (p. 236).

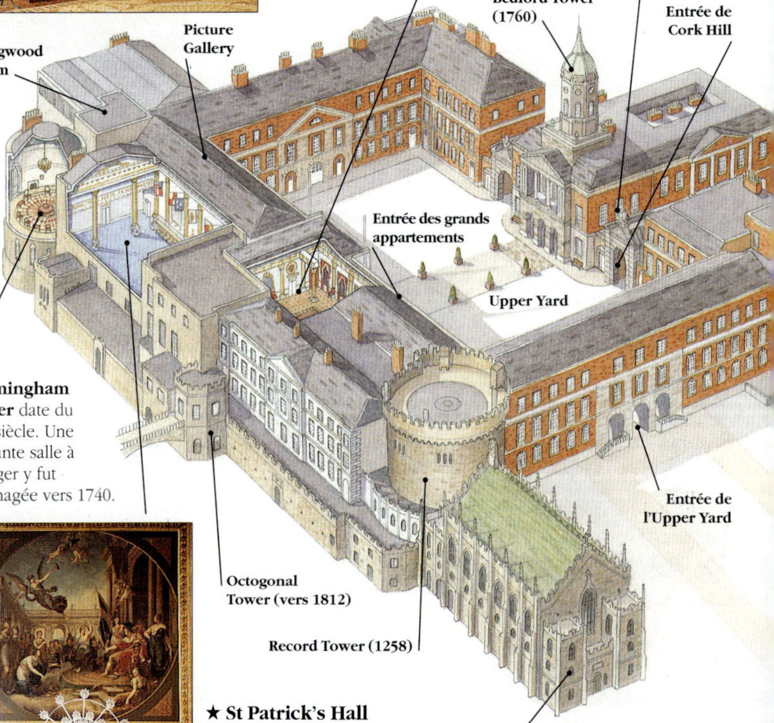

Bermingham Tower date du XIVe siècle. Une élégante salle à manger y fut aménagée vers 1740.

★ St Patrick's Hall
Cette salle contient les étendards des Chevaliers de Saint-Patrick. Les fresques du plafond furent peintes par Vincenzo Valdré (1778). Elles symbolisent les relations entre l'Angleterre et l'Irlande.

Church of the Most Holy Trinity. Cette église fut achevée par Francis Johnston en 1814. Les cent têtes de la façade néo-gothique sont l'œuvre d'Edward Smyth.

MODE D'EMPLOI

Près de Dame St. **Plan** C3. *677 7129.* *50, 56A, 77 et nombreuses lignes.* **Grands appartements** *10 h-12 h 15 et 14 h-15 h lun.-ven., 14 h-17 h les sam., dim. et jours fériés (fermé pour les cérémonies officielles).* *ven. saint et 24-26 déc.* *obligatoire.*

ROBERT EMMET

Robert Emmet (1778-1803), chef du soulèvement de 1803, est le héros de la liberté irlandaise. Il entendait prendre Dublin Castle et donner ainsi le signal à tout le pays de se révolter contre l'Acte d'Union *(p. 40)*. Mais Emmet fut capturé et pendu en public. Le discours bouleversant qu'il fit au tribunal inspira les générations suivantes qui luttèrent pour l'indépendance de l'Irlande.

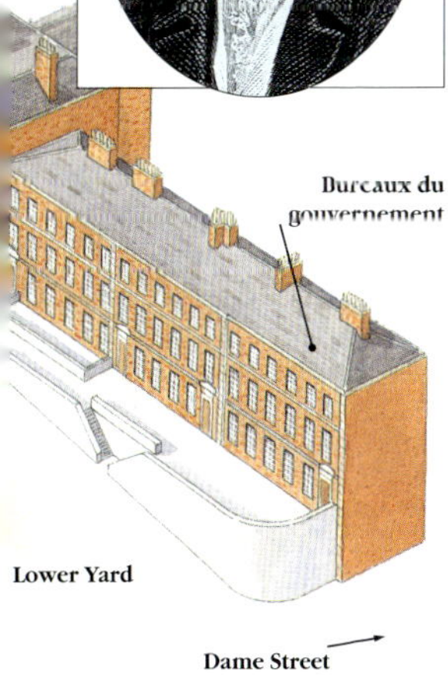

À NE PAS MANQUER

★ **St Patrick's Hall**

★ **Throne Room**

Cage d'escalier ovale, City Hall

City Hall ❷

Lord Edward St. **Plan** C3. *au public.*

Cet édifice imposant fut conçu par l'architecte Thomas Cooley. Après dix ans de travaux, il accueillit en 1779 le Royal Exchange. La mairie de Dublin y est installée depuis 1852. Les archives de la cité et les souvenirs de la lutte pour l'indépendance y sont conservés. La façade est ornée d'une balustrade et d'un portique corinthien. Le hall en rotonde est couronné d'un dôme reposant sur douze colonnes. Au sol, des mosaïques représentent les armoiries de Dublin et sa devise : *Obedientia Civium Urbis Felicitas* (Heureuse la cité où les citoyens obéissent). Deux cages d'escalier ovales desservent la Council Chamber.

St Werburgh's Church ❸

Entrée au 7-8 Castle St. **Plan** C4. *478 3710.* *de 10 h à 16 h du lun. au ven., sonnez si la porte est fermée.*

St Werburgh fut bâtie par Thomas Burgh en 1715 sur des fondations de la fin du XIIe siècle. Ravagée par un incendie, elle fut reconstruite en 1754. Ce fut la paroisse de Dublin Castle. Elle servait donc aux cérémonies officielles, mais cette fonction lui fut ravie par la Church of the Most Holy Trinity. La façade de St Werburgh est aussi insignifiante que son intérieur est raffiné. Les tombeaux de la famille Guinness et l'étrange chaire de bois furent sculptés par Richard Stewart. Notez aussi l'orgue de 1767 et les stucs du chœur. Sous l'église est enterré notamment Lord Edward Fitzgerald qui périt lors de la révolte de 1798 *(p. 39)*. Il fut capturé par Henry Sirr qui repose dans le cimetière attenant à l'église. Par ailleurs, le compositeur irlandais John Field fut baptisé à St Werburgh's Church en 1782.

Dublin Civic Museum ❹

58 South William St. **Plan** D4. *679 4260.* *de 10 h à 18 h du mar. au sam., de 11 h à 14 h le dim.* *10 jours à Noël et jours fériés.*

Ce petit musée, établi dans l'ancienne City Assembly House, retrace l'évolution de Dublin de l'époque viking à nos jours. Peintures, coupures de presse et objets divers font revivre la ville d'antan et les monuments disparus. Le pilier de Nelson – monument haut de 40 m – érigé en 1808 servit de modèle à la colonne Nelson de Londres. Il domina O'Connell Street jusqu'à ce que des opposants à l'Angleterre le fassent sauter le 8 mars 1966.

L'imposant orgue dans la nef de St Werburgh's Church

Intérieur de Powerscourt Townhouse

Powerscourt Townhouse ❺

South William St. **Plan** D4. *679 4144.* *de 8 h 30 à 18 h du lun. au sam. (8 h 30 à 19 h le jeu.). Voir aussi* ***Boutiques et marchés*** *p. 322-325.*

Construite en 1774 par Robert Mack, cette demeure luxueuse était habitée par le vicomte Powerscourt, leader de l'opposition parlementaire. Son domaine d'Enniskerry *(p. 126-127)* fournit le granite qui servit à bâtir cette résidence.

Vers 1830, la maison devint un entrepôt de tissus. Elle fut restaurée dans les années soixante. C'est désormais le plus beau centre commercial de Dublin. On peut y accéder depuis Grafton Street par la petite rue de Johnson Court. Les commerçants, antiquaires et joailliers se mêlent aux Dublinois pour déjeuner dans la cour centrale. La cage d'escalier en acajou est ornée de somptueuses décorations dues au « maître du stuc et de la rocaille », Michael Stapleton.

Temple Bar ❻

Plan C3. **Temple Bar Information Centre** 18 Eustace St. *671 5717.* *de juin à août : de 9 h à 19 h du lun. au ven., de 11 h à 19 h le sam., de 12 h à 18 h le dim. ; de sept. à mai : de 9 h 30 à 18 h du lun. au ven., de 12 h à 18 h le sam.* *23 déc. au 3 jan. Voir aussi* ***Se divertir à Dublin*** *p. 106.*

Restaurants, magasins et discothèques (les meilleures de Dublin) bordent ces petites rues pavées. Ce dédale de ruelles qui relient la Bank of Ireland *(p. 58)* à Christ Church Cathedral est désormais le rendez-vous des artistes et de la jeunesse dublinoise. Mais il n'en a pas été toujours ainsi. Au XVIIIe siècle, le quartier insalubre était connu pour ses maisons closes, notamment dans Fownes Street. C'est à Temple Bar que naquit le parlementaire Henry Grattan *(p. 38)* qui réclama l'indépendance législative de l'Irlande. Horlogers, imprimeurs et autres artisans s'établirent ensuite dans le quartier.

Dans les années soixante-dix, le CIE (service des transports nationaux) acheta du terrain dans le quartier pour y bâtir un dépôt d'autobus. En attendant de le construire, le CIE loua, à bas prix, des entrepôts à de jeunes artistes et à des commerçants. Mais grâce à leur politique active de réhabilitation, les associations de locataires d'un quartier devenu « branché » convinquirent le CIE de renoncer à son projet.

Pour certains Dublinois, l'endroit est devenu « le quartier officiel des arts » avec ses jongleurs, ses musiciens et ses bateleurs. Si sa rénovation lui a donné un air un peu artificiel, il reste quand même très intéressant et fort sympathique.

S'y sont établis entre autres l'Irish Film Center (centre du film irlandais), le Project Art Theatre, des galeries dont DESIGNyard, le centre des arts appliqués, et le Children's Cultural Centre. Ce centre remarquable propose toutes sortes d'activités culturelles aux enfants.

Un pub de Temple Bar

Flânerie dans les rues de Temple Bar

Wood Quay ❼

Plan B3.

Les Vikings s'y établirent en 841. Dans les années soixante-dix furent mis au jour des objets normands et scandinaves : poteries, pièces, épées et cuirs travaillés. Vous pouvez les admirer au National Museum *(p. 64-65)* et dans le cadre de l'exposition Dublinia.

Étrangement, la commune choisit de ne pas développer ce site archéologique, mais d'y construire deux bâtiments administratifs surnommés « les Bunkers ». Aujourd'hui, une plaque et une aire de pique-nique en forme de drakkar rappellent de façon totalement surréaliste que les Vikings vécurent là jadis, il y a plus de mille ans.

L'ancien Synod Hall abrite désormais Dublinia

Christ Church Cathedral ❽

Voir p. 78-79.

Dublinia ❾

St Michael's Hill. **Plan** B3. *679 4611.* *d'avril à sept. de 10 h à 17 h t.l.j. ; d'oct. à mars : de 11 h à 16 h du lun. au sam., de 10 h à 16 h 30 le dim.* *ven. saint et du 24 au 26 déc.* *comprend l'entrée à la Christ Church Cathedral par le pont.*

Gérée par le Medieval Trust, une association à but non lucratif, cette exposition passionnante couvre l'histoire de Dublin depuis l'invasion anglo-normande de 1170 jusqu'à la fermeture des monastères en 1540 *(p. 36)*. Dublinia est située dans le Synod Hall. Ce bâtiment néo-gothique fut construit dans les années 1870, ainsi que le pont qui mène à Christ Church Cathedral. Jusqu'en 1983 s'y réunissait le synode de l'Église d'Irlande. Il fut transformé en… discothèque, avant d'accueillir Dublinia en 1993 !

L'accès aux salles d'exposition se fait par le sous-sol. Un programme audiovisuel relate en cinq langues les événements qui marquèrent Dublin, comme la peste noire ou la rébellion de Silken Thomas *(p. 36)*. Au rez-de-chaussée, vous pourrez admirer une maquette de Dublin vers 1500, des découvertes de Wood Quay et la reconstitution, entre autres, d'un intérieur de la fin du Moyen Âge. À l'étage, le Great Hall, vaste salle lambrissée aux sombres boiseries, est consacré au Dublin médiéval. Avant de quitter Synod Hall, il ne faut pas manquer de monter au sommet de St Michael's Tower. Haute de 60 m, cette tour offre l'une des plus belles vues sur la ville. Une autre manière de découvrir Dublin.

St Audoen's Church ❿

High St. **Plan** B3. *pour restauration.*

Dédiée à saint Ouen, évêque de Rouen au VIIe siècle, St Audoen

Clocher de St Audoen's Church

est la plus vieille église médiévale de Dublin. Son clocher du XIIe siècle serait le plus ancien d'Irlande. Ses trois cloches datent de 1423. La nef du XVe siècle est intacte. L'église, en cours de restauration, est au centre d'un jardin bien entretenu. À l'arrière, une volée de marches mène à St Audoen's Arch, l'unique porte des remparts de la vieille ville qui soit encore debout. De part et d'autre, des remparts du XIIIe siècle ont été restaurés.

Non loin de là se dresse St Audoen's Roman Catholic Church (1847). Deux coquillages du Pacifique servent de bénitiers. Au sous-sol, des films présentent l'Irlande pré-viking.

LES VIKINGS À DUBLIN

Les Vikings gagnèrent l'Irlande à la fin du VIIIe siècle. Ils fondèrent Dublin en 841. Ils érigèrent un fort sur le site de Dublin Castle, à l'embouchure de la Liffey dite la « mare noire » *(Dubh Linn)*. Ils s'établirent aussi sur la rive sud, à Wood Quay. Ces pirates vivaient du commerce de l'argent et des esclaves.

Après avoir été battus par Brian Boru à Clontarf en 1014 *(p. 32)*, les Vikings se mélangèrent aux Irlandais et se convertirent au christianisme. L'invasion anglo-normande menée par Strongbow en 1170 *(p. 34)* marqua le déclin de la communauté viking. Nombre de ses membres furent cantonnés à Oxmanstown, une colonie à part au nord du fleuve.

Drakkar imaginaire dans la baie de Dublin

Christ Church Cathedral ❽

Armoiries du banc du maire

Christ Church Cathedral fut commandée en 1172 par Strongbow, le conquérant anglo-normand de Dublin *(p. 34)* et par l'archevêque Laurence O'Toole. À son emplacement se trouvait jadis une église de bois fondée par les Vikings en 1038. Lors de la Réforme protestante *(p. 36)*, la cathédrale devint la Protestant Church of Ireland. Au XIXe siècle, elle fut totalement modifiée par l'architecte George Street. Dans la crypte sont exposés les monuments de l'ancienne cathédrale.

★ Lutrin médiéval
Ce lutrin de laiton fut façonné au Moyen Âge. Il se trouve sur le côté gauche de la nef, face à la chaire. Le lutrin de droite est une copie du XIXe siècle.

Grande Nef
Haute de 25 m, elle est bordée d'arcs du gothique primitif. Au nord, le mur d'origine du XIIIe siècle s'est un peu affaissé.

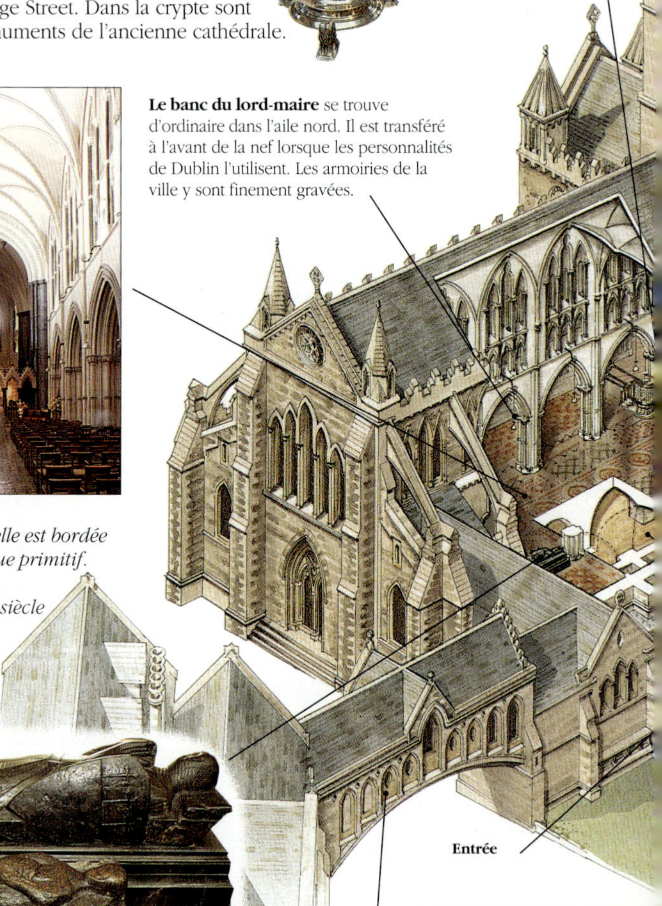

Le banc du lord-maire se trouve d'ordinaire dans l'aile nord. Il est transféré à l'avant de la nef lorsque les personnalités de Dublin l'utilisent. Les armoiries de la ville y sont finement gravées.

Entrée

Le pont menant au Synod Hall fut ajouté lorsque la cathédrale fut rebâtie dans les années 1870.

★ Strongbow Monument
La grand gisant en cotte de mailles n'est sans doute pas Strongbow, mais ses reliques sont enterrées dans la cathédrale. Le petit gisant provient peut-être de la tombe d'origine.

À NE PAS MANQUER

- ★ **Strongbow Monument**
- ★ **La crypte**
- ★ **Le lutrin médiéval**

Chapelle de St Laud
Le reliquaire dans le mur contient le cœur de saint Laurence O'Toole. Le sol de la chapelle date du Moyen Âge.

Mode d'emploi

Christ Church Place. **Plan** B3. 677 8099. 50, 66, 77 *et nombreuses lignes.* *de 10 h à 17 h t.l.j.* *26 déc.* **Offrande**. *12 h 45 du lun. au sam., 11 h et 15 h 30 le dim., 18 h le jeu.*

La Lady Chapel sert au saint sacrement. C'est la chapelle des ambulanciers de St John.

★ Crypte
La crypte souterraine contient plusieurs curiosités, dont un chat et un rat momifiés, trouvés dans un tuyau d'orgue vers 1860.

Porte romane
Ouvrant sur le transept sud, cette porte magnifiquement décorée est l'un des plus beaux exemples du travail de la pierre au XIIe siècle.

Les fondations de la salle capitulaire datent du début du XIIIe siècle.

Chronologie

1038 Construction de l'église viking en bois

1172 St Laurence O'Toole et Strongbow commandent une cathédrale de pierre

1240 La cathédrale de pierre est achevée

Rencontre entre Lambert Simnel et le comte de Kildare (p. 35)

1487 Lambert Simnel, 10 ans, est couronné roi d'Angleterre

1541 Sous Henri VIII la cathédrale devient protestante

1600 Des commerçants louent la crypte

1689 Jacques II d'Angleterre prie dans la cathédrale

1742 Le chœur participe à la première exécution du *Messie* de Haendel

1871 Reconstruction de la cathédrale. Le Synod Hall et le pont sont ajoutés

1983 Le Synod Hall ne dépend plus de la cathédrale

1000 | 1200 | 1400 | 1600 | 1800

Tailor's Hall ⓫

Back Lane. **Plan** B4. *au public.*

Tailor's Hall est le seul bâtiment de Dublin réservé aux guildes de commerçants qui soit parvenu jusqu'à nous. C'est le plus ancien d'Irlande. Véritable havre de paix dans le tumulte de la ville, il se dresse au fond d'une jolie cour pavée. Il fut bâti en 1706. S'y réunissaient toutes sortes de marchands et d'artisans : bonnetiers, barbiers-chirurgiens ou selliers. Il servit aussi à de nombreux meetings politiques. Wolfe Tone y harangua les United Irishmen avant le soulèvement de 1798 *(p. 39)*. À l'abandon, Tailor's Hall ferma au début des années soixante. Totalement rénové, il accueille désormais l'*An Taisce* (Irish National Trust).

Façade de Tailor's Hall, siège de l'Irish National Trust

Le clocher et la flèche de St Patrick's Cathedral

St Patrick's Cathedral ⓬

St Patrick's Close. **Plan** B4.
475 4817. de mai à oct. : de 9 h à 18 h du lun. au ven., de 9 h à 17 h le sam., de 10 h à 11 h et de 12 h 45 à 15 h le dim. ; de nov. à avril : de 9 h à 18 h du lun. au ven., de 9 h à 16 h le sam., de 10 h 30 à 11 h et de 12 h 45 à 15 h le dim.

La plus longue église d'Irlande fut fondée près d'un puits où saint Patrick aurait donné le baptême vers 450. Une dalle de pierre portant une croix celtique couvrait jadis le puits. Déterrée au début du XXe siècle, elle est exposée à l'ouest de la nef. Cette cathédrale imposante ne fut qu'une simple chapelle de bois jusqu'en 1192. L'archevêque anglo-normand John Comyn la fit alors rebâtir en pierre. Au cours des siècles, St Patrick est devenue l'église des petites gens. Christ Church Cathedral *(p. 78-79)* au contraire était celle de la bonne société anglaise. Au XVIIe siècle, des huguenots français se réfugièrent à Dublin. Lady Chapel, la chapelle située derrière le maître-autel, devint leur lieu de culte. Les huguenots s'en servirent jusqu'à la fin du XVIIIe siècle. Aujourd'hui, St Patrick's Cathedral est l'église protestante de la capitale irlandaise.

L'édifice actuel fut bâti entre 1254 et 1270. Par la suite, la cathédrale mal entretenue fut même la proie des flammes. Toutefois, grâce à la générosité de Sir Benjamin Guinness, elle fut entièrement restaurée dans les années 1860. L'édifice mesure 91 m de long. À l'ouest se dresse un clocher, haut de 43 m, Minot's Tower. La flèche fut ajoutée au XVIIIe siècle.

L'intérieur est orné de superbes monuments funéraires. Une brochure disponible à l'entrée vous aidera à les situer. La tombe la plus étonnante est celle de la famille Boyle (XVIIe siècle). Richard Boyle, comte de Cork, la fit bâtir en souvenir de sa deuxième épouse, Katherine. Les personnages coloriés représentent les Boyle et les parents de la défunte. Le harpiste Turlough O'Carolan (1670-1738) et Douglas Hyde (1860-1949), premier

JONATHAN SWIFT (1667-1745)

Jonathan Swift est né à Dublin. Il étudia à Trinity College *(p. 60-61)*. En 1689 il partit en Angleterre. Ayant échoué en politique, il revint en Irlande en 1694. En 1713, il fut nommé doyen de St Patrick. Outre ses fonctions religieuses, Swift était un fin commentateur politique. Son chef-d'œuvre, *Les voyages de Gulliver*, est une satire amère des relations anglo-irlandaises. Sa vie privée, notamment son amitié avec deux jeunes femmes, Hester Vanhomrigh et Ester Johnson (plus connue sous le nom de Stella), suscita les quolibets. À la fin de sa vie, Swift souffrit de la maladie de Ménière. Sa surdité fit penser à beaucoup qu'il était devenu fou.

président d'Irlande, reposent aussi dans l'église.

Nombreux sont ceux qui se rendent sur la tombe de Jonathan Swift. L'écrivain fut doyen de St Patrick. Dans le transept nord, ou « Swift's Corner » (le coin de Swift), un autel et une bibliothèque contenant son masque mortuaire et certains de ses pamphlets. L'épitaphe qu'il avait imaginée est inscrite sur le mur sud-ouest de la nef : « Il gît là où les fureurs de l'indignation ne déchirent plus son cœur. Va ton chemin, passant, et imite, si tu le peux, celui qui fut au meilleur de lui-même l'inflexible défenseur de la liberté. » Plus loin, deux plaques de laiton indiquent sa tombe et celle de son amie Stella qui mourut en 1728.

À l'ouest de la nef, une vieille porte percée d'un trou. En 1492, un duel opposa Lord Kildare à Lord Ormonde. Ce dernier se réfugia dans la salle capitulaire. Lord Kildare fit ce trou dans la porte et les deux hommes purent ainsi se serrer la main amicalement.

Marsh's Library ⓭

St Patrick's Close. **Plan** B4.
454 3511. *de 10 h à 12 h 45 et de 14 h à 17 h lun. et du mer. au ven., de 10 h 30 à 12 h 45 le sam.* *10 jours à Noël et jours fériés.*

Cette bibliothèque publique fut fondée en 1701 pour l'archevêque de St Patrick, Narcissus Marsh. C'est la plus ancienne d'Irlande. Elle fut imaginée par Sir William Robinson, l'architecte qui conçut en grande partie Dublin Castle *(p. 74-75)* et le Royal Hospital Kilmainham *(p. 95)*.

À l'intérieur, des étagères sont surmontées d'une mitre. Elles sont ornées de gables gravés de lettres dorées. La bibliothèque comprend des « cages » où les lecteurs étaient enfermés avec les livres précieux. Les plus anciens datent du XVIe siècle. Certains sont uniques, tels une traduction de l'Ancien Testament en irlandais (1685) ou un exemplaire d'un livre rare ayant appartenu à Swift et annoté de sa main.

Tombeau (1632) de la famille Boyle à St Patrick's Cathedral

Statue de la Vierge et l'Enfant à Whitefriar Carmelite Church

Whitefriar Street Carmelite Church ⓮

56 Aungier St. **Plan** C4. *475 8821.* *de 8 h à 18 h 30 lun. et du mer. au ven., de 8 h à 21 h 30 le mar., de 8 h à 19 h le sam., de 8 h à 19 h 30 le dim.*

George Papworth construisit cette église catholique en 1827. Au même emplacement se dressait au XVIe siècle un prieuré de carmélites.

Contrairement aux deux cathédrales, St Patrick et Christ Church, souvent bondées de touristes, cette église est surtout fréquentée par les fidèles et par tous ceux, nombreux, qui viennent y faire brûler un cierge à saint Valentin, le patron des amoureux. Ses reliques, jadis enterrées au cimetière Saint-Hippolyte de Rome, furent offertes à l'église par le pape Grégoire XVI en 1836. Elles sont conservées aujourd'hui sous la statue de saint Valentin, dans l'angle nord-est de l'église, près de l'autel.

Non loin de là, on peut voir une Vierge à l'enfant en chêne (fin XVe-début XVIe) qui a peut-être appartenu à St Mary's Abbey *(p. 91)*. Toutes les autres statues faites dans le même bois auraient été détruites lorsque les monastères irlandais furent mis à sac sous la Réforme *(p. 36)*.

AU NORD DE LA LIFFEY

Le nord de Dublin fut la dernière partie de la ville à être aménagée. Au XVIIIe siècle, on perça de larges avenues. Autrefois paisibles, elles sont aujourd'hui empruntées par des milliers de voitures.

Statue de James Joyce dans Earl Street North

O'Connell Street ouvre une perspective impressionnante. Elle est bordée de monuments et de statues magnifiques. Les Dublinois viennent y faire leurs emplettes. Les rues adjacentes, notamment Moore Street, sont le royaume des petits vendeurs proposant toutes sortes d'articles et notamment le tabac à un prix très raisonnable.

Certains édifices publics, dont Custom House et Four Courts de James Gandon, et le General Post Office *(p. 87)*, rehaussent la beauté des lieux. Rotunda Hospital, la première maternité d'Europe, est aussi un modèle d'architecture. Le nord, quartier culturel, est doté des deux plus grands théâtres de la ville : l'Abbey et le Gate. En outre, deux musées sont consacrés aux écrivains de Dublin : le Dublin Writers Museum et le James Joyce Cultural Centre. De superbes rues georgiennes desservent le nord. Elles furent longtemps laissées à l'abandon. Heureusement, certains quartiers, surtout autour de North Great George's Street, sont en cours de restauration.

LE QUARTIER D'UN COUP D'ŒIL

Musées et galeries
Dublin Writers Museum 9
Hugh Lane Municipal Gallery of Modern Art 10
Irish Whiskey Corner 13
James Joyce Cultural Centre 5

Bâtiments historiques
Custom House 1
Four Courts 15
King's Inns 11
Rotunda Hospital 7

Rues et ponts historiques
Ha'penny Bridge 17
O'Connell Street 3
Smithfield 12

Théâtres
Abbey Theatre 2
Gate Theatre 6

Églises
St Mary's Abbey 16
St Mary's Pro-Cathedral 4
St Michan's Church 14

Parcs et jardins
Garden of Remembrance 8

LÉGENDE

Plan du quartier pas à pas *p. 84-85*

Gare routière

Parc de stationnement

Information touristique

◁ **Le portique de Custom House illuminé dans la nuit**

Les environs d'O'Connell Street pas à pas

Detail d'un trottoir de Moore Street

O'Connell Street était la rue la plus chic de Dublin à l'époque georgienne. Néanmoins, lors de l'insurrection d'avril 1916, de nombreux bâtiments qui bordaient cette artère furent détruits. Ainsi, le General Post Office fut en grande partie démoli. Aujourd'hui, seule sa façade est d'origine. O'Connell Street est désormais bordée de boutiques et de bureaux. Les principaux monuments alentour sont St Mary's Pro-Cathedral et Custom House.

James Joyce Cultural Centre
Cette maison georgienne parfaitement restaurée abrite un musée consacré à Joyce ❺

Parnell Monument (1911)

Gate Theatre
Fondé en 1928, ce théâtre est spécialisé dans les pièces contemporaines ❻

Rotunda Hospital
La chapelle de cet hôpital fut bâtie dans les années 1750 selon des plans de Richard Castle. Elle est dotée de vitraux splendides, de colonnes cannelées et de balustrades sophistiquées en fer forgé ❼

Un marché coloré anime Moore Street, toute proche d'O'Connell Street. Les étals regorgent de fruits, de légumes et de fleurs.

Fontaine Anna Livia (1988)

Le General Post Office, le plus imposant édifice d'O'Connell Street, fut le centre de l'insurrection de 1916.

Statue de James Larkin (1981)

LÉGENDE

– – – Itinéraire conseillé

0 50 m

À NE PAS MANQUER

★ **Custom House**

★ **O'Connell Street**

St Mary's Pro-Cathedral
Bâtie vers 1825, c'est la principale église catholique de Dublin. Les stucs au-dessus de l'autel représentent l'Ascension ❹

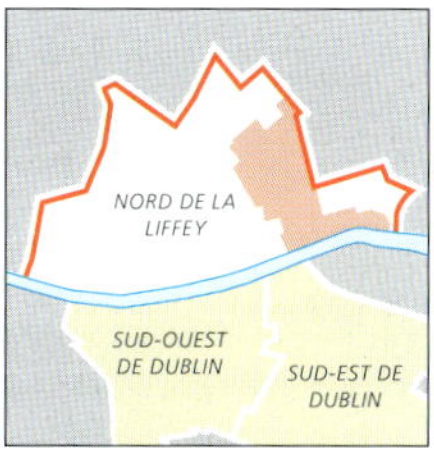

Carte de situation
Voir le plan de Dublin p. 110-111

La statue de James Joyce (1990) fut réalisée par Marjorie Fitzgibbon. Né à Dublin en 1882, il est l'un des plus grands romanciers irlandais. Il dépeint les habitants et les rues de la capitale dans *Gens de Dublin* et *Ulysse*, son chef-d'œuvre.

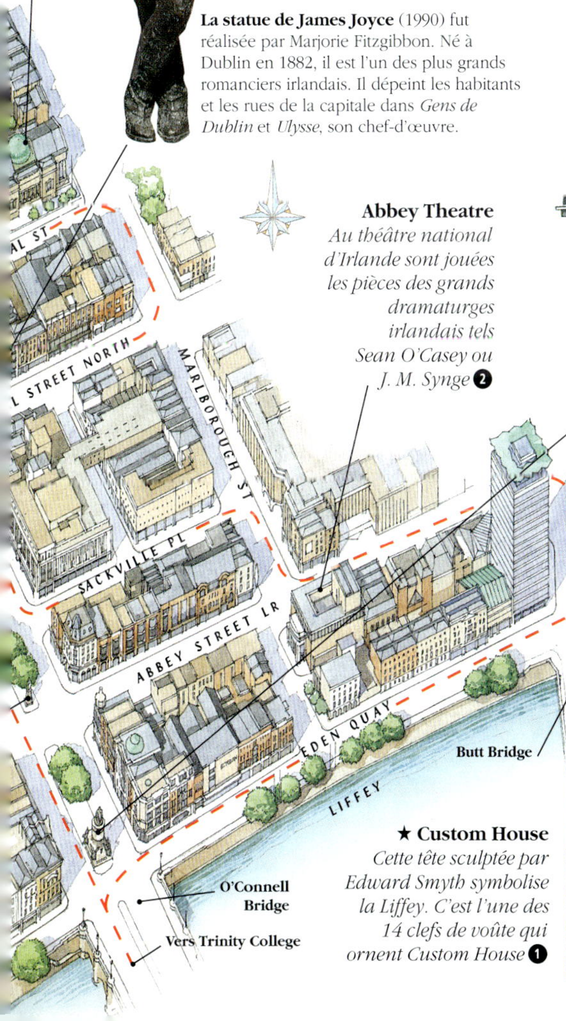

Abbey Theatre
Au théâtre national d'Irlande sont jouées les pièces des grands dramaturges irlandais tels Sean O'Casey ou J. M. Synge ❷

★ O'Connell Street
Il fallut 19 ans à John Foley pour ériger ce monument à la mémoire de Daniel O'Connell. Il fut achevé en 1864 ❸

★ Custom House
Cette tête sculptée par Edward Smyth symbolise la Liffey. C'est l'une des 14 clefs de voûte qui ornent Custom House ❶

Custom House illuminé se mire dans la Liffey

Custom House 1

Custom House Quay. **Plan** E2. *au public.*

Cet office des douanes est l'œuvre de James Gandon, l'architecte des principaux bâtiments de Dublin. Neuf mois à peine après la fin des travaux, par l'Acte d'Union de 1800 *(p. 40)* les douanes furent transférées à Londres. En 1921, le Sinn Féin remporta les élections. Des militants en liesse mirent alors le feu à Custom House, symbole de l'impérialisme britannique. L'incendie fit rage pendant cinq jours, ravagea l'édifice et les archives du gouvernement. En 1991, totalement restauré, Custom House accueillit les services gouvernementaux. En conséquence, les visites ne sont pas autorisées.

Deux pavillons furent érigés de part et d'autre d'un portique dorique. Ils portent les armoiries de l'Irlande. Les clefs de voûte des arcs et des entrées furent sculptées par Edward Smyth. Ces quatorze têtes représentent les principales rivières d'Irlande et l'océan Atlantique. Le dôme central en cuivre est dominé par la figure allégorique du commerce. La façade nord est ornée de figures représentant l'Europe, l'Afrique, l'Amérique et l'Asie.

Depuis la rive sud, la vue sur Custom House est ravissante, et particulièrement au-delà de Matt Talbot Bridge. La nuit, l'édifice illuminé se reflète dans les eaux sombres du fleuve.

Abbey Theatre 2

Lower Abbey St. **Plan** E2. *878 7222.* *seulement pour les représentations* **Caisse** *de 10 h 30 à 19 h du lun. au sam. Voir aussi* ***Se distraire à Dublin*** *p. 107.*

Enseigne de l'Abbey Theatre

Ce théâtre fut fondé en 1898 par W. B. Yeats et Lady Gregory. La première représentation eut lieu en 1904. Puis furent mises en scène des pièces très polémiques. C'est ici en effet que l'on monta des pièces très nationalistes, telles la *Cathleen ni Houlihan* de Yeats ou des pièces plus ésotériques de J. M. Synge qui étaient toujours accueillies par un chahut scandalisé. En 1926, lors de la première de *La charrue et les étoiles* d'O'Casey, le drapeau de l'État libre d'Irlande fut hissé sur scène dans un décor représentant un pub fréquenté par des prostituées ! L'Abbey Theatre fait toujours beaucoup pour encourager les jeunes écrivains. Leurs œuvres sont jouées au petit Peacock Theatre, en bas. Une des pièces qui a remporté le plus de succès récemment fut *Dancing at Lughnasa* (1990) de Brian Friel.

O'Connell Street 3

Plan D1-D2.

O'Connell Street est bien différente des plans tracés par un aristocrate irlandais, Luke Gardiner. Lorsqu'il acheta ce terrain au milieu du XVIIIe siècle, Gardiner avait conçu un boulevard résidentiel partagé par une promenade, mais ses plans furent sans lendemain ; dès 1790, l'édification de Carlisle Bridge (l'actuel O'Connell Bridge) en fit le principal axe nord-sud de Dublin. Plusieurs de ses immeubles furent détruits lors de l'insurrection d'avril 1916 et de la guerre civile irlandaise. Depuis les années soixante, nombre de vieux bâtiments ont été démolis. Désormais, des façades de verre reflètent les néons des magasins et des fast-food.

Il reste cependant de superbes monuments : le Gresham Hotel (1817), le General Post Office (1818), le grand magasin Clery's (1822) et le Royal Dublin Hotel. Toute la rue, pourtant largement reconstruite, rappelle sensiblement la lutte douloureuse pour l'émancipation. La Grande Poste (GPO) reste le symbole de l'esprit républicain, car elle fait office aujourd'hui de point de ralliement de toute manifestation. Depuis l'allée centrale, vous apprécierez mieux cette diversité architecturale. Au sud fut érigé en 1882 le monument à Daniel O'Connell *(p. 40)*. La rue prit son nom en 1922. Presque en face du General Post Office est immortalisé James Larkin (1867-1943). Il organisa la grève générale de 1913. La statue du père Theobald Mathew (1790-1856), fondateur de la croisade contre l'alcoolisme, est un peu plus loin. Ce moine franciscain, apôtre de la tempérance, est curieusement très populaire en Irlande. Au nord de la rue se dresse l'obélisque à la mémoire de James Stewart Parnell (1846-1891). Chef du Home Rule Party, cet autonomiste fut surnommé le « roi sans couronne » de l'Irlande *(p. 41)*, avant de se retirer de la politique pour cause d'adultère. Au coin d'O'Connell Street et de Cathedral Street se trouve la fontaine Anna Livia inaugurée lors du millénaire de Dublin en 1988. Ce monument grotesque est censé représenter la Liffey. Les Dublinois à qui l'humour ne fait jamais défaut l'ont comparé à un jacuzzi.

La statue de Daniel O'Connell domine la rue du même nom

Statue de James Larkin (1981) à O'Connell Street

St Mary's Pro-Cathedral ❹

Marlborough St. **Plan** D2. *874 5441. de 8 h à 19 h t.l.j.*

Consacrée en 1825, avant que l'émancipation catholique ne soit effective *(p. 40)*, St Mary est la cathédrale catholique de Dublin. Sa façade rappelle le temple de Thésée à Athènes. Six colonnes doriques soutiennent un fronton orné des statues de sainte Marie, saint Patrick et saint Laurence O'Toole, archevêque de Dublin au XIIe siècle et patron de la ville. L'intérieur est doté d'un autel finement gravé. Depuis 1902, St Mary est célèbre par la grande qualité de ses chœurs. Le ténor John McCormack *(p. 22)* y débuta en 1904. La chorale chante tous les dimanches à 11 heures.

Sobriété et néo-classicisme dans St Mary's Pro-Cathedral

Le General Post Office (GPO)

L'insurrection de 1916 fait la une d'*Irish Life*

Bâti en 1818 dans O'Connell Street, le GPO symbolise l'insurrection de 1916. Les membres des Irish Volunteers et de l'Irish Citizen Army s'emparèrent du GPO le lundi de Pâques. Patrick Pearse *(p. 42)* lut la proclamation de la république d'Irlande depuis les marches de la poste. Les insurgés y restèrent une semaine, puis furent capturés par les Anglais. Les Irlandais virent d'abord d'un mauvais œil ce soulèvement. Mais ils changèrent d'avis lorsque les 14 chefs de l'insurrection furent exécutés à Kilmainham Gaol *(p. 95)*. À l'intérieur du GPO, une statue de Cuchulainn *(p. 24)*, guerrier de la mythologie irlandaise et symbole de courage, rend hommage à ceux qui moururent pour la liberté.

James Joyce Cultural Centre ❺

35 North Great George's St. **Plan** D1. *873 1984. de 10 h à 16 h 30 du lun. au sam., de 12 h 30 à 16 h 30 le dim. ven. saint et 25 déc.*

Ce centre culturel, situé dans une demeure bâtie en 1784 pour le comte de Kenmare, enchantera les admirateurs de James Joyce. Ceux que la littérature et le « stream of consciousness » (monologue intérieur) de Joyce ne passionnent pas particulièrement apprécieront son superbe intérieur georgien. Michael Stapleton, l'un des plus grands stucateurs de son temps, orna les salles de frises remarquables.

L'exposition est consacrée à 50 personnages d'*Ulysse*, le chef-d'œuvre du romancier. Le professeur Maginni, un personnage secondaire, dirige une école de danse située en face de l'actuel centre culturel. Leopold et Molly Bloom, héros du roman, résident à deux pas de là, au nº 7 Eccles Street. Ce centre organise aussi des rencontres littéraires et des visites guidées dans le Dublin de Joyce.

Au bout de la rue, dans Great Denmark Street, se trouve Belvedere College où Joyce étudia de 1893 à 1898. Les journées interminables sont d'ailleurs évoquées dans *Portrait de l'artiste en jeune homme*. L'intérieur de cette école jésuite est égayé par les stucs les plus colorés de Stapleton (1785).

James Joyce (1882-1941)

Né à Dublin, Joyce passa presque toute sa vie hors d'Irlande. Dublin sert pourtant de toile de fond à la plupart de ses œuvres, *Gens de Dublin*, *Portrait de l'artiste en jeune homme* ou *Ulysse*. Selon Joyce, si cette ville venait à être détruite, on pourrait la recréer en lisant *Ulysse*. Mais ce livre jugé pornographique fut interdit en Irlande jusque dans les années soixante.

Gate Theatre ❻

Parnell Square East. **Plan** D1. *874 4368. seulement pour les représentations.* **Caisse** *874 4045 ou 874 6042. de 10 h à 17 h du lun. au sam. Voir aussi* ***Se distraire à Dublin*** *p. 102-107.*

Entrée du Gate Theatre

Spécialisé dans les créations contemporaines, ce théâtre fut fondé en 1928 par Hilton Edwards et Mícheál Mac Liammóir. Ce dernier devint célèbre avec *The Importance of Being Oscar*, un one-man show consacré à Oscar Wilde *(p. 20)*. L'un des premiers succès du théâtre fut *The Old Lady Says No* (La vieille dame dit non !) de Denis Johnston. Les notes inscrites par Lady Gregory, co-fondatrice de l'Abbey Theatre *(p. 86)*, sur ses scripts lui inspirèrent ce titre. Bien que d'avant-garde, le Gate Theatre a aussi un répertoire classique. Parmi les acteurs qui y débutèrent : James Mason et un certain Orson Welles.

Rotunda Hospital ❼

Parnell Square West. **Plan** D1. *873 0700.*

Fondée en 1745 par le Dr Bartholomew Mosse, ce fut la première maternité d'Europe. Son plan est semblable à celui de Leinster House *(p. 63)*, et pour cause, ces deux bâtiments ayant été conçus par Richard Castle. L'hôpital doit son nom à la rotonde qui décore son extrémité et fut construite en 1764 par John Ensor. Elle servait aux concerts dont les recettes allaient à la maternité. Franz Liszt y donna un concert en 1843.

La chapelle située au premier étage est ornée de vitraux colorés. Les stucs du plafond rococo furent réalisés par le Français Barthélémy Cramillion en 1755.

En face de la maternité, Conway's Pub, ouvert en 1745, a vu défiler des milliers de futurs pères de famille venus patienter ici dans une fébrile attente.

Vitrail (1863) de la chapelle du Rotunda Hospital

Garden of Remembrance ❽

Parnell Square. **Plan** C1.
de l'aube au crépuscule t.l.j.

Au nord de Parnell Square se trouve un petit parc paisible, le Garden of Remembrance (jardin du souvenir), en hommage à ceux qui moururent pour la liberté de l'Irlande. Les insurgés de 1916 y passèrent leur derniers moments avant d'être exécutés à Kilmainham Gaol *(p. 95)* le lendemain. C'est là aussi que naquit le mouvement des Irish Volunteers en 1913. Imaginé par Daithí Hanly, le parc fut inauguré par le président Eamon De Valera *(p. 43)* en 1966 lors du cinquantenaire de l'insurrection de 1916. Au centre du jardin, de vertes pelouses entourent un bassin cruciforme dont le fond est orné d'une mosaïque. Les épées et les boucliers brisés sont autant de symboles de paix. À l'extrémité du parc se dresse une sculpture de bronze d'Oisín Kelly (1971). Elle représente la métamorphose des *Enfants du roi Lir (p. 25).*

***Les enfants du roi Lir*, Garden of Remembrance**

La superbe Gallery of Writers du Dublin Writers Museum

Dublin Writers Museum ❾

18 Parnell Square North. **Plan** C1.
872 2077. de 10 h à 17 h du lun. au sam., de 11 h 30 à 18 h les dim. et jours fériés. du 25 au 27 déc.

Ouvert en 1991, ce musée occupe une élégante maison du XVIIIe siècle où sont réunis peintures, manuscrits et souvenirs des plus grands auteurs irlandais. Une façon très vivante d'évoquer dix siècles de littérature grâce à des lettres, des éditions originales et des photographies des grands auteurs de Dublin. Expositions, conférences, lecture de poèmes attirent les Dublinois. Ne manquez pas la superbe Gallery of Writers à l'étage. Un excellent restaurant, le Chapter One *(p. 307)*, et une librairie rendent le musée encore plus accueillant.

Hugh Lane Municipal Gallery of Modern Art ❿

Charlemont House, Parnell Square North. **Plan** C1. *874 1903.*
de 9 h 30 à 18 h du mar. au ven., de 9 h 30 à 17 h le sam., de 11 h à 17 h le dim. du 24 au 26 déc. et les jours fériés.

Collectionneur de renom, Sir Hugh Lane, neveu de Lady Gregory, légua ses toiles impressionnistes à la Dublin Corporation en 1905. À défaut de lieu adéquat, il songea à les transférer à la National Gallery de Londres, mais la Dublin Corporation proposa alors Charlemont House. Lane donna son accord, mais il périt dans le naufrage du *Lusitania (p. 70)* avant d'avoir modifié son testament. S'ensuivirent cinquante ans de conflits entre la Dublin Corporation et la National Gallery. Elles parvinrent finalement à un compromis. La National Gallery accueillerait la collection tous les cinq ans.

Le musée de Dublin possède principalement des œuvres de peintres français : des Degas, des Courbet, des Monet, et des sculptures, dont certaines de Rodin. Parmi les tableaux modernes irlandais, *Madonna Irlanda* (1977) de Michael Farrell et l'étrange *Ire/land III* de Patrick Graham (1982).

***Aux Bains de mer* (v. 1876) d'Edgar Degas, à la Hugh Lane Municipal Gallery**

Violons gravés dans le bois (1724) à St Michan's Church

King's Inns ⓫

Henrietta St/Constitution Hill.
Plan B1. ● *au public.*

Ce bâtiment aux proportions parfaites fut créé en 1795 pour servir de résidence et de bureau à la corporation des avoués. James Gandon décida de l'ériger au bout d'Henrietta Street, alors l'une des adresses les plus prestigieuses de Dublin. Avant que les travaux ne prennent fin en 1817, Francis Johnston ajouta la coupole en 1816. La salle à manger (Dining Hall) dans le style de Gandon et le Registry of Deeds sont remarquables. La façade ouest est percée de deux entrées flanquées d'atlantes néo-classiques sculptés par Edward Smyth. L'homme tenant un livre représente la loi.

Atlante de King's Inns

Les environs de Constitution Hill ne sont, hélas ! plus aussi beaux qu'à l'époque georgienne, mais les jardins ouverts au public sont cependant fort plaisants.

Smithfield ⓬

Plan A2.

Cette vaste place pavée fut aménagée au milieu du XVIIe siècle. Ce havre de paix ferait presque oublier le brouhaha de Dublin. Toutefois, le premier dimanche de chaque mois, acquéreurs et propriétaires de chevaux s'y donnent rendez-vous. Ne cherchez pas de pur-sang. Les équidés mis en vente ne courront jamais l'Irish Derby. Cette foire est cependant une merveilleuse scène de la vie dublinoise.

Irish Whiskey Corner ⓭

Bow St. **Plan** A2. ☎ *872 5566.*
○ *de 9 h à 17 h du lun. au sam. sur r.-v.* ● *10 jours à Noël et ven. saint.* *obligatoire.*

Vous saurez que vous approchez de l'Irish Whiskey Corner quand vous apercevrez les cars de touristes stationnés dans Bow Street. Ce petit musée est situé dans cette rue, dans l'ancienne distillerie Jameson, fermée en 1972, mais qui accueille toujours la direction du groupe. On peut acheter à l'avance un billet pour la visite guidée qui débute par un film, *Uisce Beatha* (l'eau de vie), retraçant l'histoire du whisky irlandais. Fabriqué dès le VIe siècle dans les monastères, il est aujourd'hui produit à Midleton *(p. 171)*.

Ne manquez pas de vous rendre au Ball o'Malt Bar pour une dégustation.

Dégustation de whisky à l'Irish Whiskey Corner

St Michan's Church ⓮

Church St. **Plan** B3. ☎ *872 4154.*
○ *de mi-mars à oct. : de 10 h à 12 h 45 et de 14 h à 16 h 45 du lun. au ven., de 10 h à 12 h 45 le sam. ; de nov. à mi-mars : de 12 h 30 à 15 h 30 du lun. au ven., de 10 h à 12 h 45 le sam.*

Cette église fut en grande partie reconstruite en 1686. À cet emplacement se dressait au XIe siècle une église viking. La façade de St Michan est ordinaire, mais l'intérieur l'est moins… Des cercueils fissurés laissent entrevoir des corps parfaitement conservés en raison de la sécheresse ambiante, due aux murs de calcaire. Furent momifiés de la sorte les frères Sheares, chefs de la révolte de 1798 *(p. 39)*, qui furent exécutés cette même année.

Moins effrayantes, des boiseries gravées, représentant des fruits et des violons, dominent le chœur. L'orgue date de 1724 ; Haendel y aurait joué. Une tombe anonyme, dans le cimetière de l'église, serait celle du populaire chef des United Irishmen, Robert Emmet *(p. 75)*, qui organisa le soulèvement manqué de 1803.

Four Courts ⓯

Inns Quay. **Plan** B3. ☎ *872 5555.*
○ *de 10 h à 13 h, de 14 h à 16 h 30 du lun. au ven. (lors des sessions de la cour).*

Achevé en 1802 par le célèbre architecte des grands monuments georgiens, James Gandon, le palais de justice, Four Courts, se mire dans les eaux de la Liffey. Il fut presque entièrement démoli 120 ans plus tard *(p. 42-43)* quand les forces gouvernementales firent plier les révoltés opposés au traité de Londres. Les flammes ravagèrent le Public Records Office où étaient archivés des documents du XIIe siècle.

En 1932, les principaux bâtiments furent restaurés d'après les plans de Gandon. Un dôme recouvert de cuivre s'élève au dessus du portique. De monumentales statues ornent le fronton. Elles représentent Moïse entre la Justice et la Sagesse d'un côté, et la Pitié et l'Autorité de l'autre. De part et d'autre du bâtiment central, deux ailes contiennent les quatre cours qui lui donnèrent son nom au siècle dernier : Common Pleas (Appel), Chancery (Chancellerie), Exchequer (Échiquier) et King's Bench (Banc du roi). Il est permis d'entrer dans la salle située sous le dôme, où l'on peut lire sur le panneau à droite de l'entrée l'histoire et les fonctions de Four Courts.

St Mary's Abbey ⓰

Meetinghouse Lane. **Plan** C2.
872 1490. de mi-juin à mi sept. : de 10 h à 17 h le mer.

St Mary's Abbey fut fondée par des bénédictins en 1139, mais elle revint aux cisterciens huit ans plus tard.

Ha'penny Bridge relie Temple Bar à Liffey Street

St Mary fut l'un des plus importants monastères médiévaux d'Irlande tant par son rayonnement que par sa taille. Il régissait en effet d'immenses domaines comprenant divers villages, moulins et pêcheries. Par ailleurs, St Mary servait de lieu de réunion pour le Council of Ireland. C'est lors d'une de ces assemblées que Silken Thomas Fitzgerald *(p. 36)* rompit son serment de fidélité à Henry VIII et lança la révolte de 1534. Le monastère fut dissous en 1539. Au XVIIe siècle, il fit office de carrière et c'est ainsi que les pierres de St Mary servirent à bâtir Essex Bridge (remplacé par Grattan Bridge en 1874), un peu plus au sud. Aujourd'hui ne reste de l'ancien monastère que la salle capitulaire. Elle comprend une maquette du monastère tel qu'il était il y a 800 ans.

Ha'penny Bridge ⓱

Plan D3.

Reliant Temple Bar *(p. 76)* et Liffey Street, cette passerelle de fer forgé est empruntée par des milliers de passants chaque jour. Elle fut réalisée en 1816 par un ferronnier, John Windsor. Ce monument est l'un des plus photographiés de Dublin. Officiellement baptisé Liffey Bridge, il est aussi surnommé Metal Bridge (pont de métal). Son autre sobriquet, Ha'penny, désigne la somme qu'il fallait payer jusqu'en 1919 pour le traverser. Le pont fut récemment doté de lampadaires anciens qui lui donnent plus d'éclat encore.

Au bord de la Liffey, Four Courts, le chef-d'œuvre de James Gandon

En dehors du centre

Les alentours de Dublin sont riches en sites et monuments remarquables. Vous pourrez passer une bonne partie de la journée dans la seule banlieue ouest. Son fleuron : le musée d'art moderne situé dans le superbe Royal Kilmainham Hospital près du terrible Kilmainham Gaol. Non loin de là, Phoenix Park vous invite à la flânerie. Ce parc est le plus vaste jamais aménagé dans une ville européenne. Plus au nord, National Botanic Gardens. Dans ce jardin fleurissent plus de 20 000 espèces de plantes du monde entier. Marino Casino, tout proche, est l'une des plus belles villas palladiennes d'Irlande. Au nord-est, Malahide Castle, où vécut jadis la famille Talbot. Le DART vous mène de Dublin au bord de mer en quelques minutes. Au nord de Dublin Bay, le promontoire de Howth et sa célèbre tour. Au sud, le village de Dalkey s'étire le long de Killiney Bay, la Riviera irlandaise. Le long des côtes, les tours Martello font face au large. Elles auraient permis de défendre l'Irlande en cas d'attaque napoléonienne. Dans l'une d'elles, la James Joyce Tower, une exposition est consacrée à l'écrivain.

Chandelier de Malahide Castle

Les environs d'un coup d'œil

Musées et galeries
Chester Beatty Library et Gallery of Oriental Art 9
Guinness Hop Store 4
James Joyce Tower 13
Kilmainham Gaol 2
Royal Hospital Kilmainham 3
Shaw's Birthplace 6
Waterways Visitors' Centre 8

Parcs et jardins
National Botanic Gardens 5
Phoenix Park 1

Bâtiments historiques
Malahide Castle 10
Marino Casino 7

Villes et villages
Dalkey 14
Dun Laoghaire 12
Howth 11
Killiney 15

La périphérie de Dublin

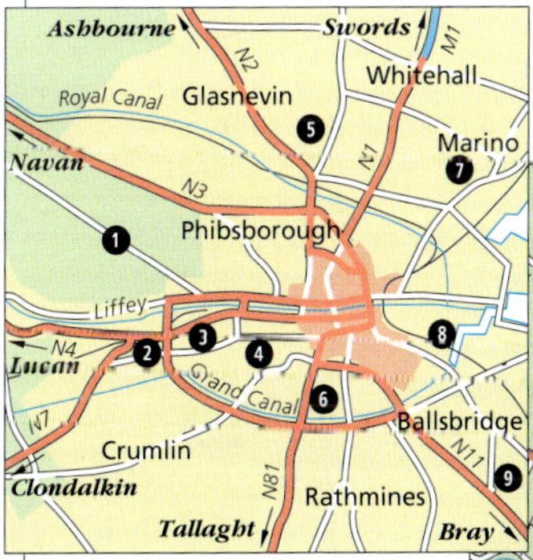

0 4 km

Légende

- Principaux sites
- Le grand Dublin
- Autoroute
- Route principale
- Route secondaire
- Voie ferrée
- Aéroport
- Embarcadère de ferries

La région de Dublin

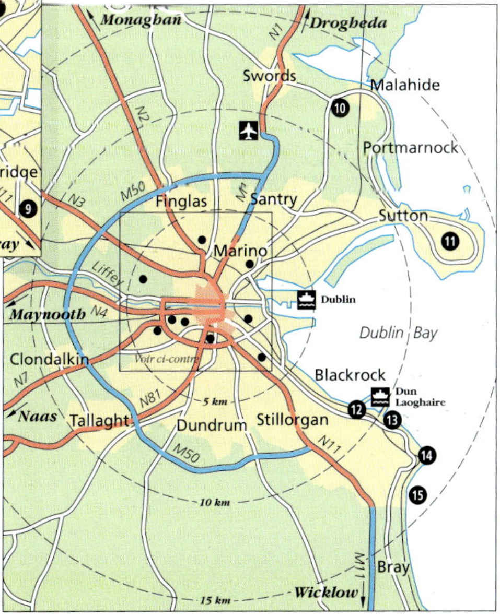

◁ **Face au grand large, la tour Martello de Howth Head**

Phoenix Park ❶

Park Gate, Conyngham Rd, Dublin 8. 🚌 *10, 25, 26, 37, 38, 39.* ◯ *de 6 h 30 à 23 h t.l.j.* **Phoenix Park Visitor Centre** ☎ *677 0095.* ◯ *d'avril à mai : de 9 h 30 à 17 h 30 t.l.j. ; de juin à sept. : de 9 h 30 à 18 h 30 t.l.j. ; d'oct. à nov. et mars : de 10 h à 17 h t.l.j.* **Zoological Gardens** ☎ *677 1425.* ◯ *de 9 h 30 à 18 h (coucher du soleil en hiver) du lun. au sam., de 10 h 30 à 18 h le dim.*

Légèrement à l'ouest du centre-ville, le parc – le plus grand d'Europe (700 ha) – est clos par un mur de 11 km ! Il fut aménagé dès le XVIIe siècle. Son nom, Phoenix, serait une déformation du gaélique *Fionn Uisce*, qui signifie « eau claire ». Une source jaillit en effet près de la **Phoenix Column**. Une autre explication est possible : la statue du phénix qui domine cette colonne. Le duc d'Ormonde créa Phoenix Park en 1662, mais il ne fut ouvert au public qu'en 1745.

Près de Park Gate se trouve le **People's Garden** qui fut la seule partie du parc à être cultivée. Un peu plus loin, on trouve les **Zoological Gardens**. Fondé en 1830, ce zoo est le plus vieux du monde. Un de ses lions devint l'emblème de la MGM.

Outre la Phoenix Column, le parc est doté de monuments superbes, comme cet obélisque de 63 m, le **Wellington Testimonial**. Il fut achevé en 1861, après 44 ans de travaux ! Le bronze des bas-reliefs provient de canons pris aux Français.

Le pape Jean-Paul II célébrant la messe à Phoenix Park en 1979

La **Papal Cross**, croix de 27 m, se dresse là où un million de fidèles se réunirent en 1979 pour prier avec le pape. Le parc comprend, entre autres, deux maisons du XVIIIe siècle. **Áras an Uachtaráin** est la résidence officielle du président de la République et **Deerfield** celle de l'ambassadeur des États-Unis. Seul **Ashtown Castle** est ouvert au public. Dans cette tour du XVIIe siècle se trouve le Phoenix Park Visitor Centre.

Ce parc gigantesque comporte des terrains de football gaélique, de hurling et de polo. Des pistes pour coureurs et cyclistes serpentent parmi les arbres.

Jogging à Phoenix Park

Le hall central restauré de Kilmainham Gaol

Kilmainham Gaol ❷

Inchicore Rd, Kilmainham, Dublin 8. 453 5984. 23, 51, 51A, 78, 79. *de mai à sept. : de 10 h à 18 h t.l.j. ; d'oct. à avril : de 13 h à 16 h du lun. au ven., de 13 h à 18 h le dim.* *les 25 et 26 déc.*

Une longue avenue ombragée relie le Royal Hospital Kilmainham à Kilmainham Gaol. Ce bâtiment massif de pierres grises datant de 1789 fut restauré dans les années soixante. Cette prison vit défiler des dizaines d'indépendantistes irlandais, dont Robert Emmet *(p. 75)* et Charles Stewart Parnell *(p. 41)*. Le dernier en date, Eamon De Valera *(p. 43)*, fut libéré le 16 juillet 1924.

La visite commence par la chapelle où Joseph Plunkett épousa Grace Gilford quelques heures avant son exécution. Il avait en effet participé à l'insurrection d'avril 1916 *(p. 42-43)*. Vous découvrirez la cour où son ami, James Connolly, torturé au point de ne plus tenir debout, fut lié à une chaise avant d'être abattu. Les cellules où croupirent les insurgés et la salle de pendaison sont impressionnantes. Un film retrace l'histoire des lieux. Dans le hall sont évoqués les événements qui eurent lieu dans la prison avant sa fermeture en 1924.
Dans la cour, on peut voir l'*Asgard*, le navire qui servait à acheminer des armes aux nationalistes en 1914.

Royal Hospital Kilmainham ❸

Kilmainham, Dublin 8. *671 8666.* *24, 78, 90.* **Irish Museum of Modern Art** *de 10 h à 17 h 30 du mar. au sam., de 12 h à 17 h 30 les dim. et jours fériés.* *ven. saint et les 24 et 25 déc.*

Cet édifice du XVIIe siècle, conçu par Sir William Robinson, est le plus beau d'Irlande. Bâti en 1680, il rappelle les Invalides et comme eux accueillait des soldats blessés ou âgés. Trois cents blessés de guerre y logèrent d'ailleurs jusqu'en 1927. Une fois réalisé, les Dublinois furent tellement impressionnés par sa remarquable symétrie classique qu'on envisagea un temps d'en faire une annexe de Trinity College. L'aspect fonctionnel du bâtiment contraste avec le style baroque de la chapelle ornée de boiseries sculptées. Des vitraux aux motifs héraldiques entrelacés laissent entrer le jour. Le plafond est une réplique de l'original qui s'effondra en 1902.

En 1991, une partie de cet ancien hôpital fut transformée en musée d'art moderne. Couloirs blancs et sols gris formaient un décor rêvé pour l'Irish Museum of Modern Art. Depuis son ouverture, il a acquis de nombreuses œuvres irlandaises et étrangères. Le musée présente aussi des pièces de théâtre et des concerts.

Façade du Royal Hospital Kilmainham

Dégustation au Guinness Hop Store

Guinness Hop Store ❹

Crane St, Dublin 8. ☎ *453 6700 poste 5155.* 🚌 *78A, 68A, 123.* ○ *de 10 h à 16 h 30 du lun. au ven.* ● *jours fériés.*

L'exposition Guinness est située dans un entrepôt du XIXe siècle. Le houblon y fut conservé jusque dans les années cinquante.

Une visite retrace l'histoire de la brasserie fondée il y a 200 ans à St James's Gate. Viennent ensuite les différentes étapes de la fabrication. Vous serez étonnés de voir combien les méthodes ont changé. Arthur Guinness qui fonda cette brasserie en 1759 serait sans doute surpris par les techniques actuelles. Des maquettes grandeur nature montrent des tonneliers au travail. Les fûts contenant le stout étaient alors en bois. La brasserie a adopté les tonneaux métalliques dans les années cinquante.

On peut voir au rez-de-chaussée, dans la Transport Gallery, une locomotive à vapeur qui transportait des matériaux dans toute l'usine. Tous les moyens de transports étaient alors utilisés pour livrer le client. Les chevaux permettaient d'acheminer la marchandise au port où elle était chargée dans des navires pour l'étranger. La bière destinée au marché national était elle aussi transportée par bateau, mais sur le Grand Canal.

Après un petit film sur l'entreprise vient la dégustation, toujours très appréciée !

La fabrication de la Guinness

Étiquette de la Guinness

La Guinness est une bière brune, aussi appelée stout. Son goût de malt et sa mousse crémeuse l'ont rendue célèbre dans le monde entier. La petite brasserie Guinness fondée il y a deux siècles est aujourd'hui la plus grande d'Europe ; elle couvre 26 hectares et exporte dans 120 pays. Parmi ses grandes marques, on peut citer Harp Lager et Smithwick's Ale.

COMMENT EST FABRIQUÉE LA GUINNESS ?

Les quatre ingrédients principaux sont l'orge, le houblon, la levure et l'eau. Celle-ci ne vient pas de la Liffey, comme le veut la légende, mais des Wicklow Mountains.

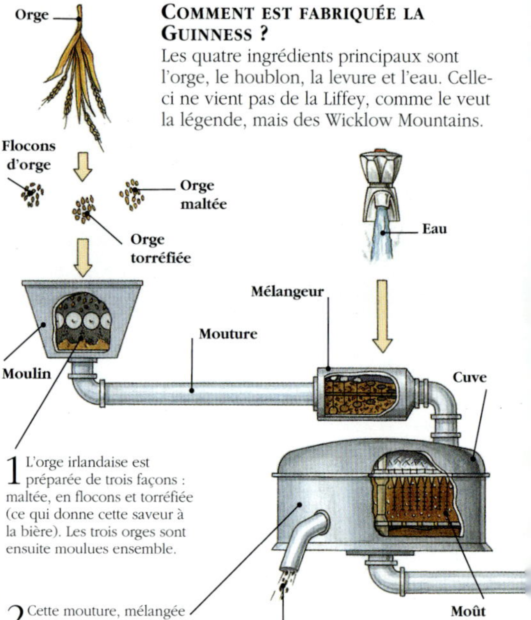

1 L'orge irlandaise est préparée de trois façons : maltée, en flocons et torréfiée (ce qui donne cette saveur à la bière). Les trois orges sont ensuite moulues ensemble.

2 Cette mouture, mélangée avec de l'eau chaude, prend la consistance d'une bouillie. Elle passe alors dans une cuve où elle repose pendant une heure. Les sucres produits par une réaction chimique donnent un moût brun et doux.

Publicité pour la Guinness

Depuis 1929 où fut lancé le slogan « Guinness is good for you » (la Guinness est bonne pour vous), affiches et publicités à la télévision se sont succédé. Toujours amusantes, elles mettent souvent en scène des animaux.

Arthur Guinness

Arthur Guinness

En décembre 1759, Arthur Guinness alors âgé de 34 ans reprit une brasserie à St James's Gate. Inoccupée depuis dix ans, elle fut louée pour seulement 45 livres par an. Le bail fut signé pour 9 000 ans ! Être brasseur à Dublin n'était pas alors rentable. En effet, la bière n'était pas toujours de qualité. À la campagne, elle venait loin derrière le whisky et le gin. En outre, la bière irlandaise était menacée par les importations. Guinness commença à produire de l'ale. Toutefois, il garda à l'esprit une bière brune produite à Londres. Cette boisson était appelée « porter » en raison de son succès auprès des porteurs des marchés de Billingsgate et Covent Garden. Guinness arrêta de produire de l'ale et lança sa propre recette de porter (le mot « stout » n'apparut que dans les années vingt). Le succès de la Guinness fut foudroyant. En 1769, elle était exportée.

Un client heureux, gravure de 1794

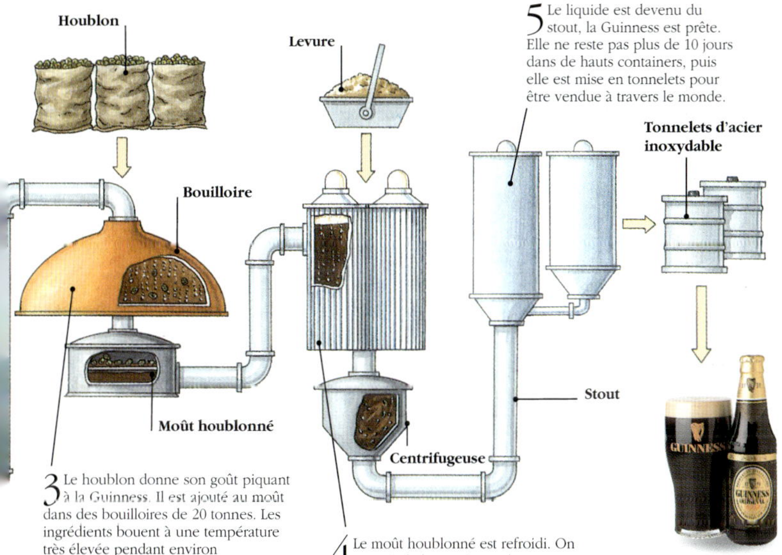

5 Le liquide est devenu du stout, la Guinness est prête. Elle ne reste pas plus de 10 jours dans de hauts containers, puis elle est mise en tonnelets pour être vendue à travers le monde.

3 Le houblon donne son goût piquant à la Guinness. Il est ajouté au moût dans des bouilloires de 20 tonnes. Les ingrédients bouent à une température très élevée pendant environ 90 minutes. Ils sont ensuite filtrés.

4 Le moût houblonné est refroidi. On y ajoute la levure. Ce mélange passe dans une cuve de fermentation où les sucres se transforment en alcool. La fermentation dure 48 heures. La levure est retirée lors de la centrifugation.

Guinness à la pression ou en bouteille

La brasserie Guinness *s'est développée notamment grâce au transport maritime. Dès 1769, un bateau acheminait une cargaison vers l'Angleterre. Jusqu'en 1961, des bateaux navigant sur la Liffey relièrent la brasserie au port de Dublin. Là, la bière était chargée dans d'immenses navires qui desservaient le monde entier.*

Bouilloires d'acier utilisées aujourd'hui

Nénuphars géants aux National Botanic Gardens

National Botanic Gardens ❺

Botanic Ave, Glasnevin, Dublin 9. *837 4388.* *13, 19, 19A, 34, 34A.* *de mars à oct. : de 9 h à 18 h du lun. au sam., de 11 h à 18 h le dim. ; de nov. à fév. : de 10 h à 16 h 30 du lun. au sam., de 11 h à 16 h 30 le dim.* *25 déc.* **Glasnevin Cemetery** Finglas Rd. *d'avril à oct. : de 8 h à 17 h du lun. au ven., de 8 h à 16 h le sam., de 9 h 30 à 17 h (9 h 30 à 16 h de nov. à mars) le dim.*

Principal centre irlandais de botanique, ce jardin fut inauguré en 1795. Il a gardé le charme d'autrefois. Palm House et les autres serres en fer forgé furent fabriquées entre 1843 et 1869. Elles sont nées de l'imagination de Richard Turner, qui conçut aussi celles des Botanic Gardens de Belfast *(p. 270)*.

Le parc de 20 hectares comprend plus de 20 000 plantes différentes. Les parterres de style victorien sont particulièrement réussis. D'aucuns flâneront dans le jardin de roses, tandis que d'autres préféreront les collections exotiques de cactus et d'orchidées… L'arbre le plus haut du parc, un séquoia, mesure 30 m. Le jardin donne sur Prospect Cemetery où reposent de grands politiciens irlandais comme C. S. Parnell *(p. 41)* et Daniel O'Connell *(p. 40)*.

Shaw's Birthplace ❻

33 Synge St, Dublin 8. *475 0854.* *16, 19, 22.* *de mai à oct. : de 10 h à 13 h, de 14 h à 17 h du lun. au sam., de 11 h 30 à 13 h, de 14 h à 18 h les dim. et jours fériés.*

La cuisine dans la modeste maison natale de Shaw

George Bernard Shaw, prix Nobel de littérature, est né dans cette maison le 26 juillet 1856. En 1876, il rejoignit sa mère à Londres. Accompagnée de ses filles, elle avait fui son mari alcoolique. À Londres, Shaw épousa Charlotte Payne-Townsend. Il vécut en Angleterre jusqu'à sa mort en 1950.

Dans la maison, vous découvrirez la chambre de Shaw et la cuisine si chère à l'écrivain. L'œuvre de Shaw n'y est pourtant que brièvement évoquée. Néanmoins, cette visite permet d'imaginer la vie d'une famille modeste à l'époque victorienne.

Marino Casino ❼

Fairview Park, Malahide Rd, Dublin 3. *833 1618.* *20A, 20B, 27, 42, 42B, 43.* *de mai à oct. : de 10 h à 18 h 30 t.l.j. ; de fév. à avril : de 12 h à 16 h les mer. et dim.* *obligatoire.*

Cette villa ravissante *(p. 38-39)* fut bâtie par Sir William Chambers dans les années 1760 pour lord Charlemont. L'architecte ne vint jamais en Irlande, mais fit et défit ses plans en vue d'atteindre la perfection. Les travaux ne furent donc pas terminés avant une dizaine d'années. La maison principale n'existe plus depuis 1921. Seul demeure le casino. Le domaine alentour s'est rétréci, mais Marino Casino reste l'un des plus beaux édifices palladiens d'Irlande. Que d'astuces dans sa conception ! Les urnes du toit cachent des cheminées. Les colonnes dissimulent des gouttières. Toujours à l'extérieur, quatre lions de pierre, probablement sculptés par Joseph Wilton, montent la garde.

Lion de pierre à Marino Casino

À l'intérieur, huit pièces sont réparties sur trois niveaux desservis par un escalier central. Au rez-de-chaussée, un hall spacieux et le salon. Notez son parquet sophistiqué et son plafond à caissons. Au premier se trouve la chambre d'apparat verte et blanche.

Waterways Visitors' Centre ❽

Grand Canal Quay, Dublin 2. *677 7510.* *3.* *de juin à sept. : de 9 h 30 à 18 h 30 t.l.j. ; d'oct. à mai : de 12 h 30 à 17 h du mer. au dim.* *le 25 déc.* *sur r.-v.*

Ce bâtiment abrite une exposition consacrée aux canaux d'Irlande. Il est situé dans Pearse Street, à deux pas de Trinity College. Il donne sur le bassin du Grand Canal. Films et maquettes vous expliquent comment ces voies navigables furent créées au XVIIIe siècle. La partie la plus intéressante porte sur leur construction. Elle date principalement du XVIIIe siècle. Sont aussi présentées la faune et la flore des terres sillonnées par ces canaux.

Le Grand Canal près du Waterways Visitors' Centre

Manuscrit du Coran copié au Cachemire en 1874 par le calligraphe Ahmad Shaikh, Chester Beatty Library

Chester Beatty Library and Gallery of Oriental Art ❾

20 Shrewsbury Road, Dublin 4. *269 2386.* *DART jusqu'à Sandymount.* *de 10 h à 17 h du mar. au ven., de 14 h à 17 h le sam.* *jours fériés et mar. après les jours fériés.* *14 h 30 mer. et sam.*

Cette collection d'œuvres d'art et de manuscrits orientaux fut léguée à l'Irlande par Alfred Chester Beatty. En guise de remerciement, l'Irlande le déclara citoyen d'honneur en 1957. Ce riche industriel américain possédait une impressionnante collection de livres lentement acquis durant toute sa vie. Il accumula entre autres quelque 300 exemplaires du Coran qui furent copiés par les plus grands calligraphes arabes, turcs et iraniens. Alfred Chester Beatty acquit aussi des tablettes babyloniennes vieilles de 6 000 ans, des papyrus grecs du IIe siècle apr. J.-C. et une Bible en copte, l'ancienne langue de l'Égypte.

Dans la Far Eastern Gallery sont exposés des livres de jade chinois ; les idéogrammes finement gravés sont recouverts d'or. Vous pourrez aussi y admirer trésors tibétains, kimonos impériaux et des tasses en corne de rhinocéros qui sont autant d'invitations au voyage. Et que dire des *Parabaiks* du XVIIIe siècle ? Ces contes birmans et siamois sont illustrés d'aquarelles sur papier de mûrier. Le Japon est représenté par des peintures, des livres et parchemins du XVIe au XVIIIe siècle. Ces histoires traditionnelles japonaises furent illustrées par des moines bouddhistes de la ville de Nara.

Moins exotique, la collection de manuscrits européens mérite quand même d'être vue. L'un des plus beaux est un livre de prières français du XVe siècle. On peut voir enfin de nombreux livres imprimés aux belles gravures.

Les canaux de Dublin

L'époque georgienne, période prospère pour l'Irlande, fut marquée par la construction du Grand Canal et du Royal Canal qui relient Dublin au Shannon et à la côte ouest. Dès 1760, ils servirent à transporter passagers et marchandises. À peine un siècle plus tard, le rail ravissait aux canaux leurs voyageurs. Ainsi le Grand Canal et le Royal Canal ne furent plus utilisés que par les commerçants jusqu'en 1960 où il furent fermés. Aujourd'hui, les canaux bien entretenus font le délice des plaisanciers et des pêcheurs.

Un bateau à Harcourt Lock sur le Grand Canal. Cette gravure du XVIIIe siècle est inspirée d'une peinture de James Barralet

Le Great Hall de Malahide Castle avec ses poutres de chêne

Malahide Castle ⑩

Malahide, Co Dublin. *42 depuis Dublin.* *846 2184.* *de 10 h à 12 h 45 et de 14 h à 17 h du lun. au ven., de 11 h à 18 h le sam., de 11 h 30 à 18 h les dim. et jours fériés (de nov. à mars : de 14 h à 17 h les sam., dim. et jours fériés).* **Fry Model Railway** *de juin à août : de 10 h à 13 h et de 14 h à 18 h du lun. au ven., de 11 h à 18 h le sam., de 14 h à 18 h le dim. (sept. et avril-mai : du lun. au jeu.) ; d'oct. à mars : de 14 h à 17 h sam., dim. et jours fériés.* *possibilité de billet combiné.*

Près de la ville côtière de Malahide, un immense château s'élève dans un domaine de 100 hectares. La partie la plus ancienne date du XIVe siècle. La forteresse fut maintes fois modifiée, par l'adjonction, entre autres, de tours rondes, comme aux châteaux des contes de fées. Les Talbot résidèrent à Malahide Castle jusqu'en 1973. Leurs ancêtres avaient pris parti pour Jacques II. Selon la légende, quatorze d'entre eux auraient péri en 1690, lors de la bataille de la Boyne *(p. 236)*.

À l'intérieur, un guide vous fera découvrir le mobilier irlandais du XVIIIe siècle. On notera les poutres de chêne du Great Hall et les boiseries gravées qui embellissent l'Oak Room. Des portraits prêtés par la National Gallery *(p. 68-69)* sont exposés dans le château. Certains représentent des membres de la famille Talbot ou des célébrités comme Wolfe Tone *(p. 39)*. À proximité se trouve le Fry Model Railway. Ce musée fut créé dans les années vingt par l'ingénieur Cyril Fry. Sur 240 m², il reproduit en miniature trains et gares d'Irlande, décors et paysages de l'île tels que la Liffey ou Howth Head.

Howth ⑪

Co Dublin. *DART.* **Howth Castle grounds** *de 8 h au coucher du soleil t.l.j.*

Howth est une petite ville vivant essentiellement de la pêche. Elle est située tout au nord de Dublin Bay. La vue de la baie est magnifique, surtout depuis Howth Head. Un sentier mène au bout de cet énorme promontoire rocheux. Non loin de là se trouve Baily Lighthouse, un phare bâti en 1814. Les environs ont, hélas ! attiré l'attention des promoteurs.

À l'ouest de la ville, le château de Howth date de l'invasion normande. Le domaine est particulièrement beau en mai et en juin lorsque rhododendrons et azalées sont en fleur.

À quelques encablures, Ireland's Eye est le refuge des oiseaux. Tout l'été, des bateaux relient Howth à cet îlot rocheux.

Dun Laoghaire ⑫

Co Dublin. *DART.* **National Maritime Museum of Ireland** *280 0969.* *de mai à sept. : de 14 h 30 à 17 h 30 du mar. au dim. (oct. : sam. et dim.).*

C'est le plus grand port de ferries d'Irlande. Ses maisons aux couleurs vives, ses palmiers et ses jardins surprennent toujours le

Baily Lighthouse, le phare de Howth Head

Voiliers mouillant dans le port de Dun Laoghaire

voyageur. Par beau temps, Dun Laoghaire (prononcer Dunleary) prend des allures de Côte d'Azur, mais malheureusement les touristes ne s'y attardent généralement pas… Les alentours du port sont très agréables et les itinéraires de promenades nombreux. Certains se rendront au phare, à l'est, tandis que d'autres emprunteront « The Metals », un sentier qui longe l'ancien chemin de fer et mène aux villages de Sandycove et Dalkey.

Mariners' Church (1837) abrite le National Maritime Museum. Le musée maritime retrace la vie du capitaine Robert Halpin, qui réussit en 1866, l'installation du premier câble télégraphique transatlantique. Parmi les pièces exposées figure un bateau utilisé par les Français lors de l'invasion manquée de Wolfe Tone à Bantry en 1796 *(p. 160-161).*

James Joyce Tower ⓭

Sandycove, Co Dublin. *280 9265.* *DART jusqu'à Sandycove.* *d'avril à oct. : de 10 h à 13 h et de 14 h à 17 h du lun. au sam., de 14 h à 18 h les dim. et jours fériés.*

Perchée sur un promontoire rocheux, cette tour Martello domine Sandycove. C'est l'une des quinze tours érigées en 1804 entre Dublin et Bray. L'Irlande craignait alors une invasion napoléonienne. Cent ans plus tard, James Joyce *(p. 88)* y fut invité par Oliver St John Gogarty. Son hôte lui inspira l'un des personnages d'*Ulysse*, Buck Mulligan. Aujourd'hui, les épais murs de granite renferment un petit musée. La correspondance de Joyce, sa guitare, sa boîte à cigares, sa canne, son masque mortuaire, tout nous rapproche de Joyce. Les premières éditions d'*Ulysse* y sont également exposées. Une édition de luxe datant de 1935 fut illustrée par Matisse. Il ne faut pas oublier de monter jusqu'au toit de la tour qui offre une vue splendide de Dublin Bay. Au pied du musée, la plage de Forty Foot Pool, jadis réservée aux nudistes, est désormais ouverte à tous.

La guitare de James Joyce

Dalkey ⓮

Co Dublin. *DART.*

Dalkey fut longtemps « la ville aux sept châteaux ». Hélas ! il n'en reste que deux aujourd'hui. Ils se trouvent tous les deux dans la rue principale du village. Ces châteaux gardaient la ville au Moyen Âge, quand Bulloch Harbour, le port, était le point de débarquement de presque tous les bateaux venant d'Angleterre. Ruelles tortueuses et villas ravissantes lui donnent un petit air méditerranéen.

Au large, Dalkey Island est un îlot où nichent les oiseaux. Pour décor, une tour Martello et une église bénédictine, malheureusement à l'abandon. L'été, des bateaux font la liaison avec le port de Coliemore.

Killiney ⓯

Co Dublin. *DART jusqu'à Dalkey ou Killiney.*

Une rocade escarpée mène au village de Killiney, au sud de Dalkey. Le panorama depuis la route est l'un des plus beaux de la côte est. Il est souvent comparé à la baie de Naples. Howth Head se détache clairement au nord. Au sud, on distingue Bray Head *(p. 125)* au pied des Wicklow Mountains *(p. 130-131).* On peut aussi avoir une vue superbe depuis le haut de Killiney Hill Park. Au dessous, Killiney Strand est une agréable plage de galets.

Devantures dans la rue principale de Dalkey

Se distraire à Dublin

Théâtres, cinémas, discothèques, concerts : Dublin aime le spectacle comme toutes les capitales européennes. Ce qui fait sa spécificité ? Les pubs, bien sûr. Des notes de musique et de la Guinness à flots, voilà la recette d'une soirée irlandaise inoubliable.

Façade de l'Olympia Theatre

Temple Bar est l'un des quartiers les plus animés de la ville. Les notes de musique résonnent dans ce dédale de ruelles pavées. Certains iront écouter de la musique traditionnelle dans un pub du siècle dernier, tandis que d'autres préféreront danser sur des rythmes rock dans d'anciens entrepôts. Fréquenté entre autres par les jeunes, ce quartier situé au sud de la Liffey vit surtout la nuit. Les deux plus célèbres théâtres de Dublin et les plus grands cinémas sont, eux, situés au nord du fleuve. Le Point Theatre est une ancienne gare transformée en salle de concert. Elle peut recevoir jusqu'à 7 000 spectateurs. Tous les grands groupes de rock s'y sont produits, mais c'est aussi le rendez-vous des amateurs de musique classique ou de comédies musicales.

La musique emplit Grafton Street au sud-est de Dublin

Les guides des spectacles

In Dublin sort toutes les deux semaines dans les kiosques. *Hot Press*, un bimensuel national, spécialisé dans le rock et la musique traditionnelle, recense tous les spectacles de Dublin. Le *Dublin Event Guide* est une brochure gratuite disponible dans les pubs, restaurants et magasins de disques. Publiée tous les quinze jours, elle informe sur tous les concerts et les discothèques.

Réservation

Pour de nombreux spectacles, les places se vendent le soir même, mais il est souvent plus prudent de réserver. Les détenteurs d'une carte de crédit peuvent le faire par téléphone. Le **Ticket Shop** accepte les réservations par téléphone pour la plupart des spectacles de Dublin et des environs. Les principaux magasins **HMV** vendent des tickets au guichet pour les grandes pièces de théâtre et les concerts de rock.

Théâtre

Bien que Dublin n'ait pas beaucoup de théâtres, les spectacles sont toujours de qualité. La plupart des salles ferment le dimanche. La plus grande scène est celle de l'**Abbey Theatre** *(p. 86)*. On y joue généralement des pièces contemporaines. Les auteurs irlandais Brendan Behan, Sean O'Casey, J. M. Synge ou W. B. Yeats sont toujours à l'honneur. Les représentations du Peacock Theatre au-dessous sont d'inspiration expérimentale. Également au nord de la Liffey, le **Gate Theatre** *(p. 88)*, au répertoire international, fut fondé en 1929. On trouvera au sud de la Liffey le **Gaiety Theatre** où l'on monte surtout des pièces irlandaises. Les amateurs de danse moderne connaissent tous le **Project Arts Centre** de Temple Bar et le **City Arts Centre** où les spectacles commencent parfois à minuit. L'**Andrews Lane Theatre** permet de s'exprimer à de jeunes écrivains et metteurs en scène. L'**Olympia Theatre** semble tout droit sorti de l'époque victorienne. Au programme, on trouve musique irlandaise, rock, comédies ou pièces de boulevard.

Chaque année en octobre, le **Dublin Theatre Festival** se déroule dans toutes les salles de la ville. Pour cet événement sont alors mises en scène des pièces de tous les pays.

Ce disquaire de Temple Bar vend des palces de concert

Des mélomanes par milliers au Temple Bar Blues Festival

Musique classique, opéra et danse

Les concerts de musique classique sont peut-être moins nombreux à Dublin qu'ailleurs. Mais le **National Concert Hall** en est un haut lieu. Dans les années quatre-vingt, cette salle du siècle dernier a été restaurée, et son acoustique est excellente. Le National Symphony Orchestra y joue presque tous les vendredis soir. Opéra, jazz, danse ou musique traditionnelle : le National Concert Hall a plus d'un atout. Des concerts ont lieu au **Hugh Lane Municipal Gallery of Modern Art** *(p. 89)* le dimanche à l'heure du déjeuner. Le **Royal Hospital Kilmainham** *(p. 95)*, la **Royal Dublin Society (RDS)** accueillent aussi les musiciens. Les opéras sont donnés au **Point Theatre**. Le DGOS (Dublin Grand Opera Society) joue en avril et en novembre au Gaiety Theatre.

Musique et danse traditionnelles

Pour les Irlandais, rien ne sert d'aller au pub si la musique n'est pas aussi bonne que la bière. Dans ceux du centre de Dublin, on boit au son des cornemuses et des bodhráns. Le pub le plus connu est **O'Donoghue's**. Les fameux Dubliners y débutèrent dans les années soixante. Autres établissements de qualité : **An Béal Bocht, Slattery's** et **Auld Dubliner**. Moins traditionnelle, **Mother Redcap's Tavern** est située dans une usine désaffectée. Le **Jury's Hotel** et le **Castle Inn** présentent chaque soir des spectacles de cabaret irlandais.

Le magazine *In Dublin*

Rock, jazz, blues et country

Depuis une vingtaine d'années, Dublin vit au rythme du rock. Les Thin Lizzy furent ceux qui lancèrent le mouvement. U2 et d'autres groupes irlandais ont suivi. Chaque soir, l'un d'entre eux se produit quelque part en ville. Les plus prometteurs passent généralement au **Whelan's** ou au **Baggot Inn**. À l'étage de l'**International Bar** se produisent des auteurs-compositeurs. Ouvert jusqu'à l'aube, le **Waterfront Rock Bar** accueille des musiciens de talent. Le restaurant de cet établissement, situé près du studio de U2, est fameux. Tous les grands noms du rock ont joué au Point Theatre. L'été, les concerts ont souvent lieu dans les stades. À l'Olympia Theatre, l'atmosphère est plus intime.

Vous pourrez écouter du jazz et du blues dans toutes sortes de salles, petites ou grandes. Chaque année, en juillet, a lieu le **Temple Bar Blues Festival**. La country est une musique très appréciée en Irlande. Les musiciens jouent régulièrement dans les pubs de Dublin. Au **Bad Bob's Backstage Bar**, par exemple, la danse est également de la fête.

Discothèques

Encore récemment, les discothèques de Dublin étaient assez ordinaires. Aujourd'hui, acteurs et musiciens de passage en Irlande vont danser au **POD** (Place of Dance). L'autre endroit branché est le **Kitchen**. Ce night-club est situé dans le Clarence Hotel, appartenant à U2. Le **Ri-Rá** est le royaume de la « dance ». Au **Lillie's Bordello**, la musique est plus traditionnelle.

La plupart des discothèques ferment à 2 h du matin. Celles de Leeson Street restent ouvertes jusqu'à 5 h. En général, l'entrée est gratuite, mais les consommations sont chères.

Musique irlandaise traditionnelle au O'Donoghue's

La façade traditionnelle de Doheny and Nesbitt

Pubs et bars

Les pubs sont indispensables à la compréhension de l'âme dublinoise. À eux seuls, ils racontent l'histoire de la ville. Fréquentés par les écrivains, ils furent décrits dans les plus grands romans irlandais. Les partisans de l'indépendance s'y réunissaient, de grands musiciens y débutèrent. Aujourd'hui, leurs murs sont couverts de souvenirs. Au programme : bière, danse et chansons, et la gentillesse des Dublinois.

La capitale possède environ 1 000 pubs. Certains sont traditionnels, comme le **Neary's** ; fréquenté par les acteurs, il est doté d'un magnifique bar en marbre. Pour replonger dans le passé, poussez donc la porte du **Long Hall** ou du **Stag's Head** (créé en 1770). Au siècle dernier, les clients conversaient tranquillement dans des alcôves que l'on trouve encore au **Kehoe's** et au **Doheny and Nesbitt**, le rendez-vous des journalistes.

Le **Brazen Head**, fondé en 1198, serait le plus vieux pub de Dublin. La salle actuelle, bâtie vers 1750, est ornée de boiseries sombres et de photographies anciennes. Tous les pubs servent de la bonne Guinness, mais la meilleure est celle de **Mulligan's**, un pub ouvert en 1782.

Les petits pubs enfumés sont légion. Plus rares sont les établissements de grande classe. La bonne société fréquente le **Shelbourne Bar**, dans l'hôtel du même nom. Récemment, des bars ont ouvert près de Trinity College et à Temple Bar. Le **Mr Pussy's Café de Luxe** est très apprécié, le **Garage** aussi ; son nom est justifié par la Trabant qui en occupe le centre.

Tournée littéraire des pubs

Les écrivains ont fréquenté de nombreux pubs de Dublin, surtout près de Grafton Street. Le **McDaid's**, de style Art déco, n'a pas changé depuis l'époque où Patrick Kavanagh et Brendan Behan étaient des habitués. Le **Davy Byrne's**, lui, s'est transformé depuis l'époque où Léopold Bloom, le fameux personnage d'*Ulysse*, y prenait ses sandwichs au gorgonzola et à la moutarde ; toutefois, il vaut quand même le détour.

Une publicité Guinness à l'extérieur d'un pub de Dublin

Le **Dublin Literary Pub Crawl** vous fera découvrir les autres pubs fréquentés par les auteurs. Cette visite, animée par des acteurs, commence par une bière au Duke, dans Duke Street. Elle dure deux heures et demie. L'été elle a lieu tous les jours, l'hiver seulement le week-end.

Cinéma

Depuis longtemps, les grands espaces irlandais inspirent les cinéastes. Aujourd'hui, l'industrie cinématographique irlandaise est en plein essor. Des films tels que *My Left Foot* en 1989 ou *Les Commitments* en 1991 ont fait salle comble. Hélas ! les films sont rarement doublés ou sous-titrés. L'**Irish Film Centre**, ouvert il y a trois ans, diffuse des films étrangers. Ce centre comprend, entre autres, un bar et un restaurant fort agréables. Le **Dublin Film Festival** a lieu pendant dix jours (fin février-début mars). Des films étrangers sont alors projetés un peu partout dans la ville. Ceux pour qui la langue de Shakespeare n'a plus de secret pourront se rendre au **Screen**, près de Trinity College, ou au **Light House**, au nord de la Liffey. En général, les prix dans les salles d'exclusivité sont réduits l'après-midi et le week-end tard dans la soirée.

L'Oliver St John Gogarty à Temple Bar est un pub très animé

CARNET D'ADRESSES

RÉSERVATIONS

HMV
18 Henry St. **Plan** D2.
873 2899.
65 Grafton St. **Plan** D4.
679 5334.

Ticket Shop
2e étage, Grafton House, 70 Grafton St. **Plan** D4.
677 5930.

THÉÂTRE

Abbey Theatre
Abbey St Lower.
Plan E2.
878 7222.

Andrews Lane Theatre
9-17 St Andrew's Lane.
Plan D3.
679 5720.

City Arts Centre
23-25 Moss St. **Plan** E2.
677 0643.

Dublin Theatre Festival
47 Nassau St. **Plan** D3.
677 8439.

Gaiety Theatre
King St South. **Plan** D4
677 1717.

Gate Theatre
Parnell Sq East. **Plan** D1.
874 4368.

Olympia Theatre
Dame St. **Plan** C3.
677 7744.

Project Arts Centre
39 Essex St East, Temple Bar. **Plan** C3.
671 2321.

Riverbank Theatre
Merchant's Quay. **Plan** B3.
677 3370.

MUSIQUE CLASSIQUE, OPÉRA ET DANSE

Hugh Lane Municipal Gallery of Modern Art
Charlemont House, Parnell Sq North. **Plan** C1.
874 1903.

National Concert Hall
Earlsfort Terrace. **Plan** D5.
671 1533.

Point Theatre
East Link Bridge, North Wall Quay.
836 3633.

Royal Dublin Society (RDS)
Ballsbridge.
668 0866.

Royal Hospital Kilmainham
Kilmainham.
671 8666.

MUSIQUE ET DANSE TRADITIONNELLES

An Béal Bocht
58 Charlemont St.
475 5614.

Auld Dubliner
24-25 Temple Bar.
Plan D3.
677 0527.

Castle Inn
5-7 Lord Edward St.
Plan C3.
475 1122.

Jury's Hotel
Pembroke Rd, Ballsbridge.
660 5000.

Mother Redcap's Tavern
Back Lane, Christchurch.
Plan B4.
453 8306.

O'Donoghue's
15 Merrion Row. **Plan** E5.
660 7194.

Slattery's
129 Capel St. **Plan** C2.
872 7971.

ROCK, JAZZ, BLUES ET COUNTRY

Bad Bob's Backstage Bar
Essex St East, Temple Bar.
Plan C3.
677 5482.

Baggot Inn
143 Baggot St Lower.
Plan E5.
676 1430.

International Bar
23 Wicklow St. **Plan** D3.
677 9250.

Temple Bar Blues Festival
Temple Bar Information Centre, 18 Eustace St.
Plan C3.
671 5717.

Waterfront Rock Bar
14 Sir John Rogerson's Quay.
677 8466.

Whelan's
25 Wexford St. **Plan** C5.
478 0766.

DISCOTHÈQUES

Kitchen
6-8 Wellington Quay.
Plan C3.
662 3066.

Lillie's Bordello
Adam Court, près de Grafton St. **Plan** D4.
679 9204.

POD
Harcourt St. **Plan** D5.
478 0166.

Ri-Rá
11 South Great George's St.
Plan C3.
677 4835.

PUBS ET BARS

Brazen Head
20 Bridge St Lower
Plan A3
677 9549.

Davy Byrne's
21 Duke St. **Plan** D4.
677 5217.

Doheny and Nesbitt
5 Baggot St Lower.
Plan E5.
676 2945.

Dublin Literary Pub Crawl
35 Heytesbury St. **Plan** C5.
454 0228.

Garage
6-8 Wellington Quay.
Plan C3.
662 3066.

Kehoe's
9 Anne St South. **Plan** D4.
677 8312.

Long Hall
South Great George's St.
Plan C4.
475 1590.

McDaid's
3 Harry St, près de Grafton St. **Plan** D4.
679 4395.

Mr Pussy's Café de Luxe
21 Suffolk St. **Plan** D3.
677 4804.

Mulligan's
8 Poolbeg St. **Plan** E3.
677 5582.

Neary's
1 Chatham St. **Plan** D4.
677 8596.

The Norseman
29 Essex St East, Temple Bar. **Plan** C3.
671 5135.

Oliver St John Gogarty
58-59 Fleet St, Temple Bar.
Plan D3.
671 1822.

Queen's
12 Castle St, Dalkey.
285 4569.

Shelbourne Bar
27 St Stephen's Green North. **Plan** E4.
676 6471.

Stag's Head
1 Dame Court, près de Dame Lane. **Plan** D3.
679 3701.

Toner's
139 Baggott St Lower.
Plan E5.
676 3090.

CINÉMA

Dublin Film Festival
1 Suffolk St. **Plan** D3.
679 2937.

Irish Film Centre
6 Eustace St, Temple Bar.
Plan C3.
679 5744.

Light House
106 Abbey St Middle.
Plan D2.
873 0438.

Screen
D'Olier St. **Plan** D3.
671 4988.

Dublin la nuit

Impossible de s'ennuyer une seule minute à Dublin ! Les endroits ouverts la nuit sont surtout situés dans le quartier animé de Temple Bar. Théâtres, salles de concert, bars décorés par des designers, il y en a pour tous les goûts et toutes les bourses. Dans les clubs, vous pourrez écouter de la musique irlandaise, du rock, du jazz ou de la country, mais, loin des soirées programmées, les innombrables pubs de Dublin suffiront à vous faire passer une excellente soirée.

Gate Theatre
Au répertoire de ce théâtre, des pièces étrangères ou des classiques irlandais comme Junon et le paon *de Sean O'Casey* (p. 88).

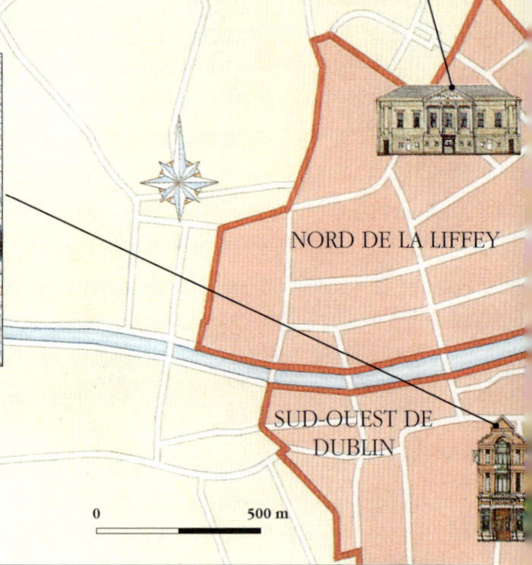

Stag's Head
Ce pub victorien est doté d'un long comptoir d'acajou. Les miroirs et les vitraux sont d'origine. Dissimulé au fond d'une ruelle, ce pub magnifique vaut le détour (p. 105).

Le quartier de Temple Bar

Il faut bien deux soirées pour découvrir ces petites ruelles. Les restaurants y sont abordables. Les bars ultramodernes rivalisent avec les pubs traditionnels. Après le théâtre ou l'Irish Film Centre, les discothèques proposent toutes sortes de musiques, de la country à la « dance ».

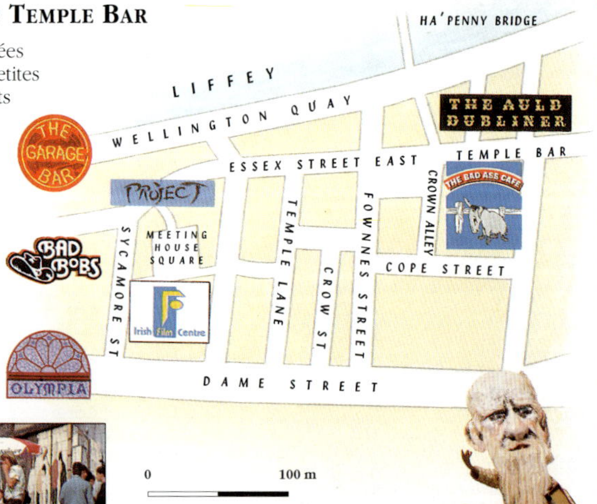

La queue pour un concert à Temple Bar

Sur les trottoirs de Temple Bar, des comédiens jouent tout l'été. Ci-dessus, un acteur déguisé en George Bernard Shaw.

Abbey Theatre
Malgré des difficultés financières, le prestigieux théâtre national d'Irlande présente toujours de nouvelles œuvres, telles que Dancing at Lughnasa *de Brian Friel* (p. 86).

Point Theatre
Cette ancienne gare victorienne est la principale salle de concert du pays. Des artistes tels que Van Morrison (ci-dessus) *ou Luciano Pavarotti s'y sont produits. Le Point Theatre accueille aussi des comédies musicales* (p. 105).

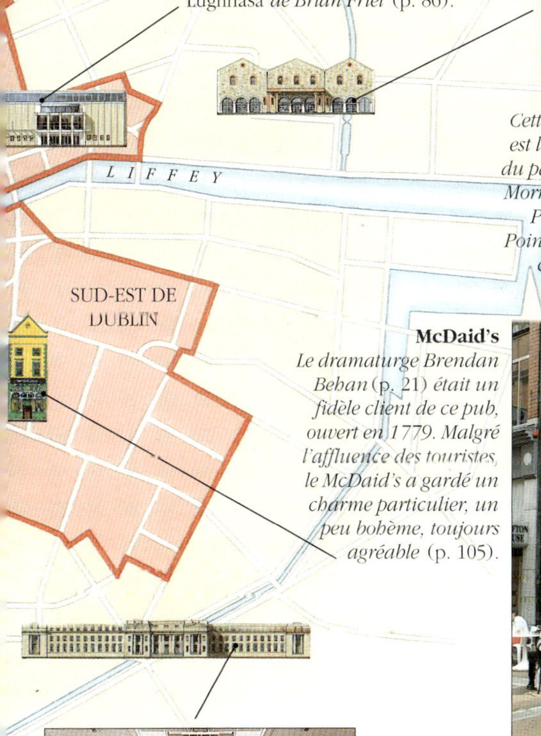

McDaid's
Le dramaturge Brendan Behan (p. 21) *était un fidèle client de ce pub, ouvert en 1779. Malgré l'affluence des touristes, le McDaid's a gardé un charme particulier, un peu bohème, toujours agréable* (p. 105).

National Concert Hall
Le National Symphony Orchestra y joue presque tous les vendredis soir. Au répertoire de la salle : ballet, musique de chambre, opéra… De mai à juillet, des concerts bon marché ont lieu le mardi à l'heure du déjeuner (p. 103).

Répertoire des noms de rues

Légende de l'atlas des rues

- Site exceptionnel
- Site intéressant
- Gare ferroviaire
- Station de DART
- Principaux arrêts de bus
- Gare routière
- Station de taxis
- Parc de stationnement
- Bureau de l'office du tourisme
- Hôpital de garde
- Poste de police
- Église
- Bureau de poste
- Voie ferrée
- Rue à sens unique
- Rue piétonne

0 200 m

Glossaire des abréviations

Ave	Avenue	**E**	East	**Pde**	Parade	**Sth**	South
Br	Bridge	**La**	Lane	**Pl**	Place	**Tce**	Terrace
Cl	Close	**Lr**	Lower	**Rd**	Road	**Up**	Upper
Ct	Court	**Nth**	North	**St**	Street/Saint	**W**	West

A
B
C
1
2
3
4
5
Dublin Writers Museum
Hugh Lane Municipal Gallery of Modern Art
King's Inns
KING'S INNS PARK
PHIBSBOROUGH RD
CONSTITUTION HILL
DOMINICK STREET UPPER
DOMINICK STREET LOWER
DOMINICK PLACE
DORSET ST UPPER
GRANBY ROW
GRANBY LANE
PARNELL SQUARE
WESTERN WAY
PALMERSTON PL
MOUNTJOY ST MIDDLE
MOUNTJOY ST
ST MARY'S TCE
TEMPLE COTTAGES
HENRIETTA LANE
HENRIETTA STREET
HENRIETTA PLACE
KING'S INNS STREET
DOMINICK LANE
BOLTON STREET
PREBEND STREET
LINENHALL TCE
LINENHALL PDE
COLERAINE STREET
LISBURN ST
LINENHALL STREET
LURGAN STREET
CHURCH ST UPPER
KIRWAN STREET
GRANGEGORMAN UPPER
STANHOPE STREET
MORNING STAR AVE
FOUNTAIN PLACE
STONEY BATTER
BRUNSWICK STREET NORTH
GEORGE'S LA
KING STREET NORTH
STIRRUP LA
NEW ST NTH
CHURCH TCE
BERESFORD STREET
ANNE STREET NORTH
BALL'S LA
GREEN STREET
LITTLE GREEN ST
LOFTUS LANE
RYDER'S ROW
PARNELL STREET
CHAPEL LANE
CAPEL STREET
BRITAIN STREET
LITTLE
ANGLESEA ROW
JERVIS LANE UP
WOLFE TONE STREET
JERVIS STREET
MARY STREET
BLACKHALL PLACE
ST PAUL STREET
BLACKHALL PDE
BLACKHALL ST
QUEEN STREET
SMITHFIELD
FRIARY AVENUE
BROWN
ST NTH
BOW STREET
FATHER MATHEW SQUARE
CHURCH AVE W
CUCKOO LANE
GEORGE'S HILL
HALSTON STREET
MARY ST LITTLE
OXMANTOWN LA
HENDRICK STREET
HENDRICK LANE
HAYMARKET
CHURCH ST NEW
MAY LANE
Irish Whiskey Corner
MARY'S LANE
GREEK STREET
ST MICHAN'S ST
ARRAN STREET EAST
MEETINGHOUSE LANE
St Mary's Abbey
MARY'S ABBEY
JERVIS LANE LR
WOLFE TONE PARK
ABBEY STREET UPPER
BYRNE'S LANE
BENBURB STREET
JOHN ST NTH
St Michan's Church
PHOENIX ST NTH
COKE LA
CHANCERY STREET
ELLIS QUAY
STABLE LA
HAMMOND LANE
CHURCH STREET
Mellowes Bridge
USHER'S ISLAND
ARRAN QUAY
Liffey
Four Courts
CHANCERY PL
CHARLES ST W
ORMOND SQUARE
STRAND ST LITTLE
STRAND STREET
SWIFTS ROW
ORMOND QUAY LOWER
ORMOND QUAY UPPER
Grattan Bridge
USHER'S QUAY
Father Mathew Bridge
INNS QUAY
O'Donovan Rossa Bridge
WELLINGTON QUAY
ISLAND STREET
USHER STREET
ST AUGUSTINE STREET
BRIDGE ST LOWER
MERCHANT'S QUAY
WOOD QUAY
ESSEX QUAY
EXCHANGE ST LOWER
ESSEX STREET WEST
ESSEX STREET EAST
PARLIAMENT ST
CRANE LA
SYCAMORE ST
EUSTACE ST
TEMPLE LANE
CURVE ST
BONHAM ST
BRIDGEFOOT STREET
WINETAVERN STREET
FISHAMBLE ST
EXCHANGE ST UP
COPPER ALLEY
Christ Church Cathedral
MARSHALL LANE
OLIVER BOND STREET
COOK STREET
St Audoen's Church
JOHN'S LANE WEST
BRIDGE ST UPPER
SCHOOLHOUSE LANE
LANE W
BORRIS CT
ST MICHAEL'S CLOSE
ST MICHAEL'S HILL
JOHN'S LA EAST
LORD EDWARD ST
CORK HILL
DAME STREET
City Hall
Dublin Castle
CASTLE STREET
CASTLE STEPS
THOMAS STREET WEST
HIGH STREET
BACK LANE
Tailors' Hall
Dublinia
CHRISTCHURCH PL
St Werburgh's Church
WERBURGH ST
THOMAS CT
ST CATHEDRAL LANE EAST
HANBURY LANE
MEATH STREET
VICAR STREET
FRANCIS STREET
LAMB ALLEY
J DILLON STREET
SHIP ST LITTLE
SHIP STREET GREAT
SOUTH GREAT GEORGE'S ST
THOMAS COURT LANE
EARL STREET SOUTH
SWIFT'S ALLEY
DEAN SWIFT SQ
THOMAS DAVIS ST STH
JOHN DILLON STREET
NICHOLAS STREET
ROSS ROAD
BRIDE ROAD
BRIDE STREET
CHANCERY LANE
STEPHEN ST UP
STEPHEN ST LR
MEATH PLACE
REGINALD STREET
ASH STREET
GARDEN LANE
CARMAN'S HALL
HANOVER STREET
HANOVER LANE
BULL ALLEY STREET
ST PATRICK'S PARK
GOLDEN LANE
LONGFORD ST GREAT
LONGFORD ST LITTLE
DIGGES ST
BOW LANE
PIMLICO
BRAITHWAITE ST
GRAY STREET
MARK'S ALLEY W
PATRICK STREET
WHITEFRIAR ST
Whitefriar Street Carmelite Church
St Patrick's Cathedral
WOOD ST
Adelaide Hospital
WHITEFRIAR PLACE
AUNGIER STREET
YORK
POOLE ST
THE COOMBE
BRABAZON STREET
COOMBE COURT
Marsh's Library
ST PATRICK'S CLOSE
PETER STREET
PETER ROW
JOHN STREET SOUTH
WATKINS BUILDINGS
WEAVER'S STREET
DEAN ST
ARDEE STREET
ARDEE ROW
BRABAZON ROW
NEW ROW SOUTH
KEVIN STREET UPPER
BISHOP STREET
AUNGIER PL
DIGGES ST UP
MERCER STREET
CORK STREET
NEWMARKET
CATHEDRAL LA
REDMOND'S HILL
ORMOND ST
WEAVER'S SQUARE
CHAMBER STREET
WARDS HILL
NEW STREET SOUTH
CATHEDRAL VIEW CT
KEVIN STREET LOWER
CUFFE STREET
OSCAR SQUARE
MILL STREET
FUMBALLY LANE
BRIDE STREET NEW
CHURCH LAS
LIBERTY LANE
WEXFORD ST
BROWN ST SOUTH
O'CURRY AVE
CLARENCE MANGAN ROAD
BLACKPITTS
MONTAGUE PLACE
MONTAGU
O'CAROLAN RD
O'CURRY RD
ST THOMAS ROAD
MALPAS STREET
LONG LANE
CAMDEN ROW
CLANBRASSIL ST LR
CAMDEN ST LR
EBENEZER TERRACE
DONORE RD
SUSAN TERRACE
GEOFFREY KEATING ROAD
ST KEVIN'S AVE
WILLIAM'S PL STH
HEYTESBURY ST
MADDEN RD
MICHAEL'S TCE
HAMMOND ST
Meath Hospital
PLEASANTS STREET
CAMDEN PLACE

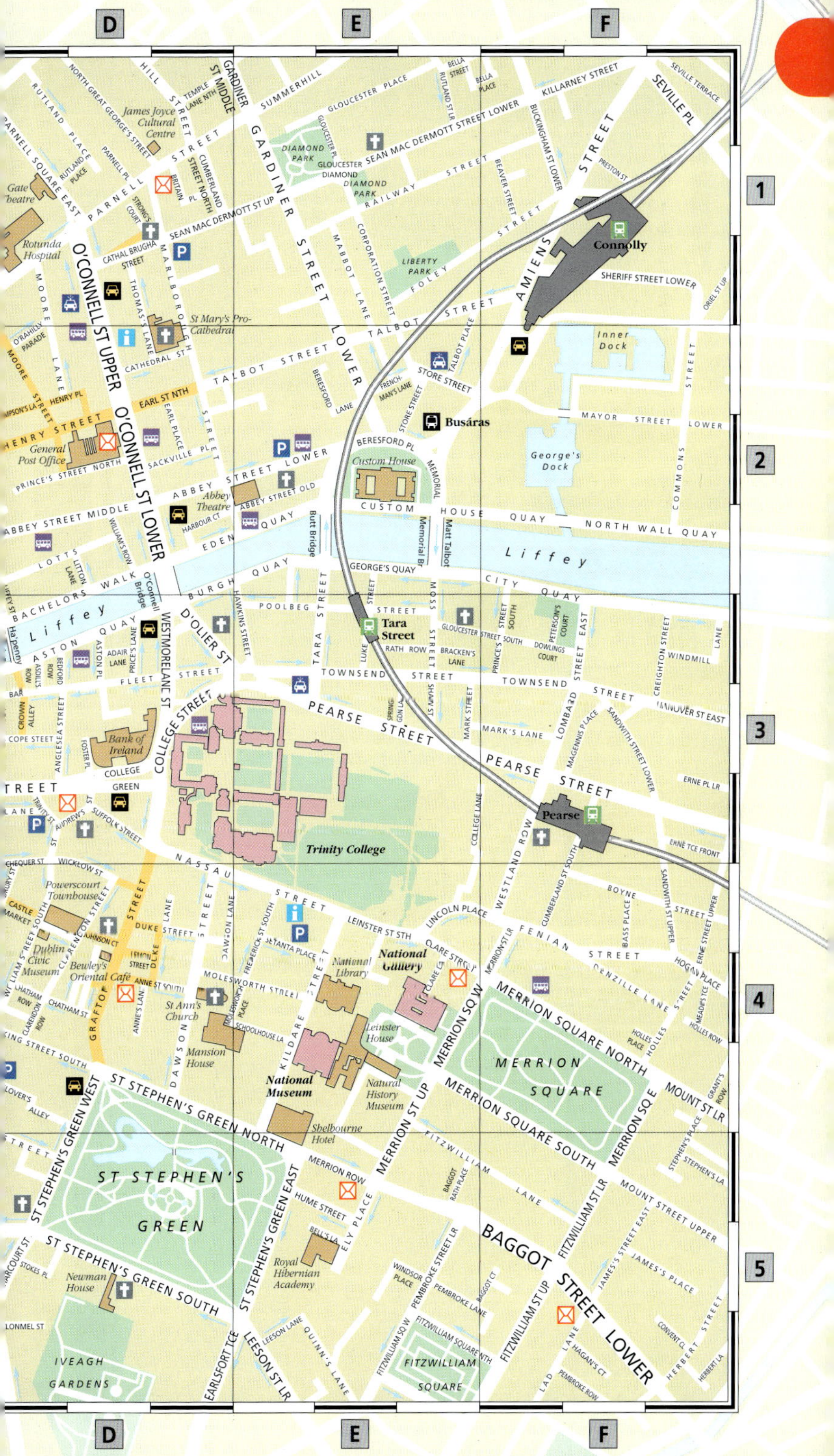
D
E
F
1
2
3
4
5
James Joyce Cultural Centre
Gate Theatre
Rotunda Hospital
St Mary's Pro-Cathedral
General Post Office
Abbey Theatre
Custom House
Busáras
Connolly
Inner Dock
George's Dock
Liffey
Tara Street
Pearse
Bank of Ireland
Trinity College
Powerscourt Townhouse
Dublin Civic Museum
Bewley's Oriental Café
St Ann's Church
Mansion House
National Library
National Gallery
Leinster House
National Museum
Natural History Museum
Shelbourne Hotel
Royal Hibernian Academy
Newman House
Diamond Park
Liberty Park
Merrion Square
St Stephen's Green
Fitzwilliam Square
Iveagh Gardens
O'Connell St Upper
O'Connell St Lower
Gardiner Street Lower
Sean Mac Dermott Street Lower
Sean Mac Dermott St Up
Summerhill
Gloucester Place
Killarney Street
Seville Pl
Amiens Street
Sheriff Street Lower
Talbot Street
Store Street
Mayor Street Lower
Custom House Quay
North Wall Quay
Eden Quay
Burgh Quay
George's Quay
City Quay
Aston Quay
Bachelors Walk
Abbey Street Middle
Abbey Street Lower
Henry Street
Earl St Nth
Cathedral St
Parnell Street
Parnell Square East
Marlborough Street
Moore Street
D'Olier St
Westmoreland St
College Street
College Green
Fleet Street
Townsend Street
Pearse Street
Poolbeg Street
Hawkins Street
Tara Street
Lombard Street East
Westland Row
Nassau Street
Suffolk Street
Wicklow St
Grafton Street
Duke Street
Dawson Street
Kildare Street
Molesworth Street
Leinster St Sth
Clare Street
Lincoln Place
Fenian Street
Merrion Square North
Merrion Square South
Merrion Sq W
Merrion Sq E
Merrion St Up
Mount Street Upper
Baggot Street Lower
Fitzwilliam St Lr
Fitzwilliam St Up
St Stephen's Green North
St Stephen's Green South
St Stephen's Green West
St Stephen's Green East
Earlsfort Tce
Leeson St Lr
Hume Street
Ely Place
Merrion Row
Butt Bridge
Memorial Br
Matt Talbot
O'Connell Bridge
Ha'penny
Sir John Rogerson's Quay

Coffee Shop
Specialising in
HOMEMADE FOOD
HOT & COLD SNACKS
PADDY BAWN
BROSNAN'S
BAR
PADDY
BROSNANS

L'Irlande région par région

L'Irlande d'un coup d'œil

Le littoral atlantique de l'Irlande exerce un indéniable charme, depuis la côte sauvage du Cork et du Kerry jusqu'aux lointaines péninsules du Nord-Ouest. Le centre de l'île est un joyau écologique avec ses tourbières, vallées et lacs. La plupart des régions sont parsemées de monuments. Le Centre s'enorgueillit de sites néolithiques connus dans le monde entier. Les châteaux normands du Nord contrastent avec les demeures palladiennes du Sud-Est.

Le pays de Yeats *est un coin ravissant du comté du Sligo, associé à W. B. Yeats. Le poète y est né et y repose, tout près de la crête de Ben Bulben's* (p. 224-225).

Connemara National Park. *Ce parc national est situé dans le comté de Galway. La côte atlantique, les lacs et les montagnes toutes proches ravissent le regard. Dans les tourbières et la lande poussent des plantes rares* (p. 200).

Bunratty Castle
(p. 184-185)

Le Rock of Cashel. *Cette abbaye médiévale fortifiée se dresse sur un promontoire calcaire du comté de Tipperary. Ses sculptures romanes sont les plus raffinées d'Irlande* (p. 188-189).

Bantry House
(p. 160-161)

Les lacs de Killarney. *Des montagnes boisées, parmi les plus hautes de l'île, se mirent dans ces lacs superbes. C'est le joyau du sud-ouest de l'Irlande* (p. 154-155).

***La Chaussée des Géants** est née d'une éruption volcanique. L'érosion a ensuite sculpté dans la lave de spectaculaires colonnes. Ce site est le plus étrange d'Irlande du Nord. La légende veut que cette* Giant's Causeway *ait été créée par un géant du nom de Finn MacCool, afin de franchir la mer et d'atteindre l'Écosse* (p. 254-255).

***Mount Stewart House** est une demeure du XIXe siècle entourée de jardins exotiques. Aménagés dans les années vingt, ils débordent de plantes luxuriantes, car cette partie du comté de Down bénéficie d'un microclimat* (p. 274-275).

***Powerscourt** est un vaste domaine situé dans les Wicklow Mountains. Son jardin savamment ordonné compte parmi les grands parcs d'Europe. Créé dans les années 1730, il fut embelli au XIXe siècle* (p. 126-127).

***Kilkenny Castle** fut des siècles durant la résidence des Butler. Au Moyen Âge, cette famille contrôlait une bonne partie du sud-est de l'île. Cette forteresse normande fut transformée au cours de l'ère victorienne. Elle domine Kilkenny, une bourgade ravissante riche d'une longue histoire* (p. 134-136).

LE SUD-EST DE L'IRLANDE

KILDARE · WICKLOW · CARLOW · KILKENNY
WATERFORD · WEXFORD

En raison de son climat, le plus agréable d'Irlande, le Sud-Est attire toujours nombre d'insulaires et de touristes. Des siècles d'agriculture ont lentement modelé les terres et les collines verdoyantes de cet aimable paysage. Forteresses médiévales et vastes demeures rehaussent encore la beauté de cette région prospère.

Par sa proximité géographique avec la Grande-Bretagne, le Sud-Est fut souvent la première étape des divers envahisseurs. Les Vikings y débarquèrent au IXe siècle. Ils fondèrent Wexford et Waterford, qui comptent parmi les plus vieilles villes d'Irlande. En 1169 arrivèrent à leur tour les Anglo-Normands *(p. 34-35)* qui développèrent considérablement la région.

Étant donné son importance stratégique, le Sud-Est était âprement défendu par les seigneurs anglo-normands fidèles à l'Angleterre. Ils érigèrent d'imposants châteaux, comme ceux des Fitzgerald de Kildare et des Butler de Kilkenny. Ces deux familles se partagèrent la région pendant tout le Moyen Âge. L'influence anglaise fut plus forte ici que dans le reste de l'île. À partir du XVIIIe siècle, de riches familles anglo-normandes s'établirent dans ce qu'elles pensaient être un endroit sûr. Elles se firent bâtir de somptueuses demeures, telles les villas palladiennes de Russborough et de Castletown. Mais la domination anglaise n'était pas du goût de tout le monde. Les Wicklow Mountains devinrent, en ces périodes d'occupation, le refuge des opposants à la Couronne. Parmi eux se trouvaient des révoltés qui fuirent Enniscorthy après le soulèvement de 1798 *(p. 39)*.

Cette région montagneuse est restée sauvage. Elle contraste avec les terres cultivées qui s'étendent à l'ouest à travers le Kildare. À l'est, des plages de sable bordent toute la côte entre Dublin et Rosslare dans le Wexford.

Cottages traditionnels au toit de chaume de Dunmore East dans le comté de Waterford

◁ **Le hall de Castletown House, orné de stucs du XVIIIe siècle, dans le comté de Kildare**

À la découverte du sud-est de l'Irlande

Le Sud-Est est une région aux multiples facettes. D'aucuns apprécieront ses stations balnéaires animées. D'autres préféreront ses petits villages, ses canaux et ses abbayes normandes. Mais tous seront fascinés par les Wicklow Mountains. Haut perchés dans ces montagnes, le monastère de Glendalough et les jardins de Powerscourt enchanteront les visiteurs. Plus au sud, des routes pittoresques sillonnent les vallées où coulent la Slaney, la Barrow et la Nore. Les ports, tels que New Ross, sont le point de départ des croisières sur les canaux. La côte sud est plus variée que celle de l'est. Les plages sont séparées par des promontoires rocheux. Les villages de pêcheurs semblent paisibles pour qui vient de Waterford ou de Wexford. À l'intérieur des terres, Lismore et Kilkenny, l'une des plus vieilles villes d'Irlande, sont deux étapes de charme.

Graiguenamanagh, sur la Barrow au nord de New Ross

La région d'un coup d'œil

Ardmore 19
Avondale House 14
Bray 8
Browne's Hill Dolmen 15
Castletown House p. 122-123 1
Dunmore East 21
Enniscorthy 24
Glendalough 13
Hook Peninsula 22
Irish National Heritage Park 25
Jerpoint Abbey 17
Johnstown Castle 27
Kildare 5
Kilkenny p. 134-136 16
Killruddery House 9
Lismore 18
Monasterevin 4
Mount Usher Gardens 12
New Ross 23
Peatland World 3
Powerscourt p. 126-127 7
Robertstown 2
Rosslare 29
Russborough House 6
Saltee Islands 28
Waterford p. 138-139 20
Wexford 26
Wicklow Mountains 11

Excursion
Military Road 10

Cheval ailé du XIXe siècle à Powerscourt

Circuler

Les routes N 11, N 9 et N 7 relient respectivement Wexford, Waterford et Kildare à Dublin. La région possède un bon réseau ferroviaire. Le Dublin-Rosslare Railway mène aux villes de la côte est. Kildare et Kilkenny sont bien desservies aussi. Toutefois, il vous faudra une voiture pour découvrir la côte sud. Le ferry qui relie Passage East à Ballyhack constitue un raccourci pratique entre Waterford et Wexford.

Voir aussi

- ***Hébergement*** p. 289-291
- ***Restaurants, cafés et pubs*** p. 308-309 et 318-319

Légende

- Autoroute
- Route principale
- Route secondaire
- Promenade pittoresque
- Cours d'eau
- Randonnée
- Point de vue

Bray, charmante station balnéaire de la côte est

Castletown House ❶

Voir p. 122-123.

Robertstown ❷

Carte routière D4. Co Kildare. *240.*

Roberstown est un petit village du siècle dernier, à dix écluses de distance à l'ouest de Dublin sur le Grand Canal, dans lequel se mirent ses entrepôts et ses cottages. Des chalands y naviguèrent jusqu'en 1960. Puis les bateaux de plaisance prirent la relève. Des embarcations attendent d'ailleurs les touristes au pied du Grand Canal Company's Hotel. Fondé en 1801, cet hôtel accueillait ceux qui empruntaient le canal. Aujourd'hui, il organise surtout des banquets.

Près de Sallins, à 8 km à l'est de Roberstown, le canal franchit la Liffey par le **Leinster Aqueduct**, un gigantesque aqueduc bâti en 1783.

Le Grand Canal Company's Hotel à Roberstown

Peatland World ❸

Carte routière D4. Lullymore, Co Kildare. *045 60133.* *jusqu'à Newbridge.* *t.l.j.* *10 jours à Noël.* *limité.*

Quiconque s'intéresse tant soit peu aux tourbières irlandaises se doit de visiter Peatland World. Ce musée occupe une vieille ferme de Lullymore, à 9 km au nord-est de Rathangan. Elle se trouve en plein cœur du Bog of Allen. Cette vaste tourbière cultivée *(p. 224)* est à cheval sur les comtés d'Offaly, de Laois et de Kildare. La faune et la flore locales sont joliment présentées. En outre sont exposées les découvertes archéologiques des environs. Des promenades, organisées dans la tourbière, permettent de mieux comprendre son fragile écosystème.

La tourbe sert de combustible

Monasterevin ❹

Carte routière D4. Co Kildare. *2 200.*

Cette ville georgienne se trouve à l'ouest de Kildare, au confluent du Grand Canal et de la Barrow. Monasterevin doit sa prospérité à la navigation fluviale. Mais à présent les éclusiers voient passer moins de bateaux qu'au XVIIIe siècle. L'aqueduc est une vraie réussite architecturale. Près de l'église fut bâtie au XIIIe siècle **Moore Abbey**. Cette demeure gothique, érigée sur les fondations d'un monastère et modifiée à l'époque victorienne, appartenait aux comtes de Drogheda. Elle fut habitée dans les années vingt par le célèbre ténor John McCormack *(p. 24)*. C'est maintenant un hôpital.

Kildare ❺

Carte routière D4. Co Kildare. *4 200.* *Market House (045 22696).* *jeu.*

Kildare est une bourgade dominée par **St Brigid's Cathedral**. L'église porte le nom de la sainte qui, en 490, fonda une communauté religieuse à cet endroit. Bizarrement, hommes et femmes vivaient sous le même toit et pratiquèrent d'étranges rites païens. Ils devaient par exemple maintenir allumé en

St Brigid's Cathedral et sa tour ronde sans toit à Kildare

Le jardin japonais à Tully près de Kildare

permanence un feu sacré. D'ailleurs, le foyer creusé dans le sol est toujours visible aujourd'hui. Ces pratiques peu orthodoxes durèrent jusqu'au XVIe siècle. La tour ronde, sans doute du XIIe siècle, est percée d'une porte romane. La cathédrale fut rebâtie à l'époque victorienne selon les plans originaux du XIIIe siècle.

St Brigid's Cathedral
Market Square. 045 21229.
de mai à oct. : t.l.j. **Offrande.**

Aux environs
La région de Kildare attire les passionnés d'hippisme. L'hippodrome de Curragh est tout proche. Kill, au nord-est de la ville, est spécialisé dans la vente de pur-sang.

National Stud, le haras national, se trouve au sud de Kildare. Il fut fondé en 1900 par un colonel excentrique, William Walker, qui vendait ses poulains en fonction de leur thème astral. Le ciel peint dans les écuries permettait aux pur-sang d'être « touchés » par les influences solaires et lunaires. En 1915, Walker légua son haras à la Couronne britannique qui l'anoblit en guise de remerciement. Vous pourrez visiter le domaine (400 ha) et voir les chevaux à l'entraînement. Les juments sont tenues loin des étalons, sauf pendant la période de reproduction. Ces derniers doivent féconder chacun 50 femelles par saison. Après la naissance, la jument et son petit restent ensemble pendant plusieurs jours. Le haras, outre la forge et la sellerie, comprend un musée sur l'histoire du cheval en Irlande (dans les anciennes écuries). Parmi les pièces de collection figure entre autres le squelette d'Arkle, le crack des années soixante.

Le domaine du haras s'est teinté d'exotisme grâce à Lord Wavertree qui y créa un jardin japonais (**Japanese Gardens**). Pour cela, il fit appel au paysagiste Tassa Eida. Celui-ci, aidé de son fils et de 40 assistants, aménagea le jardin entre 1906 et 1910. On y trouve nombre de bonsaïs, magnolias, nandines fruitières, bambous sacrés et cerisiers.

Le jardin représente le voyage allégorique et initiatique de la vie. Il commence par une grotte sombre dite Gate of Oblivion (la porte de l'oubli) et s'achève à la Gateway to Eternity (la sortie vers l'éternité), un jardin zen destiné à la contemplation. Le chemin est parsemé de parterres élaborés, de lanternes symboliques en pierre et de ponts miniature.

National Stud et Japanese Gardens
Tully. *045 21617.* *de mars à oct. : t.l.j.*

Les courses de chevaux en Irlande

L'Irlande est le pays du cheval et des courses. Riches et moins riches, tout le monde s'y rend. La plupart des haras sont situés aux alentours du Curragh, une plaine du comté de Kildare qui s'étend sans barrière aucune sur 2 000 hectares. Le matin, vous pouvez y voir à l'entraînement les chevaux des innombrables haras. La plupart des courses de plat, dont l'Irish Derby, ont lieu à l'hippodrome de Curragh, à l'est de Kildare. Deux autres rendez-vous sont importants pour les Irlandais : Punchestown, où se déroule le concours de steeple-chase en avril, et Leopardstown, où ont lieu les courses du National Hunt *(p. 26-27)*.

Dernière ligne droite au champ de courses de Curragh

Castletown House ❶

Les armoiries des Conolly

Castletown House fut bâtie entre 1722 et 1732 pour William Conolly, président du Parlement irlandais. C'est la plus belle résidence de son temps. L'architecte florentin qui l'a conçue, Alessandro Galilei, introduisit l'élégance palladienne en Irlande. L'intérieur date de la seconde moitié du XVIIIe siècle. Il fut commandé par Lady Louisa Lennox, l'épouse du petit-neveu de William Conolly, Tom, qui y vécut jusqu'en 1758. L'Irish Georgian Society acquit Castletown House en 1965. La demeure appartient désormais à l'État et peut être visitée par tous.

★ Long Gallery
Des frises de style pompéien ornent les murs bleu cobalt de cette grande galerie. Des niches abritent des statues mythologiques.

Red Drawing Room
Ce salon doit son nom au damas rouge qui recouvre les murs et qui aurait été fabriqué en France en 1820. Le bureau d'acajou fut réalisé pour Lady Louisa vers 1760.

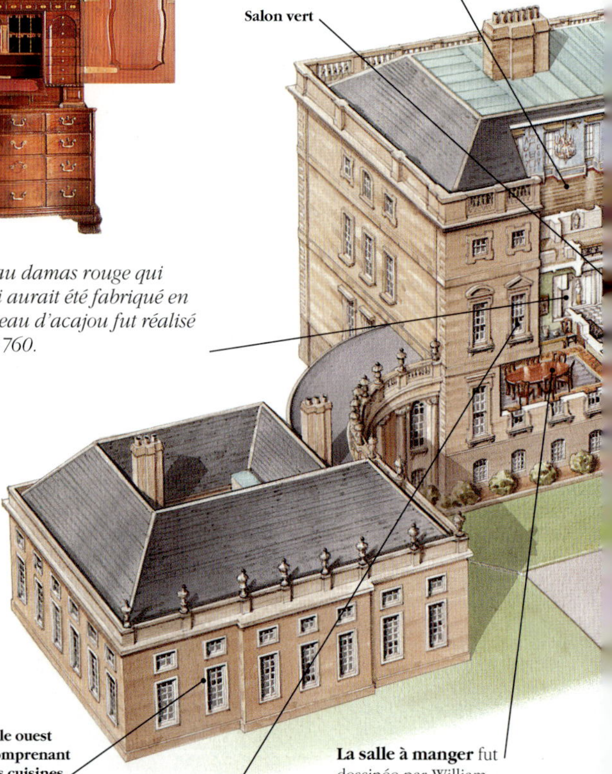

Fresques du boudoir
Les panneaux décoratifs du boudoir furent transférés depuis la Long Gallery. Ils rappellent les loges de Raphaël au Vatican.

La salle à manger fut dessinée par William Chambers, l'architecte de Marino Casino *(p. 38-39)*. Le parement et les chambranles reflètent son goût prononcé pour le néo-classicisme.

★ Print Room
Dans cette salle des gravures, Lady Louisa exprima sa passion pour le style italien. Au XVIIIe siècle, les dames s'amusaient à coller directement des gravures sur les murs, puis les entouraient de festons sophistiqués.

MODE D'EMPLOI

Carte routière D4. Celbridge, Co Kildare. 01 6288252. 67, 67A depuis Dublin. d'avril à sept. : 10 h-18 h lun. au ven., 11 h-18 h sam., 14 h-18 h dim. et jours fériés ; oct. : 10 h-17 h lun. au ven., 14 h-17 h dim. ; de nov. à mars. : 14 h-17 h dim. et certains jours fériés. obligatoire. **Concerts.**

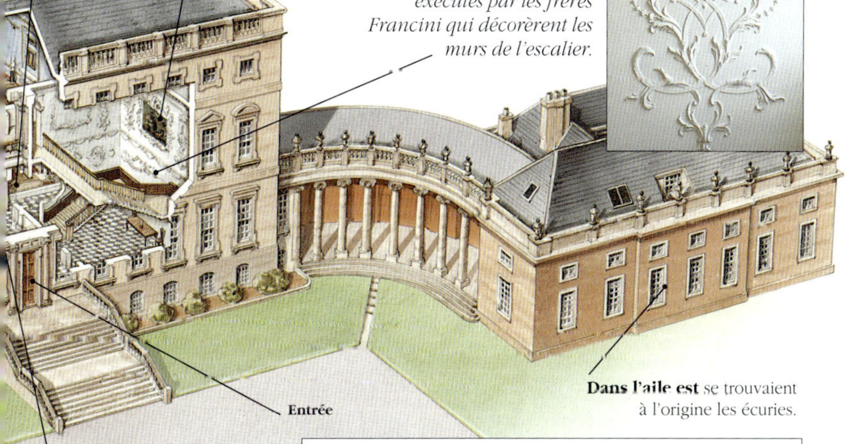

***La chasse au sanglier*, peinte par Paul De Vos (1596-1678)**

★ Cage d'escalier
Ce portrait de Lady Louisa fait partie des stucs rococo exécutés par les frères Francini qui décorèrent les murs de l'escalier.

Entrée

Dans l'aile est se trouvaient à l'origine les écuries.

L'entrée austère est de style néo-classique. Son plus bel ornement : les stucs de la galerie supérieure.

À NE PAS MANQUER

- ★ **Long Gallery**
- ★ **Print Room**
- ★ **Cage d'escalier**

CONOLLY'S FOLLY

Cette folie se dresse dans la perspective de la Long Gallery, juste après le domaine de Castletown House. La veuve de William Conolly, Katherine, la commanda en 1740 pour son défunt mari. Ce fut aussi l'occasion, en pleine famine, de donner du travail aux journaliers. Cet étonnant portail à obélisque fut imaginé par Richard Castle, l'architecte de Russborough House *(p. 124)*.

La cheminée et les stucs du salon de Russborough House

Russborough House ❻

Carte routière D4. Blessington, Co Wicklow. *045 65239.* *65 depuis Dublin.* *de juin à août : t.l.j. ; de Pâques à mai et de sept. à oct. : dim. et jours fériés.*

Commencée en 1740, cette villa palladienne fut achevée dix ans plus tard. Elle appartenait au brasseur Joseph Leeson, devenu comte de Milltown. Son architecte d'origine allemande, Richard Castle, signa aussi Powerscourt *(p. 126-127)*. Contrairement à nombre d'autres demeures du Pale, Russborough est restée intacte. Sa façade ornée de lions héraldiques et de colonnades incurvées est la plus longue d'Irlande. L'architecture intérieure est plus impressionnante encore. Les salles sont décorées de stucs superbes. Ils furent surtout réalisés par les frères Francini, qui embellirent aussi Castletown House *(p. 122-123)*. Pour preuve de leur talent s'offrent à l'admiration la salle de musique, le salon et la bibliothèque. La cage d'escalier est ornée de stucs rococo représentant notamment des scènes de chasse bucoliques où des chiens tiennent des guirlandes de fleurs. Les stucs du salon encadraient autrefois des marines peintes par Joseph Vernet (1714-1789), mais ces toiles furent vendues en 1926. Néanmoins, plus de 40 ans après, elles furent rachetées et reprirent leur place.

À Russborough, tapisseries des Gobelins, cheminées de marbre italien, portes d'acajou ou services d'argenterie et de porcelaine inestimables retiendront votre attention.

Autre motif pour visiter Russborough House : la **Beit Art Collection** qui réunit de très belles œuvres des écoles espagnole et hollandaise signées Goya, Vélasquez, Hals, Rubens et Vermeer. Sir Alfred Beit, qui acquit la maison en 1952, hérita ces tableaux de son oncle. Ce dernier avait été cofondateur de la société De Beer, un véritable empire du diamant en Afrique du Sud. En 1974, plusieurs des peintures furent dérobées par l'IRA, mais elles furent retrouvées par la suite. Toutefois, il en manque encore quelques-unes depuis un second cambriolage survenu en 1986. Un certain nombre sont exposées à Russborough ; d'autres se trouvent de façon

Marine de Vernet dans le salon

L'HISTOIRE DU PALE

Le mot « Pale » désigne une zone autour de Dublin qui marquait autrefois les limites de l'influence anglaise, depuis les Normands jusqu'aux Tudors. Sa frontière évolua sensiblement. Dans sa plus grande étendue, le Pale allait de Dundalk dans le comté de Louth jusqu'à Waterford. Hors de cette zone, les chefs gaéliques pouvaient garder leurs terres s'ils consentaient à faire élever leurs descendants dans le Pale. Ceci accrut le fossé qui séparait la majorité gaélique et les Anglo-Irlandais et donnait déjà un avant-goût de l'implication malheureuse de l'Angleterre dans ce pays. Bien après que ses fortifications eurent été démolies, la notion du Pale resta présente dans les esprits. L'expression « au-delà du Pale » s'applique à ceux qui ont franchi les limites de la bonne société.

Une représentation de la vie privilégiée des familles du Pale au XVIIIe siècle

À Bray, les touristes longent les plages dans un petit train

permanente à la National Gallery de Dublin *(p. 68-69).*

Russborough est située près du village de **Blessington**, d'où l'on peut admirer les Wicklow Mountains. La villa est entourée non de parterres mais d'un parc boisé. La promenade y est vivement conseillée.

Aux environs
Poulaphouca Reservoir, formé par le barrage de la Liffey, s'étend au sud de Blessington. Ce lac tranquille, qui sert à alimenter en eau et en électricité la ville de Dublin, fait la joie des sportifs et de ceux qui viennent seulement profiter de la vue sur les montagnes.

Powerscourt ❼

Voir p. 126-127.

Bray ❽

Carte routière D4. Co Wicklow.
27 000. DART. Old Court House, Main St (01 2867128).

Cette station balnéaire était très prisée à l'époque victorienne. William Dargan, le « roi du chemin de fer », en fit le Brighton irlandais. Aujourd'hui, des arcades de jeux électroniques, des « fish and chips » longent le bord de mer. L'été, les plages sont envahies par les familles. On y retrouvera l'atmosphère si particulière des stations anglaises. Ceux qui préfèrent le calme peuvent se rendre à Bray Head, tout proche, ou se promener sur les falaises qui dominent la mer de près de 200 m. Bray est à proximité des jardins de Powerscourt, des Wicklow Mountains et de charmants villages de pêcheurs tels que Killiney et Dalkey *(p. 101).*

Killruddery House ❾

Carte routière D4. Bray, Co Wicklow.
01 2863405. de mai à juin et sept. : t.l.j. (l'après-midi seulement).
limité.

Killruddery House se trouve juste au sud de Bray, au pied de Little Sugar Loaf Mountain. Bâtie en 1651, cette demeure fut depuis lors habitée par les comtes de Meath. Au début du XIXe siècle, elle fut rénovée dans le style élisabéthain.

L'intérieur est orné de sculptures et de stucs remarquables. Néanmoins, il n'est pas aussi beau que les jardins le laissent penser. Ce sont eux qui font le charme de Killruddery. Ils furent aménagés vers 1680 par Bonet, un jardinier français qui travailla notamment à Versailles. Parterres romantiques, haies taillées, arbres d'Irlande et d'ailleurs sont sagement disposés dans ce que l'on peut considérer comme le plus beau jardin à la française d'Irlande. Le théâtre de verdure fermé par une haie est le seul jamais réalisé en Irlande.

Le jardin est divisé par les Long Ponds, deux canaux long de 165 m, jadis utilisés pour garder les poissons. Au-delà du bassin circulaire s'ouvre un dédale victorien de sentiers, ornés de statues et bordés d'ifs, de hêtres et de tilleuls bien taillés.

Par delà les Long Ponds, Killruddery House

Powerscourt ❼

Statue de Laocoon sur la terrasse

Les jardins de Powerscourt sont sans doute les plus beaux d'Irlande par leur conception et le paysage environnant. Ils s'étendent en effet au pied de la Great Sugar Loaf Mountain. Ils furent commandés vers 1730 par Richard Wingfield, premier vicomte de Powerscourt. En 1840, le parc à l'abandon fut réaménagé selon les plans originaux. De nouveaux jardins ornementaux furent achevés en 1875. Le septième vicomte de Powerscourt les dota alors de grilles, d'urnes et de statues achetées lors de ses voyages en Europe. La résidence fut ravagée par un incendie accidentel en 1974, mais ses jardins savamment entretenus invitent toujours à la flânerie.

Bamberg Gate
Réalisée à Vienne vers 1770, cette grille de fer forgé acquise par le septième vicomte de Powerscourt ornait la cathédrale de Bamberg en Bavière.

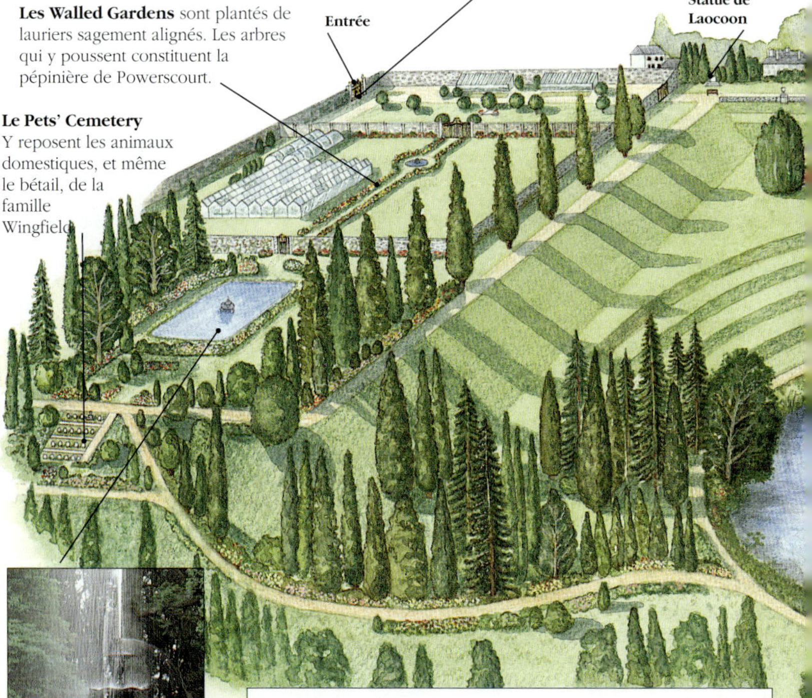

Dolphin Pond
Dans ce bassin à poissons du XVIIIe siècle se mirent les conifères exotiques d'un jardin ravissant.

Powerscourt House

La villa palladienne de Powerscourt, brulée en 1974, fut construite en 1731 à l'emplacement d'un château normand. Comme les jardins, elle fut conçue par Richard Castle, l'architecte de Russborough House *(p. 124)*. La famille Slazenger, toujours propriétaire de Powerscourt, fit rapidement réparer la maison. La partie épargnée par le feu a été remise en état, mais il faudra du temps avant que la demeure ne retrouve sa splendeur d'antan.

Powerscourt en feu en 1974

★ Perron
Ce superbe escalier de style italien, ajouté en 1874, mène au Triton Lake. Il est gardé par deux statues de Pégase. Le cheval ailé de la mythologie grecque est l'emblème de la famille Wingfield.

MODE D'EMPLOI

Carte routière D4. Enniskerry, Co Wicklow. 01 2867676.
85 depuis Bray, 44 depuis Dublin jusqu'à Enniskerry. **Jardins** de mi-mars à oct. : de 9 h 30 à 17 h 30 t.l.j.

Mosaïque de galets
Des tonnes de galets furent charriés depuis les plages de Bray pour réaliser le perron et la mosaïque de la terrasse.

Le jardin à l'italienne s'étage en terrasses taillées dans le flanc de la colline vers 1730.

La Pepper Pot Tower fut bâtie en 1911.

★ Triton Lake
Ce miroir d'eau doit son nom à sa fontaine centrale. C'est une copie de la fontaine du triton dont le Bernin gratifia Rome au XVIIe siècle.

★ Jardin japonais
Ce jardin planté de conifères chinois et de bambous fut créé à la Belle Époque sur une tourbière.

À NE PAS MANQUER

- ★ Perron
- ★ Jardin japonais
- ★ Triton Lake

Les jardins de Powerscourt au pied de Great Sugar Loaf Mountain ▷

Excursion sur la Military Road ❿

Écureuil

La Military Road qui serpente dans les Wicklow Mountains fut tracée par les Britanniques dans le but de capturer les Irlandais qui s'y réfugièrent après la révolte de 1798 *(p. 141)*. Désormais baptisée la R 115, cette route traverse les paysages les plus sauvages du comté de Wicklow. Vous serez enchanté par le spectacle de la nature, magnifiquement préservée.

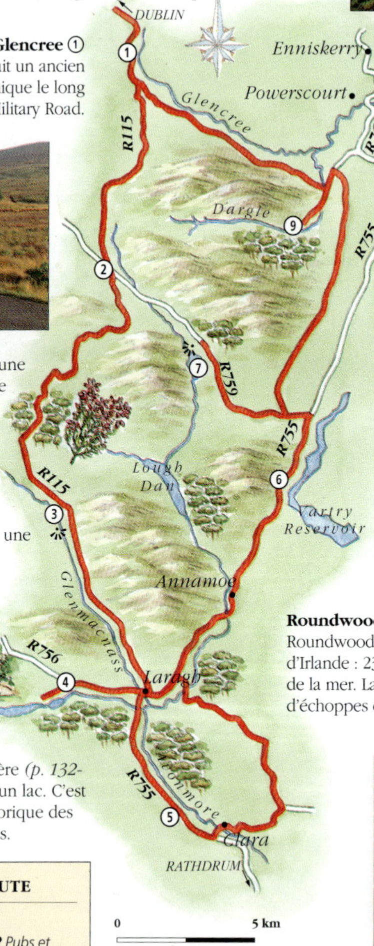

Glencree ①
Glencree était un ancien casernement britannique le long de la Military Road.

Sally Gap ②
Ce col isolé domine une vaste tourbière pleine de ruisseaux et d'étangs.

Glenmacnass ③
Après Sally Gap, la route s'enfonce dans une gorge rocheuse où résonne une chute d'eau.

Glendalough ④
Cet ancien monastère *(p. 132-133)* se mire dans un lac. C'est le premier site historique des Wicklow Mountains.

Powerscourt Waterfall ⑨
La Dargle dévale une paroi de granite de 130 m. C'est la plus haute chute d'eau d'Irlande.

Great Sugar Loaf ⑧
Ce cône de granite peut être gravi par la face sud. L'ascension dure moins d'une heure en partant du parking.

Lough Tay ⑦
Au creux des montagnes dorment les eaux sombres du Lough Tay. Le lac, propriété des Guinness, est cependant accessible à tous.

Roundwood ⑥
Roundwood est le plus haut village d'Irlande : 238 m au-dessus du niveau de la mer. La rue principale est bordée d'échoppes d'artisans et de pubs.

Vale of Clara ⑤
Cette pittoresque vallée boisée est traversée par l'Avonmore. Le petit village de Clara comprend deux maisons, une église et une école.

Carnet de route

Itinéraire : *96 km.*
Où faire une pause ? *Pubs et cafés d'Enniskerry (dont le Poppies, un charmant salon de thé) et ceux de Roundwood, mais cet endroit se prête mieux au pique-nique. Des aires sont indiquées au sud d'Enniskerry* (voir aussi p. 335-337).

Légende

Circuit recommandé
Autres routes
Point de vue

Wicklow Mountains ⓫

Carte routière D4. *jusqu'à Rathdrum et Wicklow.* *jusqu'à Enniskerry, Wicklow, Glendalough, Rathdrum et Avoca.* *Rialto House, Fitzwilliam Square, Wicklow (0404 69117).*

Qui pourrait croire que les Wicklow Mountains, si sauvages, ne sont qu'à une heure de Dublin ? Autrefois d'accès difficile, ces montagnes étaient le refuge d'opposants à la domination anglaise, tels les O'Toole. En revanche, le Sud-Est, essentiellement le « Pale » *(p. 124)*, soutenait l'Angleterre. Les insurgés qui prirent part au soulèvement de 1798 *(p. 39)* s'y cachèrent aussi. L'un de leurs chefs, Michael Dwyer, vécut dans les collines près de Sally Gap jusqu'en 1803. La construction de la **Military Road** débuta vers 1800. Désormais d'accès facile, les Wicklow Mountains demeurent peu peuplées. Rares sont les voitures qui troublent le calme de la nature où les gorges rocheuses sont dissimulées par d'épaisses forêts et où les tourbières recouvertes de bruyères se teintent de violet. L'extraction de la tourbe reste une industrie majeure, d'où les tas que vous apercevrez au bord des routes. Le **Wicklow Way** est un chemin de randonnée de 135 km qui relie Marlay Park à Dublin au comté de Carlow. Il est balisé mais pas toujours facile à suivre. Ne l'empruntez pas sans une bonne carte. Bien qu'elles ne dépassent pas 915 m, les Wicklow Mountains peuvent être dangereuses par mauvais temps. **Enniskerry**, petit village pittoresque, est un bon point de départ pour découvrir le nord des montagnes. L'été, les touristes viennent y visiter les jardins de Powerscourt, demeure de style palladien, impressionnante par sa beauté et son site exceptionnel au pied des Wicklow Mountains *(p. 126-127)*. Depuis Laragh, au sud, vous atteindrez Glendalough *(p. 132-133)* et **Vale of Avoca**, une vallée plantée de cerisiers et immortalisée par Thomas Moore (1779-1852) dans son poème *Sweet Vale of Avoca*. Ici se dresse l'arbre de Thomas Moore, à l'ombre duquel il venait chercher l'inspiration. Au printemps, lorsque les arbres sont en fleurs, le spectacle est inoubliable. L'Avonbeg et l'Avonmore se rejoignent dans cette vallée, près d'Avondale House *(p. 132)*. En s'unissant, ces deux rivières forment le **Meeting of the Waters** ou « rencontre des eaux ». Le hameau d'Avoca est célèbre par ses tweeds colorés. Sa fabrique de tissage manuel, la plus vieille d'Irlande, fonctionne depuis 1723.

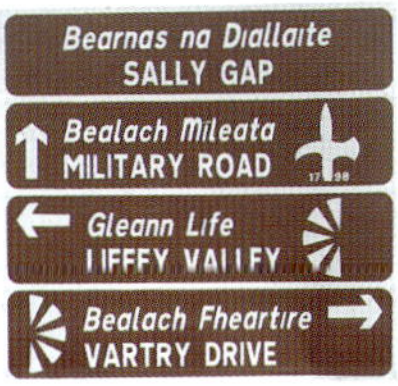

Panneaux indicateurs dans les Wicklow Mountains

Sur les rives de la Vartry, les Mount Usher Gardens

Plus au nord, près de la côte d'Ashford, la Vartry se précipite dans le gouffre profond de **Devil's Glen**. À l'entrée du défilé, la rivière dévale de 30 m et se jette dans un bassin, le Devil's Punchbowl. Les promenades alentour offrent une vue superbe sur la côte.

Avoca Handweavers
Avoca. *0402 35105.* *t.l.j.* *25 et 26 déc.*

La lande aux riches couleurs près de Sally Gap dans les Wicklow Mountains

Mount Usher Gardens ⓬

Carte routière D4. Ashford, Co Wicklow. *0404 40205.* *jusqu'à Ashford.* *de mi-mars à oct. : t.l.j.* *limité.*

Sur les rives de la Vartry, à l'est d'Ashford, s'étendent les Mount Usher Gardens. Ces jardins romantiques à souhait furent conçus en 1868 par un Dublinois, Edward Walpole.

L'exubérante végétation s'offre dans sa plus grande beauté aux mois de mai et de juin. L'herbe des pampas pousse sous les pins mexicains et les conifères chinois. Des hérons se cachent entre les plantes exotiques qui bordent la rivière. La promenade à l'ombre des érables est extraordinaire, surtout en automne.

Glendalough ⓭

Carte routière D4. Co Wicklow.
St Kevin's Bus depuis Dublin.
Ruines *t.l.j.* *en été.*
Visitors' Centre *0404 45325.*
t.l.j. *du 23 au 31 déc.*

Sur les pentes boisées de Glendalough, « la vallée des deux lacs », fut bâti l'un des plus beaux monastères d'Irlande. Fondé au VIe siècle par saint Kevin, il fut mis à sac à maintes reprises par les Vikings. Néanmoins, ce fut un grand centre religieux pendant plus de 600 ans. Son déclin ne commença qu'en 1398 lorsque les armées anglaises le rasèrent en partie. Mais toute activité ne cessa réellement à Glendalough qu'en 1539, lors de la dissolution des monastères *(p. 36)*. Par la suite, des pèlerins continuèrent à se rendre à Glendalough, surtout à la Saint-Kevin, le 3 juin. Il n'était pas rare que ces pèlerinages tournent alors à l'émeute *(p. 28)*.

La double arche de la loge, à l'entrée de Glendalough

Vue de l'Upper Lake de Glendalough

La plupart des bâtiments auraient été élevés entre le VIIIe et le XIIe siècle. Beaucoup furent d'ailleurs restaurés vers 1870. Le principal groupe de ruines se trouve à l'est du Lower Lake. Néanmoins, les premiers édifices fondés par saint Kevin sont situés sur l'Upper Lake (lac supérieur). Le paysage sauvage permet d'apprécier pleinement la sérénité de Glendalough et de fuir la foule qui se rend au Lower Lake. Mieux vaut venir très tôt le matin, notamment au fort de la saison touristique. On entre dans le monastère par la double arche de pierre de la **loge**, la seule de ce type qui reste en Irlande.

À quelques pas s'étend un cimetière dominé par une **tour ronde**. Haute de 33 m, c'est l'une des plus élégantes de l'île. Son toit conique fut reconstruit vers 1870 avec des pierres trouvées à l'intérieur de la tour. Elle servait à la fois de tour d'observation et de point de repère pour les voyageurs attaqués dans la région. Toute proche, la **cathédrale** à ciel ouvert date du XIIe siècle. C'est le plus vaste édifice de la vallée. Au centre de la cour se dresse **Priest's House**, probablement une chapelle funéraire. La sculpture au-dessus de la porte représenterait saint Kevin entouré de deux disciples. À l'est s'élève **St Kevin's Cross**. Cette superbe croix de granite du XIIe siècle est l'une des mieux conservées de Glendalough. Elle marquait certainement la limite du cimetière. Plus bas dans la vallée se dessine un petit oratoire au toit de pierres pointu. Il aurait été bâti au XIe siècle, peut-être même avant. Son surnom, **St Kevin's Kitchen** (la cuisine de saint Kevin), vient de son clocher, sans doute ajouté

St Kevin's Kitchen

PLAN DE GLENDALOUGH

Le Visitor's Centre explique l'histoire du monastère. C'est l'endroit idéal pour commencer la visite. Il faut environ deux heures pour voir les deux groupes de ruines, distante de moins de 1,5 km. Mais le site mérite une journée.

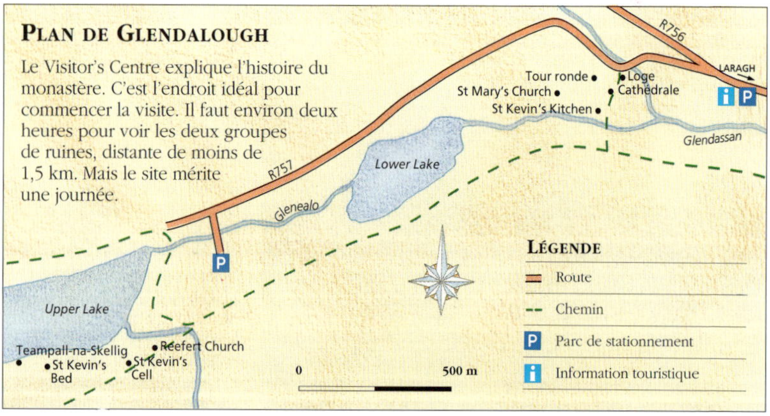

La tour ronde de Glendalough

postérieurement, qui rappelle une cheminée. À l'ouest, au bout d'un pré, se distingue l'**église Sainte-Marie**, l'une des plus vieilles de Glendalough. La façade est dotée d'une remarquable fenêtre de style roman. Le chemin qui longe la berge sud de la rivière mène à l'Upper Lake. Là, près du lac, se dressent d'autres ruines intéressantes. C'est un bon point de départ pour se promener dans la vallée et gagner les mines de plomb et de zinc abandonnées.

Près de la cascade de Poulanass se trouve l'ancienne **Reefert Church**, une église romane dépouillée. Son curieux nom vient de *Righ Foarta* signifiant « cimetière des rois ». Non loin de là se voit **St Kevin's Cell**. Le saint aurait séjourné dans cette grotte qui domine le lac supérieur.

Les deux sites au sud du lac sont inaccessibles, mais ils peuvent néanmoins être contemplés depuis la rive nord. **Teampall-na-Skelllig**, « l'église sur le rocher », serait la première église fondée par saint Kevin à Glendalough. À l'est, taillé dans la falaise, se trouve **St Kevin's Bed**. Cette grotte de 2 m de profondeur, en réalité une simple saillie rocheuse, aurait été la retraite de saint Kevin. Selon la légende, c'est là qu'il aurait repoussé les avances d'une femme nue qu'il jeta dans le lac après l'avoir trouvée à ses côtés un matin.

Saint Kevin à Glendalough

Né en 498, saint Kevin descendait de la maison royale de Leinster. Il rejeta sa vie de privilégié pour vivre en ermite dans une grotte à Glendalough. Il y fonda ensuite un monastère et créa un grand centre consacré à l'enseignement, aux soins des malades, à la copie et à l'enluminure de manuscrits. Saint Kevin vivait à Glendalough entouré de nombreux disciples. Après sa mort (vers 618), le monastère devint un très important lieu de pèlerinage.

Saint Kevin fait l'objet de tant de légendes qu'il est difficile de faire la part du vrai et du faux. L'une d'elle veut qu'il ait vécu 120 ans. On dit aussi qu'un jour, alors qu'il priait, un merle aurait pondu un œuf dans sa main. Le bras tendu, la main ouverte, saint Kevin serait resté ainsi immobile pour ne pas effrayer l'oiseau, jusqu'à ce qu'il éclose.

Avondale House ⓮

Carte routière D4. Co Wicklow. ☎ *0404 46111.* 🚆 🚌 *jusqu'à Rathdrum.* **Demeure** ○ *t.l.j.* ● *ven. saint et du 23 au 28 déc.* **Domaine** ○ *t.l.j.*

Juste au sud de Rathdrum, Avondale House vit naître un patriote du XIXe siècle, Charles Stewart Parnell *(p. 41)*. Cette demeure georgienne abrite un musée consacré à ce grand politicien. Le domaine d'Avondale appartient à l'État qui y a établi l'école nationale des forêts et un service de protection de la nature. Néanmoins, il est ouvert au public. Depuis le XVIIIe siècle, arbres et arbustes ont été plantés dans l'**Avondale Forest Park**. Les bois qui se mirent dans les eaux de l'Avonmore invitent à la flânerie romantique.

Browne's Hill Dolmen ⓯

Carte routière D4. Co Carlow. 🚆 🚌 *jusqu'à Carlow.* ○ *t.l.j.*

À 3 km de Carlow, au bord de la R 726, se dresse un dolmen. Un sentier vous mènera à cette énorme pierre de cent tonnes. Ce serait le plus gros dolmen d'Irlande. Partiellement enfoncée dans la terre, la table de pierre semble soulevée par trois rochers. Le dolmen de Browne's Hill serait la tombe d'un chef mort 2000 ans av. J.-C.

L'énorme table de pierre de Browne's Hill Dolmen

Kilkenny pas à pas 16

Les armoiries de Kilkenny

Kilkenny est sans doute une des plus belles localités d'Irlande. Elle atteignit son apogée au XIIIe siècle, lorsque le Parlement irlandais se réunissait à Kilkenny Castle. Les Butler, grande famille anglo-normande, prirent le pouvoir à la fin du XIVe siècle. Ils régnèrent sur Kilkenny pendant 500 ans. Tous les bâtiments historiques de la ville attestent leur pouvoir d'antan. Kilkenny a fait restaurer certains d'entre eux. Chaque année, en août, la cité accueille le festival national des arts.

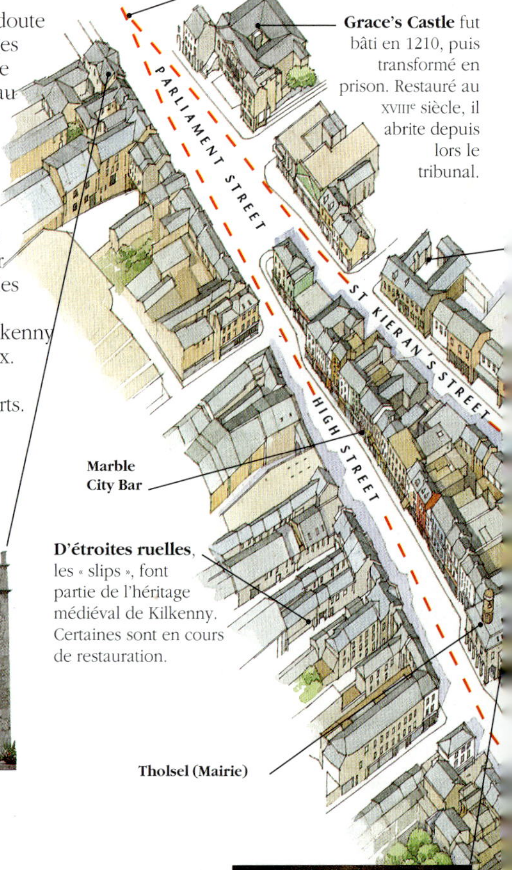

Vers Irishtown, St Canice's Cathedral

Grace's Castle fut bâti en 1210, puis transformé en prison. Restauré au XVIIIe siècle, il abrite depuis lors le tribunal.

Marble City Bar

D'étroites ruelles, les « slips », font partie de l'héritage médiéval de Kilkenny. Certaines sont en cours de restauration.

Tholsel (Mairie)

★ Rothe House

Cette maison Tudor appartenait à un marchand. Elle donne sur deux cours. Les grandes rues de Kilkenny étaient jadis bordée d'arcades comme les siennes. À l'intérieur, un musée abrite des œuvres d'art régionales et une collection de costumes.

Butter Slip

Cette ruelle doit son nom au marché au beurre qui s'y tenait autrefois.

Vue de High Street

Le Tholsel et sa tour dotée d'une horloge datent du XVIIIe siècle. La mairie repose sur des arcades. À l'intérieur, dans une salle georgienne, se réunit le conseil municipal.

À NE PAS MANQUER

★ Kilkenny Castle

★ Rothe House

Kyteler's Inn
Ce relais de poste médiéval (p. 318) *doit son nom à Dame Alice Kyteler, une sorcière du* XIVe *siècle qui vécut dans ces lieux. Comme les autres pubs de la ville, Kyteler's Inn vend de la Smithwick, une très bonne bière fabriquée à Kilkenny depuis 1710.*

MODE D'EMPLOI

Carte routière C4. Co Kilkenny. 18 000. Dublin Road (056 22024). Dublin Road (056 64933). Shee Almshouse, Rose Inn St (056 21755). Kilkenny Arts Week (août). **Rothe House** 056 22893. d'avril à oct. : t.l.j. ; de nov. à mars : sam. et dim. (l'après-midi seulement).

Shee Almshouse est l'un des hospices Tudor d'Irlande. À l'intérieur, l'exposition Cityscope fait revivre le Kilkenny du XVIIe siècle, notamment grâce à des maquettes.

★ Kilkenny Castle
Cette forteresse normande, stratégiquement située au-dessus de la Nore, est l'un des principaux châteaux d'Irlande. La Long Gallery, la plus belle salle, est dotée de poutres peintes et sculptées du XIXe *siècle.*

LÉGENDE

- P Parc de stationnement
- i Information touristique
- – – Itinéraire conseillé

Kilkenny Design Centre
Situé dans les anciennes écuries du château, ce centre est connu dans tous le pays. On peut y voir des artisans à l'œuvre et acheter leur production.

À la découverte de Kilkenny

Située dans un méandre de la Nore, cette ville présente un grand intérêt architectural. Le marbre de Kilkenny, un calcaire noir de la région, fut utilisé à profusion. En visitant la ville, vous irez de surprise en surprise. Un édifice peut en effet allier une façade georgienne, une cheminée Tudor et un intérieur classique. Au pied de St Canice's Cathedral s'étend le quartier d'Irishtown où vivaient autrefois les Irlandais, quand la ville était coupée en deux ; les Anglais habitaient à Englishtown, où furent bâtis les plus beaux monuments.

Ville de brasseurs, Kilkenny, qui compte quatre-vingts pubs, est le paradis des amateurs de bière.

La façade nord de Kilkenny Castle avec ses créneaux victoriens

Enseigne du Marble City Bar dans High Street à Kilkenny

Kilkenny Castle

The Parade. 056 21450. *d'avril à sept. : t.l.j. ; d'oct. à mars : du mar. au dim.* *10 jours à Noël.* *obligatoire.* *limité.*

Érigé dans les années 1190, Kilkenny Castle fut occupé jusqu'en 1935. La puissante famille Butler *(p. 134)* y vécut dès la fin du XIVe siècle. N'ayant plus les moyens d'entretenir le château, ses descendants en firent don à l'État en 1967. Les tours et les solides murailles datent du Moyen Âge. L'époque victorienne apporta à l'édifice une touche néo-gothique. Depuis sa récente restauration, le château est plus visité que jamais. Préparez-vous à faire la queue, surtout en été. Les points forts de la visite sont la bibliothèque, la salle à manger ornée de boiseries et la chambre chinoise. La fabuleuse Long Gallery surpasse toutes les autres pièces. Elle fut restaurée au siècle dernier pour accueillir la collection Butler. Les fresques du plafond sont de style préraphaélite. Leurs motifs rappellent les enluminures du *Book of Kells (p. 62)*. Le domaine du château a rétréci au fil des siècles. Néanmoins, les jardins à la française sont fort agréables.

St Canice's Cathedral

Irishtown. *t.l.j.* **Offrande.**

Au sommet de la colline se dresse une cathédrale flanquée d'une tour ronde. Vous pouvez y monter pour admirer Kilkenny à vos pieds. St Canice est un parfait exemple du gothique primitif anglais (XIIIe siècle). Elle fut pillée par les soldats de Cromwell en 1650. Toutefois, c'est l'un des trésors de l'Irlande médiévale. Le contraste entre les murs en calcaire noir et les colonnes de grès clair crée un effet saisissant. La porte ouest est finement sculptée. L'intérieur contient des tombes du XVIe siècle. Dans le transept sud reposent les Butler.

La tombe du deuxième marquis d'Ormonde à St Canice's Cathedral

Black Abbey

Abbey St. *056 21279.* *t.l.j.*

À l'ouest de Parliament Street fut fondée en 1225 une abbaye dominicaine. Elle fut transformée en tribunal au XVIe siècle. Aujourd'hui, c'est de nouveau un monastère. L'église est dotée d'une superbe crypte voûtée. Ses sculptures sont un peu trop restaurées, mais les vitraux multicolores, dont certains datent du XIVe siècle, sont, eux, superbes.

Aux environs

Au nord, à la sortie de la ville, se trouve **Dunmore Cave**. Cette caverne de calcaire très profonde est connue pour ses étranges formations rocheuses.

Bennettsbridge enjambe la Nore à 8 km au sud de Kilkenny. Ce pont est célèbre par ses céramiques. La Nicholas Mosse Pottery *(p. 327)* est spécialisée dans les poteries colorées faites d'argile local.

Dunmore Cave

Ballyfoyle. *056 67726.* *de mars à mi-juin : du mar. au dim. ; de mi-juin à oct. : t.l.j. ; de nov. à fév. : les sam., dim. et jours fériés.*

Jerpoint Abbey ⓱

Carte routière D5. Thomastown, Co Kilkenny. 056 24623. *jusqu'à Thomastown.* *de mi-juin à oct. : t.l.j. ; d'avril à mi-juin : du mar. au dim.*

Jerpoint Abbey est située au sud de Thomastown. Ces ruines cisterciennes, retirées dans un site solitaire, comptent parmi les plus extraordinaires d'Irlande. Fondée vers 1160 par un roi d'Ossory, cette abbaye rivalisait avec Duiske Abbey *(p. 141)*, toute proche. Jerpoint Abbey prospéra jusqu'à la dissolution des monastères *(p. 36)* ; elle fut alors acquise par le comte d'Ormonde.

Les cloîtres du XVe siècle sont en moins bon état que le reste de l'abbaye. Pourtant, ils font la fierté de Jerpoint. Dragons, évêques, chevaliers et gentes dames sont immortalisés dans la pierre. L'église, quant à elle, est bien conservée. Ses transepts romans abritent des tombes finement sculptées du XVIe siècle. Au nord de la nef, intacte aussi, notez les chapitaux romans richement décorés. Des statues des premiers évêques rappellent que ceux-ci reposent dans l'église. Le clocher crénelé à la croisée du transept fut ajouté au début du XVe siècle.

Des saints ornent cette tombe du XVIe siècle à Jerpoint Abbey

Lismore ⓲

Carte routière C5. Co Waterford. *1 100.* *d'avril à oct. : Lismore Heritage Centre (058 54855).*

Lismore connut autrefois son heure de gloire. Cette petite ville, traversée par la Blackwater, s'étire au pied de **Lismore Castle**. Érigé en 1185 par Jean sans Terre, ce château fut rénové au XIXe siècle. Fermé au public, il appartient à un duc anglais. Vous pourrez néanmoins flâner dans les jardins qui longent la rivière. Le **Lismore Heritage Centre** relate la vie de saint Carthage. Au VIIe siècle, il fonda un monastère à cet endroit. Deux cathédrales lui sont dédiées dans la ville. La plus intéressante est sans aucun doute la **cathédrale de Saint-Carthage**. Consacrée au culte protestant, elle fut détruite en 1600 et reconstruite par Richard Boyle en 1633. Elle fut modifiée à l'époque victorienne dans le goût néo-gothique, et deux vitraux du transept sud furent réalisés par l'artiste préraphaélite Sir Edward Burne-Jones.

Vitrail de Burne-Jones dans St Carthage's Cathedral à Lismore

Lismore Castle

Jardins 058 54424. *de mai à sept. t.l.j. (l'après-midi seulement).* *limité.*

Aux environs

Depuis Lismore, une route pittoresque file vers la **Blackwater Valley** *(p. 169)* et relie le village de Cappoquin, à l'est de Lismore, rendez-vous de tous les pêcheurs de saumon au printemps, à l'estuaire de Youghal *(p. 171)*.

Ardmore ⓳

Carte routière C5. Co Waterford *380.* *de mai à sept. : Main St (024 94444).*

Ardmore est une station balnéaire fréquentée de la côte. Plages et falaises, pubs ou monuments, vous aurez le choix. Depuis la colline qui domine le village, on aperçoit un monastère fondé au Ve siècle par saint Declan, le premier missionnaire qui évangélisa la région. Le mur ouest de **St Declan's Cathedral** est orné de sculptures romanes : dans les arcatures du haut, *Saint Michel pesant les âmes* ; en bas, *L'Adoration des Mages* et *Le Jugement de Salomon*. La plupart des treize panneaux du registre supérieur sont ornés de sculptures comme on en voit sur les croix celtiques. La tour ronde, haute de 30 m, est l'une des mieux conservées d'Irlande. Saint Declan aurait été enterré tout près, là où fut bâti l'oratoire.

St Declan's Cathedral à Ardmore et sa tour ronde très bien conservée

Waterford ⓴

Les armoiries de Waterford

Waterford fut fondée en 853 par les Vikings. Les Anglo-Normands qui s'y établirent ensuite en firent une véritable ville. Proche de l'estuaire de la Suir, elle devint vite le premier port du Sud-Est. Depuis le XVIIIe siècle, son économie a toujours été florissante. Surtout connue pour sa fabrique de cristal, Waterford est très prospère et possède un port actif, mais elle porte malheureusement les traces de son industrialisation. De gros efforts ont donc été faits pour préserver les monuments historiques. Toutes les artères anciennes ont notamment été transformées en rues piétonnes et la vieille cité viking est progressivement exhumée.

Jenkin's Lane, un coin tranquille de Waterford, près de George's Street

À la découverte de Waterford

Les remparts dressés par les Vikings délimitent la ville d'antan. Les mieux préservés sont situés au nord-ouest de **Watch Tower** qui domine Castle Street. Néanmoins, Reginald's Tower reste la plus importante fortification. Dans le Reginald Bar *(p. 318)*, vous pouvez prendre un verre et admirer les portes de la ville. Incluses dans le bar, elles furent bâties par les Vikings.

Médiévale de prime abord, Waterford est pourtant dotée de monuments georgiens. Vous pourrez en admirer sur le mail, au sud-ouest de Reginald's Tower, ou sur Cathedral Square. Cette place sert de décor à **Christchurch Cathedral** bâtie vers 1770. Cette église fut conçue par John Roberts qui embellit la ville à l'époque georgienne. Il dota sa façade de colonnes corinthiennes. À l'intérieur se trouve une étonnante représentation d'un cadavre en décomposition (XVe siècle). En vous dirigeant vers le fleuve, vous passerez devant les ruines de **Grey Friars** (XIIIe siècle), dits l'église française après avoir été transformés en chapelle huguenote en 1693.

Plus à l'ouest le long de la Suir, à l'angle de Barronstrand Street, se dresse une tour victorienne dotée d'une horloge. Les boutiques voisines sont dominées par **Holy Trinity Cathedral**. Son intérieur néo-classique est richement décoré. George's Street, qui en part vers l'ouest, est bordée de maisons anciennes et de pubs confortables. Elle donne dans O'Connell Street, dont les entrepôts restaurés contrastent avec les bâtiments des quais. L'été, des croisières ont lieu sur le fleuve.

Reginald's Tower face au fleuve

Reginald's Tower

The Quay. *051 73501.* *t.l.j.* *1 sem. à Noël.*

Les Vikings érigèrent une tour à cet endroit en 1003. Toutefois, l'édifice actuel fut édifié par les Normands. Ses murs font 3 m d'épaisseur. Ce serait la première fois que le « ciment » aurait été utilisé en Irlande. Il s'agissait alors d'un mélange de glu, de boue et… de sang ! La tour a servi successivement d'hôtel de la Monnaie, d'arsenal et de prison. Récemment restaurée, elle abrite le musée de Waterford.

Waterford Heritage Centre

Grey Friars St. *051 71227.* *de Pâques à oct. : du lun. au sam.*

Ce musée relate l'histoire de la ville au moyen de maquettes. Sont aussi exposés des objets et ustensiles vikings et médiévaux découverts lors de fouilles récentes.

Waterford vue depuis une rive de la Suir

Waterford Crystal Factory

Kilbarry. ☎ *051 73311.* ◯ *d'avril à oct. t.l.j. ; de nov. à mars : du lun. au ven.*

La Waterford Crystal Factory, à 2,5 km au sud du centre-ville, mérite une visite. Vous y découvrirez comment est produit le cristal de Waterford. La fabrique fut fondée en 1783 par les frères Penrose. Ils choisirent Waterford pour son port. Pendant des années, l'entreprise jouit d'une réputation extraordinaire, mais des impôts très élevés la forcèrent à fermer en 1851. Une nouvelle fabrique ouvrit en 1947. Souffleurs et graveurs vinrent de toute l'Europe pour former des apprentis. La concurrence avec le cristal de Tipperary et de Galway fit baisser les ventes au début des années 1990. La reprise actuelle est due à une hausse de la demande américaine.

Artisan gravant un vase à la Waterford Crystal Factory

Les visiteurs découvrent, fascinés, comment le feu transforme sable, plomb et potasse en cristal étincelant. La différence entre le verre et le cristal réside en ce que ce dernier contient plus de plomb (30 % pour celui de Waterford). Les souffleurs doivent être expérimentés afin de parvenir à créer des pièces de la bonne épaisseur pour supporter les incisions caractéristiques du cristal de Waterford. La signature « Waterford » est gravée au bas de chaque pièce.

Dans la salle d'exposition, un lustre de cristal illumine une table ornée de porcelaine Wedgwood et de verres de Waterford, qui invite à la dépense.

Mode d'emploi

Carte routière D5. Co Waterford. *42 000.* *6 km au sud.* *Plunkett Station, The Bridge (051 73401).* *Plunkett Station (051 79000).* *41 The Quay (051 75788).* *(051 21723) : de juin à août.* *ven.* *International Festival of Light Opera (sept.).*

Le port de Ballyhack, en face de Passage East

Aux environs

Le petit port de **Passage East** se trouve à 12 km à l'est de Waterford. Les Normands y débarquèrent en 1170 *(p. 34)*. Un car-ferry relie ce petit village à Ballyhack, dans le comté de Wexford. Depuis le large, vous admirerez au passage Waterford Harbour et la péninsule de Hook *(p. 140)*.

Dunmore East ㉑

Carte routière D5. Co Waterford.
1 100.

Ce village de pêcheurs est le plus ravissant du comté de Waterford. Son charme tient à ses falaises de grès rouge et à son port animé. Des sentiers longent le pied des falaises. La route qui grimpe au-dessus de la plage commande un panorama superbe. Elle dessert le Ship Inn et l'Haven Hotel, deux hôtels de charme. Tout près, une grille ouvre sur des jardins dominant le port où dansent les bateaux. Un peu plus haut, des marches taillées dans le roc mènent à un belvédère. Vous y découvrirez les falaises où nichent des colonies de mouettes.

Le port de pêche animé de Dunmore East

Hook Peninsula ㉒

Carte routière D5. Co. Wexford.
jusqu'à Duncannon. *depuis Passage East jusqu'à Ballyhack (051 382480).* *de juin à sept. : Fethard-on-Sea (051 397118).*

Ruines et villages paisibles rehaussent les aimables paysages de cette péninsule. Le Ring of Hook est une route qui part de **Dunbrody Abbey**, au sud de New Ross. Cette abbaye cistercienne en ruine date du XIIe siècle. **Ballyhack** constitue aussi un bon point de départ. Cette ville fortifiée est desservie par des ferries en provenance de Passage East *(p. 139)*. **Ballyhack Castle**, château bâti par les templiers vers 1450, abrite un petit musée. Environ 4 km plus loin s'étire le petit village de **Duncannon** avec sa plage de sable et son fort en forme d'étoile qui fut construit en 1588 en prévision d'une attaque de l'Invincible Armada.

La route vers le sud va jusqu'à **Hook Head**, où fut érigé en 1172 un phare, sûrement le plus vieux d'Europe. Des sentiers longent la côte, refuge des phoques et des oiseaux de mer. Cette côte est aussi célèbre par ses fossiles.

Slade, un village pittoresque, se trouve à 2 km à l'est. Une maison forte du XVe siècle, **Slade Castle**, domine le petit port où tanguent les bateaux de pêche. La route longe la côte découpée, passe par Fethard-on-Sea et Saltmills, puis file vers les ruines de **Tintern Abbey**. Cette église cistercienne du XIIIe siècle fut fondée par William Marshall, comte de Pembroke. Il remercia ainsi le ciel de l'avoir sauvé d'un terrible naufrage. La partie ouest a été restaurée, mais les fouilles continuent. Plus loin, un vieux pont de pierre offre une vue superbe sur **Bannow Bay**. C'est ici que les Normands auraient débarqué pour la première fois en 1169.

Le château et le port de Slade sur Hook Peninsula

Dunbrody Abbey
Campile. *051 388603.* *d'avril à sept. : t.l.j.*

Ballyhack Castle
Ballyhack. *051 389468.* *juil.-août : t.l.j. ; d'avril à juin et sept. : du mer. au dim.*

Le phare normand de Hook Head au bout de Hook Peninsula

New Ross ㉓

Carte routière D5. Co Wexford.
6 000. *de mi-juin à mi-sept. : The Quay (051 21857).*
mar. **Galley Cruising Restaurants** *The Quay* (051 21723).

New Ross, l'une des plus vieilles cités du comté, est traversée par la Barrow. Son importance passée et actuelle vient de son activité portuaire. L'été, des croisières sont organisées par les Galley Cruising Restaurants. Les bateaux naviguent alors sur la Barrow et la Nore. Des boutiques traditionnelles bordent les rues qui partent des quais. Le **Tholsel** (mairie) fut d'abord un octroi. Il fallait en effet payer pour entrer dans la ville. L'édifice fut occupé par les Anglais lors du soulèvement de 1798 *(p. 38-39)*. En face, un monument commémore le courage des révoltés irlandais face aux canons britanniques. Tout près, **St Mary**, fondée au XIIIe siècle, fut alors la plus grande église paroissiale d'Irlande. Une église moderne se dresse à cet endroit, mais l'ancien transept sud (qui n'a plus de toit) est intact, comme le sont de nombreuses tombes médiévales.

Aux environs

Promenade appréciée de tous : remonter la Barrow vers le nord sur 16 km jusqu'à **Graiguenamanagh**. Cette ville se targue de posséder la plus grande église cistercienne d'Irlande, **Duiske Abbey** (1207). Désormais restaurée, elle sert d'église paroissiale. Le portail roman du transept sud témoigne de son riche passé. La statue du chevalier de Duiske, jambes croisées, est l'une des plus belles d'Irlande. À l'extérieur se trouvent deux croix de granite du IXe siècle.

Les croisières le long de la Nore mènent à **Inistioge**. Blotti au creux d'une vallée boisée, ce village s'enorgueillit d'une place plantée de tilleuls. Son pont à dix arches enjambe la Nore. Un fort normand perché sur un rocher domine le fleuve. C'est l'endroit idéal pour pique-niquer. Depuis Inistioge, vous pouvez longer la rivière ou vous rendre au parc national de **Woodstock House**

Enniscorthy et St Aidan's Cathedral vus depuis Vinegar Hill

Demesne. Parmi les hêtres, vous distinguerez les ruines d'une demeure du XVIIIe siècle incendiée en 1922.

Sur une colline à 12 km au sud de New Ross fut fondé le **John F Kennedy Park and Arboretum** (1968). La maison des ancêtres du président américain se trouve tout près, à Dunganstown. Ce parc comprend plus de 4 500 essences. Les sentiers balisés peuvent être parcourus à cheval.

Duiske Abbey

Graiguenamanagh, Co Kilkenny.
0503 24238. *t.l.j.*

John F Kennedy Park and Arboretum

Dunganstown, Co Kilkenny. *051 388171.* *t.l.j.*

Enniscorthy 24

Carte routière D5. Co Wexford. *4 500.* *County Museum, The Castle (054 35926).*

Les rues de cette vieille et jolie cité, sur les berges de la Slaney, témoignent de son passé mouvementé. Ennyscorthy fut le théâtre de l'ultime bataille des milices paysannes du Wexford (1798). Elles combattirent 20 000 soldats britanniques sur **Vinegar Hill**. Nombre de souvenirs de cette insurrection de 1798 mais aussi du soulèvement de Pâques 1916 sont évoqués au County Museum, dans **Enniscorthy Castle**. Cette forteresse imposante fut construite par les Normands, puis modifiée au XVIe siècle.

Autre monument de taille, **St Aidan's Cathedral**. Cette église néo-gothique fut bâtie vers 1840 par A.W.N. Pugin (1812-1852), connu surtout comme un des architectes du Parlement de Londres. La Slaney coule au pied de greniers et d'ateliers de poterie qui font la fierté de la ville. Carley's Bridge, fondé en 1654, produit toujours faïences et céramiques.

Les vieux pubs d'Enniscorthy méritent le détour. L'Antique Tavern *(p. 318)* est décorée avec les piques utilisées lors de la bataille de Vinegar Hill en 1798.

Enniscorthy Castle

Castle Hill. *054 35926.*
de mars à sept. : t.l.j. ; d'oct. à fév. : le dim. *limité.*

Le port de New Ross vu depuis la rive ouest de la Barrow

Voiliers mouillant dans le port de Wexford

L'Irish National Heritage Park ㉕

Carte routière D5. Ferrycarrig, Co Wexford. *depuis Wexford en été.* *053 41733.* *de mi-mars à mi-jan. : t.l.j.* *25-26 et 31 déc.*

Ce musée à ciel ouvert fut créé sur une ancienne tourbière près de Ferrycarrig, au nord de Wexford. Des chemins mènent les visiteurs vers des fermes, des lieux de culte et des cimetières savamment reconstitués. C'est une riche introduction à l'histoire ancienne du pays *(p. 30-31)*. La partie consacrée à la période celte est fort intéressante. Le chantier naval viking et le moulin à eau du VIIe siècle valent aussi le détour.

Wexford ㉖

Carte routière D5. Co Wexford. *15 000.* *Crescent Quay (053 23111).*

Wexford viendrait de *Waesfjord*, un terme scandinave signifiant « estuaire boueux ». Jadis, des navires reliaient Wexford à la Grande-Bretagne. En activité depuis des siècles, le port s'envasa au siècle dernier. À présent, de simples dragueurs de moules sont amarrés aux quais.

La ville est animée. Les pubs sont légion et les arts toujours à l'honneur. Wexford a gardé peu de traces de son passé. Néanmoins, les rues sont toujours disposées en arête de poisson, selon l'habitude viking. D'étroites ruelles coupent la rue principale. L'une d'elles, Keyser's Lane, ressemble fort à un tunnel. Elle part de South Main Street et aboutit au pub Commodore sur Paul Quay. Les fortifications de Wexford furent construites par les Normands. Une des anciennes portes de la ville est d'ailleurs toujours debout. À l'intérieur, le **Westgate Heritage Centre** retrace le passé de Wexford. Derrière la maison se dresse un monastère augustinien du XIIe siècle, **Selskar Abbey**. Henri II y aurait fait pénitence pour le meurtre de l'archevêque Thomas Becket en 1170.

Enseigne d'un pub célèbre de Wexford

Wexford est dotée de beaux édifices plus récents, dont **Cornmarket**, un marché du XVIIIe siècle, situé dans Main Street. La place voisine, **Bull Ring**, est surtout intéressante par son histoire. Les Normands y organisaient en effet des courses de taureaux. En 1649, les armées anglaises de Cromwell y perpétrèrent un massacre épouvantable contre les Irlandais.

Le Wexford Opera Festival a lieu en octobre. Ce festival d'opéra est le plus important d'Irlande. Après le spectacle, les artistes se mêlent au public dans les pubs. Ils vont généralement au Centenary Stores (Main Street) ou au Wren's Nest (Custom House Quay).

Westgate Heritage Centre
Westgate. *053 46506.* *de juin à août : t.l.j. ; de sept. à mai : du lun. au sam.* *25 et 26 déc.*

Aux environs
La **Wexford Wildfowl Reserve** longe la côte à l'est de la ville. Cette réserve de gibier d'eau couvre 100 hectares. Près d'un quart des oies du Groenland y séjournent entre octobre et avril.

Les étendues boueuses attirent cygnes et échassiers. Elles fournissent aussi un bon terrain de chasse aux oiseaux de proie. Vous pourrez apercevoir des rapaces depuis une tour d'observation et diverses cachettes.

Wexford Wildfowl Reserve
Wexford. *053 23129.* *t.l.j.* *les week-ends.*

Johnstown Castle ㉗

Carte routière D5. Co Wexford. *053 42888.* *jusqu'à Wexford.* **Jardins** *t.l.j.* *24 et 25 déc.*

Splendide demeure néo-gothique, Johnstown Castle est un joyau dans un écrin de verdure. Ce château du XIXe siècle incorpore quelques éléments de l'ancienne

La façade de Johnstown Castle

résidence des comtes d'Esmonde. Situé à 6 km au sud-ouest de Wexford, il appartient à l'État depuis 1945 et abrite désormais un centre de recherche agronomique. Il est donc fermé au public, à

La plage de Rosslare telle un croissant de sable

l'exception de l'**Irish Agriculture Museum**. Ce musée est situé dans l'ancienne ferme du château. Des reconstitutions présentent les métiers traditionnels.

Ce qui fait la fierté de Johnstown Castle, ce sont ses lacs ornementaux et son jardin à l'italienne. Azalées, camélias et rhododendrons y fleurissent à l'ombre de séquoias et de pins écossais.

Dans les bois, à l'ouest du château, se cachent les ruines de **Rathlannon Castle**, une maison forte du Moyen Age.

Irish Agriculture Museum

Johnstown Castle. *d'avril à mi-nov. : t.l.j. (l'après-midi seulement les sam. et dim.) ; de mi-nov. à mars : du lun. au ven.* *limité.*

Saltee Islands 28

Carte routière D5. Co Wexford. *depuis Wexford jusqu'à Kilmore Quay : mer. et sam.* *depuis Kilmore Quay : juil. et août (si le temps le permet).* *053 29684.*

À quelques encablures de la côte sud du Wexford, ces îles sont le refuge des oiseaux de mer. Great et Little Saltee forment la plus grande réserve d'oiseaux d'Irlande. Y nichent notamment pingouins, passereaux, cormorans, mouettes et macareux. On dénombre en tout plus de deux cent vingt espèces. Great Saltee abrite aussi plus de 1 000 couples de guillemots. Les oiseaux migrateurs s'y arrêtent au printemps et à l'automne. Comme les phoques des environs, ils font l'objet de nombreuses études.

Ces deux îles sont privées, mais les visiteurs sont les bienvenus. De toute façon, elles sont totalement inhabitées. Par beau temps, les bateaux partent de **Kilmore Quay**. Le départ a lieu en fin de matinée, le retour en milieu d'après-midi.

Kilmore Quay est un petit village de pêcheurs bâti sur du gneiss. Ces roches précambriennes sont les plus vieilles d'Irlande. Les toits de chaume des cottages se dessinent au-dessus de la plage. Dans le port mouille un bateau phare qui abrite le **Maritime Museum**. Le bateau est aussi passionnant que l'exposition.

Maritime Museum

Kilmore Quay. *053 29655.* *de juin à oct. : t.l.j. (l'après-midi seulement).*

Rosslare 29

Carte routière D5. Co Wexford. *1 200.* *terminal du ferry, port de Rosslare (053 33622).*

Rosslare devint le premier port de la région lorsque celui de Wexford déclina. L'activité portuaire y est si intense que Rosslare fait d'abord penser au ferry pour la France ou l'Angleterre. Pourtant, il existe aussi une ville du même nom, à 8 km au nord du port.

Rosslare est l'une des localités les plus ensoleillées d'Irlande. Sa plage s'étire sur 9,5 km. Promenades dans les dunes, golf ou pubs, les distractions ne manquent pas. Promenez-vous vers Rosslare Point, au nord.

Aux environs

À Tagoa, à 6 km au sud de Rosslare, se trouve une ferme, **Yola Farmstead**, où l'artisanat traditionnel est à l'honneur. Vous verrez notamment comment sont fabriqués les toits de chaume.

Yola Farmstead

Tagoat. *053 31177.* *de mai à sept. : t.l.j.*

Fous de Bassan sur les falaises de Great Saltee Island

LE CORK ET LE KERRY

CORK · KERRY

Depuis l'époque victorienne, les touristes se sont pris de passion pour cette région où les vagues de l'Atlantique viennent se briser sur des promontoires rocheux. La nature sauvage du comté de Kerry sert d'écrin à de nombreux monuments dont certains datent du début de la christianisation. Les paysages du comté de Cork sont aimables. De nombreux visiteurs sous le charme s'y sont établis définitivement.

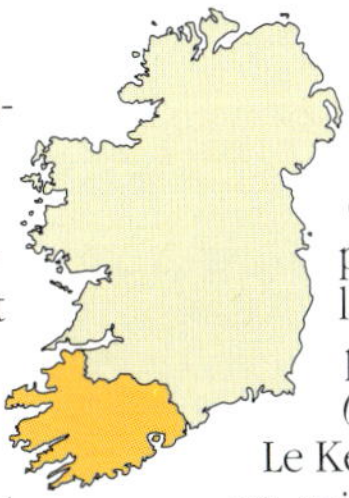

Killarney et ses lacs romantiques attirent toujours les visiteurs, tout comme la côte du Cork. Pourtant, le reste de la région, remarquablement préservée, vaut aussi le voyage. Dans certains villages, on parle toujours irlandais et les traditions restent vivaces, notamment grâce aux artisans. Ce coin de l'Irlande fut longtemps le lien avec le continent. Au XVIIe siècle, la France et l'Espagne menaçaient d'envahir l'île. Pour se défendre, les Anglais bâtirent alors une série de forts sur la côte du Cork, dont Charles Fort à Kinsale.

Au XIXe siècle, la ville de Cork vit partir des flots d'Irlandais fuyant la famine *(p. 211)*. Avec Cobh, c'était le principal point de départ pour le Nouveau Monde. Le port de Cork n'est plus aussi important. Néanmoins, cette ville, tournée vers la vie culturelle, reste la deuxième de la république d'Irlande.

L'esprit rebelle du Sud-Ouest est sans aucun doute la conséquence de la pauvreté et du tempérament des habitants. La région fut le théâtre de luttes sanglantes lors de la guerre d'indépendance, puis de la guerre civile. En 1920, le centre de Cork fut incendié par les terribles Black and Tans *(p. 42-43)*.

Le Kerry fut surnommé « le royaume » en raison de son mépris des lois imposées par Dublin. Les Irlandais reconnaissent la spécificité du Kerry. Ses habitants savent profiter pleinement de la vie. Ils font aussi l'objet d'innombrables plaisanteries.

En plus de la chaleur de ses habitants, cette région offre de splendides paysages. Le Cork est fier de ses vallées verdoyantes et de sa côte dentelée. Le Kerry est plus sauvage et plus montagneux. Les îles au large du Kerry semblent inhospitalières, mais en fait nombre d'entre elles furent habitées à une époque ou à une autre. Skellig Michael, par exemple, abritait un monastère au VIe siècle.

Macareux sur l'île de Skellig Michael au large du Kerry

◁ **La plage de Barley Cove près de Mizen Head dans le comté de Cork**

À la découverte du Cork et du Kerry

Killarney est le rendez-vous des touristes qui visitent la région, notamment le Ring of Kerry et le site archéologique de Dingle Peninsula. Malgré un temps variable, le Cork et le Kerry enchantent les visiteurs, tant les paysages sont spectaculaires et la nature luxuriante. Que vous traversiez des villages de pêcheurs ou des villes élégantes, telle Kenmare, vous serez chaleureusement accueillis. Les plus sportifs peuvent faire des randonnées, des promenades à cheval ou à bicyclette. Les autres préféreront flâner dans Cork, une ville cosmopolite avec des musées et des boutiques d'artisanat.

Newman's Mall dans le pittoresque village de Kinsale

Bétail paissant près d'Ardfert Cathedral

La région d'un coup d'œil

Circuler

Il est important d'avoir une voiture pour visiter la région. La N 22 traverse Cork, Killarney et Tralee. La N 71 suit la côte entre Clonkilty et Bantry, puis file vers Killarney. Dans les endroits les plus retirés, les panneaux indicateurs sont en irlandais. Les excursions organisées en cars partent de Killarney. Des trains relient Cork et Dublin. D'autres desservent Killarney, Cork et Dublin, mais il faut prévoir des changements. Des cars circulent dans toute la région, mais ils s'arrêtent surtout dans les lieux importants.

Voir aussi

- ***Hébergement*** p. 291-293
- ***Restaurants, cafés et pubs*** p. 310-312 et p. 319

Le rite de la pierre de l'éloquence à Blarney Castle

Ardfert Cathedral et les ruines de Teampall na Hoe et de Teampall na Griffin

Carrigafoyle Castle ❶

Carte routière B5. Co Kerry.
🚌 *jusqu'à Listowel.*

Le vieux donjon de Carrigafoyle Castle

Ce château du XVe siècle domine l'estuaire du Shannon, à l'ouest de Ballylongford. C'était le fief des O'Connor qui régnaient sur le nord du Kerry. Les Anglais l'assiégèrent et le pillèrent à maintes reprises. Mais le coup fatal fut porté en 1649 par les soldats de Cromwell *(p. 37)*. Ne restent aujourd'hui qu'un donjon et une cour entourée de murs. Un escalier mène en haut de la tour d'où vous découvrirez l'estuaire du Shannon.

Ardfert Cathedral ❷

Carte routière A5. Co Kerry.
🚌 *jusqu'à Ardfert.* ◯ *t.l.j.* ♿

Cet ensemble d'églises est consacré au culte de saint Brendan *(p. 205)*. Né en 484 dans la région, ce navigateur fonda un monastère ici même. La cathédrale en ruine date du XIIe siècle. Elle a gardé son portail roman et ses arcades aveugles. À l'intérieur, dans le coin nord-ouest, un relief représente un évêque (XIVe siècle). Dans le cimetière se dressent les ruines d'une église romane, Tempall na Hoe. Tout près, une chapelle gothique, Tempall na Griffin, doit son nom à l'étrange griffon sculpté près d'une des fenêtres.

Non loin, Thomas Fitzmaurice fonda en 1253 un monastère franciscain. Les cloîtres et la chapelle sud datent du XVe siècle.

Aux environs

Banna Strand se trouve au nord-ouest d'Ardfert. Sir Roger Casement y débarqua en 1916 dans un sous-marin allemand, afin de livrer des armes pour le soulèvement d'avril *(p. 42-43)*. Un mémorial a été érigé là où il fut capturé. Cette plage servit aussi de décor au film de David Lean, *La Fille de Ryan* (1970).

Tralee ❸

Carte routière B5. Co Kerry.
17 000. 🚉 🚌 ℹ *Ashe Memorial Hall, Dennys St (066 21288).* *jeu.*

Cette ville accueille le Rose of Tralee International Festival *(p. 46)*. Tralee s'est efforcée de promouvoir la culture et les loisirs. Le **Kerry County Museum** comprend un parc à thème, « Kerry the Kingdom », et trois expositions. Vous découvrirez le Kerry grâce à des moyens audiovisuels et des maquettes. Des découvertes archéologiques sont également présentées. En outre, l'exposition « Experience in Time » vous transportera dans la Tralee anglo-normande et médiévale.

Un train à vapeur suit cette étroite voie ferrée qui relie Tralee à Blennerville, avec en toile de fond le moulin de Blennerville

Le **Siasma Tire** est un théâtre qui s'est fait l'ambassadeur de la culture irlandaise. Au programme tout l'été, chants et danses traditionnels.

Juste en dehors de Tralee se dresse **Blennerville Windmill**. Construit en 1800, ce moulin à vent est toujours en activité. Il est relié à Tralee par le **Steam Railway**. Dans ce train à vapeur, les commentaires enregistrés sont en diverses langues.

Kerry County Museum
Ashe Memorial Hall, Dennys St. *066 27777. de mi-mars à déc. : t.l.j. 25 et 26 déc.*

Siamsa Tire
Town Park. *066 23055. seulement pour les représentations.*

Blennerville Windmill
066 21064. d'avril à oct. : t.l.j.

Steam Railway
Ballyard Station. *066 28888. de mars à oct. t.l.j.*

Dingle 4

Carte routière A5. Co Kerry. *1 300. de mai à oct. : Main St (066 51188). sam.*

Dans ce port autrefois ignoré, on n'a longtemps parlé qu'irlandais. Les temps ont bien changé, et cette ville fait désormais la joie des touristes.

Dans le petit port pimpant, des chalutiers sont amarrés aux quais sur lesquels on trouve des bars animés. Vous pouvez y écouter de la musique ou y savourer des fruits de mer. La star de Dingle, Fungie, a élu domicile dans le port depuis 1983. Peut-être apercevrez-vous ce dauphin lors d'une promenade en bateau.

Dingle ne compte pas beaucoup de monuments. Cependant, la ville est proche de Dingle Peninsula, célèbre par son site archéologique *(p. 150-151)*.

Gallarus Oratory, église primitive toute en pierres sèches

Gallarus Oratory 5

Carte routière A5. Co Kerry. *jusqu'à Dingle.*

Tel un bateau retourné, cette minuscule église domine le port de Smerwick. Elle fut bâtie entre le VIe et le IXe siècle. C'est la mieux conservée des églises de l'époque. Sa fausse voûte de pierres en forme de ruche est remarquable. Les techniques utilisées furent mises au point par les bâtisseurs de tombes néolithiques. Les pierres légèrement inclinées vers l'extérieur permettaient l'écoulement de l'eau.

Chalutiers amarrés dans le port de Dingle

Excursion dans Dingle Peninsula ❻

Enseigne de pub

La péninsule de Dingle est l'une des plus belles d'Irlande. Le nord dominé par la Brandon Mountain contraste avec les paysages maritimes de l'ouest. Pour faire le tour de Dingle Peninsula en voiture, comptez une bonne demi-journée. Vous serez fasciné par les sites historiques : forts de l'âge de la pierre ou premiers oratoires. Ils se trouvent parfois sur le domaine de particuliers, mais, en échange d'une petite participation, on devrait vous laisser visiter sans problème. Dans les parties les plus retirées, le gaélique est encore parlé, ce qui explique la présence de nombreux panneaux indicateurs en irlandais.

Vue depuis Clogher Head

Riasc *(An Riasc)* ⑦
Ce monastère en ruine date du VIIe siècle. Près de l'oratoire furent érigées des croix et une colonne de pierre gravée d'inscriptions *(p. 235)*.

Ballyferriter *(Baile an Fheirtéaraigh)* ⑥
Des cottages pastel égaient ce village. L'atelier de poterie de Louis Mulcahy et le musée reflètent la culture de la région.

Blasket Centre *(Ionad an Bhlascaoid)* ⑤
Dominant Blasket Sound, ce centre explique la littérature, la langue et la vie des habitants des Blasket Islands. Ces insulaires quittèrent leur île en 1953.

Dunmore Head *(Ceann an Dúin Mhoir)* ④
Le point le plus à l'ouest de l'Irlande offre une vue unique sur les Blasket Islands.

Slea Head *(Ceann Sléibe)* ③
Au large du promontoire de Slea Head se détachent les Blasket Islands. La sculpture de la crucifixion près de la route est appelée la Croix *(An Cros)*.

LÉGENDE

- Circuit recommandé
- Autres routes
- Point de vue

0 — 2 km

Kilmalkedar *(Cill Maolchéadair)* ⑨
Kilmakedar fut un temple païen, puis une église romane. Ses pierres sont finement sculptées. Le cimetière comprend des pierres païennes primitives, une croix et un cadran solaire.

Gallarus Oratory *(Séipéilín Ghallrois)* ⑧
Cette petite église de pierres sèches *(p. 149)* date du début de l'évangélisation.

Dingle *(An Daingean)* ①
Dingle, célèbre par son hôte, le dauphin Fungie, est une halte agréable pour manger, boire ou passer la nuit *(p. 149)*.

Dunbeg Fort *(An Dún Beag)* ②
Ce fort de l'âge de la pierre est l'un des mieux conservés d'Irlande. Non loin, des huttes coiffées de dômes auraient accueilli les premiers pèlerins de passage dans la région.

> **CARNET DE ROUTE**
>
> ***Itinéraire :*** *40 km*
> ***Où faire une pause ?*** *La plupart des villages sur la route, tels que Dunquin et Ballyferriter, ont des bars sympathiques où vous pourrez déjeuner. Vous pouvez aussi pique-niquer dans de nombreux endroits. Sur la route côtière qui mène à Slea Head, ne vous arrêtez qu'aux belvédères clairement indiqués* (p. 355-357).

Une calèche attend les touristes pour visiter Killarney

Killarney ❼

Carte routière B5. Co Kerry.
7 500. *Town Hall, Main St (064 31633).*

Killarney voit défiler des milliers de touristes ; pourtant, il y règne toujours une atmosphère accueillante. Les gens du Kerry ont un grand sens de l'humour, à l'instar des cochers qui, de père en fils, font visiter Killarney en calèche. Cette ville possède de nombreux atouts : les boutiques ferment à 22 heures l'été et les restaurants sont excellents. En outre, des hôtels prestigieux donnent sur le lac et les collines. Par ailleurs, les lacs de Killarney *(p. 154-155)* sont proches de la ville.

Aux environs
Muckross House se trouve à quelques minutes en voiture de Killarney. Dominant les lacs, cette demeure victorienne de style élisabéthain fut bâtie en 1843. À l'intérieur, les salles sont ornées de meubles d'époque. En outre, un agréable musée retrace l'histoire du Sud-Ouest. Muckross House comprend aussi un centre d'artisanat doté de nombreux ateliers. Les jardins paysagers se couvrent de fleurs au printemps. Tout près de la demeure, vous apercevrez Muckross Farm, une ferme où tout est fait de façon traditionnelle.

Muckross House
4 km S. de Killarney. *064 31440.*
t.l.j. *10 jours à Noël.*

Paysage de montagne près de Moll's Gap sur le Ring of Kerry ▷

Les lacs de Killarney ❽

Fruit de l'arbousier

Les lacs de Killarney, qui font partie du Killarney National Park, sont comme autant de joyaux perdus en pleine nature. Certes, châteaux et abbayes en ruine rehaussent encore la beauté des alentours. Mais les touristes viennent surtout pour les trois lacs dont les eaux se prêtent à de subtils changements de lumière et de couleur. Ces lieux inspirèrent nombre d'artistes et d'écrivains. En automne, le rouge vif d'innombrables arbousiers égaye les rives des lacs.

Meeting of the Waters
Au cœur d'un paysage unique se mêlent les eaux de l'Upper Lake, de Muckross Lane et de Lough Leane. Depuis Dinis Island, la vue est superbe. À l'Old Weir Bridge, des bateaux franchissent les rapides.

Torc Waterfall
Les chutes de l'Owengarriff dévalent par le Friars' Glen dans Muckross Lake. Un joli sentier grimpe au sommet de cette chute de 18 m. Au détour du chemin, vous apercevrez la superbe Torc Mountain.

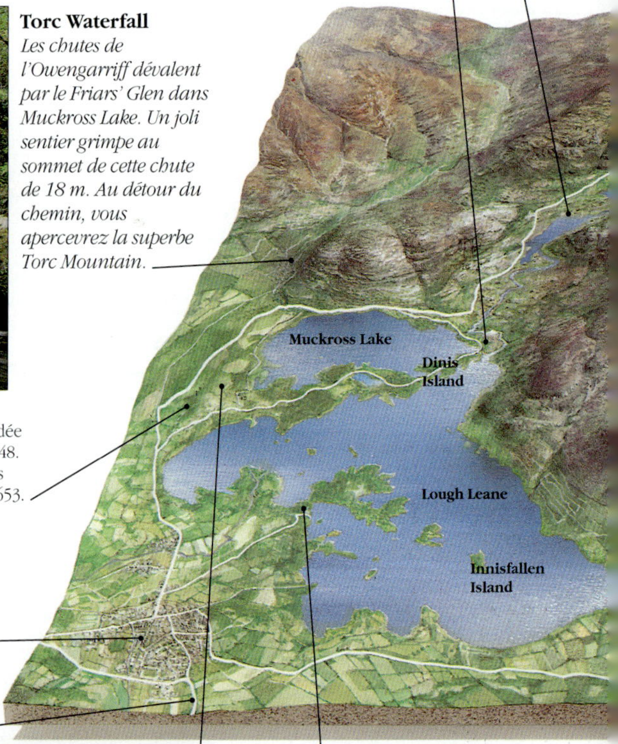

Muckross Abbey fut fondée par des franciscains en 1448. L'abbaye fut brûlée par les soldats de Cromwell en 1653.

Killarney *(p. 151)* est le point de départ des touristes qui se rendent aux lacs.

N 22 vers Tralee ***(p. 148-149)***

Ross Castle, bâti vers 1420, fut la dernière forteresse irlandaise conquise par les armées de Cromwell en 1653.

★ Muckross House
Ce manoir du XIXe siècle (p. 151) *domine les lacs. Ne manquez pas de visiter le centre consacré à la faune et à la flore du National Park.*

Upper Lake
Ce lac étroit est le plus petit des trois. Il s'écoule dans Longe Range River jusqu'au Meeting of the Waters.

Mode d'emploi

Carte routière B5. Killarney, Co Kerry. *Kerry (066 64644).* **National Park** *de juin à août : de 9 h à 19 h t.l.j. ; de sept. à mai : de 9 h à 18 h t.l.j. (accès en voiture).* *Muckross House (064 31440).* **Muckross House** *de 9 h à 18 h t.l.j.* *les jardins.* **Ross Castle** *064 35851.* *avril et mai : de 10 h à 17 h ; de juin à sept. : de 9 h à 18 h ; oct. : de 9 h à 17 h.* *obligatoire.* *depuis Ross Castle :* ***Destination Killarney*** *(064 32638) : t.l.j. (en fonction de la météo) ;* ***The Lily of Killarney*** *(064 31068) : du 17 mars à oct.* **Kate Kearney's Cottage** *064 44146.* *de Pâques à sept. : de 9 h à minuit t.l.j. ; d'oct. à Pâques : de 9 h 30 à 18 h t.l.j.*

Ladies' View (vue des Dames) doit son nom aux suivantes de la reine Victoria. Elles furent ravies par ces lieux qu'elles visitèrent en 1861.

N 71 vers Moll's Gap et Kenmare ***(p. 156-158)***

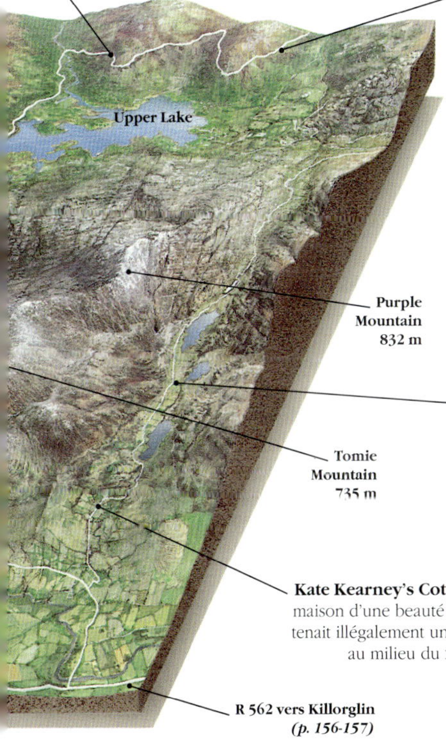

Purple Mountain 832 m

Tomie Mountain 735 m

Kate Kearney's Cottage fut la maison d'une beauté locale qui tenait illégalement une auberge au milieu du XIXe siècle.

R 562 vers Killorglin ***(p. 156-157)***

0 — 2 km

★ Gap of Dunloe
Des glaciers ont sculpté ce col montagneux connu des randonneurs, cyclistes et cavaliers. Depuis la route, vous admirerez des gorges rocheuses et trois petits lacs.

Lough Leane
Les îles de ce lac encaissé sont désertes. Des bateaux relient Ross Castle à Innisfallen.

À ne pas manquer

★ Muckross House

★ Gap of Dunloe

Valentia Island 9

Carte routière A5. Co Kerry. *jusqu'à Caherciveen.* *de juin à sept. : Caherciveen (066 72589).*

Valentia est une île de 11 km de long, reliée par un pont à Portmagee. Ce paradis des sports aquatiques est dominé par Geokaun Mountain. Valentia jouit aussi de la proximité des Skellig Islands (îles Skelligs), à 15 km au sud-ouest d'Iveragh Peninsula. Le **Skellig Experience Centre** est proche de la chaussée reliant Valentia à l'Irlande. Un film raconte la construction du monastère de Skellig Michael, l'île principale. Autres sujets évoqués, les oiseaux et la vie marine des îles. Les falaises des Skelligs se prolongent de 50 m sous l'eau. Là vivent requins pèlerins, dauphins et tortues. Le centre organise aussi des croisières dans les îles.

Le principal village de Valentia est **Knightstown**. Il est doté d'hôtels et de pubs où l'on danse au son de la musique irlandaise.

Marches menant au monastère de Skellig Michael

Le premier câble transatlantique fut posé depuis la pointe sud-ouest de l'île jusqu'à Terre-Neuve au Canada, en 1866.

Skellig Experience Centre
Valentia Island. 066 76306.
d'avril à sept. : t.l.j.

Les îles Skelligs 10

Carte routière A6. Co Kerry. *d'avril à oct; : depuis Valentia Island.* *066 76124 (téléphoner un jour à l'avance).*

Skellig Michael, ou Great Skellig, est un amas rocheux inhospitalier de 17 hectares, s'élevant à 218 m au-dessus de la mer, qui accueillit pourtant un des premiers monastères irlandais. L'étonnant escalier qui y mène est resté intact depuis 1 000 ans. Les moines qui vivaient sur Skellig Michael au

Excursion dans le Ring of Kerry 11

Le Ring of Kerry (anneau du Kerry) est la route qui fait le tour d'Iveragh Peninsula. Elle peut être parcourue dans les deux sens. En une journée, vous pourrez contempler tranquillement ses montagnes et ses côtes. Partez tôt pour éviter les cars qui convergent vers les villes à l'heure du déjeuner et du thé. Les routes qui traversent la péninsule sont superbes.

Glenbeigh 3
Faites une halte pour visiter Kerry Bob Village. Ses cottages restaurés furent bâtis vers 1800.

Caherciveen 4
Principale ville de la péninsule, elle possède un musée régional.

Plage de Ballinskelligs

LÉGENDE

- Circuit recommandé
- Autres routes
- Bateaux pour les Skelligs
- Point de vue

Derrynane House 5
Daniel O'Connell *(p. 40)* vécut dans cette maison du XVIIe siècle. À l'intérieur sont exposés des souvenirs.

Staigue Fort 6
Ce fort de l'âge de la pierre *(caher)* au sommet d'une colline est le mieux conservé d'Irlande.

VIe siècle y bâtirent deux oratoires en forme de bateau, six cellules de pierres sèches, une église et un cimetière qui ont miraculeusement résisté à des siècles de tempêtes. On peut voir aussi des restes de petits jardins en terrasses qui fournissaient aux moines une partie de leur nourriture. Du fait de leur isolement, les moines vivaient en autarcie. Mais ils faisaient le négoce d'œufs, de plumes et de viande de phoque. En échange, des bateaux leur apportaient céréales, outils et peaux. Ces dernières servaient à fabriquer le vélin sur lequel les moines copiaient leurs manuscrits. L'île fut habitée par des religieux jusqu'au XIIe siècle, puis ils durent partir pour le monastère augustinien de Ballinskelligs. Elle fut jusqu'au XVIIIe siècle un lieu de pèlerinage ; le chemin de croix aboutissait à une croix placée au faîte d'un à-pic de 300 m.

Vol de fous de Bassan autour de Little Skellig

Aujourd'hui, Skellig Michael est le royaume des oiseaux de mer. Pétrels et macareux nichent par milliers sur ses falaises dont les reliefs les protègent des prédateurs.

Little Skellig est plus près de l'Irlande. Elle couvre 7 hectares. Ses falaises escarpées abritent la plus grande colonie de fous de Bassan des îles Britanniques.

Un bateau part de Valentia Island et fait le tour des Skelligs sans s'y arrêter. En effet, il est impossible d'accoster, sauf à Skellig Michael. C'est pourquoi la faune, la flore et les monuments sont si bien préservés.

L'été, les pêcheurs de Portmagee et de Ballinskelligs font aussi le tour des Skelligs. Mais cela n'a rien d'officiel.

Killorglin ② Ce joli village accueille en août la foire de Puck Fair *(p. 47)*.

Killarney ① C'est le point de départ et d'arrivée du Ring of Kerry. La route longe les superbes lacs de Killarney *(p. 154-155)*.

Moll's Gap ⑧ Ce col est entouré de tourbières et de hautes montagnes.

Sneem ⑦ Les cottages au badigeon vif de ce village s'accordent avec le pré communal.

CARNET DE ROUTE

Itinéraire : *180 km.*
Où faire une pause ? *On peut déjeuner dans les pubs de villes comme Killorglin ou Caherciveen et dîner dans les excellents restaurants de Kenmare* (p. 355-357).

Dentellière de Kenmare

Kenmare ⓬

Carte routière B5. Co Kerry. 1 400. d'avril à oct. : Main St (064 41233). mer.

Cette petite ville, vivant de l'agriculture et de l'industrie légère, fut fondée en 1670 par William Petty, un économiste anglais, chargé par Cromwell de faire un relevé général de l'Irlande. Ses façades de pierre joliment décorées, datent de 1775. Le premier marquis de Lansdowne avait alors fait embellir la ville.

Aujourd'hui, Kenmare est célèbre par ses dentelles. En effet, lors de la famine, les religieuses de St Clare commandèrent aux femmes de la broderie ; une façon comme une autre de leur donner du travail. La ville est dotée d'excellents hôtels *(p. 292)* et de bons restaurants *(p. 311)*. En outre, Kenmare est bien située pour qui veut visiter Beara Peninsula et le Ring of Kerry *(p. 156-157)*.

Près de Market Street se trouve **Druid's Circle**. Dans ce cercle préhistorique de pierres levées constitué de 15 menhirs – l'un des plus beaux du Kerry – avaient lieu des sacrifices humains.

Beara Peninsula ⓭

Carte routière A6. Co Cork & Co Kerry. *jusqu'à Glengarriff et Castletownbere (seulement le ven.).* *de juin à sept. : Castletownbere (027 70344).*

Cette péninsule, grosse bosse montagneuse, s'étirant entre les baies de Bantry et de Kenmare, est la moins visitée des presqu'îles occidentales de l'Irlande. Terre sauvage et isolée, elle était jadis le royaume des contrebandiers. Les Irlandais y échangeaient des sardines contre du cognac français.

La côte est parsemée de villages de pêcheurs entourés de landes. Depuis **Healy Pass**, la route qui traverse les Caha Mountains, vous contemplerez Bantry Bay au loin et les paysages sauvages de l'ouest du Cork. À l'ouest d'Healy Pass culmine **Hungry Hill**, le plus haut sommet de la chaîne des Caha.

Castletownbere, principale ville de la péninsule, est entourée par les Caha et les Slieve Miskish Mountains. Ce port, jadis le repaire des pirates, accueille aujourd'hui de paisibles chalutiers. McCarthey's Bar, sur Town Square, est un bar historique où les familles de Cork organisaient des mariages, il n'y a encore pas si longtemps.

À l'ouest de Castletownbere, les propriétaires des mines de cuivre d'**Allihies** firent bâtir **Puxley Mansion**. L'exploitation des mines fonctionna jusque dans les années trente. Notez les cheminées de style cornouaillais et prenez garde aux puits non signalés.

Depuis l'extrémité de la péninsule, un téléphérique rejoint **Dursey Island**. Cette île dominée par un château en ruine est le refuge des oiseaux de mer. Le téléphérique ne peut légalement transporter que trois passagers et une vache. Il passe au large des îles Bull, Cow et Calf.

Entre le bout de la péninsule et Kenmare, la R 757 traverse les villages d'**Eyeries**, un centre artisanal, et **Ardgroom**, réputé pour ses moules, qui se trouve à l'entrée de la vallée de **Glenbeg Lough**.

Garinish Island ⓮

Carte routière B6. Co Cork. *depuis Glengarriff.* **Jardins** *027 63040.* *de mars à oct. : t.l.j.* *limité.*

Les Caha Mountains vues de Healy Pass à Beara Peninsula

Bassin et folie dans un jardin à l'italienne sur Garinish Island

Cette île fut transformée en jardin exotique en 1910 pour un homme d'affaires de Belfast, Annan Bryce. Quand il acquit cette propriété, ce n'était qu'un piton rocheux d'une quinzaine d'hectares, sans végétation. Aujourd'hui, les jardins sont dotés de folies de style néo-classique.

Le microclimat et le sol tourbeux permettent aux plantes subtropicales de s'épanouir. En mai et juin, camélias, azalées et rhododendrons éclosent. Une touche orientale est apportée par des rocailles japonaises et une collection de bonsaïs du plus bel effet. Au nombre des folies figurent une tour dotée d'une horloge et un temple grec. Plus loin, une tour Martello fait face au large.

Au centre de l'île, on découvre un jardin à l'italienne agrémenté d'une colonnade. Son charme vient du contraste entre son aménagement formel et le paysage sauvage. Lors du voyage en bateau pour Garinish Island, vous pourrez apercevoir sur les rochers les phoques de Bantry Bay.

Bantry House ⓯

Voir p. 160-161.

Bantry Bay ⓰

Carte routière A6. Co Cork. *jusqu'à Bantry et Glengarriff.* *de juin à sept. : The Square, Bantry (027 50229).*

Cette baie est située entre Mizen Head et Beara Peninsula. Elle possède deux stations balnéaires, **Bantry** et **Glengarriff**.

Bantry s'étire au pied de collines qui dominent la baie. À quelques encablures se trouve **Whiddy Island**, le berceau de la famille White, qui, au XVIIIe siècle, s'installa à Bantry House, et, plus loin, **Bere Island** qui fut une base britannique jusqu'à la Deuxième Guerre mondiale.

Une tour Martello fut érigée au sud de l'île. Au bout de la baie, Glengarriff symbolise l'élégance victorienne. Ses devantures de couleurs vives égaient les rues. Face au large, l'Eccles Hotel accueillit notamment la reine Victoria et George Bernard Shaw qui y aurait écrit *Sainte Jeanne*.

Au nord de Glengarriff, les bois recouvrent une cuvette creusée dans les Caha Mountains. La promenade jusqu'aux chutes d'eau est très agréable.

Mizen Head ⓱

Carte routière A6. Co Cork. *jusqu'à Goleen.* *Town Hall, Main St, Skibbereen (028 21766).*

Mizen Head est le point le plus au sud de l'Irlande. Ses falaises vertigineuses sont battues par les vents. Un phare se dresse au-delà d'un gouffre rocheux. Pour l'atteindre, il faut emprunter le pont suspendu. Le phare est fermé au public, mais la promenade vaut la peine. Non loin, touristes et promeneurs profitent des plages de sable de **Barley Cove**. À l'est s'étend **Crookhaven**, un port de plaisance bordée de jolis cottages.

Vous pouvez atteindre Mizen Head depuis Barry en passant par Durrus, ou depuis **Skibbereen** par la R 592. Cette route dessert deux villages d'artisans, **Balleydehob** et **Schull**. De ce dernier, des bateaux partent pour Clear Island *(p. 162)*.

Les falaises escarpées de Mizen Head

Bantry House ⓯

Horloge de style « William et Mary »

Bantry House a été acquise par les White, anciens comtes de Bantry, en 1739. Cette demeure fut bâtie en 1720, mais sa façade nord, qui donne sur la baie, fut ajoutée par la suite. À l'intérieur, une magnifique collection de meubles et d'œuvres d'art a été réunie par le IIe comte de Bantry lors de ses voyages en Europe. Derrière la maison, les anciennes écuries abritent le French Armada Centre. Ce musée évoque la tentative d'invasion menée par Wolfe Tone en 1796.

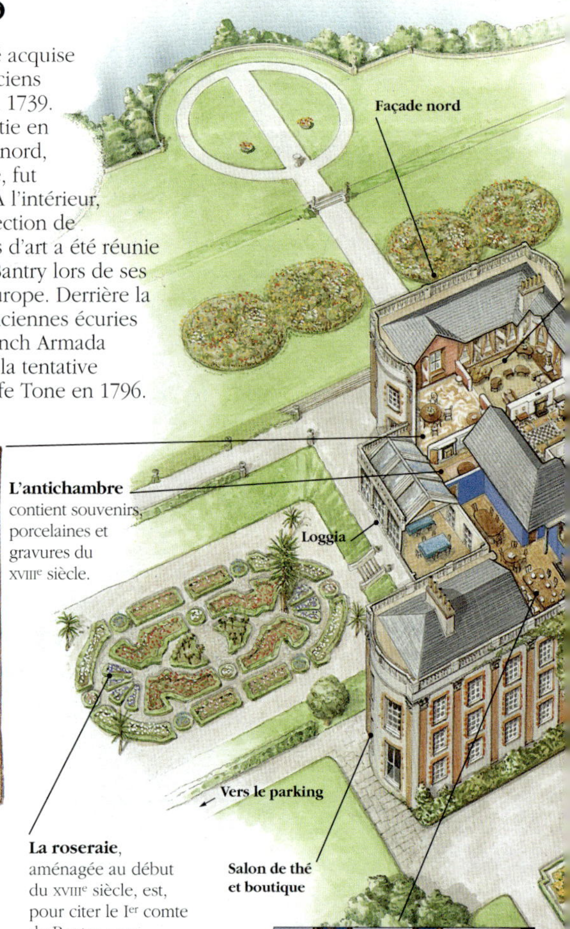

L'antichambre contient souvenirs, porcelaines et gravures du XVIIIe siècle.

La roseraie, aménagée au début du XVIIIe siècle, est, pour citer le Ier comte de Bantry, « un parterre à l'anglaise ».

Salle des Gobelins
Cette tapisserie des Gobelins du XVIIIe siècle représente le bain de Cupidon et Psyché. Dans la même salle, un piano du début du XIXe siècle.

★ Salle à manger
Aux murs, les portraits de George III et de la reine Charlotte ont été exécutés par Allan Ramsay, peintre à la cour. Le lustre espagnol est orné de fleurs en porcelaine de Meissen.

Le Ier comte de Bantry (1767-1851)

Richard White, Ier comte de Bantry, joua un rôle majeur dans la défense de l'Irlande que Wolfe Tone et les United Irishmen *(p. 38-39)* s'apprêtaient à envahir. Le 16 décembre 1796, Tone quitta Brest pour l'Irlande.

Sa flotte était composée de 43 navires français. Entre temps, White engagea des mercenaires pour défendre Bantry Bay, mais inutilement car une tempête empêcha la flotte française d'accoster. George III d'Angleterre anoblit quand même White en remerciement. Il devint vicomte de Bantry en 1801, puis comte en 1816.

★ **Rose Room**
Les tapisseries roses qui ornent cette pièce datent d'environ 1770. Elles auraient été réalisées pour le mariage de Marie-Antoinette et Louis XVI.

Mode d'emploi

Carte routière B6. Bantry, Co Cork. *027 50047.* *depuis Cork jusqu'à Bantry (du lun. au sam.).* *de sept. à juin : de 9 h à 18 h t.l.j. ; juil.-août : de 9 h à 20 h t.l.j.* *25 déc.* *limité.* **Concerts** *(seulement en été).* *Voir aussi* ***Hébergement*** *p. 291.*
1796 French Armada Centre *027 51796.* *d'avril à sept. : de 10 h à 18 h t.l.j. (der. ent. : 17 h 40).* *limité.* *des billets groupés pour la maison et l'Armada Centre sont disponibles.*

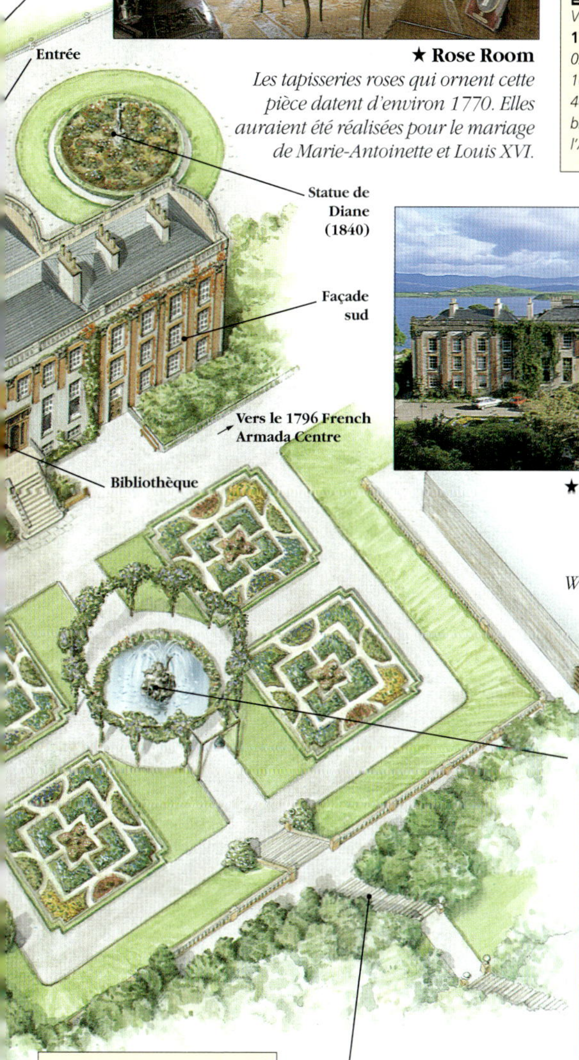

★ **Bantry House et la baie**
Depuis les terrasses qui dominent Bantry House, vous distinguerez le port, Whiddy Island et au loin les Caha Mountains.

Jardin à l'italienne
Il rappelle les jardins Boboli de Florence. En son centre, un bassin de style grotesque. Il fut conçu vers 1850 par le IIe comte de Bantry.

Cette volée de marches dite « l'escalier vers le ciel » mène aux terrasses qui dominent Bantry House et la baie.

À ne pas manquer

- ★ **Bantry House et la baie**
- ★ **Rose Room**
- ★ **Salle à manger**

Baltimore 18

Carte routière B6. Co Cork. *220.* *jusqu'à Sherkin Island (028 20125) ; jusqu'à Clear Island (028 39153).*

Baltimore est resté célèbre par un fait pourtant peu glorieux. En 1631, des pirates arabes capturèrent une centaine de ses habitants qu'ils réduisirent en esclavage. À présent, ce village est le rendez-vous des plaisanciers. Comme Castletownshend et Schull, tout proches, Baltimore accueille divers festivals en été.

La forteresse qui domine le port date du XVe siècle. C'était la place forte du clan O'Driscoll. Elle vaut le détour, tout comme les pubs qui proposent des fruits de mer, notamment le Bushe's Bar avec son décor maritime.

Derrière le village, la promenade sur les falaises ravit le regard. Au loin, vous apercevrez Carbery's Hundred Isles, Roaring Water Bay et la balise conique de Baltimore.

À quelques encablures se trouvent **Sherkin Island** et ses plages de sable. Avec une abbaye du XVe siècle, un port et des pubs, cette île est un petit monde en soi. La traversée pour **Clear Island** est plus spectaculaire. Le bateau glisse entre des rochers noirs vers cette île oubliée où l'on parle encore irlandais. Vous pourrez y observer des oiseaux, notamment à North Harbour.

La balise conique de Baltimore sert à guider les bateaux

Drombeg Stone Circle érigé aux environs du IIe siècle av. J.-C.

Drombeg Stone Circle 19

Carte routière B6. Co Cork. *jusqu'à Skibbereen ou Clonakilty.*

Sur la route de Glandore, à 16 km de Clonakilty, se dresse un des plus beaux cercles de pierres levées du comté de Cork (150 av. J.-C.). Composé de 17 monolithes régulièrement espacés, il fait 9 m de diamètre. Au solstice d'hiver, les rayons du soleil couchant tombent exactement sur l'autel. Cette dalle fait face aux deux pierres qui marquent l'entrée du cercle.

À 60 m, tout près du ruisseau, se trouve un puits de cuisson *(fulacht fiadh)* de l'âge de la pierre, semblable à celui de Craggaunowen *(p. 182)*. Pour s'en servir, on chauffait des pierres dans un feu, puis on les plaçait dans le puits. À leur contact, l'eau se mettait à bouilllir. On y plongeait alors la viande. Les pierres chaudes conservait l'eau à la même température pendant plusieurs heures.

Clonakilty 20

Carte routière B6. Co Cork. *3 000.* *juil.-août : Astna Street (023 33226) .*

Ce poste avancé fondé vers 1588 par les Anglais est devenu une ville prospère dans une région très fertile. Dans une ancienne école, le **West Cork Regional Museum** rend hommage aux industries qui firent la richesse de la ville. Les entrepôts et autres édifices qui bordent les quais ont été savamment restaurés. Le quartier georgien d'Emmet Square mérite lui aussi une visite.

Étiquette d'un pudding de Clonakilty

Jusqu'au XIXe siècle, Clonakilty était synonyme de textile. Son nom évoque désormais les puddings au chocolat, les enseignes en irlandais et les pubs. Près du centre-ville, une exposition évoque le Clonakilty des années quarante. Vous pouvez visiter aussi à l'est de la ville **Lisnagun Ring Fort**. Ce fort a été reconstitué à l'identique avec ses huttes et ses souterrains *(p. 18)*. Une route relie Clonakilty à la plage d'**Inchydoney**.

West Cork Regional Museum

Western Road. *du lun. au sam.*

Timoleague Abbey 21

Carte routière B6. Co Cork. *jusqu'à Clonakilty ou Courtmacsherry.* *t.l.j.*

Cette abbaye domine l'estuaire de l'Argideen et Courtmacsherry Bay. Ce monastère franciscain fut fondé à la fin du XIIIe siècle. La partie la plus ancienne est le chœur de l'église gothique et la plus récente, la tour du XVIe siècle. Timoleague vient de « Tigh Mo-Laga », nom de l'église construite au XVIIe siècle par Mo-Laga, un saint de Cork. Le monastère fut mis à sac par les Anglais en 1642. Toutefois, l'église et les fenêtres à lancette sont intactes, ainsi que le réfectoire et la cour à l'ouest. Comme le veut la tradition franciscaine, les édifices sont d'une austérité qui confine au dépouillement. Ce décor n'empêcha pourtant pas les moines de vivre confortablement. En effet, le monastère, proche d'un port, prospéra grâce à la revente de vins espagnols.

Fenêtre à lancette de l'église de Timoleague Abbey

River Lee 22

Carte routière B6. Co Cork. *jusqu'à Cork.* *Cork (021 273251).*

Coulant par les bois et les prés jusqu'à Cork *(p. 166-169)*, la Lee prend sa source au lac du **Gougane Barra Park**. Une chaussée relie sa rive à **Holy Island** *(Inishcaltra)*. Sur cette île, Finbarr, le saint patron de Cork, fonda un monastère. À la fête de saint Finbarr, le 25 septembre, commencent des célébrations qui s'achèvent le dimanche suivant par un long pèlerinage.

La Lee traverse plusieurs localités où la langue irlandaise est encore parlée. Elle est notamment enseignée à **Ballingeary**, d'où vous pourrez admirer le lac. Plus à l'est, près d'Inchigeela, s'élèvent les ruines de **Carrignacurra Castle**.

Plus en aval, la Lee traverse la réserve naturelle de Gearagh, puis la vallée de Sullane où se niche le bourg de **Macroom**. Une imposante forteresse, dont l'entrée a été restaurée, se dresse près de la grand-place. En 1654, Cromwell donna ce château à Sir William Penn. Le fils de ce dernier fonda l'État américain de Pennsylvanie.

Entre Macroom et Cork, une centrale hydro-électrique, entourée de lacs artificiels, fut construite sur la Lee et tout près de Cork. Sur la rive sud se trouve **Ballincollig** et son Royal Gunpowder Mills Museum *(p. 169)*.

Blarney Castle 23

Carte routière B5. Blarney, Co Cork. *021 385252.* *jusqu'à Cork* *jusqu'à Blarney.* *t.l.j.* *24 et 25 déc.*

La pierre de l'éloquence attire des visiteurs du monde entier dans ce château. Selon la tradition, elle confère ce don à ceux qui parviennent à l'embrasser. Elle se trouve dans un mur du chemin de ronde du château. Pour l'embrasser, vous devrez vous livrer à une gymnastique périlleuse.

Bien qu'elle survécût à de nombreuses attaques, il ne reste aujourd'hui plus grand-chose de cette forteresse de la famille McCarthy, hormis le donjon bâti en 1446. Sa structure est caractéristique des maisons fortes du XVe siècle *(p. 18)*. La pièce voûtée à l'étage était jadis la grande salle.

Non loin du château, vous découvrirez **Blarney House**, une demeure seigneuriale acquise par la famille Colthurst au XVIIIe siècle. Sa façade à tourelles cache un intérieur victorien. Son escalier et ses divers portraits sont remarquables. Outre une collection d'arbres et d'arbustes, le domaine comprend des jardins savamment aménagés.

Le village de Blarney offre de multiples pubs et boutiques d'artisanat. Au **Blarney Woollen Mills**, par exemple, vous pourrez acheter lainages de qualité et souvenirs.

Blarney House
Blarney Estate. *021 385252.* *de juin à mi-sept. : du lun. au sam. (l'après-midi seulement).*

Le donjon crénelé et les ruines de Blarney Castle

Kinsale pas à pas ㉔

Vieille enseigne de Kinsale

Pour nombre de visiteurs, Kinsale est la première destination en Irlande. Cette ville, l'une des plus jolies de l'île, a un passé mouvementé. Les Irlandais alliés aux Espagnols y furent vaincus par les Anglais en 1601. Avec cette défaite, le monde gaélique touchait à sa fin. Base navale au XVIIe et au XVIIIe siècles, Kinsale est désormais un grand port de plaisance. La ville est aussi célèbre par sa cuisine. Chaque année, le Gourmet Festival attire les fins connaisseurs de tous horizons. Outre ses excellents restaurants, Kinsale compte des pubs et des bars à vin de très bonne qualité.

Desmond Castle fut bâti vers 1500. Il est surnommé la « prison française ».

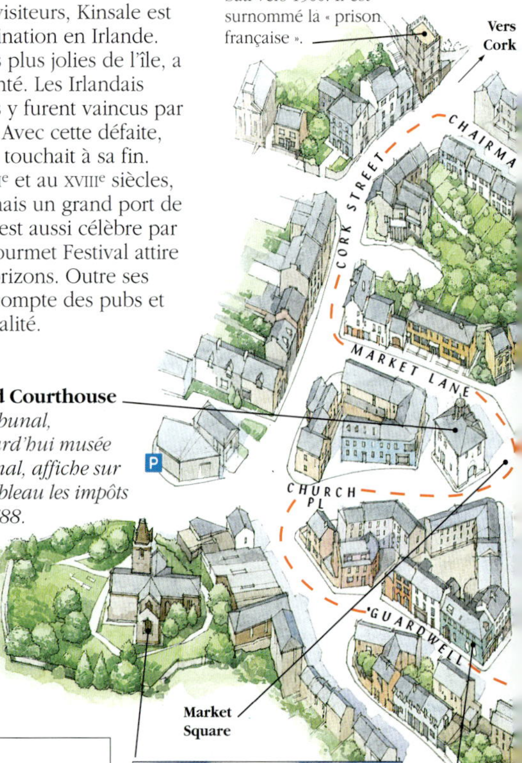

★ Old Courthouse *Ce tribunal, aujourd'hui musée régional, affiche sur un tableau les impôts en 1788.*

Market Square

★ St Multose Church *Cette église normande porte le nom d'un obscur saint du VIe siècle. Elle marque le centre de la ville médiévale.*

Kieran's Folk House Inn

0 50 m

Légende

P Parc de stationnement

i Information touristique

— — Itinéraire conseillé

Charles Fort

Ce fort en étoile est situé à Summercove, à 3 km à l'est de Kinsale. Vous pouvez y aller à pied en suivant les indications le long de la côte. Vous passerez ainsi par Scilly, charmant village de pêcheurs. Charles Fort fut construit vers 1670 par les Anglais qui entendaient ainsi protéger Kinsale des flottes étrangères. Mais la ville, facilement accessible par la terre, fut assiégée par l'armée de Guillaume d'Orange en 1690. En 1922, les Britanniques quittèrent la ville, qui revint alors au gouvernement irlandais. Charles Fort est l'une des plus belles citadelles étoilées d'Europe.

Les fortifications de Charles Fort

Kinsale Harbour
Situé sur l'estuaire de la Bandon, c'est l'un des plus beaux ports d'Irlande. Des régates internationales s'y déroulent toute l'année.

Mode d'emploi

Carte routière B6. Co Cork. *1 800.* *Emmet Place (021 772234).* *Régates annuelles (août) ; Kinsale Fringe Jazz Festival (oct.) ; Gourmet Festival (oct.).* **Old Courthouse** *021 772044.* *de mai à sept. : t.l.j. ; d'oct. à mai : sur r.-v.* **St Multose Church** *021 772220.* *de juin à sept. : t.l.j. ; d'oct. à mai : sur r.-v.* **Desmond Castle** *021 774855.* *d'avril à oct. : t.l.j.* **Charles Fort** *021 772263.* *de mi-avril à mi-oct. : t.l.j.*

Mother Hubbard's, dans Market Street, est l'un des plus célèbres cafés de Kinsale.

Le Blue Haven, reconnaissable à son horloge au-dessus de l'entrée, est un fameux restaurant de poissons.

★ Main Street
Cette rue pittoresque possède les meilleurs pubs et restaurants de Kinsale.

À ne pas manquer

★ **Old Courthouse**

★ **Main Street**

★ **St Multose Church**

Cork ㉕

Enseigne d'un pub de Cork

Cork, dont le nom irlandais *Corcaigh* signifie marais, fut créé sur les rives marécageuses de la Lee. Là, saint Finbarr fonda un monastère en 650 apr. J.-C. Avec ses canaux, ses ruelles étroites, ses bâtiments georgiens, Cork rappelle les villes continentales. Au XIXe siècle, Cork fut le fief des Fenians *(p. 41)*. Depuis lors, la ville est restée célèbre par son esprit de révolte. À présent, il s'exprime, avec un certain caractère bohème, dans l'amour que Cork porte aux artistes, particulièrement durant le festival de jazz d'octobre.

Le clocher et la girouette de St Ann's Shandon

St Ann's Shandon

Church St. ☎ *021 505906.*
🕒 *t.l.j.*

Cette église à flanc de colline fut érigée en 1722 sur la rive nord de la Lee. Deux de ses façades sont en calcaire et les autres en grès rouge. La girouette en haut du clocher représente un saumon. L'horloge est surnommée « le menteur à quatre faces ». En effet, avant qu'elle ne soit réparée en 1986, ses différentes faces ne donnaient jamais la même heure. En échange d'une petite participation, vous pourrez admirer la machinerie et sonner les célèbres cloches de Shandon.

Butter Exchange

John Redman St. 🕒 *t.l.j.*

À quelques pas de St Ann's Shandon se dresse le Butter Exchange. Ouverte en 1770, cette halle fournit en beurre le monde entier. En 1892, elle exportait 500 000 barils de beurre par an. Cork s'enrichit considérablement jusqu'en 1924 où la halle ferma. Une partie de l'édifice rouvrit ses portes dans les années quatre-vingt pour accueillir le Shandon Craft Centre. Vous pourrez y admirer des artisans à l'œuvre, dont des graveurs de cristal et des tisserands.

Crawford Art Gallery

Emmet Place. ☎ *021 273377.*
🕒 *du lun. au sam.*

Le bâtiment en brique rouge et calcaire qui abrite le principal musée de Cork date de 1724. Cette ancienne maison des douanes devint une école de dessin en 1850. Puis le mécène William Horatio Crawford fit agrandir l'édifice en 1884. Ainsi furent aménagés ateliers, galeries de peinture et de sculpture. L'école et le musée furent réunis sous le même toit jusqu'en 1979. Aujourd'hui, l'enseignement se fait ailleurs.

Le musée est consacré à l'art irlandais des XIXe et XXe siècles.

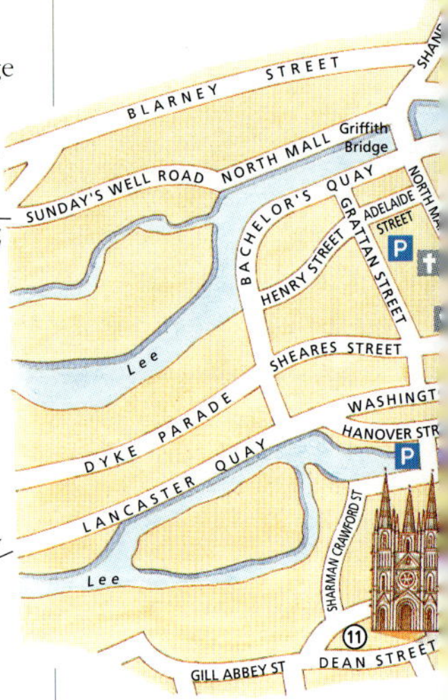

Saint Brendan et Judas, détail du vitrail d'Harry Clarke (1911) à la Crawford Art Gallery

La ville d'un coup d'œil

Butter Exchange ②
Crawford Art Gallery ④
Elizabeth Fort ⑩
English Market ⑥
Father Mathew Statue ⑤
National Monument ⑦
Parliament Bridge ⑧
Red Abbey ⑨
St Ann's Shandon ①
St Finbarr's Cathedral ⑪
St Mary's Dominican Church ③

Il contient notamment des toiles de Jack Yeats. Notez aussi les trois vitraux d'Harry Clarke (1889-1931), le plus grand artiste irlandais dans ce domaine, dont *The Meeting of St Bredan and the Unhappy Judas*. Les artistes étrangers, dont Miró et Rouault, sont aussi mis à l'honneur.

Le musée est doté d'un excellent restaurant. Les cuisiniers, issus de l'école de Ballymaloe *(p. 331)*, ont su adapter les plats traditionnels irlandais.

Le plafond de l'abside de St Finbarr's Cathedral

St Finbarr's Cathedral

Bishop Street. *021 963387.* *t.l.j.* **Offrande.**

Érigée dans un quartier paisible au sud de la Lee, St Finbarr est dédiée au saint patron de Cork. La cathédrale fut achevée en 1878. Conçu par William Burges, cet édifice néo-gothique est surmonté de trois flèches. La façade exubérante est ornée d'un remplage de pierre. À l'intérieur, les fresques du plafond de l'abside représentent le Christ en gloire entouré d'anges et les vitraux retracent la vie de Jésus.

Cork City Gaol

Convent Avenue, Sunday's Well. *021 305022.* *t.l.j.*

À 20 minutes à pied du centre-ville se trouve l'ancienne prison, City Goal, entièrement restaurée. Les cellules ont été reconstituées avec force détails. Une exposition et un film relatent la dure vie des prisonniers au XIXe et au XXe siècle, en montrant les sévices qu'on exerça sur eux. Le café, très sympathique, vous propose le menu du directeur de la prison ou la formule des prisonniers. En hiver, les jours de semaine, la prison n'accueille que les voyages organisés.

Mode d'emploi

Carte routière C5. Co Cork. *128 000. 6 km au sud de Cork. Kent Station (021 506766). Parnell Place (021 508188). Tourist House, Grand Parade (021 273251). Cork International Choral Festival (mai) ; Cork Jazz Festival (oct.) ; Cork Film Festival (oct.).*

Légende

- Gare routière
- Parc de stationnement
- Information touristique
- Église

0 250 m

Parliament Bridge enjambe le South Channel de la rivière Lee

À la découverte de Cork

Le charme de Cork tient à la présence de l'eau. Au cœur de la ville, une île divise la Lee. De nombreuses rues étaient jadis des canaux bordés d'entrepôts et de maisons de marchands. Bien que le petit air hollandais des canaux se soit estompé, il reste des quais et des ponts pittoresques. Autour de l'île rayonnent des rues escarpées qui partent vers le nord et le sud où furent bâties les banlieues au XIXe siècle. De là, vous admirerez Cork et la Lee à vos pieds.

Les Quays
La Lee n'est plus vitale désormais pour l'économie locale. Néanmoins, l'activité commerciale de Cork est toujours centrée autour des quais (« Quays » est prononcé avec un fort accent du Cork). La rue animée de South Mall fut un canal jusqu'au XVIIIe siècle. Naguère, les bateaux étaient amarrés au pied de marches de pierre. D'ailleurs, certaines sont toujours intactes. Elles montaient vers les maisons des marchands. Les arches au-dessous menaient aux entrepôts où étaient stockées les marchandises.

Près de South Mall fut bâti en 1806 **Parliament Bridge**. Ce pont commémore l'Acte d'union *(p. 40)*. Empruntez-le jusqu'à George's Quay pour visiter la broquante Fitzpatrick's. Bicyclettes, outils de ferme et objets hétéroclites décorent sa façade hors du commun. Un peu plus loin, sur Sullivan's Quay, vous attend le Quay Co-Op, un restaurant sympathique. Depuis Sullivan's Quay, une passerelle (1985) mène au bout de Grand Parade.

Grand Parade et **St Patrick's Street**
Grand Parade fut jadis un canal. Aujourd'hui, cette artère est dominée par **National Monument**. Il fut érigé en mémoire des patriotes irlandais qui périrent entre 1798 et 1867. Non loin s'étend Bishop Lucey Park. Dans ce parc se dressent des remparts et une porte de l'ancien marché au blé. Entre St Patrick's Street et Grand Parade, l'**English Market** a été savamment restauré. Un marché de fruits et légumes s'y tient depuis 1610. St Patrick Street est la principale rue de Cork. Jusqu'en 1800, des bateaux mouillaient sous ses élégantes résidences, dont Chateau Bar *(p. 319)*. Au bout de la rue, près de Patrick Bridge, **Father Mathew Statue** représente le fondateur du mouvement de la tempérance.

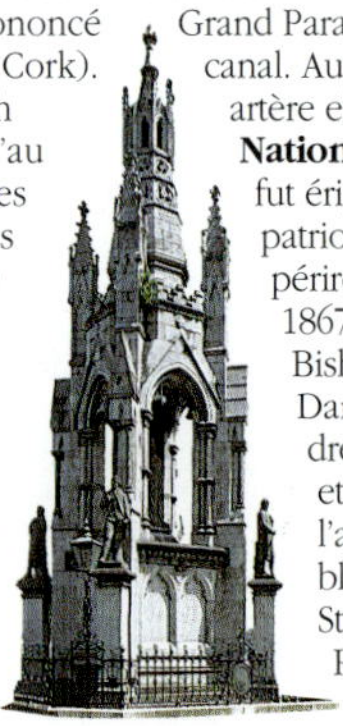

National Monument dans Grand Parade

Étals de fruits et légumes d'English Market

La brocante Fitzpatrick's sur George's Quay

Paul Street
Connue pour ses restaurants exotiques, ses bars chic et ses librairies, Paul Street traverse le quartier le plus vivant de Cork. Dans les ruelles alentour, notamment Carey's Lane et French Church Street, s'installèrent au début du XVIIIe siècle des huguenots venus de France. Ils vivaient du commerce du beurre et de la bière. Ce quartier animé rappelle celui de Temple Bar à Dublin *(p. 76)*.

Shandon Quarter
Si vous prenez Christy Ring Bridge vers Pope's Quay, vous verrez sur votre gauche **St Mary's Dominican Church**. Son portique ionique est surmonté d'un immense fronton. John Redmond Street, toute proche, mène aux collines au nord de Cork. Au loin, la flèche de St Ann's Shandon *(p. 166)* monte dans le ciel au-dessus de la ville. Au nord-est s'étend le quartier de Montenotte, jadis symbole de l'élégance victorienne.

St Finbarr's Quarter
Au sud de la Lee s'élève St Finbarr's Cathedral *(p. 167)*. Tout près, un édifice du XVIe siècle couvert de lierre, **Elizabeth Fort**, fut transformé en prison en 1835, puis en commissariat de police *(Garda)*. À l'est se dressent les ruines de **Red Abbey** (XIIIe siècle). C'est le plus ancien monument de Cork.

Aux environs

La campagne autour de Cork est verdoyante, surtout le long de la Lee *(p. 163)*. Les paysages de l'est du Cork sont aimables et les terres très fertiles. En revanche, la côte occidentale rocheuse et le Kerry sont plus sauvages. De nombreux sites et monuments se trouvent à moins d'une journée de Cork. Les activités de plein air sont légion : promenades à bicyclette, à cheval, et les traditionnelles parties de pêche.

Blackrock Castle

Blackrock. 021 357414.
du mar. au dim.

Ce château se tient sur la rive de la Lee, à 1,5 km du centre-ville. Bâtie en 1582 par Lord Mountjoy, cette citadelle fut incendiée en 1827 et reconstruite en 1830 par les architectes J. et G. R. Pain. Blackrock Castle sert désormais aux banquets. La salle destinée à cet effet peut recevoir 150 personnes. Le château abrite aussi un bar et un restaurant. Vous pouvez contempler le panorama depuis ses « remparts » ou vous promener le long de la Lee.

Blackrock Castle au bord de la Lee

Dunkathel House

Glanmire. 021 821014.
de mai à mi-oct. : du mer. au dim. (l'après-midi seulement). *rez-de-chaussée.*

Cette demeure néo-classique se trouve juste à la sortie du village de Glanmire, à 6 km au nord-est de Cork. Elle a été complètement repensée vers 1785, pour Abraham Morris, riche marchand de Cork. Néanmoins, quelques détails de l'ancien bâtiment, dont les stucs à l'italienne, ont été conservés. Des cheminées des frères Adam et des meubles irlandais décorent l'intérieur. De l'entrée part un escalier de pierre de Bath, orné d'une rampe de fer. Au demi-étage, une réplique des *Trois Grâces* d'Antonio Canova daterait du début du XIXe siècle. Le salon, qui contient des aquarelles victoriennes, donne sur les rives boisées de la rivière Glanmire et le parc qui entoure la maison.

Copie des *Trois Grâces* de Canova dans Dunkathel House

Royal Gunpowder Mills

Ballincollig. 021 874430.
d'avril à sept. : t.l.j.

Ce musée très inhabituel se trouve à 10 km à l'ouest de Cork. Sur ses 320 hectares paysagers furent construits des canaux, des barrages, des écluses, des cottages et une poudrerie. Créée en 1794 par Charles Henry Leslie, cette manufacture se développa surtout lors des guerres napoléoniennes. Elle servit notamment de base militaire aux armées britanniques.

Au milieu du XIXe siècle, Cork se spécialisa dans la production de poudre, mais la poudrerie ferma en 1903 quand prit fin la guerre des Boers. Une visite guidée vous fera découvrir comment était fabriquée la poudre. Si le cœur vous en dit, vous pouvez visiter le reste par vous même.

River Blackwater 26

Carte routière B5. Co Cork. *jusqu'à Mallow.* *jusqu'à Fermoy, Mallow ou Kanturk.* *de juin à sept. : 10 Pearse St, Fermoy (025 31811).*

Deuxième rivière d'Irlande après le Shannon *(p. 177)*, la Blackwater prend sa source dans les hautes tourbières du Kerry. Elle coule vers l'est à travers le Cork jusqu'à Cappoquin dans le comté de Waterford. Là, elle descend vers le sud jusqu'à Youghal *(p. 171)*, où elle se jette dans la mer. Elle arrose une vallée boisée qui était recouverte de forêts au XVIIe siècle. De luxueuses demeures, bâties au fil des siècles, rehaussent la beauté de cette région. Toutefois, celle-ci est plus connue pour la pêche que pour ses paysages. Et pour cause, les truites abondent dans la Blackwater.

La meilleure façon de découvrir la vallée est de suivre la route qui relie Youghal à Mallow. Elle traverse **Fermoy**, ville fondée en 1789 par un marchand écossais. Son principal atout est la pêche à la ligne. Les eaux regorgent de gardons, perches et brochets. Plus à l'ouest, **Mallow** fait la joie des pêcheurs ainsi que des golfeurs et des amateurs d'hippisme. On visitera aussi **Kanturk**, arrosée par l'Allow, pour son marché et son château.

Barrages et pont à Fermoy sur la Blackwater

Cobh ㉗

Carte routière C6. Co Cork. *8 500.* *Old Yacht Club (021 813301).*

Cobh (prononcez « cove ») se trouve sur Great Island, l'une des trois îles reliées par une chaussée, au large de Cork. Face à la mer, les maisons victoriennes sont dominées par **St Colman**, l'immense cathédrale néo-gothique.

Après la visite de la reine Victoria en 1849, Cobh fut rebaptisé Queenstown (ville de la reine). Elle retrouva son nom d'origine en 1921 quand fut créé l'État libre d'Irlande. Cobh est l'un des plus grands ports naturels du monde. Ce fut une base navale très importante au XVIIIe siècle et un grand port de commerce. Elle vit aussi partir des millions d'Irlandais pour l'Amérique.

La ville fut également un port d'escale pour paquebots de luxe. En 1838, le *Sirius* quitta Cobh pour sa première traversée de l'Atlantique. En 1912, c'était au tour du *Titanic*. Trois ans après, le *Lusitania* était coulé par un sous-marin allemand au large de Kinsale *(p. 164-165)*, au sud-ouest de Cobh. Un monument fut érigé sur la promenade en mémoire de ceux qui périrent dans ce naufrage.

L'ÉMIGRATION IRLANDAISE

Entre 1848 et 1950, six millions d'Irlandais s'exilèrent. Deux millions et demi embarquèrent à Cobh. La terrible famine qui sévit de 1844 à 1848 *(p. 211)* fut la première cause d'émigration. Les Irlandais traversaient l'Atlantique dans des conditions épouvantables. La plupart partaient pour les États-Unis et le Canada. D'autres tentaient l'interminable voyage pour l'Australie. Jusqu'au XXe siècle, les quais de Cobh étaient bondés d'Irlandais en partance. Toutefois, vers 1930, la crise économique mondiale et les quotas d'immigration imposés par les États-Unis et le Canada firent chuter le nombre de candidats au départ.

Gravure du XIXe siècle montrant des émigrants dans le port de Cobh

The Queenstown Story

Cobh Heritage Centre. 021 813591. de fév. à déc. : t.l.j.

Dans une gare victorienne, une exposition, *The Queenstown Story*, retrace l'histoire du port de Cobh. Y embarquèrent des émigrants affamés, mais aussi des bagnards. Entre 1791 et 1853, 40 000 prisonniers furent envoyés en Australie dans les fameux « bateaux cercueils », mais beaucoup croupirent dans des pontons mouillés dans la rade de Cork.

Aux environs

Au nord de Cobh, le Fota Estate est un domaine de 280 hectares. Autour de Regency Mansion fut créé le **Fota Wildlife Park and Arboretum**. Les animaux qui y sont élevés sont ensuite relâchés dans leur milieu naturel. Ainsi furent sauvés les pygargues à queue blanche, l'une des espèces irlandaises autrefois en voie de disparition. Le parc comprend plus de 70 espèces animales, dont des girafes, flamants et zèbres. Seuls les guépards, qui

Le port de Cobh au pied de la cathédrale St Colman

font l'objet d'un programme spécial, ne sont pas en liberté. Les différentes parties du parc sont reliées par un train.

L'arboretum est planté d'arbres et d'arbustes rares d'Amérique du Nord et d'Amérique du Sud, du Japon, de Chine et de l'Himalaya.

Fota Wildlife Park and Arboretum
Carrigtuohill. *021 812678.*
d'avril à oct. : t.l.j.

Jameson Heritage Centre 28

Carte routière C5. Distillery Walk, Midleton, Co Cork. *021 613594.*
jusqu'à Midleton. *de mars à oct. : t.l.j.*

À Midleton, vous pourrez visiter une distillerie du XVIIIe siècle, Jameson Heritage Centre. Si Bushmills *(p. 258)* est la plus vieille distillerie d'Irlande, celle de Midleton est la plus grande, car elle comprend une série de distilleries distinctes regroupées sous le nom d'Irish Distillers. Chacune produit une marque différente de whisky, dont le Jameson et le Tullamore Dew.

Films, maquettes et appareils authentiques vous feront découvrir l'histoire du whisky irlandais. La visite de la vieille distillerie comprend les moulins, malteries, tourailles, greniers, etc. Lors de la dégustation, vous distinguerez différentes sortes de whisky. Le clou de la visite est sans conteste le plus grand alambic du monde (plus de 135 000 litres) et la roue hydraulique qui sont toujours en fonctionnement.

La tour de l'horloge domine la rue principale de Youghal

Youghal 29

Carte routière C5. Co Cork.
6 000. *Market House, Market Square (024 92390).*

Youghal (prononcez « yawl ») est une ville fortifiée et un port animé. Elle fut attribuée à Sir Walter Raleigh par Élisabeth Ire, puis vendue au comte de Cork. Sous Cromwell, Youghal devint une ville de garnison anglaise donc protestante. La **Clock Tower**, pittoresque tour de l'horloge, était jadis la porte de la ville. Puis elle servit de prison au siècle dernier. Tout près, un escalier abrupt mène aux remparts médiévaux qui dominent l'estuaire de la Blackwater. Dans North Main Street, la rue qui passe sous la tour, se trouve **Red House**, une véritable maison hollandaise datant de 1710. Tout près, vous remarquerez des hospices élisabéthains et, au bout de la rue, une tour du XVe siècle, **Tynte's Castle**.

Protégé par les remparts de la ville, **Myrtle Grove** est un manoir Tudor non fortifié. C'est l'un des rares de ce genre qui restent en Irlande. Notez sa façade superbe. L'intérieur est orné de boiseries de chêne. Plus haut sur la colline s'élève une église gothique, **St Mary**, avec des tombes sculptées remarquables. Ses vitraux représentent les armoiries des familles locales.

Camion à grains (vers 1940) au Jameson Heritage Centre

LE BAS SHANNON

CLARE · LIMERICK · TIPPERARY

Ces trois comtés sont traversés par le Shannon, le plus long fleuve d'Irlande. Le paysage est varié, passant des aimables prairies de Tipperary au plateau calcaire du Burren. La beauté du Shannon attire de nombreux visiteurs sur ses rives. Forteresses médiévales et cités historiques témoignent du riche passé de cette région, devenue un haut lieu de la musique.

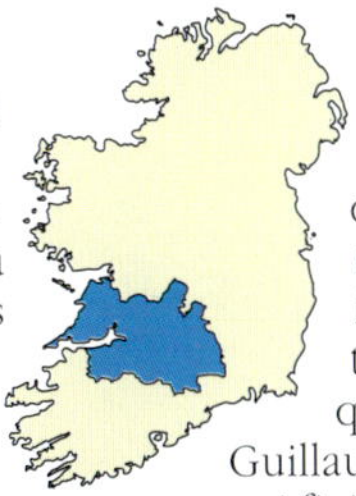

Le Shannon a longtemps fait de la région l'endroit idéal pour s'établir. Il y existe plusieurs sites de l'âge de la pierre, dont un village sur les rives du Lough Gur. Depuis le Ve siècle, la région forme le cœur du Munster, l'une des quatre provinces celtiques d'Irlande. Le Rock of Cashel, superbe abbaye fortifiée du comté de Tipperary, fut le siège des rois de Munster pendant plus de 700 ans.

Les Vikings remontèrent le Shannon au Xe siècle, mais les clans gaéliques leur opposèrent une résistance farouche. Puis, lors de la période normande, les seigneurs érigèrent d'impressionnantes forteresses, dont Bunratty Castle, dignes de celles des dynasties anglo-irlandaises. Ont laissé leur nom dans l'histoire les Butler, comtes d'Ormonde, qui régnaient sur une bonne partie du Tipperary, et les Fitzgerald qui possédaient presque toute la région de Limerick. Depuis le Moyen Âge, cette ville fut le théâtre d'événements qui marquèrent le bas Shannon. En 1691, Guillaume d'Orange assiégea la ville, qui finit par capituler. Ainsi fut signé le traité de Limerick qui garantissait la liberté de culte aux Irlandais. Mais la violation du traité fit fuir la noblesse irlandaise catholique en Europe.

Les prairies verdoyantes du bas Shannon en font la première région laitière du pays. À certains endroits, elles cèdent la place à des gorges et à des montagnes pittoresques, telle la chaîne Galty dans le sud du Tipperary. Le plus beau paysage de la région est sans aucun doute la côte du Clare, un comté célèbre aussi par sa musique.

Une croix du XIIe siècle parmi les ruines du monastère de Dysert O'Dea dans le comté de Clare

◁ **Musique traditionnelle à Feakle dans le comté de Clare**

À la découverte du bas Shannon

En plein cœur de la région, Limerick est la ville la plus visitée. Les bourgades d'Adare, Cashel ou Killaloe sont également bien situées pour qui part à la découverte du bas Shannon. Les principaux sites touristiques du Tipperary se trouvent dans le sud de ce comté, comme les villes historiques de Clonmel ou Cahir qui dominent la Suir. Quant au comté de Clare, il possède peu de villes importantes, mais il est doté d'un merveilleux château, Bunratty Castle. Près d'Ennis, le paysage devient plus sauvage, jusqu'au fascinant plateau du Burren.

Les Cliffs of Moher, de vertigineuses falaises

Circuler

La route qui part de Limerick dessert toute la région. Pratique, le car-ferry qui relie Tarbert (dans le Kerry) à Killimer (près de Kilrush dans le Clare) traverse l'estuaire du Shannon. Des trains au départ de Limerick filent vers Cahir, Clonmel et Carrick. Pour ce qui est du reste de la région, vous devrez prendre le car. Le réseau est assez limité, surtout dans le comté de Clare. Les cars qui relient Limerick au Burren longent les Cliffs of Moher, l'un des sites les plus visités. Au départ de Limerick, des circuits organisés en car permettent de visiter Bunratty Castle et le plateau du Burren.

0 25 km

Légende

- Route principale
- Route secondaire
- Parcours pittoresque
- Cours d'eau
- Point de vue

Bateaux sur le Lough Derg près de Mountshannon

La région d'un coup d'œil

- Adare 15
- Athassel Priory 20
- *Bunratty Castle p. 184-185* 13
- *Le Burren p. 178-180* 1
- Cahir 22
- Carrick-on-Suir 24
- *Cashel p. 187-189* 19
- Cliffs of Moher 2
- Clonmel 23
- Craggaunowen 10
- Dysert O'Dea 7
- Ennis 8
- Foynes 5
- Glen of Aherlow 21
- Glin 4
- Holy Cross Abbey 18
- Killaloe 12
- Kilrush 3
- Knappogue Castle 9
- Limerick 14
- Lough Gur 16
- Mountshannon 11
- River Shannon 6
- Roscrea 17

Voir aussi

- ***Hébergement*** p. 294-295
- ***Restaurants, cafés et pubs*** p. 312-313 et 319-320

Enseigne d'un pub de Cashel

Cliffs of Moher, les plus belles et les plus impressionnantes falaises de la côte occidentale

Le Burren ❶

Voir p. 178-179.

Cliffs of Moher ❷

Carte routière B4. Co Clare. *depuis Ennis et Limerick.* **Visitors' Centre** *065 81171.* *de Pâques à sept. : t.l.j.* **O'Brien's Tower** *de mars à oct. : t.l.j.*

Qu'elles soient voilées par la brume ou battues par les vagues de l'Atlantique, ces falaises sont toujours aussi spectaculaires. Du haut de leur 200 m, elles dominent la mer sur 8 km. Leur façade rocheuse semble rayée par les couches alternées de grès et de schiste noir. Y nichent guillemots et mouettes, et bien d'autres oiseaux de mer.

Des sentiers bien protégés longent les falaises. Le **Visitors' Centre**, à 5 km au nord-ouest de Liscannor, n'est qu'à une heure à pied d'**Hag's Head**, au sud. En direction du nord, la marche de trois heures entre un belvédère du XIXe siècle, **O'Brien's Tower** et Fisherstreet près de **Doolin** *(p. 180)* constitue aussi une agréable promenade.

Kilrush ❸

Carte routière B4. Co Clare. *2 800.* *Heritage Centre, Market House (065 51577).* *de mai à sept.*

Dotée d'une nouvelle marina, cette cité historique a su mettre en valeur ses trésors du XVIIIe siècle. L'**Heritage Centre** abrite une exposition sur la Grande Famine *(p. 211)* et les évictions menées par les propriétaires en 1888 *(p. 40-41)*. De là part le circuit balisé qui mène aux monuments de la ville.

Aux environs
Depuis Kilrush, des bateaux vous emmènent soit voir les dauphins, soit à **Scattery Island**. Sur cette île proche se dresse un monastère médiéval qui comprend cinq églises et une des plus hautes tours rondes du pays.

La route baptisée **Loop Head Drive** part de la station balnéaire de Kilkee, à 27 km à l'ouest de Kilrush. Elle serpente ensuite vers le sud, jusqu'à Loop Head, un magnifique promontoire rocheux.

Glin ❹

Carte routière B5. Co Limerick. *600.* *depuis Limerick.*

Ce village situé sur les rives du Shannon fut le fief des chevaliers de Glin, une branche de la famille Fitzgerald qui y vit depuis sept siècles. Le château qu'ils habitaient au Moyen Âge est en ruine. Néanmoins, à l'ouest de Glin, vous découvrirez **Glin Castle**, le manoir qu'ils firent bâtir en 1780. Des créneaux furent ajoutés à sa façade vers 1820, lorsque la mode était au néo-gothique. L'intérieur comprend des stucs et des meubles superbes.

Le double escalier du XVIIIe siècle de Glin Castle

Glin Castle
068 34173. *de mai à juin : t.l.j.*

Foynes ❺

Carte routière B5. Co Limerick. *650.* *depuis Limerick.*

Foynes connut son heure de gloire dans les années 1930 et 1940. Y atterrissaient alors les premiers avions de ligne qui survolaient l'Atlantique. Un musée, le **Foynes Flying Boat Museum**, rappelle ces exploits aéronautiques. L'authentique salle de radio et de météorologie et le salon de thé, de style années quarante, ressuscitent cette époque fabuleuse.

Foynes Flying Boat Museum
Aras Ide, Foynes. *069 65416.* *d'avril à oct. : t.l.j.*

Aux environs
Les Fitzgerald choisirent **Askeaton**, petite ville à 11 km à l'est de Foynes, pour bâtir un château et un monastère franciscain. Ce dernier comprend un cloître de marbre noir (XVe siècle). Rathkeale, à 8 km au sud, est dominée par une maison forte, **Castle Matrix**, datant

Pêche sur le Lough Derg, le plus grand lac sur le cours du Shannon

du XVe siècle. Restaurée, elle est connue pour sa bibliothèque.

Castle Matrix

Rathkeale. 069 64284.
de mai à sept. : du sam. au jeu.

Le Shannon 6

Carte routière B4, C4, C3. *jusqu'à Limerick ou Athlone.* *jusqu'à Carrick-on-Shannon, Athlone ou Limerick.* *Arthur's Quay, Limerick (061 317522).*

Le Shannon est le plus long fleuve d'Irlande. Il part du comté de Cavan et serpente doucement vers l'Atlantique. Il servit de frontière entre les provinces de Leinster et de Connaught, au cœur de l'Irlande. Au Moyen Âge, des châteaux gardaient les grands gués entre Limerick et Portumna. On bâtit sur ses rives des monastères, dont Clonmacnoise *(p. 242-243)*. Des travaux furent entrepris sur le Shannon au milieu du XVIIIe siècle pour développer le transport fluvial. Mais celui-ci déclina avec l'essor du chemin de fer. Les plaisanciers ont ensuite pris la relève, surtout depuis la restauration du canal Shannon-Erne *(p. 227)*.

Les rives du Shannon offrent toute une gamme de paysages. Au sud du **Lough Allen**, comme dans le nord des Midlands, la campagne est vallonnée. Vers le **Lough Ree**, les îles baignées par le fleuve forment un paradis écologique. Plus au sud, au-delà d'**Athlone** *(p. 241)*, le fleuve traverse plaines et tourbières. Il atteint ensuite le **Lough Derg**, le plus grand lac sur le parcours du Shannon, au pied des montagnes. Après **Killaloe** *(p. 182)*, le cours s'accélère en direction de **Limerick** *(p. 183)* et de la mer. Depuis le port de **Carrick-on-Shannon** *(p. 227)*, on peut naviguer le long de la rivière, particulièrement sur le Lough Derg. Des bateaux-bus relient la plupart des ports au sud d'Athlone. Si vous louez un bateau, faites attention à la météo, surtout sur le Lough Ree et le Lough Derg où le temps se gâte vite. L'étendue paisible qui s'étend entre **Portumna** *(p. 205)* et Athlone est idéale pour les navigateurs débutants.

Vous pouvez flâner le long du lac sur Lough Derg Way. Les bois qui entourent le **Lough Key** *(p. 211)* invitent aussi à la promenade.

Héron cendré sur le Shannon

À la découverte du Shannon

Carrick-on-Shannon est le principal centre de navigation sur le Shannon. Les ports de Portumna, Mountshannon et Killaloe sont de bons points de départ pour visiter le Lough Derg.

Bateau sur le Shannon

Légende

- Information touristique
- Location de bateau
- Excursion en bateau-bus

Athlone et la rive sud du Lough Ree

Le Burren ❶

Épipactis rouge-foncé

Le mot Burren vient de *boireann*, qui signifie en gaélique « terre rocheuse ». Ce nom décrit parfaitement ce vaste plateau calcaire, au nord-ouest du comté de Clare. Vers 1640, le géomètre de Cromwell le décrivit comme « un lieu sauvage n'ayant pas assez d'eau pour noyer un homme, pas un arbre pour le pendre, ni de terre pour l'enterrer ». Quelques arbres poussent tant bien que mal dans cet endroit sauvage. Le Burren est unique par sa flore. Y croissent en effet plantes méditerranéennes et alpines très rares en Irlande. De mai à août, des fleurs multicolores égaient ce paysage austère. Ces espèces poussent surtout autour des lacs et des pâturages paisibles de la région. Mais elles prennent aussi racine dans les fissures des blocs calcaires typiques de ce plateau montagneux. Dans la partie sud du Burren, le calcaire cède la place au schiste noir et au grès qui forment de vertigineuses falaises, les Cliffs of Moher *(p. 176)*.

Pâture dans le Burren
La température en hiver est plus élevée sur les collines que dans les vallées. D'où une pratique inhabituelle qui consiste en cette saison à faire paître le bétail sur les hautes terres.

La faune du Burren

Le Burren est l'un des meilleurs endroits d'Irlande pour admirer les papillons (pas moins de 28 espèces) et les oiseaux : alouettes des champs et coucous survolent collines et prairies. La côte est le refuge des pingouins, guillemots et macareux. Les mammifères sont plus difficiles à repérer. Blaireaux, renards et hermines y vivent, mais on a plus de chance de croiser un troupeau de chèvres ou un lièvre irlandais.

***Le collier argenté**, l'un des nombreux papillons du Burren, ne peut être vu nulle par ailleurs en Irlande.*

***Le pelage du lièvre irlandais**, blanc et marron l'hiver, se teinte de roux l'été.*

***Les cygnes sauvages** d'Islande volent vers le Burren en hiver.*

***La corneille mantelée** est reconnaissable à son plumage noir et gris.*

Les turloughs sont des lacs à sec en été mais pleins en hiver ; ils attirent alors le gibier d'eau et les échassiers.

Gentiane printanière

Le géranium sanguin
est fort répandu sur le Burren. Cette plante alpine pousse en juin.

Blocs de calcaire
La glaciation, les vents, l'érosion due aux pluies ont sculpté dans le calcaire des blocs, séparés par des fissures profondes ou « grykes ». L'eau de pluie imprègne facilement la roche poreuse, creusant ainsi un vaste réseau de cavités sous le plateau rocheux.

L'aubépine est l'un des rares arbres qui parviennent à pousser, mais elle est souvent tordue et rabougrie.

L'hélianthème grisâtre est l'une des rares espèces qui poussent en abondance sur le Burren.

Le houx s'enracine entre les blocs, mais le vent et le bétail l'empêchent de croître.

Les cheveux de Vénus croissent dans les fissures humides du Burren.

Chêneau
Cette fleur des montagnes pousse ici au niveau de la mer.

À la découverte du Burren
Si vous êtes intéressé par la géologie, la faune et la flore du Burren, rendez-vous à **Mullaghmore**. Cet endroit sauvage est couvert des plus beaux blocs calcaires du plateau. C'est pourquoi le projet de construction d'un « visitors' centre » en ce lieu a soulevé une vive controverse.

Pour commencer votre promenade, le plus simple est de partir des **Cliffs of Moher** *(p. 176)*. À une courte distance au nord des falaises se trouve **Doolin**, proche du port desservant les îles Aran *(p. 206-207)*. Ce village étendu est le royaume de la musique traditionnelle. Des concerts ont lieu notamment au pub de Gus O'Connor *(p. 320)*. Depuis Doolin, la route côtière file vers le nord. Elle mène à un superbe promontoire calcaire, **Black Head**. En direction de l'intérieur, on atteint **Lisdoonvarna**, une ville d'eau du XIXe siècle connue pour ses pubs animés et son festival des célibataires *(p. 48)*.

Poulnabrone Dolmen au cœur du plateau calcaire du Burren

Magasin de disques à Doolin

Au nord, le long de la N 67, se trouve **Ballyvaughan**. Ce village de pêcheurs aux cottages couverts d'ardoises est envahi par les touristes l'été à cause du grand nombre de sites dans la région. Non loin, **Bishop's Quarter** et sa plage abritée offrent une vue superbe sur Galway Bay. Au sud, **Aillwee Cave**, unique grotte qui soit ouverte au public parmi les milliers que compte le Burren, est une sorte de tunnel qui donne sur une série de cavernes. Dans la première, dite Bear Heaven, vous verrez les recoins où hibernaient les ours il y a plus de 1 000 ans.

Forts et châteaux en ruine sites préhistoriques rehaussent encore la beauté des paysages. À l'ouest d'Aillwee Cave s'élève **Cahermore Stone Fort**. Sa porte à linteau est superbe. Au sud, **Gleninsheen Wedge Tomb**, un style de tombe qui marque le passage de l'âge de la pierre à l'âge du bronze. Plus connu **Poulnabrone Dolmen** est une tombe portail qui daterait de 2000 ou 2500 av. J.-C. Plus au sud, vous atteindrez **Leamaneagh Castle**, une demeure du XVIIe siècle qui englobe une maison forte bâtie par les O'Brien.

Au sud du Burren, le diocèse catholique de **Kilfenora** a, par un hasard de l'histoire, le pape pour évêque. La modeste cathédrale du village est l'une des nombreuses églises du XIIe siècle du Burren. Les chapiteaux de son chœur à ciel ouvert sont finement sculptés. Mais Kilfenora est plus connue encore par les croix scripturaires de son cimetière. Sur l'une d'elle, Doorty Cross, sont représentés un évêque et deux ecclésiastiques. À deux pas, le **Burren Centre** présente la géologie et la flore de la région, à l'aide d'une maquette du plateau calcaire, ainsi que l'influence de l'homme sur l'environnement.

Chapiteau sculpté de Kilfenora Cathedral

Aillwee Cave
Ballyvaughan. *065 77036.*
de mi-mars à nov. : t.l.j.

Burren Centre
Kilfenora. *065 88030.* *de mars à oct. : t.l.j.*

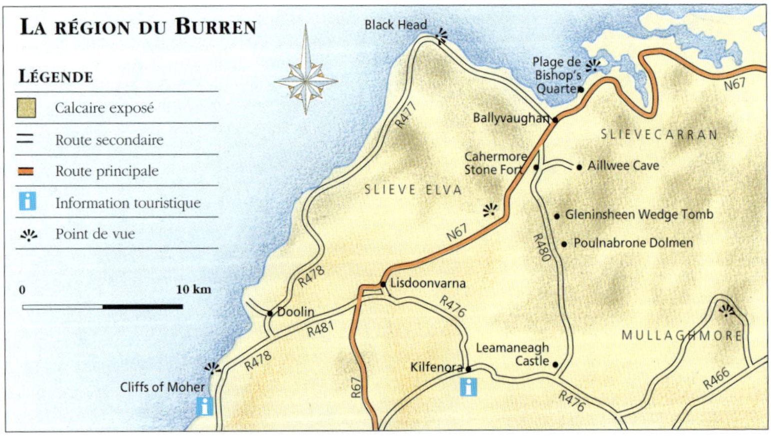

Dysert O'Dea 7

Carte routière 4B. Corrofin, Co Clare. *depuis Ennis.* **Archaeology Centre** *065 37722.* *de mai à sept. : t.l.j.*

Ce château fut érigé à 9 km au nord d'Ennis. Cette maison forte du XVe siècle abrite le musée de l'**Archaeology Centre**. C'est aussi le point de départ d'un parcours des sites historiques alentour. Un plan de la piste pour promeneurs et cyclistes vous sera fourni au salon de thé.

Au-delà d'un champ au pied du château, un monastère qui aurait été fondé par saint Tola au VIIIe siècle. En ruine, il est envahi par les mauvaises herbes. Néanmoins, les sculptures romanes au-dessus de la porte sont toujours visibles. Notez la croix du XIIe siècle avec un évêque sculpté sur la face est *(p. 235)*.

Plus au sud, le parcours passe devant deux forts de pierre, un château en ruine et l'endroit où eut lieu une bataille au XIVe siècle.

La devanture colorée du pub de Michael Kerins à Ennis

Ennis 8

Carte routière 4B. Co Clare. *16 000.* *Clare Rd (065 28366).*

Principale ville du comté de Clare, Ennis s'étend sur les rives du Fergus. La ville est parcourue de ruelles sinueuses du Moyen Âge. Ennis est aussi connue par ses devantures peintes et ses festivals de musique folklorique (*fleadh* en gaélique). Les pubs où se produisent les artistes et les magasins de disques ne se comptent plus.

Les origines d'Ennis remontent au XIIIe siècle. Les O'Brien, rois de Thomond, étaient alors suzerains. Le monastère franciscain qu'ils fondèrent vers 1240, **Ennis Friary**, est le principal monument d'Ennis. Il date en grande partie du XIVe et du XVe siècle. Les sculptures et les tombeaux du chœur sont splendides. Les panneaux d'albâtre de la tombe des MacMahon (XVe siècle) furent inclus postérieurement dans celle des Creagh.

Près du monastère fut bâtie au XVIIe siècle une ravissante maison, l'actuel restaurant Cruise's *(p. 312)*. Au coin de Francis Street se dresse le Queen's Hotel que James Joyce décrivit dans *Ulysse*. Au sud, sur O'Connell Square, a été érigé un monument à Daniel O'Connell *(p. 40)* qui fut l'élu du Clare en 1828. Il donna aussi son nom à la rue principale d'Ennis. Là, entre pubs et boutiques, vous apercevrez une tour médiévale, une cheminée de l'époque de Jacques Ier et un arc du XVIIIe siècle.

Porte romane finement gravée à Dysert O'Dea

Ennis Friary

Abbey St. *065 22464.* *de mai à sept. : t.l.j.*

Aux environs

Les alentours d'Ennis sont riches en monastères. À 3 km au sud de la ville se trouve **Clare Abbey**. Ce monastère, fondé par les O'Brien en 1189, date en grande partie du XVe siècle.

Quin Franciscan Friary à 13 km au sud-est d'Ennis fut aussi bâti au XVe siècle. Il comprend les ruines romantiques d'un château normand. Son cloître est l'un des plus beaux d'Irlande.

Knappogue Castle 9

Carte routière 4B. Quin, Co Clare. *061 360788.* *jusqu'à Ennis.* *de mars à oct. : t.l.j.*

Ce château fut bâti en 1467 par les MacNamara, seigneurs de la région. Il resta en leur possession jusqu'en 1815, sauf pendant dix ans sous Cromwell. Lors de la guerre d'Indépendance *(p. 42-43)*, il fut utilisé par les révolutionnaires. Knappogue appartient désormais à des Américains. Soigneusement restauré, c'est l'un des châteaux les mieux meublés des environs. La maison forte, au centre, est authentique, mais le reste est néo-gothique. Cheminées élisabéthaines et boiseries à plis de serviette réchauffent l'intérieur. Des banquets de style médiéval, avec contes et chants, ont lieu dans le château *(p. 330)*.

Craggaunowen ❿

Carte routière B4. Kilmurry, Co Clare. *jusqu'à Ennis.* *061 367178.* *d'avril à oct. : t.l.j.*

Le musée de Craggaunowen est consacré aux cultures de l'âge du bronze et celte. Son but est de faire revivre le passé par la reconstitution d'un site préhistorique. Ce centre fut créé sur le domaine de Craggaunowen Castle dans les années soixante par John Hunt, archéologue réputé, qui s'inspira de ses fouilles de Lough Gur *(p. 186)*. La maison forte du château abrite des bronzes et certains objets de sa collection. Les autres sont exposés à Limerick.

À Craggaunowen, les artisans et les guides du musée sont costumés. Un homme déguisé en esclave français vous décrira la vie des communautés dans un fort circulaire, l'une des premières habitations chrétiennes. Vous verrez aussi comment l'on cuisinait à cette époque dans une sorte de cavité, le *fulacht fiadh*.

Ce musée comprend une partie d'un *togher*, une route en bois de l'âge du fer découverte à Longford. Le site le plus passionnant reste le crannog *(p. 31)*, une île artificielle renfermant des maisons en clayonnage couvertes de boue. Ce style d'habitation défensive ne disparut que vers 1600.

Autre atout de cette exposition, le bateau à coque de cuir construit dans les années soixante-dix par l'explorateur Tim Severin. Il s'en servit pour refaire le voyage de saint Brendan qui aurait traversé l'Atlantique au VIe siècle *(p. 25)*.

En costume de paysanne, une femme file la laine à Craggaunowen

Mountshannon ⓫

Carte routière C4. Co Clare. *240.*

Cet adorable village qui semble tourner le dos au Lough Derg *(p. 177)* est un grand centre de pêche à la ligne. Solides maisons de pierre du XVIIIe siècle, églises et pubs sont rassemblés autour du port. Madden's est un pub connu des amateurs de musique irlandaise.

Mountshannon est bien situé pour explorer la rive ouest du lac à pied et à bicyclette. Vous pouvez louer des bateaux de pêche et, l'été, vous rendre sur **Holy Island**. Un monastère fut bâti sur cette île au VIIe siècle. Il reste encore aujourd'hui quatre chapelles et un cimetière médiéval.

Bicyclettes à louer et promenades en bateau à Mountshannon

Killaloe ⓬

Carte routière C4. Co Clare. *950.* *de juin à sept. : Heritage Centre, The Bridge (061 376866).*

Killaloe est situé dans un décor de rêve, près de l'endroit où le Shannon sort du Lough Derg. C'est le port de plaisance le plus prospère du lac. Un pont de pierre du XVIIe siècle sépare Killaloe de la ville jumelle de Ballina, sur la rive opposée. Ballina possède de meilleurs pubs, notamment le Goosers sur les bords du lac *(p. 320)*, mais Killaloe est le centre de plaisance *(p. 335)* et présente plus d'intérêt du point de vue historique.

Le principal monument de Killaloe, **St Flannan's Cathedral**, fut fondé vers 1182. Cette église est dotée d'un portail roman finement sculpté qui provient d'une chapelle antérieure. Elle possède aussi une pierre d'Ogham *(p. 32)*, inhabituelle par ses inscriptions en caractères runiques et oghamiques. À l'extérieur se trouve l'oratoire de St Flannan bâti à la même époque que la cathédrale.

L'Heritage Centre occupe un hangar à bateaux transformé sur le pont. Une exposition y est consacrée au Shannon et au Lough Derg. C'est le point de départ d'une promenade le long du vieux canal de Killaloe. Si vous voulez naviguer sur le lac, vous pouvez vous arranger avec des pêcheurs.

Bunratty Castle ⓭

Voir p. 184-185.

Limerick ⓮

Carte routière B4. Co Limerick. *80 000.* *Shannon.* *Arthur's Quay (061 317522).* *sam.*

Troisième ville de la république d'Irlande par sa taille, Limerick fut fondée par les Vikings. Son emplacement stratégique sur le Shannon permit aux Normands de développer la ville, avant de lui faire subir l'oppression anglaise. Après la bataille de la Boyne *(p. 236)*, l'armée vaincue de Jacques II se retira à Limerick. Le siège de cette ville par Guillaume d'Orange reste pour les Irlandais synonyme d'héroïsme. Limerick finit par capituler et le traité de Limerick fut signé en 1691. La violation par les Anglais des termes de l'accord est toujours mal ressentie ; ce n'est donc pas un hasard si le catholicisme et le nationalisme y sont puissants.

Miséricorde sculptée à St Mary's Cathedral

Limerick a la réputation d'être violente, mal entretenue, mais son image s'améliore rapidement. Cette ville commerçante est dynamisée par de nouvelles industries et des projets de restauration. Néanmoins, ses charmes sont cachés.

Le centre-ville comprend trois quartiers historiques. King's Island fut le premier endroit où s'établirent les Vikings. Puis il devint le cœur de la cité médiévale, alors baptisé Englishtown. L'île possède les deux joyaux de Limerick, King John's Castle et St Mary's Cathedral. Irishtown, vieux quartier au sud de la rivière, est assez ordinaire. Toutefois, ses édifices historiques et sa place georgienne, St John's Square, lui apportent de l'élégance. Non loin de là fut bâtie en 1861 St John's Cathedral. Sa flèche culminant à 85 m est la plus haute du pays.

La partie la plus plaisante de Limerick pour flâner est Newton Pery, un secteur de maisons georgiennes centré sur O'Connell Street.

King John's Castle

Nicholas St. *061 411201.* *d'avril à oct. : t.l.j. ; de nov. à mars : dim.*

Ce château aurait été fondé par le roi Jean en 1200, peu après l'arrivée des Normands. Il est défendu par cinq tours et d'épais remparts. L'intérieur, moins intéressant du point de vue architectural, abrite une exposition sur l'histoire de la ville. Les répliques des engins de siège sont basées sur des découvertes faites au château. Les fouilles qui continuent ont révélé des bijoux et des pots, mais aussi des maisons vikings et des fortifications postérieures. Une trouvaille intéressante est le journal d'un soldat relatant les horreurs du siège de Limerick.

De l'autre côté de Thomond Bridge, tout proche, se trouve la Treaty Stone. En 1691, le traité de Limerick fut signé à cet endroit.

St Mary's Cathedral

Bridge Street. *061 416238.* *t.l.j. (de mi-sept. à mi-juin : le matin seul.).*

Porte georgienne typique à St John Square

Bâtie en 1172, elle est le plus vieil édifice de Limerick. Hormis son beau portail roman et sa nef, il ne reste plus grand-chose de l'église d'origine. Les miséricordes (XVe siècle) qui ornent les stalles du chœur font la fierté de St Mary. Anges, griffons, créatures réelles et imaginaires sont sculptés dans le chêne.

Non loin, George's Quay est une artère plaisante bordée de restaurants et de cafés.

Hunt Museum

Rutland St. *du lun. au sam.*

Récemment transféré dans l'ancienne douane, ce musée possède l'une des plus prestigieuses collections d'antiquités d'Irlande, réunies par l'archéologue John Hunt. L'âge du bronze est représenté par des bijoux en or, des armes et un superbe bouclier. Notez les broches celtiques et l'Antrim Cross, croix de métal du IXe siècle.

Limerick Museum

St John's Sq. *061 417826.* *du mar. au sam.* *10 jours à Noël.*

Cette maison georgienne abrite le musée de la ville. Il retrace l'histoire de Limerick et ses traditions (dentelle, rugby).

King's John Castle et Thomond Bridge qui enjambe le Shannon à Limerick

Bunratty Castle ⓭

Cet extraordinaire château du XVe siècle est l'un des sites les plus visités d'Irlande. Ses occupants les plus prestigieux furent les O'Brien, comtes de Thomond, qui y vécurent de 1500 à 1640 environ. L'intérieur ressemble beaucoup à ce qu'il était sous le « grand comte », qui mourut en 1624. À l'abandon au XIXe siècle, le château reprit vie lorsqu'il fut racheté et magnifiquement restauré par Lord Gort dans les années cinquante. Folk Park tout proche et les banquets médiévaux qui ont lieu au château attirent beaucoup de touristes. Malgré cet aspect commercial, Bunratty ne déçoit pas les visiteurs.

★ North Solar
Ce lustre allemand du XVIIe siècle est l'objet le plus curieux des appartements privés du grand comte. Le terme « solar » désignait au Moyen Âge une pièce dans les étages.

La cheminée est une réplique en bois de l'originale qui était en pierre.

La meurtrière servait à jeter, entre autres, de l'eau bouillante sur les attaquants.

Entrée

Le sous-sol avec ses murs épais de 3 m servait probablement d'entrepôt ou d'écurie.

Façade nord
Bunratty Castle est intéressant par ses hautes arches sur les faces nord et sud du donjon. L'entrée située au premier étage pour décourager les envahisseurs est typique des châteaux de l'époque.

À NE PAS MANQUER

- ★ Great Hall
- ★ Main Guard
- ★ North Solar

Mode d'emploi

Carte routière B4. Près de N18, Limerick-Ennis Road, Co Clare. 061 360788. *Shannon.* *depuis Ennis, Limerick, Shannon.* **Château** *de 9 h 30 à 16 h 45 t.l.j. (der. ent. 16 h 15).* *du 23 au 26 déc.* **Folk Park** *de 9 h 30 à 19 h (de sept. à mai : 17 h 30).* *jusqu'à Folk Park.* **Banquets** *voir p. 330.*

★ Main Guard
Dans cette salle, désormais utilisée pour des banquets de style médiéval, mangeaient et dormaient les soldats de Bunratty. On leur jouait de la musique depuis la Minstrels' Gallery. Dans un angle, une porte donnait accès au donjon.

Antichambre

Le vestiaire où les comtes passaient leur toge avant les audiences dans Great Hall. Il servait aussi pour des discussions privées.

South Solar
Ces appartements pour les invités sont ornés de boiseries à plis de serviette, en vogue à l'époque Tudor. La voûte en éventail du plafond a été partiellement reconstruite.

Un escalier en colimaçon grimpe dans chaque tour.

★ Great Hall
Ce piédestal de style Tudor comptait parmi les nombreux objets que Lord Gort apporta au château. Il est exposé dans Great Hall, la plus belle pièce de Bunratty. Ce fut jadis la salle des banquets, puis la salle d'audience.

Bunratty Folk Park

Folk Park est une reconstitution particulièrement fidèle de la vie rurale en Irlande au début du siècle. Tout commença par la réfection d'une ferme épargnée lors de la construction de l'aéroport voisin. Puis fut créé un village entier avec ses boutiques et ses maisons, du cottage de laboureur, à la demeure georgienne. Entre autres bâtiments, on y trouve une ferme typique de la région de Moher dans le Burren *(p. 176)* et un moulin en état de marche. L'été, des Irlandais costumés flânent dans les rues ou vous font découvrir les différents métiers d'autrefois, depuis le tissage jusqu'à la fabrication du beurre.

Rue principale du village de Bunratty Folk Park

Cottage au toit de chaume typique d'Adare

Adare ⓯

Carte routière B5. Co Limerick. *900.* *Heritage Centre, Main St (061 396255).*

Adare est réputé être le plus joli village d'Irlande, mais certains l'appellent le beau village « anglais » tant il rappelle la Grande-Bretagne. Bien qu'il fût jadis le fief des Fitzgerald, comtes de Kildare, Adare doit surtout son aspect actuel aux comtes de Dunraven. En effet, ces derniers restaurèrent le village entre 1820 et 1840. Tout en longueur, Adare fait alterner toits de chaume et d'ardoises. De-ci de-là, des ruines pittoresques se détachent sur les bois environnants.

L'office du tourisme est situé au nouvel Heritage Centre. Là, une exposition retrace l'histoire religieuse d'Adare. Non loin, **Trinitarian Priory**, un monastère fondé par les Fitzgerald en 1230, mais malheureusement trop restauré par le premier comte de Dunraven, comprend aujourd'hui une église et un couvent. Près du pont, on peut voir le Washing Pool, un lavoir restauré.

À côté du pont principal, sur la route de Limerick, se trouve **Augustinian Priory**, un monastère augustin que les Fitzgerald fondèrent en 1315. Surnommé Black Abbey (l'abbaye noire), il est doté d'une tour centrale et de cloîtres ravissants. Notez aussi sa *sedilia*, un triple siège sculpté. De l'autre côté du pont, **Desmond Castle** est une forteresse du XIIIe siècle qui se mire dans la Maigue. Tout près se trouve l'entrée principale d'**Adare Manor**, un hôtel luxueux avec un golf *(p. 294)*. Dans son parc de 900 hectares se dressent les ruines de **St Nicholas Church** et de **Chantry Chapel**. Ces deux églises du XIIe siècle sont accessibles à pied. En revanche, **Franciscan Abbey** (XVe siècle), au centre du terrain de golf, peut être aperçue depuis le sentier.

Au cœur du village, le Dunraven Arms Hotel *(p. 294)* vous attend. Les chasses à courre partent toutes de là. Le comte de Dunraven fit bâtir les cottages voisins en 1828 pour ses ouvriers. Certains ont été transformés en restaurants, dont le confortable Inn-Between *(p. 312)*.

Lough Gur ⓰

Carte routière B5. Co Limerick. **Visitors' Centre** *061 385186.* *de mai à sept. : t.l.j.*

Un village datant de l'âge de la pierre, situé à 26 km au sud de Limerick, fut habité dès 3000 av. J.-C. Aujourd'hui, le lac en forme de fer à cheval et les collines proches forment un parc archéologique. Tout autour du Lough Gur se dressent, entre autres, tombes mégalithiques et tumulus. Le **Great Stone Circle**, vieux de 4 000 ans, est l'un des sites les plus impressionnants. Ce cercle de pierres se trouve juste en dehors du parc, près de la route reliant Limerick à Kilmallock. Dans les années soixante-dix furent mis au jour les fondations de huttes

Devantures peintes dans Main Street à Adare

Façade du Cashel Palace Hotel

rectangulaires ou circulaires de l'âge de la pierre. Le centre d'interprétation abrité dans des huttes reconstituées à leur emplacement original, présente audiovisuels, maquettes, outils et armes.

Outre ses sites préhistoriques, la Knockadoon Peninsula possède des monuments plus récents. Près du lac se trouvent deux châteaux, **Bourchier's Castle** (XVe siècle) et **Black Castle**, fief des comtes de Desmond (XIIIe siècle).

Roscrea ⓱

Carte routière C4. Co Tipperary. *4 200.* *Heritage Centre, Castle St (0505 21850).*

Bien que troublée par la circulation, cette ville religieuse sur les rives de la Bunnow est intéressante par son centre historique. Son château anglo-normand, **Roscrea Castle**, date du XIIIe siècle. La loge, les remparts et deux tours d'angle sont toujours debout. Dans la cour se trouve Damer House, une résidence de style Queen Ann dotée d'un escalier superbe et d'un jardin georgien. De l'autre côté de la rivière s'élève **St Cronan's Monastery** avec une croix, un gable roman et une tour ronde tronquée. Dans Abbey Street se voient les ruines d'un **monastère franciscain** du XVe siècle, et non loin, dansle cimetière de St Cronan le **Roscrea Pillar**, une énigmatique pierre paléochrétienne.

Roscrea Castle
Castle Street. *de juin à sept. : t.l.j. ; d'oct. à mai : sam. et dim.*

Holy Cross Abbey ⓲

Carte routière C5. Thurles, Co Tipperary. *0504 43241.* *jusqu'à Thurles.* *de mai à sept. : t.l.j. ; d'oct. à avril : dim.*

Fondée en 1169 par des bénédictins, Holy Cross aurait abrité un éclat de la croix du Christ. Aujourd'hui restaurée, l'église accueille à nouveau les fidèles. L'édifice date en grande partie du XVe siècle. Il fut bâti par les cisterciens qui reprirent l'abbaye en 1180. Cette église cruciforme est ornée de fenêtres à meneaux et de colonnes sculptées. C'est un magnifique exemple du gothique tardif.

Le chœur est doté d'une voûte en ogive. Son mur sud abrite une sedilia sculptée étrangement surnommée « la tombe du fils de la brave femme ». L'abbaye entourée de cloîtres abrite aussi un pub !

Crucifixion dans Holy Cross Abbey

Cashel ⓳

Carte routière C5. Co Tipperary. *2 500.* *d'avril à oct. : Town Hall (062 61133).*

Son principal attrait touristique est le **Rock of Cashel** *(p. 188-189)*. Un sentier privé y mène depuis le **Cashel Palace Hotel** *(p. 294)*. Cette résidence luxueuse de style Queen Ann fut autrefois le palais de l'évêque. Non loin, une maison forte du XVe siècle abrite à présent le Grant's Castle Hotel. Le soir, vous pouvez vous plonger dans la culture irlandaise au **Brú Ború Heritage Centre**. Baptisé du nom de Brian Boru, roi de Munster au Xe siècle *(p. 32-33)*, le centre propose du théâtre populaire, de la musique traditionnelle, des banquets et une boutique d'artisanat. Au pied du Rock se trouve le **monastère dominicain** du XIIIe siècle. Cette église de pierre possède une belle porte ouest, une tour du XVe siècle et des fenêtres à lancette. En dehors de Cashel se dressent les ruines d'**Hore Abbey**, une abbaye cistercienne du XIIIe siècle. Elle fut modifiée au XVe siècle, mais la sacristie à voûte en berceau, la nef, le chœur et la salle capitulaire sont d'origine.

Brú Ború Heritage Centre
Cashel. *062 61122.* *t.l.j. (de mi-sept. à mi-mai : du lun. au ven.).*

Dominican Friary
Dominic Street. *062 61166.* *limité.*

Les ruines d'Hore Abbey (1272) avec au fond le Rock of Cashel

Rock of Cashel

Cette forteresse dressée sur un piton rocheux domine la plaine du Tipperary. Elle symbolisa le pouvoir royal et religieux pendant plus de mille ans. Depuis le Ve siècle, ce fut le fief des rois de Munster, dont le royaume couvrait une bonne part du sud de l'Irlande. En 1101, ils cédèrent Cashel à l'Église, qui en fit un centre religieux de premier plan. Mais en 1647, il fut assiégé par les armées de Cromwell qui massacrèrent ses 3 000 habitants. L'abbaye fut finalement abandonnée au XVIIIe siècle. Deux siècles plus tard, le Rock of Cashel est assailli par les touristes. La plupart des bâtiments médiévaux sont parvenus jusqu'à nous. Cormac's Chapel, notamment, est un des plus beaux édifices romans d'Irlande.

Hall of the Vicars' Choral
Cette salle fut bâtie au XVe siècle pour les choristes privilégiés de Cashel. Le plafond, relativement récent, est orné de motifs médiévaux et de corbeaux décoratifs comme cet ange peint.

★ St Patrick's Cross
Sur la face est de cette croix serait représenté saint Patrick qui visita Cashel en 450. La croix est une copie de l'original qui fut transportée au musée en 1982.

Le musée, situé dans la crypte, abrite des pierres sculptées dont l'original de St Patrick's Cross

★ Cormac's Chapel
De superbes sculptures romanes ornent cette chapelle, véritable joyau de Cashel. Le tympan au-dessus de la porte nord montre un centaure visant un lion avec son arc.

À NE PAS MANQUER

- ★ Cormac's Chapel
- ★ St Patrick's Cross
- ★ Cathédrale

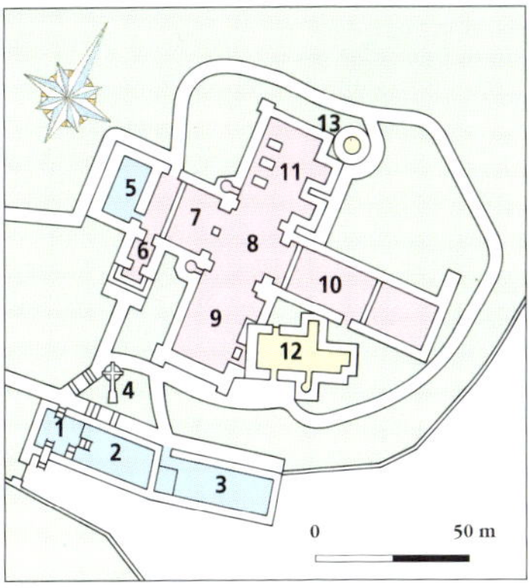

LÉGENDE

- XIIe siècle
  - 4 St Patrick's Cross (copie)
  - 12 Cormac's Chapel
  - 13 Tour ronde
- XIIIe siècle
  - 6 Entrée de la cathédrale
  - 7 Nef
  - 8 Croisée
  - 9 Transept sud
  - 10 Chœur
  - 11 Transept nord
- XVe siècle
  - 1 Vente de billets
  - 2 Hall of the Vicars' Choral (musée)
  - 3 Dortoirs
  - 5 Château

MODE D'EMPLOI

Carte routière C5. Cashel. *062 61437.* *jusqu'à Thurles.* *jusqu'à Cashel.* *de mi-juin à mi-sept. : de 9 h à 19 h 30 t.l.j. ; de mi-sept. à mi-mars : de 9 h 30 à 16 h 30 ; de mi-mars à mi-juin : de 9 h 30 à 17 h 30.* *24-28 déc.*

Le Rock
La tour ronde haute de 28 m est le plus vieux et le plus haut bâtiment du rocher. Elle permettait de voir venir de loin les éventuels attaquants.

Le chœur contient la tombe de Miler Magrath (XVIIe siècle). Il fit scandale parce qu'il était en même temps archevêque protestant et catholique.

O'Scully Monument. Ce mémorial décoré bâti en 1870 par des propriétaires terriens de la région fut endommagé par une tempête en 1976.

★ Cathédrale
La cathédrale gothique à ciel ouvert est dotée de murs épais dissimulant des passages secrets. Certains débouchent sous les fenêtres du transept nord.

Transept nord
Le transept nord abrite trois tombes du XVIe siècle aux panneaux finement sculptés d'une grande netteté. Celui-ci, appuyé au mur nord, représente des feuilles de vigne et d'étranges animaux stylisés.

Athassel Priory ⓴

Carte routière C5. 8 km O. de Cashel, Co Tipperary. *jusqu'à Tipperary.* *t.l.j.*

Ce prieuré augustinien en ruine est situé sur la rive ouest de la Suir. Dans l'église repose William de Burgh, d'ascendance normande, qui le fonda en 1192. Athassel aurait été le plus vaste monastère d'Irlande au Moyen Âge, jusqu'à ce qu'il brûle en 1447. La loge, l'église et des vestiges des cloîtres et de la salle capitulaire subsistent. Cette dernière est dotée d'une belle porte ouest. La nef, les murs du chœur et le clocher du XVe siècle sont remarquables.

Les ruines d'Athassel Priory sur les rives de la Suir

Glen of Aherlow ㉑

Carte routière C5. Co Tipperary. *jusqu'à Bansha ou Tipperary.* *Coach Road Inn, sur la R 663 à 8 km à l'est de Galbally (062 56240).*

Bornée par les villages de **Galbally** et **Bansha**, la riante vallée où coule l'Aherlow s'étend entre la crête boisée de Slievenamuck et les Galty Mountains. Pendant des siècles, ce fut la principale voie de communication entre Limerick et Tiperrary, mais aussi un repaire de brigands.

À présent, les visiteurs goûtent aux joies de la bicyclette, de la randonnée et de la pêche. Pour une promenade en plaine, suivez le cours de la rivière. Les plus sportifs s'attaqueront à la chaîne des Galty qui leur offre ses contreforts boisés, ses cours d'eau ses petits lacs de cirque et ses superbes pics calcaires.

Le Glen of Aherlow et sa nature sauvage

Cahir ㉒

Carte routière C5. Co Tipperary. 2 100. *d'avril à sept. : Castle Street (052 41453).* *ven.*

Cette ancienne ville de garnison est devenue une cité commerçante. Bordée de pubs, Castle Street est la rue la plus animée de Cahir. Elle mène à la Suir, au Cahir Castle et à la promenade bien balisée qui conduit au Swiss Cottage.

En bordure de la ville se trouvent les ruines de **Cahir Abbey**, un monastère du XIIIe siècle. Notez ses belles fenêtres ornées de têtes sculptées.

Cahir Castle

Castle Street. *052 41011.* *t.l.j.* *limité.*

Édifié sur une île rocheuse baignée par la Suir, ce château est l'un des plus imposants et des plus filmés d'Irlande. Cette forteresse bien conservée date du XIIIe siècle. Pourtant, elle est indissociable de ses derniers propriétaires, les Butler. Ces seigneurs anglo-normands, considérés comme de fidèles serviteurs de la Couronne anglaise, obtinrent la baronnie Cahir en 1375. Ils firent rénover et agrandir le château aux XVe et XVIe siècles. Il resta en possession de la famille jusqu'en 1964.

Le château comporte trois enceintes avec une barbacane à l'entrée. La plus intérieure corespond à la partie normande de la forteresse. Les fondations furent bâties au XIIIe siècle comme les remparts et le donjon. L'intérieur restauré comprend une grande salle qui date en bonne partie des années 1840, bien que l'un de ses murs soit d'origine. Ses fenêtres sont du XVe siècle. Depuis les remparts, vous pouvez admirer la rivière et la minoterie.

Swiss Cottage

Ardfinnan Road, Cahir. *052 41144.* *de mai à sept. : t.l.j. ; mars-avril et oct.-nov. : du mar. au dim.*

Voici un magnifique exemple de « cottage orné », c'est-à-dire une folie rustique. Les Butler le firent dessiner en 1810 par John Nash, le grand architecte de la Régence. Là venaient pique-niquer Lord et Lady Cahir déguisés en paysans. Un « cottage orné » devait se fondre dans le paysage, tout devait être inspiré de la nature et rien ne devait être régulier ; aussi les fenêtres et les avant-toits sont-ils tous de forme et de taille différentes. Exquisément meublé, ce cottage comprend un salon de thé, une salle de musique et deux chambres, admirablement restaurés.

Restauré, le Swiss Cottage à Cahir a retrouvé son charme d'antan

Clonmel ㉓

Carte routière C5. Co Tipperary. *17 500.* *Chamber Buildings (052 22960).*

Adossée aux Comeragh Mountains, Clonmel se mire dans les eaux de la Suir. Principale ville du Tipperary, cette ancienne forteresse anglo-normande fut un fief des Desmond, puis des Butler. Sa prospérité reposait sur la minoterie et la brasserie. D'ailleurs, des moulins bordent encore les quais. Aujourd'hui, Clonmel est une ville à l'architecture tortueuse, animée de jour comme de nuit.

Le **monastère franciscain** près des quais fut refait en gothique primitif à l'époque victorienne, mais il a conservé une tour du XVe siècle et abrite des effigies tombales des Butler du XVIe siècle. Non loin, O'Connell Street, principale rue commerçante de Clonmel, passe sous la porte ouest, bâtie en 1831. En visitant **Hearn's Hotel** dans Parnell Street, on verra les souvenirs associés à Charles Bianconi (1786-1875), évoquant le service de diligences qu'il établit entre Clonmel et Cahir, lequel devint ensuite un réseau national.

La porte ouest de Clonmel enjambe O'Connell Street

Carrick-on-Suir ㉔

Carte routière C5. Co Tipperary. *5 100.*

Cette paisible ville commerçante semble appartenir au passé. Au XVe siècle, c'était un site stratégique qui commandait l'accès de Clonmel à l'ouest et de Waterford au sud-est. Mais après l'époque Tudor, la ville tomba dans l'oubli. Hormis Ormond Castle, elle possède peu de curiosités. Mais on peut flâner au bord de l'eau le long des vieux entrepôts ou acheter du cristal de Tipperary *(p. 323)*.

Ormond Castle

Castle Park. *051 640787.* *de juin à sept. : t.l.j.* *limité.*

Cette forteresse médiévale fut transformée en un magnifique manoir Tudor. Celui-ci fut bâti par les Butler, que la Couronne anglaise fit comtes d'Ormonde en 1328. Le château est doté d'une façade élisabéthaine qui recouvre l'originale. Les tours crénelées du côté sud contrastent avec la façade à pignon ornée de fenêtres à meneaux et en saillie.

La plus belle salle est la Long Gallery. Ses deux cheminées sculptées et les stucs du plafond aux armoiries de la famille sont superbes. La partie élisabéthaine fut ajoutée par Black Tom Butler, Xe comte d'Ormonde, fidèle sujet de la reine Élisabeth Ire. Après sa mort, les Butler quittèrent Carrick pour Kilkenny *(p. 134-136)*.

Sculpture dans le bois d'un lit à colonnes d'Ormond Castle

Aux environs

À l'extérieur de l'église d'**Ahenny**, à environ 10 km au nord de Carrick, se dressent deux croix celtiques *(p. 235)* couronnées de « mitres d'évêques » et ornées de spirales.

À **Kilkieran**, à 5 km au nord de Carrick, s'élèvent trois croix du IXe siècle. La Plain Cross n'est pas décorée mais couronnée. Très ornée, la West Cross a été abîmée par le temps. La Long Shaft Cross présente le curieux aspect d'un long poteau muni de bras écourtés.

L'OUEST DE L'IRLANDE

MAYO · GALWAY · ROSCOMMON

Voici le cœur du Connaught, la province occidentale de l'Irlande. L'Ouest répond à l'image d'une terre peu peuplée, rurale et traditionnelle, aux montagnes balayées par les vents, à la campagne semée de murets de pierres et de tourbières. Cette région sauvage est pourtant dotée d'une ville universitaire, Galway ; ses rues médiévales et ses pubs chaleureux sont animés par une population jeune et dynamique.

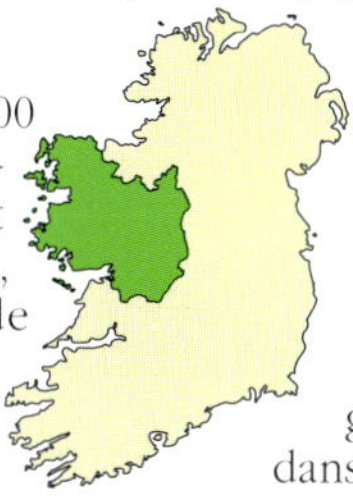

Habitée depuis plus de 5 000 ans, la côte dentelée qui borde de l'Atlantique à l'ouest est riche en sites préhistoriques, comme l'enclos de Céide Fields et les forts circulaires des Aran Islands. La période monastique a laissé de beaux et mystérieux vestiges à Kilmacduagh et Clonfert. Les associations religieuses de la région sont toujours très influentes, comme le prouvent les pèlerinages à Knock et Croagh Patrick dans le comté de Mayo.

Au Moyen Âge, Galway était une place forte anglo-normande entourée de clans gaéliques en guerre. Après les victoires de Cromwell dans les années 1640, nombre d'Irlandais privés de leur terres avaient le choix entre « l'enfer ou le Connaught ». Ce dernier eut la faveur des seigneurs qui, aux XVIIe et XVIIIe siècles, bâtirent de superbes demeures à Clonalis, Strokestown Park et Westport.

Lors de la Grande Famine, l'Ouest et surtout le comté de Mayo furent les principales terres d'émigration, une tendance qui continue encore aujourd'hui. Malgré cela, les traditions gaéliques sont toujours vivaces dans le comté de Galway. Dans ce grand *Gaeltacht (p. 221)*, le plus grand du pays, la moitié de la population a l'irlandais pour langue maternelle.

Les fougères brunes et les douces violettes du Connemara, à l'ouest de Galway, les terres fertiles, les tourbières et les lacs immobiles du comté de Roscommon contrastent avec le splendide paysage de falaises des îles au large de la côte. Cette région, souvent voilée de brume, est battue par les vents de l'Atlantique qu'accompagnent des pluies abondantes.

L'été est la saison des festivals : courses à Galway en juillet, régates à Kinvarra en août. Le festival des huîtres de Galway attire lui aussi des centaines de visiteurs.

Cygnes à Claddagh près de Galway

◁ **Paysage typique du Connemara au pied des Twelve Bens**

À la découverte de l'ouest de l'Irlande

Galway, Clifden et Westport, avec des pubs confortables, de belles promenades et l'accès aux îles sont les meilleurs points de départ pour visiter la région. Le Connemara et les solitudes du Mayo attirent les passionnés de nature. Les îles d'Achill, Aran, Clare et Inishbofin plaisent aux promeneurs et amateurs de sports nautiques. Les lacs du comté de Roscommon enchantent les pêcheurs à la ligne, et des croisières parcourent le Lough Corrib et le Lough Key.

Ornement de stuc de Westport House

Voir aussi

- ***Hébergement*** p. 295-297
- ***Restaurants, cafés et pubs*** p. 313-314 et 320-321

Circuler

Du petit aéroport près de Rossaveal, des avions partent pour les Aran Islands. Ces îles sont aussi accessibles par ferry depuis Rossaveal, Galway ou Doolin (comté de Clare). Des ferries relient Cleggan à Inishbofin et Louisburgh à Clare. Il n'y a pas de trains entre Galway et Wesport, mais des cars sûrs quoique lents. Le Connemara est desservi par Bus Éireann depuis Galway et Clifden (via Oughterard ou Cong). Il peut être découvert par des circuits d'une journée en minibus, au départ de Galway ou de Clifden.

Vallée à Delphi dans le nord du Connemara

La région d'un coup d'œil

Devantures de toutes couleurs le long de Quay Street à Galway

Légende

- Route principale
- Route secondaire
- Parcours pittoresque
- Cours d'eau
- Point de vue

Très ancien bois de tourbière dans le musée de Céide Fields

Céide Fields ❶

Carte routière B2. 8 km à l'O. de Ballycastle, Co Mayo. *096 43325. depuis Ballycastle. de mi-mars à oct. : t.l.j. rez-de-chaussée.*

Entouré de landes et de montagnes, ce bout de la côte nord du Mayo est le plus vaste enclos européen de l'âge de la pierre. Ces 10 km² fermés par des murs étaient semés de blé et d'orge il y a 5 000 ans. Ces clôtures permettaient aussi de contenir le bétail. Les ruines des fermes laissent penser que les hommes y vivaient nombreux.

Aujourd'hui, la tourbière a tout recouvert. Cependant, à certains endroits les murs de pierres qui fermaient les champs ont été dégagés. Ils sont, bien sûr, d'une grande simplicité, mais des guides vous feront découvrir leurs principales caractéristiques. Des poteries de l'âge de la pierre et une charrue primitive ont été récemment découvertes. Le musée pyramidal offre de sa terrasse un panorama complet du site. La botanique et la géologie locales y sont présentées, notamment par des moyens audiovisuels.

Aux environs
Sur la côte qui borde le nord du Mayo s'étire le **North Mayo Sculpture Trail**. Douze sculpteurs venus de trois continents ont érigé leurs chefs-d'œuvre entre Ballina et Mullet Peninsula. Souvent de grande taille, ces quinze sculptures faites de matériaux naturels rehaussent la beauté sauvage des lieux.

Achill Island ❷

Carte routière A3. Co Mayo. *depuis Westport. juil.-août : The Sound (098 45384).*

Avec 22 km de longueur et 19 km de largeur, c'est la plus grande île au large de l'Irlande. Elle est accessible en voiture grâce à un pont qui se lève pour laisser passer les bateaux. Achill Island, qui allie landes, montagnes, falaises et plages, est le royaume des pêcheurs et des amateurs de sports nautiques.

Les automobilistes peuvent suivre l'**Atlantic Coast Drive**, un itinéraire en boucle balisé qui part d'Achill Sound, près du pont. Entre Doeega et Keel au sud-ouest, se dressent les spectaculaires falaises de Minaun Cliffs et Cathedral Rocks. Au nord, la montagne de Slievemore domine le village du même nom. Il fut abandonné lors de la Grande Famine *(p. 211)*. Au large de Keem Bay, à l'ouest, vivent des requins.

Le village fantôme de Slievemore sur Achill Island

Westport ❸

Carte routière B3. Co Mayo. *3 700. The Mall (098 25711). jeu.*

Westport est une petite ville prospère. Vers 1770, James Wyatt traça de larges rues bordées d'arbres, dont North Mall et South Mall de part et d'autre de la Carrowbeg. La ville était spécialisée dans la confection, la bière et l'ardoise. Toutefois, elle ne put résister à l'industrialisation et à la Grande Famine *(p. 211)*. Ce n'est que dans les années cinquante qu'elle retrouva son dynamisme, notamment grâce au tourisme.

L'*Ange de la bienvenue* au-dessus de l'escalier de Westport House

Au-delà de South Mall, Bridge Street est une rue animée bordée de pubs. Le plus connu est celui de Matt Molloy *(p. 320)*. L'illustre propriétaire est le flûtiste des Chieftains.

Westport House

Près de Louisburgh Rd. *098 25141. de mai à sept : t.l.j.*
À l'ouest de la ville s'étend l'estuaire de la Carrowbeg qui se jette dans Clew Bay. Au bout de cette baie se profile Westport House, résidence des

Au pied de Croagh Patrick, la statue de saint Patrick domine Clew Bay

comtes d'Altamont. La ville de Westport fut fondée vers 1750 par le premier Lord Altamont, John Browne, pour que cette maison soit moins isolée. Conçue en 1732 par Richard Castle, cette demeure qui se dresse à l'emplacement d'un château des O'Malley fut achevée en 1778 par James Wyatt. L'intérieur contient un bel escalier de marbre et une salle à manger signée du même James Wyatt. Elle est ornée de portraits de famille, de lustres en cristal de Waterford et de papiers peints chinois du XVIIIe siècle. Le domaine est malheureusement devenu une entreprise commerciale, avec son train miniature, son zoo pour enfants, etc.

Coupe en argent et chêne à Wesport House

Foxford 4

Carte routière B3. Co Mayo. *1 000.* *depuis Galway.* *Westport (098 25711).*

Cette bourgade est connue des pêcheurs à la ligne car elle est proche du Lough Conn, et elle est célèbre aussi pour ses tweeds. Dans le centre-ville se dresse la **Foxford Woolen Mills**, une lainerie fondée en 1892 par une religieuse, mère Arsenius (de son vrai nom, Agnès). Aujourd'hui, cette fabrique fournit surtout les grands couturiers. Un spectacle audiovisuel retrace son histoire, et vous pourrez en outre y voir des artisans au travail.

Foxford Woollen Mills

St Joseph's Place. *094 56756.* *t.l.j.* *ven. saint, 24 et 25 déc.*

Knock 5

Carte routière B3. Co Mayo. *440.* *15 km au nord de Knock.* *de mai à sept. : Knock (094 88193).*

En 1879, la Vierge, saint Joseph et saint Jean l'évangéliste apparurent à deux femmes de la région, là où se dresse l'église Saint-Jean-Baptiste. Treize autres personnes étaient présentes. Depuis, chaque année plus d'un million de pèlerins se rendent à Knock. Jean-Paul II vint en 1979, mère Teresa en 1993. Le point de rassemblement est la chapelle qui fut bâtie sur le lieu de l'apparition. Non loin se trouvent la basilique moderne de Notre-Dame et le reliquaire de Marian. Tout près se dresse le **Knock Folk Museum**, un musée consacrée à la vie rurale en Irlande au XIXe siècle, présentant un cottage, une salle de classe d'époque et une exposition sur l'apparition de Knock.

Bouteilles d'eau bénite en vente au lieu saint de Knock

Knock Folk Museum

094 88100. *de mai à oct. : t.l.j. ; de nov. à avril : sur r.-v.*

Croagh Patrick 6

Carte routière B3. Murrisk, Co Mayo. *depuis Westport.*

Cette montagne sacrée porte le nom du saint *(p. 273)* qui évangélisa l'Irlande. Vue depuis le bas, elle ressemble à un cône, mais cette impression disparaît lorsqu'on la gravit, car, en fait, son sommet est assez plat. Ce mont de quartzite était un lieu de culte en 3000 av. J.-C. En 441, saint Patrick y aurait passé 40 jours sans manger, en consacrant tout son temps à prier pour les Irlandais.

Depuis lors, des pénitents, souvent nu-pieds, gravissent la montagne. Vous pourrez en voir surtout le dernier dimanche de juillet. Le départ a lieu au pub Campbel à Murrisk, près de la statue de saint Patrick. L'ascension dure deux heures. La messe est ensuite célébrée dans la chapelle moderne bâtie au sommet. Du haut de ses 765 m, Croagh Patrick domine Clew Bay. Récemment, l'idée d'ouvrir des mines d'or et de bauxite dans la montagne a soulevé un tollé général.

Clare Island ❼

Carte routière A3. Co Mayo. *180. depuis Roonagh Quay, 6,5 km à l'ouest de Louisburgh. Westport.*

Clare Island se trouve à quelques encablures de Clew Bay. Cette baie est dominée par deux collines et une forteresse carrée du XVe siècle. Au XVIe siècle, l'île de Clare était le fief de Grace O'Malley, la femme pirate qui « régnait » sur la côte ouest. Selon des archives, elle aurait été reçue par Élisabeth Ire. Néanmoins, cette femme se battit contre la Couronne anglaise jusqu'à sa mort en 1603. Elle fut enterrée sur l'île dans une petite abbaye cistercienne où est inscrite sa devise : « Invicible sur terre comme sur mer ».

Gardée par des forts, Clare Island est dotée de huttes et de systèmes de culture de l'âge de la pierre, et de sites destinés à la cuisine datant de l'âge du bronze *(p. 162)*. De nombreux promeneurs viennent à Clare découvrir la flore et la faune des tourbières.

Aux environs

Sur le continent, le village côtier de **Louisburgh** offre un paysage accidenté avec des plages abritées. Les exploits de Grace O'Malley sont contés au **Granuaile Centre**. Vous y découvrirez aussi le folklore et l'archéologie du Mayo.

Le ferry pour Inishbofin quitte le port de Cleggan

Granuaile Centre

St Catherine's Church, Louisburgh.
098 66195. de mai à oct. : t.l.j.

Inishbofin ❽

Carte routière A3. Co Galway. *200. depuis Cleggan. Clifden.*

Le nom d'Inishbofin signifie « île de la vache blanche ». Cette île mystérieuse fut choisie en raison de son éloignement par saint Colman au VIIe siècle. À l'emplacement du premier monastère se trouvent une église de la fin du Moyen Âge, un cimetière et un puits sacré. Le port abrité est dominé par un château en ruine. Le pirate espagnol Don Bosco y vécut avec Grace O'Malley au XVIe siècle. En 1653, les armées de Cromwell s'en emparèrent et y emprisonnèrent les prêtres catholiques. Aujourd'hui, l'île vit de l'agriculture et de la pêche du homard.

Cernée d'écueils et d'îlots, l'île est hérissée de murs de pierres et de petits cottages abandonnés. Plages, lacs bordés de roseaux, prairies survolées par les râles des genêts *(p. 16)* sont autant de motifs de promenades.

Clifden adossée à la chaîne des Twelve Bens

Clifden ❾

Carte routière A3. Co Galway. *800. de mai à sept. : Market St (095 21163). mar.*

Cette petite ville s'étire au pied des Twelve Bens. Son église surmontée de deux flèches semble elle aussi se hisser vers le ciel. Considérée comme la capitale du Connemara, Clifden est un excellent point de départ pour visiter la région. La ville fut fondée en 1812 par John d'Arcy, un propriétaire de la région, représentant de la Couronne à Galway. Il entendait créer une localité respectable au Connemara où régnait le plus grand désordre. En fait, la famille d'Arcy se ruina pour apporter la prospérité et l'ordre à Clifden. L'église protestante abrite une copie de la croix de Cong *(p. 65)*. À présent, des boutiques d'artisanat ont envahi la ville. Au centre se trouve le Square, une place bordée de pubs animés comme E. J. Kings *(p. 320)*. Tout près vous attend l'O'Grady Seafood Restaurant *(p. 313)*, l'un des meilleurs restaurants de fruits de mer des environs. Bien que le Connemara soit la région du *sean-nos* (chant a cappella), la musique traditionnelle est toujours appréciée à Clifden.

Le Connemara

Cette région sauvage, située à l'ouest de Galway, allie tourbières, montagnes et côtes dentelées. Les principaux sites sont le Connemara National Park et Kylemore Abbey *(p. 200)*. Ceux qui n'ont pas de voiture peuvent faire la visite en car depuis Galway ou Clifden *(p. 360)*.

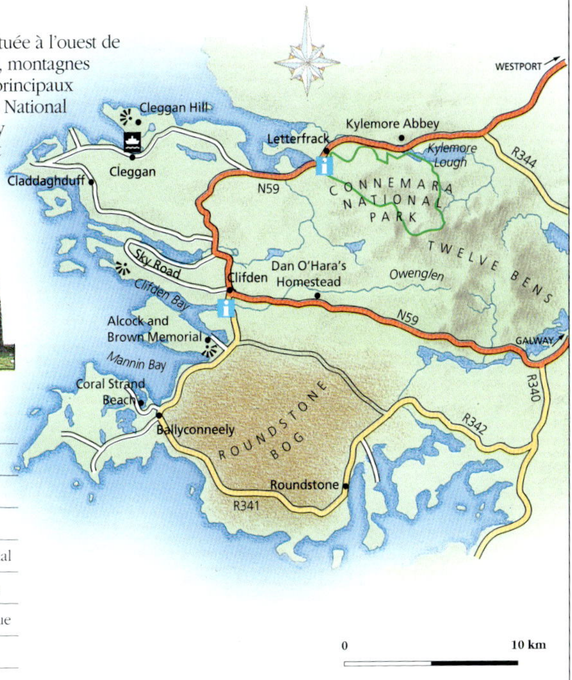

Cottage du Connemara

Légende

- Route principale
- Route régionale
- Route secondaire
- Limite du parc régional
- Ferry pour Inishbofin
- Information touristique
- Point de vue

Depuis Clifden Square, des panneaux vous indiquent le chemin pour **Clifden Bay** et sa plage. Au sud de Clifden, au début de Roundstone Road, coule Owenglen Cascade, où, pour la plus grande joie des pêcheurs, des saumons remontent le courant au mois de mai.

Aux environs

Sky Road est une route circulaire de 11 km de long qui donne sur l'océan. Au nord-ouest de Clifden, elle traverse des paysages sauvages jusqu'à l'étroite entrée de Clifden Bay. Là, vous pourrez admirer les plages et Clifden Castle, le château néo-gothique de John d'Arcy. La route côtière au nord de Clifden longe des anses qui furent jadis des repaires de contrebandiers. Elle dessert Claddaghduff, puis **Cleggan**, un joli village de pêcheurs. Des bateaux pour Inishbofin et Inishturk mouillent dans son port, blotti au fond de Cleggan Bay. Notez la tour Martello qui se dresse au sommet de **Cleggan Hill** et la tombe mégalithique au pied de cette même colline. Au sud de Clifden, une route file vers Roundstone à travers une tourbière où miroitent de petits lacs. L'**Alcock and Brown Memorial** fut érigé là où atterrirent Alcock et Brown en 1919. C'était la première fois qu'un avion franchissait l'Atlantique sans escale. Tout près se trouve la station d'où Marconi établit en 1907 la première liaison radio avec la Nouvelle-Écosse (Canada). La région de **Ballyconneely** est connue pour ses îlots et **Coral Strand Beach**, sa plage magnifique. Le village de **Roundstone** s'anime l'été lorsque se rassemblent les voiliers de Galway *(p. 203)*.

Non loin de Clifden, à l'est, **Dan O'Hara's Homestead** au cœur d'un paysage rocheux et sauvage est une ferme recréant la dure vie des paysans avant 1840. Musique traditionnelle et promenades à poney accentuent l'atmosphère d'antan.

La côte vue depuis Sky Road

Dan O'Hara's Homestead
Heritage Centre, Lettershea, N59. *095 21246.* *d'avril à sept. t.l.j.*

Kylemore Abbey fait miroiter sa grandeur dans les eaux du Kylemore Lough

Kylemore Abbey ⑩

Carte routière A3. Connemara, Co Galway. *095 41146.* *depuis Galway et Clifden.* *de mars à oct. : t.l.j.* *limité.*

Bâti au pied des Twelve Bens, ce château néo-gothique se reflète dans un beau lac. Mitchell Henry (1826-1911), magnat de Manchester qui représenta Galway au Parlement, le fit construire pour son épouse. Les Henry achetèrent aussi une vaste étendue de lande qu'ils plantèrent de milliers d'arbres afin d'empêcher le vent de ruiner leurs vergers et leurs jardins exotiques. Après la mort soudaine de sa femme et de sa fille, Henry quitta Kylemore et vendit le château.

Transformé en abbaye, des bénédictines qui fuirent la Belgique lors de la Première Guerre mondiale y trouvèrent refuge. Aujourd'hui, l'abbaye est devenue une école de jeunes filles dirigée par des sœurs. Ainsi, vous n'aurez accès qu'au domaine, au restaurant et aux échoppes d'artisans où vous verrez de jolis pots.

Dans le parc, fuchsias et rhododendrons égayent les rives du lac. Dans ses eaux calmes se mire une chapelle néo-gothique, réplique en miniature de la cathédrale de Norwich.

Connemara National Park ⑪

Carte routière A3. Letterfrack, Connemara, Co Galway. *095 41054.* **Visitors' Centre** *de mai à sept. : t.l.j.*

Tourbières, lacs et montagnes sont protégés dans ce parc national de plus de 2 000 hectares. Il comprend quatre monts de la chaîne des Twelve Bens, dont le pic de Diamond Hill et le Benbaun, le plus haut de tous (730 m). Au centre s'étend la vallée de Glanmore arrosée par la rivière Polladirk. Outre les paysages, les visiteurs peuvent aussi admirer les poneys du Connemara.

Un bout du parc fit partie du domaine de Kylemore Abbey jusqu'en 1980, avant de devenir un parc national. Des tombes mégalithiques du parc prouvent que des hommes vivaient là il y a 4 000 ans. Vous remarquerez aussi d'anciens murets délimitant pâturages et terres arables.

Le parc est ouvert toute l'année, mais le Visitors' Centre proche de l'entrée, non loin de Letterfrack, n'ouvre que l'été. Il abrite une exposition sur l'évolution du paysage, la faune et la flore locales. En outre, ce musée est doté d'une salle de spectacles audiovisuels et d'une aire de pique-nique intérieure. Deux circuits balisés partent du Visitors' Centre. L'été, les promenades sont parfois guidées par des botanistes. Les activités pour les enfants sont nombreuses. L'ascension des Twelve Bens est réservée aux randonneurs équipés pour tous les temps.

La faune et la flore du Connemara

Les tourbières et les landes du Connemara sont le paradis des botanistes. Y vivent différents oiseaux : corneilles mantelées reconnaissables à leur plumage gris et noir, traquets, pèlerins et émerillons (les plus petits faucons des îles britanniques). Les cerfs qui ont été réintroduits dans cette région vivent en harde dans le parc national. Blaireaux, renards, hermines et loutres pullulent. Quant aux phoques gris, ils peuplent la côte atlantique.

L'émerillon *niche dans les vieux massifs de bruyères. Il se nourrit de petits oiseaux.*

La bruyère d'Irlande *ne pousse que sur les terres humides du Connemara.*

Cong ⓬

Carte routière B3. Co Mayo. *200. Galway (091 63081).*

Ce village pittoresque se dresse sur la rive du Lough Corrib, dans le comté de Mayo. Le village, dont le nom signifie isthme, est situé sur une bande de terre entre Lough Corrib et Lough Mask. Dans les années 1840, lors de la Grande Famine, un canal fut réalisé pour relier ces deux lacs. Mais l'eau pénétra dans le lit calcaire poreux. Le long du canal à sec, on peut encore voir des ponts et des écluses de pierre.

Cong Abbey se dresse près de la rue principale. Cette abbaye augustinienne fut fondée au début du XIIe siècle par Turlough O'Connor, roi de Connaught et roi suprême d'Irlande. Au même endroit, saint Fechin avait fondé un monastère au VIe siècle. L'abbaye est dotée de portes qui marquent le passage du roman au gothique. La croix processionnelle de Cong qui appartenait à cette abbaye est désormais au National Museum *(p. 64-65)* de Dublin. Les ruines les plus fascinantes sont celles du chapitre, des ponts de pierre et de la maison surplombant la rivière où pêchaient les moines ; par un ingénieux système, une cloche sonnait dans la cuisine quand un poisson mordait à l'hameçon.

Porte sculptée du XIIe siècle de Cong Abbey

Au sud de Cong se dessine **Ashford Castle**, un château restauré dans le style néo-gothique vers 1870 par Lord Ardilaun, membre de la famille Guinness. C'est désormais l'un des plus beaux hôtels d'Irlande *(p. 284)*. Le domaine peut être visité en bateau depuis Galway ou Oughterard. Cong servit de décor à *L'homme tranquille*, un film de 1952 où jouait John Wayne. Les circuits « Quiet Man » couvrent les lieux du tournage près du château.

Lough Corrib ⓭

Carte routière B3. Co Galway. *depuis Galway et Cong. depuis Oughterard et Wood Quay, Galway. Oughterard (091 82808).*

Véritable paradis des pêcheurs à la ligne, ce lac est très apprécié des Irlandais. Bien qu'il soit proche de Galway, le Lough Corrib est un havre de paix plein de petites îles désertes. Sur l'une d'elles, **Inchagoill**, se dressent une église romane et les ruines d'un des plus vieux monastères d'Irlande. Les roseaux de la berge sont le refuge des cygnes et des foulques.

Le lac est plus romantique encore pour qui le découvre d'un bateau. De Galway, des croisières vous feront découvrir un fort de l'âge de la pierre, des carrières de calcaire et les remparts de Menlo Castle. Les plus longues continuent vers Cong.

Vue du Lough Corrib depuis Oughterard sur la rive nord-ouest

Aux environs

Sur les rives du Lough Corrib, **Oughterard** est « la porte du Connemara ». Le village regorge d'échoppes d'artisans, de cottages aux toits de chaume et de pubs chaleureux. C'est aussi un centre de golf, de pêche et de randonnées. Vous pouvez aussi flâner au bord de la rivière vers la chute d'eau à l'ouest du village.

À environ 4 km au sud-est d'Oughterard (quittez la N 59) se dresse **Aughnanure Castle**, une maison forte de six étages sur une île rocheuse de la Drimneen. Le château, construit par le clan O'Flaherty, se trouve au même emplacement qu'un premier château datant de 1256. Le clan régna sur l'ouest du Connaught du XIIIe au XVIe siècle. Il contrôlait la région qui s'étend du Lough Corrib à Galway. Grâce à leur maison forte, les O'Flaherty purent résister aux Britanniques au XVIe siècle. En 1545, Donal O'Flaherty épousa la femme pirate Grace O'Malley *(p. 198)*. Cette maison forte est dotée d'une double enceinte *(p. 18)* et d'une meurtrière qui permettait de lancer des projectiles sur les envahisseurs.

Aughnanure Castle

Oughterard. *091 82214. de mi-juin à mi-sept. : t.l.j. limité.*

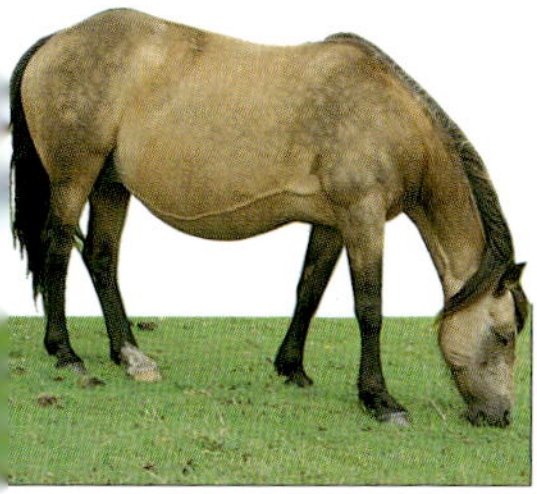

Les poneys du Connemara *descendraient de chevaux arabes qui auraient gagné l'île lors du naufrage de l'Invincible Armada.*

Les fuchsias *recouvrent les haies grâce au climat tempéré du Connemara.*

Galway ⓮

Enseigne avec la bague de Claddagh

Ville universitaire tournée vers l'avenir, Galway est pourtant en plein cœur de l'Ouest authentique. Place commerciale importante sous les Anglo-Normands, Galway obtint en 1396 une charte d'autonomie. Ainsi, pendant deux siècles, fut-elle contrôlée par quatorze familles ou « tribus » de marchands. La ville prospéra sous la domination anglaise, mais Galway paya cher son allégeance à Charles Ier. Cromwell, ennemi du roi, la fit anéantir en 1652. Après la bataille de la Boyne *(p. 236)*, la cité, incapable de concurrencer les villes commerçantes de la côte est, commença à décliner.

L'intérieur de The Quays, pub et restaurant de fruits de mer

Maisons sur les rives de la Corrib

À la découverte de Galway

Le centre de Galway est traversé par la Corrib qui coule depuis Lough Corrib *(p. 201)* jusqu'à la baie de Galway. Les ruelles tortueuses de cette ville, jadis fortifiée, ont été joliment restaurées depuis les années soixante-dix. En raison de sa petite superficie, vous pourrez facilement visiter Galway à pied. Ne manquez pas de vous arrêter dans les boutiques, les pubs et aux sites historiques.

Eyre Square

Cette place bordée de bâtiments, pour la plupart du XIXe siècle, est agrémentée d'un parc agréable. Au nord-ouest de la place se trouve **Browne Doorway**, un porche du XVIIe siècle. Tout près, vous découvrirez deux canons de la guerre de Crimée et une fontaine ornée d'une sculpture représentant un voilier de Galway. L'**Eyre Square Centre** est un centre commercial moderne. Toutefois, il englobe d'anciens remparts. Des passages relient les tours Shoemakers et Penrice, du XVIIe siècle.

Latin Quarter

Depuis Eyre Square, William Street et Shop Street sont les principales voies d'accès au « quartier latin ». Au coin d'Abbeygate Street Upper et de Shop Street se dressait naguère **Lynch's Castle**, le plus grand hôtel particulier bâti au XVIe siècle à Galway, aujourd'hui transformée en banque. Elle appartenait à la famille Lynch, l'une des quatorze « tribus ».

Une rue latérale mène à **Collegiate Church of St Nicholas**, le plus bel édifice médiéval de Galway.

Armoiries de la famille Lynch à Lynch's Castle

Cette église construite en 1320 fut agrandie aux XVe et XVIe siècles. Elle fut endommagée par les armées de Cromwell qui l'utilisèrent comme écurie. La porte ouest du XVe siècle est remarquable, tout comme les gargouilles.

Quay Street est bordée de restaurants et de pubs, dont **The Quays** *(p. 320)*. Tí Neachtain est une superbe demeure qui appartint à « Humanity Dick », un parlementaire du XVIIIe siècle qui milita contre la cruauté envers les animaux. Aujourd'hui, la maison fait restaurant et pub *(p. 320)*. Tout près se trouvent deux théâtres, le Taidbhdhearc et le Druid *(p. 328)*.

Le nord de Galway

La **Cathedral of St Nicholas** (1965), bâtie en calcaire local et en marbre du Connemara, domine la rive ouest. De là, vous pouvez contempler Wood Quay d'où

Repas à la terrasse d'un des cafés cosmopolites de Shop Street

Les voiliers de Galway

Ces voiliers de bois traditionnels, qui ornent le blason de la ville, étaient appelés *pucans* et *gleotogs*. Ils sont dotés de larges coques noires, de mâts solides et de voiles blanches ou rouille. Jadis répandus dans la région de Claddagh, ils voguaient aussi le long de la côte pour transporter la tourbe, le bétail et la bière. Ces voiliers participent au rassemblement du Cruinniú na mBád à Kinvarra *(p. 204)*.

Petit voilier de Galway devant les anciens quais et Spanish Arch

Mode d'emploi

Carte routière B4. Co Galway. *52 000. Carnmore, 11 km au NE de Galway. Ceannt Station (091 64222). Ceannt Station (091 63555). Victoria Place, Eyre Square (091 63081). sam. Galway Arts Festival (fin juil.) ; Galway Races (fin juil.) ; Galway Oyster Festival (fin sept.).*

partent les excursions en bateau sur le Lough Corrib *(p. 201)*. Plus à l'ouest s'étend **University College Galway**. Sous le pont de Salmon Weir Bridge, vous verrez en mai les saumons qui remontent la Corrib.

Les Old Quays
La **Spanish Arch** qui enjambe la Corrib fut érigée en 1584 pour défendre le port alors situé hors de la ville. Les marins espagnols y déchargeaient leurs marchandises. Depuis les anciens quais, vous pouvez flâner sur Long Walk.

Le Claddagh
Au-delà de la Spanish Arch, sur la rive ouest de la Corrib, s'étend le Claddagh. Le nom de ce village vient d'*An Cladach* qui signifie « rive plate et caillouteuse ». Depuis le Moyen Âge, cette communauté de pêcheurs très indépendante fut gouvernée par un « roi » ou « maire » – le dernier mourut en 1954. Seuls souvenirs de cette communauté gaélique très soudée, les pubs et les anneaux de Claddagh *(p. 326)*.

Aux environs
À l'ouest de Galway se trouve la station balnéaire de **Salthill**. L'été, les plages situées à Palmer's Rock et Grattan Road sont très fréquentées par les familles.

Spanish Arch domine les anciens quais

Le centre de Galway

Browne Doorway ④
Cathedral of St Nicholas ①
Le Claddagh ⑦
Collegiate Church of St Nicholas ②
Lynch's Castle ③
Les Old Quays ⑤
Spanish Arch ⑥

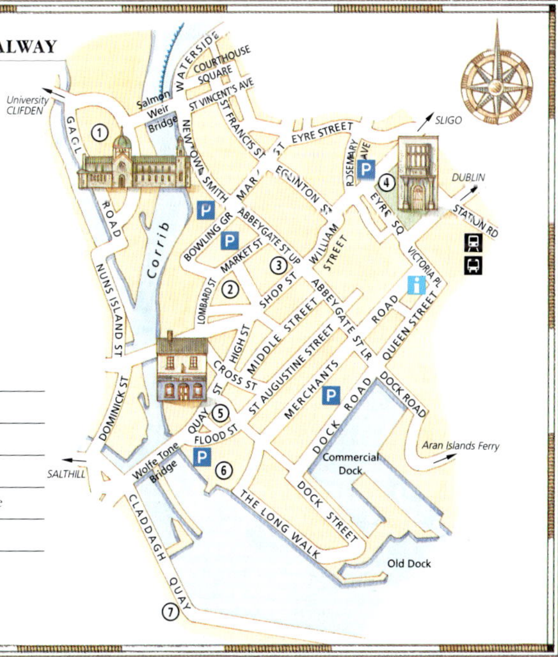

Légende

- Gare ferroviaire
- Gare routière
- Parc de stationnement
- Information touristique
- Barrage à saumons

0 — 200 m

Peinture murale du centre de Kinvarra représentant une devanture

Aran Islands 15

Voir p. 206-207

Kinvarra 16

Carte routière B4. Co Galway.
430. *Galway (091 63081).*

Kinvarra est l'un des plus jolis villages de pêcheurs de la baie de Galway. Son port abrité, envahi par les algues, est resté traditionnel. Depuis le Moyen Âge, sa richesse est liée au puissant monastère de Kilmacduagh dont il dépendait.

La jetée est bordée de cottages de pêcheurs. Kinvarra reste toujours une escale pour les voiliers traditionnels de Galway *(p. 203)*. Le village s'anime en août lors du célèbre rassemblement de bateaux, le Cruinniú na mBád festival. Le reste de l'année, vous pouvez suivre les itinéraires historiques ou vous promener dans la nature. Sur la côte nichent entre autres sarcelles, courlis et huîtriers.

Aux environs
Au nord de Kinvarra, **Dunguaire Castle** monte la garde sur un promontoire de la baie de Galway. Ce château domine les toits de chaume des cottages et un pont de pierre. Dunguaire Castle porte le nom du roi Guaire de Connaught qui vécut au VIIe siècle. Sa cour était réputée pour ses bardes et balladins. Des vestiges médiévaux sont parvenus jusqu'à nous. Plus récent, le château actuel, une maison forte *(p. 18)* ornée de mâchicoulis élaborés, date du XVIe siècle. La salle des banquets est toujours utilisée pour des « festins médiévaux » où les hôtes sont bercés par la harpe celtique et la poésie de W. B. Yeats.

Dunguaire Castle
091 37108. *mi-avril à sept.*

Kilmacduagh 17

Carte routière B4. Hors de Gort sur Corofin Rd, Co Galway. *jusqu'à Gort.* *t.l.j.*

Ce monastère fut bâti à environ 5 km au sud-ouest de Cork, à la limite des comtés de Clare et de Galway. Loin de tout, il procure un sentiment d'isolement, renforcé par le paysage lunaire du Burren à l'ouest *(p. 178-180)*. Il aurait été fondé par saint Colman MacDuagh au début du VIIe siècle. En fait, Kilmacduagh doit plus à la vague des restaurations des monastères qui commença au XIe siècle.

Au centre de ce vaste site se dresse une tour ronde, légèrement penchée, qui daterait du XIe ou du XIIe siècle. À côté se trouve le Teampall, une cathédrale à ciel ouvert. Bâtie avant l'époque normande, elle fut modifiée par la suite dans le style gothique flamboyant. L'intérieur abrite des tombes finement sculptées. Aux alentours, on peut voir les vestiges de plusieurs églises qui dépendaient naguère du monastère. Au nord-est du Teampall se dessine le Glebe médiéval ou Abbot's House, variante d'une maison forte *(p. 18)* du XIVe ou du XVe siècle.

Thoor Ballylee 18

Carte routière B4. Gort, Co Galway.
091 31436. *jusqu'à Gort.* *de Pâques à sept. : t.l.j.* *limité.*

Dans les années vingt, cette maison forte fut la résidence d'été du poète W. B. Yeats *(p. 20-21)*. Il se rendait souvent à Coole Park, tout proche, où résidait son amie Lady Gregory (1852-1932) avec qui il fonda en 1898 le célèbre Abbey Theatre *(p. 86)*.

C'est lors d'une de ces visites que Yeats découvrit Ballylee Castle. Il fut fasciné par cette tour du XIVe siècle, autrefois propriété de la famille de Burgo. Elle domine un cottage douillet avec un jardin clos et un cours d'eau. En 1902, la

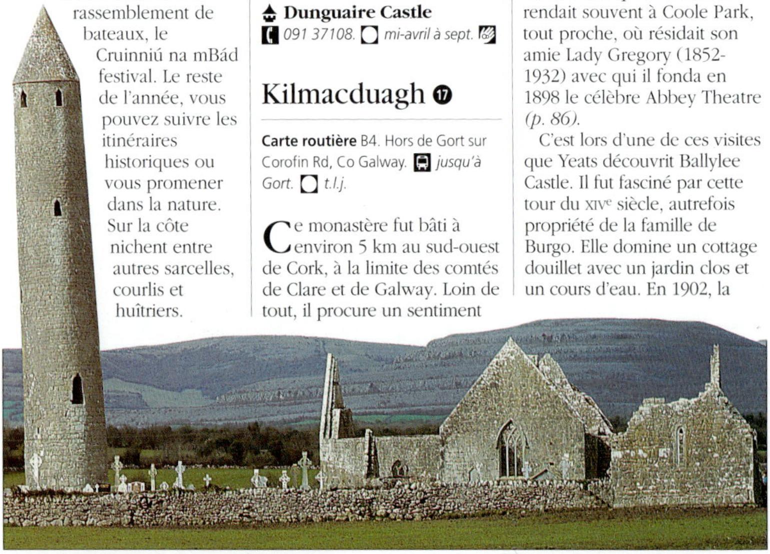
Les vestiges du monastère de Kilmacduagh avec la tour ronde et la cathédrale

tour et le cottage furent achetés par Lady Gregory, qui les vendit à Yeats en 1916. Depuis 1919, sa famille a partagé son temps entre Dublin et Thoor Ballylee. Yeats signa un recueil de poèmes, *La tour* (1928), largement inspiré par ce château.

Certes, aujourd'hui des techniques audiovisuelles permettent de compléter la visite poétique de Yeats, mais rien ne vaut la tour elle-même et son superbe escalier de pierre en colimaçon. Depuis les remparts, la vue sur les champs et les forêts est magnifique.

Aux environs

Au nord de Gort se trouve **Coole Park**, la demeure de Lady Gregory. Bien que la maison ait été détruite dans les années cinquante, il reste la ferme, qui a été restaurée. Dans le parc pousse un hêtre rouge, le fameux « arbre des autographes » sur lequel George Bernard Shaw, J. M. Synge *(p. 20-21)* et Jack Yeats *(p. 68)* entre autres gravèrent leurs initiales. La ferme abrite une exposition qui porte plus sur la nature que sur la littérature. De là partent deux promenades balisées. L'une fait le tour des jardins et l'autre serpente entre les noisetiers, les bouleaux et les frênes jusqu'au lac.

Coole Park

3 km au N.-E. de Gort. *091 31804.* *de mi-avril à sept.* *limité.*

Thoor Ballylee, la résidence d'été de W. B. Yeats

Des îles rondes et boisées se reflètent dans le lac de Coole Park

Portumna ⓳

Carte routière C4. Co Galway. *1 000.* *Galway (091 63081).* *ven.*

Portumna est une vieille ville commerçante dont les nombreux monuments ont été récemment restaurés. Situé sur les bords du Lough Derg, elle offre un bon port pour naviguer sur le Shannon *(p. 177)*. Son château du XVIIe siècle, **Portumna Castle**, était la principale résidence des Burgo. Partiellement restauré, il possède une façade symétrique et des stucs raffinés à l'intérieur. Le château domine des jardins sagement ordonnés.

Tout près se dressent les vestiges de **Portumna Priory** qui, pour la plupart, datent de 1414, année où des dominicains fondèrent ce prieuré. Néanmoins, il reste aussi des ruines d'une abbaye cistercienne plus ancienne. Le domaines des Burgo qui s'étend à l'ouest est devenu le **Portumna Forest Park**.

Clonfert Cathedral ⓴

Carte routière C4. Clonfert, Co Galway. *t.l.j.*

Dominant une extension du Shannon le long des tourbières des Midlands, cette petite cathédrale est l'un des trésors de l'architecture romane irlandaise. Elle fut bâtie à l'emplacement d'un ancien monastère fondé par saint Brendan en 563.

Bien qu'il fût très érudit et qu'il ait fondé nombre de monastères, saint Brendan est plus connu par ses voyages. Ils furent relatés dans *Navigatio Sancti Brendani*, un ouvrage écrit vers 1050, dont il reste des manuscrits en diverses langues. « Le grand navigateur » aurait visité le pays de Galles, les Orcades, l'Islande et peut être même la côte est de l'Amérique du Nord. Ses traversées ont été refaites sur un même type d'embarcation *(p. 182)* par des explorateurs qui voulaient démontrer que saint Brendan avait peut-être devancé Christophe Colomb de 900 ans.

Visages sculptés sur le tympan de Clonfert Cathedral

Le joyau de Clonfert est son portail de pierre sculpté. L'arc au-dessus de la porte est orné de têtes d'hommes et d'animaux, de feuilles et de motifs symboliques. Les sculptures du tympan triangulaire qui domine l'arc représentent d'étranges visages. Le chœur est ajouré à l'est de fenêtres du XIIIe siècle, qui sont autant de superbes exemples du roman tardif irlandais. L'arc du XVe siècle est orné de sculptures de sirène et d'anges. La construction de Clonfert a duré plusieurs siècles, et pourtant la beauté de l'église repose sur un grand sens de l'unité.

Aran Islands ⓯

Calèche d'Inishmore

Les trois îles Aran, Inishmore, Inishmaan et Inisheer, sont des formations d'une crête calcaire. La plus grande, Inishmore, fait 13 km de long et 3 km de large. Le paysage austère sillonné de murets de pierres, les côtes superbes, les falaises vertigineuses et les forts de pierre préhistoriques sont les principaux attraits de ces îles. Saint Enda, au Vᵉ siècle, les évangélisa, ce qui marque le début d'une longue tradition monastique. Protégées pendant des siècles par leur isolement, elles sont aujourd'hui un bastion de la culture irlandaise. Les insulaires y vivent essentiellement de l'agriculture, de la pêche et du tourisme.

Les vertigineuses falaises de Dún Aonghasa

Clochán na Carraige est une grande hutte en forme de ruche *(p. 19)*, probablement bâtie par les premiers chrétiens de l'île.

Dún Eoghanachta est un fort de pierre circulaire du Iᵉʳ siècle av. J.-C. avec un unique mur soutenu à l'intérieur.

Na Seacht dTeampaill
Lesdites sept églises formaient un monastère dédié à saint Brecan. Bâties entre le IXᵉ et le XVᵉ siècle, certaines doivent être des dépendances.

★ Dún Aonghasa
Ce fort (p. 18) *de l'âge du fer ou du bronze, bâti sur un promontoire, a quatre murs de pierre concentriques. Il est aussi protégé par un anneau de pierres pointues coupantes comme des rasoirs.*

Les traditions des îles Aran

Costume des îles d'Aran

Les îles sont connues pour leurs tricots *(p. 324)* et leurs costumes traditionnels. Les femmes sont encore vêtues de jupes de flannelle rouges et de châles faits au crochet. Les hommes portent des vestes de tweed sans manches et des ceintures tricotées de couleurs vives. Depuis des siècles, les insulaires fabriquent les *currachs*. Très légers, ces bateaux glissent sur les vagues, mais peuvent transporter une lourde charge.

Currach **fait de toile goudronnée**

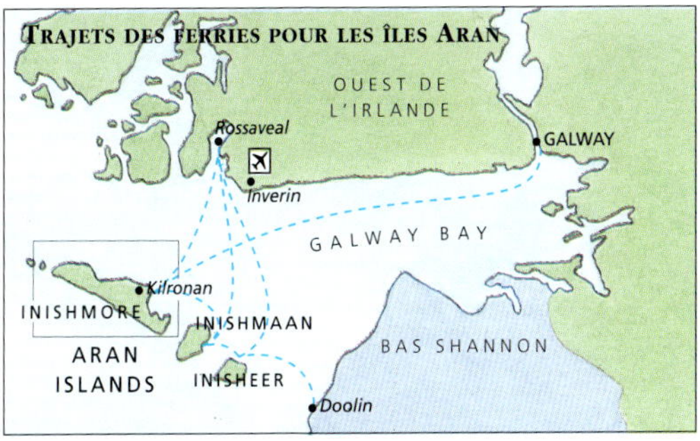

Mode d'emploi

Carte routière A4, B4. Co Galway. *1 500.* *depuis Connemara Airport, Inverin (091 93034).* *depuis Rossaveal :* ***Island Ferries*** *(091 61767),* ***Aran Ferries*** *(091 68903) ; depuis Galway :* ***O'Brien Shipping*** *(091 67676), Aran Ferries ; depuis Doolin :* ***Doolin Ferry Company*** *(065 74455). Les ferries partent au moins une fois par jour l'hiver, plusieurs fois par jour l'été. Certains font les trois îles. Téléphoner pour informations. Voitures non admises sur les îles. À Kilronan, location de bicyclettes et de calèches, tours en minibus (099 61169).* *de mai à sept. : Kilronan, Inishmore (099 61263).*
Aran Heritage Centre Kilronan. *099 61355.* *de juin à sept. : de 10 h à 19 h t.l.j. ; avril, mai et oct. : de 11 h à 17 h t.l.j.*

Kilmurvy Beach
Cette plage de sable abritée, à l'est de Kilmurvy, est appréciée des nageurs. La ville, paisible, est proche des principaux sites de l'île.

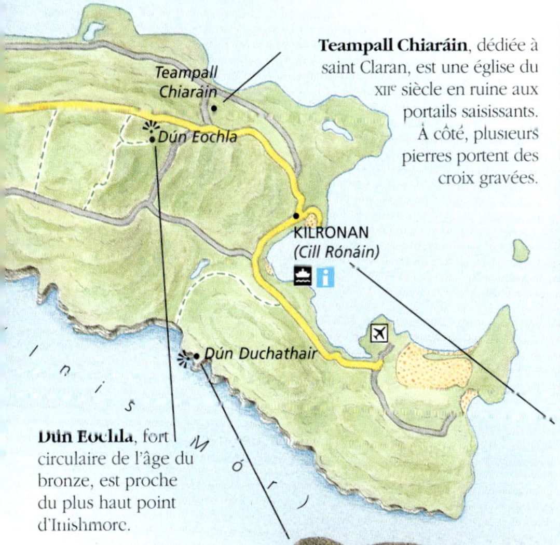

Teampall Chiaráin, dédiée à saint Claran, est une église du XIIe siècle en ruine aux portails saisissants. À côté, plusieurs pierres portent des croix gravées.

Dún Eochla, fort circulaire de l'âge du bronze, est proche du plus haut point d'Inishmore.

★ Kilronan
Principal port des îles Aran, cette localité animée possède des calèches et des minibus attendant près de la jetée pour faire le tour de l'île. On peut aussi louer des vélos. L'Aran Heritage Centre présente une exposition traitant du mode de vie menacé des îles.

Légende

- Route principale
- Route secondaire
- Chemin
- Plage
- Aéroport
- Embarcadère de ferries
- Information touristique
- Point de vue

0 2 km

★ Dún Duchathair
Bâti sur un promontoire, cet ouvrage de l'âge du fer, doté de remparts en pierre, est appelé Black Fort.

À ne pas manquer

- ★ Kilronan
- ★ Dún Aonghasa
- ★ Dún Duchathair

Un fermier d'Inishmore, la plus grande des îles Aran ▷

Le mur est et la loge de Roscommon Castle

Turoe Stone ㉑

Carte routière B4. Turoe, Bullaun, Loughrea, Co Galway. *0905 42140.* *d'avril à oct. : t.l.j. ; de nov. à mars : groupes sur r.-v.*

La Turoe Stone se trouve au centre d'un vaste parc, le Turoe Pet Farm and Leisure Park, près du village de Bullaun (sur la R 350). Ce bloc de granite blanc de 1 m de haut date du IIIe ou du IIe siècle av. J.-C. Sa partie supérieure est gravée de motifs curvilignes de style celte. Ces motifs ornent d'autres sites celtes d'Europe, notamment en Bretagne. La partie inférieure lisse comporte une bande gravée. La pierre fut découverte dans un cercle voisin datant de l'âge de la pierre. On pense qu'elle aurait servi lors de rituels de fertilité.

Le parc qui entoure la Turoe Stone est surtout destiné aux enfants. À la ferme (Pet Farm), ils découvriront animaux domestiques, oies et canards près de la mare. Les distractions pour tous ne manquent pas : promenade le long de la rivière (prévoyez de grosses chaussures à cause de la boue), aire de pique-nique, terrain de jeux et salons de thé.

La Turoe Stone gravée d'élégants motifs celtes

Roscommon ㉒

Carte routière C3. Co Roscommon. *3 500.* *de juin à sept. : Harrison Hall (0903 26342).* *ven.*

La capitale du comté est une ville commerçante dotée de sites dispersés. Dans Main Street se trouve l'ancienne prison dont le dernier bourreau fut une femme, « Lady Betty ». Condamnée pour avoir tué son fils en 1780, elle fut grâciée à condition de devenir bourreau, fonction qu'elle exerça pendant trente ans.

Au sud du centre-ville, tout près d'Abbey Street, Felim O'Conor, roi de Connaught, fonda en 1253 un **monastère dominicain**. Son effigie (XIIIe siècle) orne le mur nord du chœur.

Roscommon Castle, une forteresse anglo-normande, domine le nord de la ville. Elle fut bâtie en 1269 par Robert d'Ufford, un haut magistrat d'Irlande. Détruite par les Irlandais dirigés par Hugh O'Conor, roi de Connaught, elle fut reconstruite en 1280. Le château rectangulaire est percé de fenêtres à meneaux du XVIe siècle.

Clonalis House ㉓

Carte routière B3. Castlerea, Co Roscommon. *0907 20014.* *de juin à mi-sept. : du mar. au dim.* *rez-de-chaussée.*

Ce manoir victorien se trouve à la sortie de Castlerea. Ce fut le fief des O'Conor, derniers rois suprêmes d'Irlande et rois de Connaught. La lignée de ce vieux clan gaélique remonte à 1 500 ans. Les ruines de leur demeure du XVIIe siècle se dressent sur le domaine. Sur la pelouse se trouve la pierre des O'Conor qui date de 90 av. J.-C.

L'intérieur est doté d'une entrée vénitienne, d'une bibliothèque riche en ouvrages sur l'histoire de l'Irlande et d'une chapelle. Vous pourrez aussi admirer, dans la galerie, les portraits de famille. Dans la salle de billard, la harpe fut utilisée par Turlough O'Carolan (1670-1738) le dernier barde gaélique *(p. 22)*.

Strokestown Park House ㉔

Carte routière C3. Strokestown, Co Roscommon. **maison et musée** *078 33013.* *de mai à sept. : du mar. au dim.* *au musée.*

Strokestown Park House, principale demeure palladienne du comté de Roscommon, fut bâtie vers 1730 pour Thomas Mahon. La famille de ce parlementaire avait reçu les terres de Charles II, après la Restauration. Le domaine comprend une maison forte *(p. 18)* du début du XVIIe siècle. Les plans de la villa palladienne doivent beaucoup à Richard Castle qui conçut Russborough House *(p. 124)*. La cuisine à galeries, la cage d'escalier lambrissée et les écuries à voûtes d'arêtes sont sans aucun doute de lui.

La maison resta aux mains de la famille jusqu'en 1979, où sa restauration commença. À son apogée, le domaine incluait un parc ornemental, un parc pour les cerfs, une folie, un mausolée et la ville même de Roscommon. En 1979, le domaine qui faisait jadis 12 000 hectares passa à 120 hectares. Toutefois, les replantations récentes donnent une impression de grandeur.

Les cours des écuries abritent le **Famine Museum**. Ce musée est consacré à la famine des années 1840. Lors de la crise, les propriétaires se divisèrent en deux camps : les charitables qui tentaient tout pour lutter contre la famine et les impitoyables comme les Mahon de Strokestown. Le major Denis Mahon, propriétaire dans les années 1840, fut assassiné après avoir chassé les deux tiers de ses paysans affamés, soit en les renvoyant, soit en les exilant vers l'Amérique dans les « bateaux cercueils ». Le musée retrace ces conflits entre propriétaires et paysans à l'aide des archives de Strokestown. La famine et la malnutrition dans le monde actuel sont aussi évoquées.

La Grande Famine

Conséquence du mildiou de la pomme de terre, les récoltes de 1845, 1846 et 1848 furent désastreuses. Ce fut une tragédie pour les Irlandais qui étaient nombreux à vivre de ce légume. Plus d'un million moururent de faim et de maladie. En 1856, plus de deux millions et demi d'Irlandais avaient émigré. Ce drame fut aggravé par la cruauté de certains propriétaires qui persistaient à réclamer leurs loyers. L'émigration entra peu à peu dans les mœurs *(p. 40-41)* et les communautés rurales de l'ouest furent décimées.

Paysans attendant la soupe populaire en pleine famine (1847)

Boyle ㉕

Carte routière C3. Co Roscommon. 2 200. de juin à mi-sept. : *The Courthouse, Market Street (079 62145).* *ven.*

Boyle est la plus jolie ville du comté de Roscommon. Elle marie parfaitement les style georgien et médiéval. L'abbaye cistercienne de **Boyle Abbey**, fondée en 1161, est la réplique de Mellifont dans le comté de Louth *(p. 237)*. Elle résista aux attaques des barons anglo-normands et des chefs irlandais. En outre, l'abbaye fut épargnée par la suppression des monastères qui eut lieu en 1539. En 1659, elle fut transformée en château. L'abbaye, ses cloîtres, églises, sacristie, caves et cuisines sont intacts. La nef de l'église est ornée d'arcs romans et gothiques. Notez aussi les chapiteaux du XIIe siècle. Le visitors' centre est situé dans l'ancienne loge.

Le **Kings of Connaught Interpretative Centre** embrasse l'histoire de Boyle et des chefs du Connaught. Il se trouve dans King House, une villa palladienne où vécurent les King – vieille famille anglo-irlandaise – qui devinrent comtes de Kingston.

La loge de Boyle Abbey et sa nef en ruine

Boyle Abbey
de mi-mai à oct. : t.l.j.

Kings of Connaught Interpretative Centre
King House, Main St. *079 63242.* *de mai à sept. : du mar. au dim. ; avril et oct. : sam. et dim.*

Aux environs

Chapiteau sculpté de la nef de Boyle Abbey

Lough Key serait le plus beau lac d'Irlande. Autour s'étend **Lough Key Forest Park**. Ce parc de 320 ha fit partie du domaine de Rockingham House jusqu'en 1957. Cette demeure conçue par John Nash fut détruite par un incendie et seules restent la ferme et les dépendances. Les bois épais furent plantés au XVIIIe siècle. Autres atouts du parc : les circuits balisés en pleine nature et l'enclos pour les cerfs. En outre, près du lac se dresse un belvédère du XVIIe siècle appelé le Temple. Le parc comprend aussi des forts circulaires *(p. 18)*. À l'embarcadère attendent les bateaux qui naviguent sur la Boyle. Le bateau-bus mène à l'église, aux Trinity Islands, îles dotées de ruines médiévales, et à Castle Island qui possède une folie du XIXe siècle.

Lough Key Forest Park
N 4 8 km E de Boyle. *t.l.j.* *de Pâques à sept.*

LE NORD-OUEST DE L'IRLANDE

DONEGAL · SLIGO · LEITRIM

Falaises vertigineuses, plages de sable doré et promontoires rocheux dessinent la côte du Donegal. Ses panoramas extraordinaires sont parmi les plus sauvages d'Irlande. Au sud s'étend le comté de Sligo, fier de ses sites préhistoriques et celtiques. La nature qui leur sert d'écrin inspira le poète W. B. Yeats. Le Leitrim, en revanche, est un calme pays de canaux et de lacs immobiles.

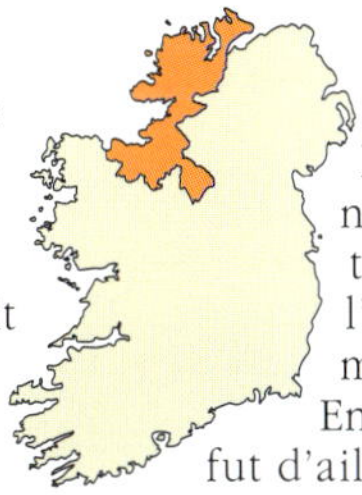

Dans la mythologie celte, le Sligo était le fief de la reine Maeve du Connaught *(p. 24)*. Ses divers sites préhistoriques montrent que ce comté était fortement peuplé par les Celtes. Par la suite, le Sligo et le Leitrim semblent avoir été épargnés par les événements qui affectaient le reste de l'Irlande. Les Normands, par exemple, n'eurent que peu d'influence sur les clans gaéliques qui régnaient sur la région.

Quant au Donegal, il marqua l'histoire de l'Ulster dont il fit partie jusqu'en 1921. Au Moyen Âge, le Donegal était contrôlé par les O'Donnell. Mais ceux-ci, après avoir été vaincus par les Anglais, comme les O'Neill *(p. 247)*, fuirent en Europe en 1607. Des colons protestants s'établirent alors sur les terres confisquées à ces deux clans, en laissant la plupart du Donegal aux natifs d'Irlande, car le sol était très pauvre. Isolé du reste de l'Ulster, le Donegal resta majoritairement catholique. En 1921, lors de la partition, il fut d'ailleurs exclu de la nouvelle Irlande du Nord protestante.

Pourtant, par son histoire et sa géographie, le Donegal se distingue des autres comtés de la république d'Irlande. Envahi de tous côtés par la mer et les montagnes, c'est l'un des endroits les plus retirés d'Irlande. Ce n'est donc pas un hasard si le gaélique y est plus parlé qu'ailleurs.

Si la beauté du Donegal tient à son rivage, celle du Sligo vient de l'intérieur, des terres cultivées proches du Lough Hill et des Bricklieve Mountains presque inhabitées.

Intérieur du XIXe siècle du bar Hargadon dans la ville de Sligo

◁ **Vue de Falcarragh depuis Bloody Foreland dans le comté du Donegal**

À la découverte du nord-ouest de l'Irlande

La beauté naturelle du Donegal vient de ses côtes balayées par les vents, où, entre promontoires rocheux, plages et falaises, se blottissent de petites stations balnéaires. Tout comme la bourgade de Donegal, elles sont bien situées pour qui veut visiter le sud du comté. La culture du Nord-Ouest rayonne surtout dans la région de Sligo. Unique grande ville de la région, elle est entourée de sites anciens, parfois préhistoriques. Plus au sud, de jolis paysages entourent le Lough Gill et le Lough Arrow, plus retiré encore. Le Leitrim, pays de lacs et de rivières, bat au rythme de Carrick-on-Shannon, le paradis des plaisanciers.

Défilé lors de l'élection de la « Mary » de Dungloe, en juillet

VOIR AUSSI

- ***Hébergement*** p. 297-298
- ***Restaurants, cafés et pubs*** p. 314-315 et p. 321

LÉGENDE

- Route principale
- Route secondaire
- Parcours pittoresque
- Cours d'eau
- Point de vue

Circuler

La N 56 qui relie Letterkenny à Donegal traverse de somptueux paysages. Depuis la N 56, vous pouvez suivre les petites routes qui font le tour des péninsules. Quelques cars empruntent cette route, mais ils sillonnent surtout le sud, plus facile à visiter pour qui n'a pas de voiture. Chaque jour, ils relient Donegal à Sligo via Ballyshannon par la N 15. Le Nord-Ouest est mal desservi par les trains, mais les liaisons sont quotidiennes entre Sligo et Carrick-on-Shannon.

Cottage près de Malin Head sur Inishowen Peninsula

La région d'un coup d'œil

- Ardara 11
- Ballyshannon 18
- Bloody Foreland 2
- Carrick-on-Shannon 24
- Derryveagh Mountains 3
- Donegal 15
- Fanad Peninsula 6
- Glencolumbkille 12
- Grianán of Aileach 8
- Horn Head 4
- Killybegs 14
- Letterkenny 9
- Lissadell House 19
- Lough Arrow 23
- Lough Derg 16
- Lough Rynn Estate 25
- Parke's Castle 21
- Rosguill Peninsula 5
- Les Rosses 10
- Rossnowlagh 17
- Slieve League 13
- Sligo 22
- Tory Island 1

Excursions

- Inishowen Peninsula 7
- Le pays de Yeats 20

Vue du cimetière de Carrowkeel, au-dessus du Lough Arrow

Errigal est le plus haut sommet des Derryveagh Mountains

Tory Island ❶

Carte routière C1. Co Donegal. 140. *depuis Magheraroarty Pier près de Gortahork (074 35061) et de Bunbeg (075 31991) : t.l.j. en été, selon la météo en hiver.*

Le turbulent Tory Sound sépare cette île battue par les vents du nord-ouest du Donegal. Il arrive que des tempêtes coupent l'île du monde des jours durant, ce qui explique pourquoi ses habitants ont un tel sens de l'indépendance. La plupart des insulaires parlent gaélique et ils ont même leur propre monarque. Certes, son pouvoir n'est ni héréditaire ni très étendu ; néanmoins, l'actuel souverain tente de promouvoir les intérêts de ses « sujets » et d'attirer des visiteurs sur l'île.

Dans les années soixante-dix, le gouvernement irlandais a poussé les insulaires à quitter leur île, mais en vain. Leur résistance était organisée par l'école d'artistes primitifs de Tory, qui fut fondée après 1968 par un insulaire, James Dixon. Il prétendit pouvoir faire mieux que Derek Hill, un peintre britannique de passage. Depuis lors, cette école attire de plus en plus de touristes. La nouvelle **Dixon Gallery** a ouvert récemment dans le village de West Town. Vous pourrez aussi visiter le monastère, tout proche, fondé par saint Colomba *(p. 32)*, ou vous promener au sommet des falaises.

Dixon Gallery
West Town. 074 35011.
de mai à sept. : t.l.j.

Bloody Foreland ❷

Carte routière C1. Co Donegal. *jusqu'à Bunbeg depuis Letterkenny ou Dungloe.*

Bloody Foreland (cap sanguinaire) doit son nom aux reflets rouges que prennent ses roches au coucher du soleil. La R 257, qui fait le tour de ce promontoire, domine les flots. Le plus beau panorama se trouve sur la côte nord. De là, vous contemplerez les falaises des îles voisines, dont Tory. Un peu plus au sud se trouve le joli port de **Bunbeg**, un petit village authentique malheureusement sur une côte envahie par les pavillons touristiques.

Derryveagh Mountains ❸

Carte routière C1. Co Donegal.

Ces montagnes sauvages sont une des merveilles du Donegal. La plus haute, Errigal Mountain, culmine à 751 m. Elle enchante les passionnés de randonnée, mais le plus beau site se trouve dans **Glenveagh National Park**. Ce parc d'environ 10 000 hectares occupe la vallée du Lough Veagh et Poisoned Glen, un vallon boueux encaissé entre des parois vertigineuses. Dans ce parc vit la plus grande harde de cerfs du pays.

Glenveagh Castle, un magnifique édifice de granite bâti en 1870 par John Adair, se dresse sur la rive sud du Lough Veagh. Adair est connu pour avoir évincé de nombreuses familles de ses terres, après la Grande Famine *(p. 211)*. Dans les années soixante-dix, ce château fut donné à l'État par son dernier propriétaire, un expert en art américain.

Depuis le Visitors' Centre, des minibus mènent au château, où vous pourrez découvrir le luxueux intérieur,

Glenveagh Castle se mire dans le Lough Veagh

Au loin, Dunfanaghy, porte de Hood Head Peninsula

ou flâner dans les jardins. Des circuits serpentent sur les terres alentour. Le sentier qui grimpe au-dessus du Lough Veagh est escarpé, mais la vue est superbe.

Glebe House and Gallery domine le Lough Gartan à 6 km au sud du Visitors' Centre. Dans cette modeste demeure Régence vivait Derek Hill, peintre et grand collectionneur. La maison reflète ses goûts éclectiques : papiers peints de William Morris, céramiques musulmanes, toiles d'artistes de Tory Island. D'autres sont signées Picasso, Renoir ou bien Jack B. Yeats.

Fontaine de Glenveagh

Un peu plus au sud, le **Colmcille Heritage Centre** évoque par des vitraux et des manuscrits enluminés la vie de saint Colomba (Colmcille en gaélique). Il vit le jour en 521 *(p. 32)* dans le village tout proche de Church Hill. Une dalle indique d'ailleurs l'endroit où il serait né.

Glenveagh National Park and Castle
Près de R251, 16 km au N. de Church Hill. *074 37090.* **Parc** *t.l.j.* **Château** *de Pâques à oct. : t.l.j.* *limité.*

Glebe House and Gallery
074 37071. *Pâques et de mai à sept. : de sam. à jeu.* *limité.*

Colmcille Heritage Centre
074 37306. *Pâques et de mai à sept. : t.l.j.*

Horn Head ❹

Carte routière C1. Co Donegal. *jusqu'à Dunfanaghy depuis Letterkenny.* *The Workhouse, Dunfanaghy (074 36540).*

Couverte de bruyères où nichent les oiseaux, Horn Head est la lande la plus fascinante du nord du Donegal. Fermée par les montagnes, elle s'étend jusqu'à l'Atlantique qu'elle domine de 180 m. Sa beauté est rehaussée par **Dunfanaghy**, une bourgade prospère à l'air presbytérien, chose rare dans la région. Sa plage, **Killahoey Strand**, est le paradis des nageurs.

Rosguill Peninsula ❺

Carte routière C1. Co Donegal.

Cette péninsule sépare les baies de Sheephaven et de Mulroy. Pour en faire le tour, il faut simplement prendre Atlantic Drive, une route de 11 km qui court au sommet de superbes falaises.

Doe Castle est situé à 5 km au nord du village de Creeslough. Ce promontoire offre une vue exceptionnelle sur Sheephaven Bay. Y subsistent les importantes ruines du château, bâti au XVIe siècle par une famille de mercenaires écossais, les MacSweeney.

Doe Castle et ses remparts du XVIe siècle sur Rosguill Peninsula

Fanad Peninsula ❻

Carte routière C1. Co Donegal. *jusqu'à Rathmelton et Portsalon depuis Letterkenny.*

Une route panoramique serpente entre les collines et la côte dentelée de cette péninsule tranquille. La région orientale est de loin la plus appréciée. Elle commence à **Rathmelton**, une ville fondée au XVIIe siècle comme tant d'autres plantations. Maisons georgiennes et anciens entrepôts superbes bordent Main Street. Plus au nord, vous pourrez vous baigner à **Portsalon**, où simplement profiter de la vue sur Saldanha Head. Près de **Doaghbeg**, sur la route de Fanad Head plus au nord, on peut voir des falaises sculptées par l'érosion, formant d'étonnantes arches.

Excursion dans l'Inishowen Peninsula ❼

Inishowen est la plus grande péninsule du nord du Donegal. Premiers vestiges chrétiens, forts et châteaux témoignent de son riche passé. Les paysages les plus sauvages sont ceux de l'ouest et du nord. Le col du Gap of Mamore rivalise de beauté avec Malin Head, le cap le plus au nord de l'Irlande. Les plages ne manquent ni sur l'île de Doagh ni sur la côte. Buncrana est une station balnéaire familiale animée. Depuis le rivage, vous pourrez admirer les cimes des Derryveagh Mountains à l'ouest et à l'est, et la côte de l'Irlande du Nord. En voiture, une journée vous suffira pour faire le tour d'Inishowen Peninsula.

La tour de Banba's Crown à Malin Head

Carndonagh Cross ④
Cette croix du VIIe siècle est sculptée d'entrelacs et de figures humaines.

Gap of Mamore ③
À 250 m au-dessus de la mer, une route relie Mamore Hill et les collines d'Urris, en offrant un large panorama.

Dunree Head ②
Dunree Fort se mire dans Lough Swilly. Ce fort fut bâti en 1798 pour contrecarrer une éventuelle invasion française. Depuis 1986, c'est un musée militaire.

Buncrana ①
Buncrana possède 5 km de plages de sable et deux châteaux. Buncrana Castle fut restauré en 1718. Le donjon intact d'O'Doherty Castle date de l'époque normande.

Rives du Lough Swilly près de Dunree Fort

Grianán of Aileach ⑦
Bâti en haut d'une colline, ce fort de pierre circulaire domine l'entrée de la péninsule. Il a été restauré dans les années 1870.

CARNET DE ROUTE

***Itinéraire :** 157 km*
***Où faire une pause ?** Malin, Greencastle et Carndonagh offrent tous des pubs, des restaurants. On trouve des aires de pique-nique le long de la côte. Le Guns of Dunree Military Museum est doté d'un café. À pied, on peut voir de splendides paysages sur 3 km entre Movile et Greencastle.* (Voir aussi p. 355-357.)

Malin Head ⑤
Ce cottage qui fait salon de thé accueille ceux qui visitent Malin Head. Au sommet de ce cap, à Banba's Crown, se dresse une tour bâtie en 1805.

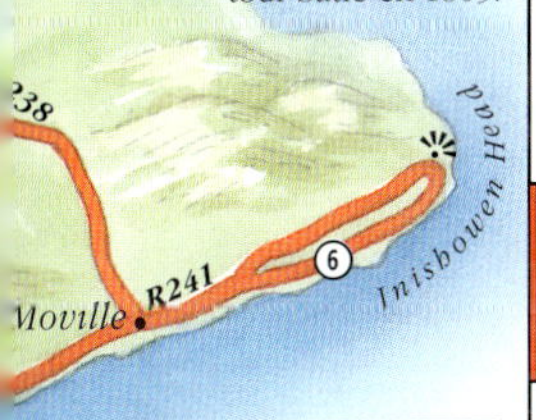

Greencastle ⑥
Station balnéaire et port de pêche, Greencastle doit son nom au château situé à la sortie de la ville. Bâti en 1305 par Richard de Burgo, comte d'Ulster, il gardait l'entrée du Lough Foyle.

0 5 km

Vue depuis les murailles du Grianán of Aileach

Grianán of Aileach ❽

Carte routière C1. Co Donegal. 🚌 *depuis Letterkenny ou Londonderry.* ℹ *Burt (077 68512).*

Ce monument, le plus fascinant du Donegal, se trouve à 10 km à l'ouest de Londonderry *(p. 250-251)*, à l'entrée d'Inishowen Peninsula. Le fort circulaire de 23 m de diamètre, stratégiquement placé, domine les eaux du Lough Swilly et du Lough Foyle. Temple païen vers le ve siècle av. J.-C., et même peut-être plus tôt, il fut adopté par les chrétiens. Saint Patrick y aurait d'ailleurs baptisé Owen, le fondateur de la dynastie O'Neill, en 450.

Après avoir servi de résidence royale aux O'Neill, l'édifice fut endommagé au XIIe siècle par l'armée de Murtagh O'Brien, roi de Munster et fut restauré vers 1870 par un mécène de Londonderry. Ses murailles de 4 m d'épaisseur sont percées de deux entrées qui donnent sur une arène couverte d'herbe, entourée de trois terrasses d'où vous découvrirez un vaste et spectaculaire panorama.

Blottie au pied de la colline, on découvre une église, construite en 1967 et dédiée à saint Aengus. Sa structure circulaire rappelle celle du fort.

Letterkenny ❾

Carte routière C1. Co Donegal. 👥 *7 100.* 🚌 ℹ *Derry Rd (074 21160).*

Dominée par la chaîne des Sperrin à l'est et celle des Derryveagh *(p. 216-217)* à l'ouest, Letterkenny est arrosée par la Swilly. Après la partition de l'Irlande en 1921, elle a ravi à Londonderry le rôle de grand centre commerçant du Donegal. Cette ville agréable est bien située pour qui visite la côte nord du Donegal, et pour les pêcheurs qui se rendent au Lough Swilly.

Letterkenny possède l'une des grand-rues les plus longues d'Irlande, que domine le clocher de **St Eunan's Cathedral** qui culmine à 65 m. Cette église néo-gothique du XIXe siècle abrite des ouvrages de pierre de style celtique et un magnifique autel de marbre qu'éclairent des vitraux colorés. Le **County Museum** est consacré à l'histoire locale. Il abrite une collection d'objets archéologiques découverts dans le Donegal, dont certains datent de l'âge du fer.

En août, le centre de Letterkenny accueille l'International Folk Festival. Quatre jours durant, la fête bat son plein. Les concerts de musique folklorique et traditionnelle et les nombreux concours de danse animent les bars et les hôtels.

🏛 County Museum
High Rd. ☎ *074 24613* ◯ *du mar au sam.* ● *10 jours à Noël et jours fériés.* ♿

L'imposant clocher de St Eunan's Cathedral domine Letterkenny

Cottage isolé des Rosses près de Burtonport

Les Rosses ⑩

Carte routière C1. Co Donegal. *jusqu'à Dungloe ou Burtonport depuis Letterkenny.* *de juin à sept. : Main St, Dungloe (075 21297).* *jusqu'à Aranmore depuis Burtonport (075 20532).*

Cette péninsule rocheuse dotée de plus de cent lacs est l'un des endroits les mieux préservés du Donegal. C'est aussi un « Gaeltacht », c'est-à-dire une région où l'on parle encore gaélique. Au sud de la péninsule, la ville commerçante de **Dungloe** est un grand centre de pêche à la ligne.

Aux environs
La plage s'étire sur 8 km à l'ouest de Dungloe au fond de **Maghery Bay**. De là, vous pourrez flâner jusqu'à **Crohy Head** toute proche, connue pour ses grottes, arcs et falaises sculptées par l'érosion.

Depuis Burtonport, à 8 km au nord de Dungloe, des ferries desservent chaque jour **Aranmore**, l'île principale du Donegal. Au nord-ouest de l'île se dressent des falaises battues par les vagues. La côte sud offre un panorama splendide des Rosses. Les insulaires, environ un millier, vivent surtout à Leagbarrow, un village qui regorge de pubs en partie à cause de ses lois permissives.

Ardara ⑪

Carte routière C2. Co Donegal. *700.* *depuis Killybegs ou Donegal.* *de Pâques à sept. : Heritage Centre, The Diamond (075 41704).*

Ardara est la capitale du tissage du Donegal. Elle abonde en magasins proposant tweeds et tricots faits à la main. Dans certaines boutiques, vous verrez des tisserands travailler. Pour le reste, Ardara est une ville ravissante, mais sans autre centre d'intérêt. Néanmoins, sa rue principale est bordée de pubs où les Irlandais boivent souvent une pinte de bière au son du violon.

Aux environs
Le paysage entre Ardara et **Loughros Point**, à 10 km à l'ouest de la ville, est superbe. Une route longe une étroite péninsule offrant une vue spectaculaire. Une autre route vers le sud-ouest relie Adara à Glencolumbkille en passant

Artisan tisserand à Ardara

par **Glengesh Pass**, un ensemble de collines sauvages et désertes.

Vieux fers à repasser au Folk Village Museum de Glencolumbkille

Glencolumbkille ⑫

Carte routière B2. Co Donegal. *260.* *depuis Killybegs.* *Donegal (073 21148).*

Glencolumbkille et ses cottages colorés nichés au fond d'une paisible vallée reste un endroit tranquille et épargné, malgré le passage de nombreux touristes et pèlerins.

Le « Glen of St Colmcille » servit de retraite à saint Colomba. Sur la route de Glen Head, au nord de Cashel, le principal village de la vallée, se dresse une église où pria saint Colomba. Entre ses prières, il aurait dormi sur deux dalles de pierre que vous apercevrez dans un coin.

Le **Folk Village Museum**, qui évoque la vie rurale du

Slieve League, la plus haute falaise d'Europe

Donegal au fil des siècles, est un autre atout. Il fut fondé dans les années cinquante par un prêtre des environs, le père James MacDyer. Il suscita ainsi la fierté régionale et donna du travail aux habitants de cette région pauvre, touchée par l'émigration. En outre, il les incita à ouvrir des coopératives artisanales. La boutique du musée vend des créations locales et des alcools parfumés aux plantes, aux algues et aux fuchsias.

La jolie vallée de Glencolumbkille réserve bien des surprises : cairns, dolmens et monuments anciens. La côte toute proche est splendide. Les promenades vers l'ouest vous mèneront au promontoire verdoyant de **Malinbeg**. Après la station balnéaire de Malin More, vous découvrirez une jolie crique de sable que dominent des falaises.

Folk Village Museum

Cashel. 073 30017. Pâques et de mai à sept. : t.l.j.

Slieve League ⓭

Carte routière B2. Co Donegal. *jusqu'à Carrick depuis Glencolumbkille ou Killybegs.*

Slieve League, la plus haute falaise d'Europe, se teinte de rouge et ocre au soleil couchant. Certes, la route de 8 km qui file de **Carrick** vers l'extrémité est de Slieve League est bosselée, mais elle offre un superbe spectacle. Après Teelin, elle monte et descend jusqu'à **Bunglass Point** et Amharc Mor ou « belle vue ». De là, vous pourrez contempler les falaises vertigineuses de Slieve League qui plongent dans l'Atlantique.

Seuls les randonneurs expérimentés peuvent emprunter **One Man's Pass**. Ce sentier parfois dangereux qui part de Teelin grimpe vers l'ouest jusqu'au sommet de Slieve League. Quelque 598 mètres plus bas gronde l'Atlantique. Le chemin continue jusqu'à Malinbeg, à 16 km à l'ouest. L'été, contre une petite participation, les propriétaires de bateaux de Teelin vous emmèneront voir Slieve League depuis la mer.

Killybegs ⓮

Carte routière C2. Co Donegal. *1 700. depuis Donegal. Donegal (073 21148).*

Des ruelles sinueuses donnent à Killybegs un air d'antan qui contraste avec le côté industriel de cette bourgade. Sa richesse repose en partie sur la fabrication de tapis qui fait sa célébrité. Ils décorent en effet Dublin Castle *(p. 74-75)* et des châteaux du monde entier.

Kyllibegs est aussi l'un des ports de pêche les plus animés d'Irlande. Rien ne vaut l'arrivée des chalutiers, le vol des mouettes et les embruns apportés par le vent. Les pêcheurs viennent de tous les horizons, notamment d'Europe de l'Est. Ainsi, ne soyez pas surpris d'entendre toutes sortes de langues lors de vos promenades.

Moment de détente pour les pêcheurs de Killybegs

Les Gaeltachts irlandais

Le mot « Gaeltacht » désigne les régions d'Irlande où le gaélique est toujours parlé. Il fut utilisé par tous jusqu'au XVIe siècle, mais la domination britannique étouffa la culture irlandaise. En outre, la Grande Famine *(p. 211)* fit fuir nombre de ceux qui parlaient gaélique. Depuis lors, cette langue n'en finit pas de mourir. Néanmoins, dans les « Gaeltachts », 75 % de la population parle gaélique, unique langue utilisée pour les panneaux de signalisation. Le « Gaeltacht » du Donegal suit la côte de Fanad Head à Slieve League et se targue de posséder le plus grand nombre d'Irlandais parlant gaélique. Les autres grands « Gaeltachts » d'Irlande sont dans les comtés de Galway et du Kerry.

Enseigne d'un pub en gaélique

Donegal dominée par les ruines d'un château du XVe siècle

Donegal 15

Carte routière C2. Co Donegal. *2 300.* *Kiosque, Quay St (073 21148).*

Donegal signifie « le fort des étrangers », en référence aux Vikings qui y créèrent une garnison. Cependant, ce fut sous les O'Donnell que la ville vit réellement le jour. Dans le centre se dresse les ruines de **Donegal Castle**. Vous pouvez admirer la tour d'une forteresse que cette famille bâtit au XVe siècle. La maison voisine et la plupart des autres édifices datent de l'époque de Jacques Ier. Ils furent ajoutés par Sir Basil Brooke qui y emménagea après que les O'Donnell furent chassés par les Anglais en 1607 *(p. 36-37).*

On doit aussi à Brooke la place du marché, plus connue sous le nom de **Diamond**. En son centre, un obélisque rend hommage aux quatre franciscains qui rédigèrent les *Annales des quatre maîtres* vers 1630. Ce manuscrit raconte l'histoire des Gaëls, depuis les 40 jours qui précédèrent le déluge jusqu'à la fin du XVIe siècle. Une partie de l'ouvrage fut écrite à **Donegal Abbey**, au sud de la place du marché, le long de l'Eske. Hormis quelques fenêtres gothiques et des cloîtres endommagés, il ne reste pas grand-chose de cette abbaye bâtie en 1474. À environ 1,5 km de là se trouve **Donegal Craft Village**, la vitrine de l'artisanat local.

Sans grand intérêt du point de vue architectural, Donegal est une halte agréable, avec d'agréables hôtels *(p. 298)* et une très bonne base pour visiter le sud du comté.

Donegal Castle

Tirchonaill St. *073 22405.* *de mi-juin à sept. : t.l.j.* *limité.*

Donegal Craft Village

Ballyshannon Rd. *de mai à sept. : t.l.j.* *limité.*

Lough Derg 16

Carte routière C2. Co Donegal. *de juin à mi-août (seulement les pèlerins).* *jusqu'à Pettigo depuis Donegal.*

Ce lac est célèbre, car saint Patrick passa quarante jours à prier pour l'Irlande sur une de ses îles. Le pèlerinage de St Patrick's Purgatory commença vers 1150. Depuis, il réunit des milliers de catholiques chaque été. Ils convergent vers **Station Island**, un îlot proche de la rive sud du Lough Derg. Les bateaux qui y mènent partent d'une jetée à 8 km au nord du village de Pettigo. L'îlot est occupé par des édifices religieux, dont une basilique fondée en 1921.

La saison du pèlerinage s'étend de juin à la mi-août. Les fidèles passent trois jours sur l'îlot, se contentant d'un repas quotidien de pain sec et de thé noir. Même si Station Island n'est ouverte qu'aux pèlerins, il est cependant très plaisant de se rendre jusqu'à la jetée. Là, vous profiterez paisiblement de la vue sur la basilique proche du rivage.

Rossnowlagh 17

Carte routière C2. Co Donegal. *55.* *depuis Bundoran et Donegal.* *de mai à mi-sept. : Main St, Bundoran (072 41350).*

Estivants profitant des joies de la plage à Rossnowlagh

À Rossnowlagh, les vagues de l'Atlantique viennent se briser sur l'une des plus belles plages d'Irlande. C'est malheureusement le rendez-vous des foules de baigneurs et de surfers. Le village est beaucoup plus tranquille que Bundoran, une station balnéaire à 14 km au sud. En outre, les falaises de Rossnowlagh enchantent les promeneurs. D'aucuns préfèrent visiter le **Donegal Historical Society**

La basilique de Station Island vue de la rive du Lough Derg

La salle à manger de Lissadell House avec les portraits des Gore-Booth

Museum. Ce musée se trouve dans un monastère franciscain bâti dans les années cinquante. Quoique relativement limitée, son attrayante exposition comprend des silex de l'âge de la pierre, des instruments de musique irlandais et des objets d'art régionaux.

Rossnowlagh ne manque jamais de faire la une des journaux le 12 juillet. Les Orangistes *(p. 47)* s'y rassemblent alors pour la seule procession protestante de la république d'Irlande.

Donegal Historical Society Museum
072 51342. t.l.j. 25 déc.

Ballyshannon ⓲

Carte routière C2. Co Donegal.
2 600. depuis Bundoran et Donegal.

Ballyshannon s'enorgueillit de maisons georgiennes bien entretenues. Elles bordent les rues descendant vers l'Erne, qui se jette dans Donegal Bay un peu plus loin. Ville de caractère, Ballyshannon est pourtant épargnée par les circuits touristiques. Elle n'est envahie qu'en août, lors du festival de musique traditionnelle, l'un des meilleurs d'Irlande.

Ballyshannon est connue pour avoir vu naître le poète William Allingham (1824-1889). Il repose dans le cimetière de St Anne's Church, près de Main Street. De là, vous pouvez contempler la rivière et une petite île, **Inis Saimer**. Les Grecs y auraient fondé la première colonie en Irlande après le déluge. Au-delà, vous apercevez une base militaire irlandaise. Rien d'étonnant à cela, Ballyshannon, construite au-dessus d'une rivière, ayant toujours été un site stratégique.

Le chien des Gore-Booth a lui aussi son portrait

À environ 1,5 km au nord-ouest de la ville se dressent les ruines d'**Assaroe Abbey**. Cette abbaye fut fondée par des cisterciens en 1184. Son cimetière comprend des dalles funéraires anciennes et des restes de pierres tombales. Tout près, deux moulins à eau bâtis par les moines ont été restaurés et inclus dans un centre baptisé **Water Wheels**. L'un des deux alimente désormais un générateur.

Water Wheels
Assaroe Abbey. *072 51580. de mai à août : t.l.j. ; de sept. à avril : dim. après-midi.*

Lissadell House ⓳

Carte routière B2. Carney, Co Sligo.
071 63150. ou jusqu'à Sligo. de juin à mi-sept. : du lun. au sam.

Demeure georgienne construite vers 1830, Lissadell est plus connue par ses habitants que par son architecture. Ce fut jadis la résidence des Gore-Booth qui, contrairement à la gentry anglo-irlandaise, aidèrent beaucoup la région lors de la Grande Famine *(p. 211)*. Sir Robert hypothéqua la maison pour nourrir ses employés.

Le plus célèbre membre de la famille est sa petite-fille, Constance Markievicz (1868-1927), qui lutta pour l'indépendance de l'Irlande et prit notamment part à l'insurrection d'avril 1916 *(p. 42-43)*. Ce fut aussi la première femme élue à la Chambre des communes britannique. W. B. Yeats, ami de la famille, immortalisa Constance et sa sœur Eva dans l'un de ses poèmes. La maison où elles vécurent appartient toujours aux Gore-Booth. Toute de calcaire gris, elle semble plutôt austère, mais à l'intérieur règne une tout autre atmosphère. Portraits et souvenirs des habitants d'autrefois évoquent sa grandeur passée. Les plus belles pièces sont la galerie (l'ancienne salle de musique) et la salle à manger. Ses murs sont ornés de fresques à l'effigie des Gore-Booth et de leurs serviteurs. Elle furent peintes par le mari de Constance, le comte Casimir Markievicz.

La demeure et les terres alentour sont progressivement remises en état. Il est notamment prévu d'ouvrir des perspectives dans les bois pour recréer les vues d'antan sur le lac. Par ailleurs, le domaine comprend une réserve naturelle où se réfugient les bernacles en hiver.

Excursion dans le pays de Yeats ⑳

Suivez la plume !

On ne peut rester insensible aux paysages somptueux du Sligo, si souvent chantés par Yeats dans ses poèmes. Le circuit ci-dessous longe des plages de sable et des crêtes de calcaire, et traverse des forêts qui se mirent dans les rivières et les lacs, tel le Lough Gill qui miroite au cœur du pays de Yeats. Les collines boisées qui l'entourent font la joie des promeneurs. L'été, vous pouvez visiter ce lac en bateau ou vous rendre aux plages du nord-ouest, à Rosses Point.

Ben Bulben ⑤
Cette cuesta surgit brusquement au milieu d'une plaine. Vous pouvez grimper au sommet, mais soyez prudent.

Lissadell House ④
Yeats était l'ami des sœurs Gore-Booth qui vivaient à Lissadell. Vous pouvez voir la chambre où dormit le poète *(p. 223)*.

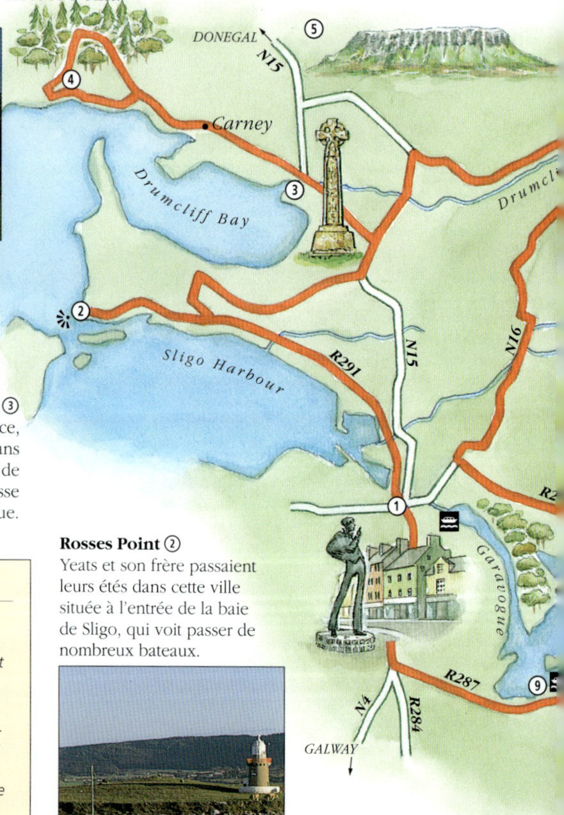

Drumcliff ③
Bien que décédé en France, Yeats repose depuis 1948 dans le cimetière de l'église de Drumcliff. Tout près se dresse une croix celtique.

Rosses Point ②
Yeats et son frère passaient leurs étés dans cette ville située à l'entrée de la baie de Sligo, qui voit passer de nombreux bateaux.

Sligo ①
Cette ville est un bon point de départ pour visiter le pays de Yeats. Elle semble hantée par le poète dont l'œuvre inspira tant d'artistes de Sligo *(p. 226)*.

Carnet de route

Itinéraire : *88 km*
Où faire une pause ? *Les excellents restaurants de Sligo et Rosses Point, les pubs de Drumcliff et Dromahair et l'agréable café de Parke's Castle. Le Lough Gill est entouré d'aires de pique-nique.*
Voyages en bateau : *Wild Rose Water Bus (071 64266 ou 088 598869).* (Voir aussi p. 355-357.)

Légende

- Circuit recommandé
- Autres routes
- Embarcadères
- Point de vue

W. B. Yeats
(1865-1939)

W. B. Yeats et le Sligo

Écolier à Londres, Yeats *(p. 21)* regrettait son Sligo natal, où il revint souvent à l'âge adulte. Il décrivit cette région dans *Enfance et jeunesse resongées.* Ses paysages et ses lacs hantent ses poèmes. Comme il le dit lui-même, d'une certaine façon le Sligo fut toujours sa maison. C'est pourquoi il demanda à y être enterré. Sur sa tombe, à Drumcliff, est inscrite une épitaphe imaginée par lui : « Jette un regard froid sur la vie, sur la mort. Cavalier, passe ton chemin. »

Glencar Lough ⑥
Cette chute d'eau tant aimée de Yeats enfant se précipite dans Glencar Lough. Le sentier qui y mène part de la route.

Parke's Castle ⑦
Au pied de ce manoir du XVIIIe siècle partent des bateaux qui font le tour du Lough Gill.

Isle of Innisfree ⑧
W. B. Yeats évoqua cette île dans ses poèmes. Il n'y a pas grand-chose à visiter, mais le paysage est très romantique. L'été, des bateaux y amènent les touristes.

Dooney Rock ⑨
Un chemin escarpé mène de la route à Dooney Rock, d'où vous admirerez le lac et Ben Bulben. Des sentiers serpentent dans les bois environnants et au bord du lac.

0 3 km

Parke's Castle se mire dans les eaux calmes du Lough Gill

Parke's Castle ㉑

Carte routière C2. 6 km au N. de Dromahair, Co Leitrim. ☎ *071 64149.* 🚆 *ou* 🚌 *jusqu'à Sligo.* 🕐 *de Pâques à mai : du mar. au dim. ; de juin à oct. : t.l.j.*

Ce manoir fortifié domine l'extrémité orientale du Lough Gill. Il fut bâti en 1609 par le capitaine Robert Park, un Anglais qui fut ensuite élu parlementaire du Leitrim. Le château a été savamment restauré par l'Office of Public Works avec des méthodes de construction du XVIIe siècle.

Parke's Castle fut édifié à l'emplacement d'une maison forte du XVIe siècle qui appartenait aux O'Rourke, de puissants seigneurs locaux. Les pierres de leur forteresse servirent à bâtir l'actuel manoir. Il englobe les fondations d'origine et une partie des douves. Ceci mis à part, Parke's Castle est le manoir type des plantations *(p. 37).* Il est protégé par une grande muraille qui comprend une loge et deux tourelles.

Ses parapets, fenêtres à meneaux et cheminées sont des modèles d'architecture. Notez aussi une étrange hutte de pierre, dite « sweathouse », l'un des premiers saunas irlandais. Il abrite désormais une exposition sur Parke's Castle et sur divers sites préhistoriques des environs. Techniques audiovisuelles et photographies vous plongeront dans le passé, tout comme la forge toujours en état de marche.

Au pied du château, des bateaux vous feront faire le tour des sites du Lough Gill tant aimé de W. B. Yeats.

Le bar Hargadon, l'un des plus connus de Sligo

Sligo ㉒

Carte routière C2. Co Sligo. *18 000. Aras Reddan, Temple St (071 61201). ven.*

Le port de Sligo donne sur l'estuaire de la Garavogue. Cette ville serrée entre le Lough Gill et l'Atlantique est pourtant la plus grande du Nord-Ouest. Elle prit de l'importance sous les Normands en raison de son emplacement entre l'Ulster et le Connaught. Puis la ville continua à se développer surtout aux XVIIIe et XIXe siècles. Sligo a peu changé depuis, ce qui explique son charme suranné.

Mais Sligo est entourée d'une campagne magnifique qui ravit les amoureux de la nature. En outre, cette ville est un grand centre de musique traditionnelle. Il ne faut surtout pas se fier à son apparence un peu triste, mais plutôt découvrir ses petites rues pittoresques.

Le plus grand poète irlandais, W. B. Yeats *(p. 224-225)*, appartenait à une famille de notables de la ville. Son grand-père observait ses bateaux de marchandises depuis la tourelle de l'entrepôt Pollexfen, à l'extrémité de Wine Street.

La ville ne possède plus qu'un seul bâtiment médiéval, **Sligo Abbey**, fondée en 1253. Certains éléments d'origine sont parvenus jusqu'à nous, comme les fenêtres à lancette du chœur. Néanmoins, ce monastère dominicain date en grande partie du XVe siècle. Il est doté d'un autel sculpté et de cloîtres superbes.

Non loin à l'ouest s'étend O'Connell Street, une rue animée, bordée de commerces, dont le bar Hargadon, une véritable institution à Sligo. Ce bar orné de boiseries comprend des arrière-salles et un comptoir d'épicerie. Tout près, au carrefour avec Wine Street, se trouve le Yeats Memorial Building. Il abrite la Yeats Society et la **Sligo Art Gallery** où sont exposées des toiles d'artistes irlandais et étrangers. La Yeats International Summer School se trouve sous le même toit.

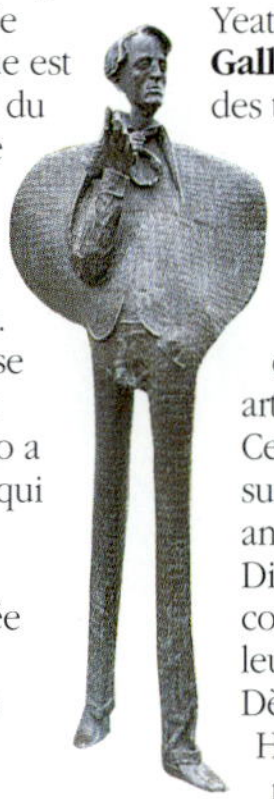

Statue en bronze de W. B. Yeats

Sligo est considérée comme la capitale artistique du Nord-Ouest. Cette réputation tient surtout à son festival annuel dédié à Yeats. Diverses associations consacrées au poète ont leur siège sur l'autre rive. Dès que vous traverserez Hyde Bridge, vous remarquerez la statue du poète. À quelques pas vers l'est se dresse le **Sligo County Museum and Art Gallery**. Ce musée contient quelques souvenirs de Yeats et des paysages évocateurs peints par le frère du poète, Jack, et plusieurs portraits exécutés par son père, John B. Yeats.

Sligo Abbey
Abbey St. *t.l.j. de mi-juin à sept.*

Sligo Art Gallery
Hyde Bridge. *071 45847. du lun. au sam. (seulement pour les expositions).*

Sligo County Museum and Art Gallery
Stephen St. *071 42212. d'avril à oct. : du lun. au sam. (d'avril à mai et oct. : le matin seulement). vers le musée.*

Aux environs

Près de Sligo s'étend le **Carrowmore Megalithic Cemetery** qui comprenait jadis la plus grande collection de tombes de l'âge de la pierre. Avec l'exploitation des carrières, nombre d'entre elles ont disparu. Néanmoins, une quarantaine de tombes à couloir *(p. 238-239)* et de dolmens *(p. 30)* ont été épargnés. Ils reposent çà et là entre les carrières de gravier à l'abandon. Certains se dressent dans des jardins privés, d'autres sont carrément inclus dans des cottages.

Ces tombes semblent minuscules par rapport au cairn construit il y a environ 5 000 ans sur le mont **Knocknarea**. Y reposerait Maeve, la légendaire reine de Connaught *(p. 24)*. Vous pouvez parvenir au sommet de cette montagne en une heure environ. Le sentier part à 4 km à l'ouest de Carrowmore.

Tobernalt se trouve près du Lough Gill, à 5 km au sud de Sligo. Son nom qui signifie « puits de falaise » vient de la présence d'une source voisine aux pouvoirs curatifs. Ce site sacré de l'époque celtique devint ensuite un lieu de culte

Autel proche de la source de Tobernalt, au-dessus du Lough Gill

chrétien. Au XVIIIe siècle, lorsque le catholicisme était illégal, les prêtres y célébraient la messe dans le plus grand secret. Le rocher d'où elle était dite, près de l'autel bâti au début du siècle, reste toujours un lieu de pèlerinage.

Tombe à couloir de Carrowkeel au-dessus du Lough Arrow

Lough Arrow ㉓

Carte routière C3. Co Sligo. *jusqu'à Ballinafad.* *juil.-août : Main St, Ballinafad (079 66232).*

Les Irlandais viennent sur ce lac pour naviguer, pêcher la truite ou tout bonnement admirer le paysage. Vous pouvez le découvrir en bateau mais c'est depuis ses rives que les vues sont les plus belles. Le tour complet du lac vous émerveillera, surtout vers **Ballinafad**, au sud. Cette bourgade est blottie dans un décor de rêve, au pied des Bricklieve et des Curlew Mountains.

Le **Carrowkeel Passage Tomb Cemetery** se trouve dans les Bricklieve Mountains au nord de Ballinafad. Pour accéder à ce cimetière d'un autre âge, prenez la route qui part de Castlebaldwin, à 5 km au nord-est du site.

Ses 14 tombes à couloir néolithiques sont disséminées au sommet d'une colline qui domine le Lough Arrow. L'une de ces constructions à fausse coupole rappelle celle de Newgrange *(p. 238-239)*. Cependant, sa chambre funéraire est éclairée par le soleil lors du solstice d'été (le 21 juin) et non lors du solstice d'hiver, comme celle de Newgrange. Sur une crête voisine se dressent des huttes de l'âge de la pierre en ruine, sans doute habitées jadis par des fermiers.

Carrick-on-Shannon ㉔

Carte routière C3. Co Leitrim. *1 900.* *d'avril à sept. : La Marina (078 20170).*

Cette petite ville est la capitale du Leitrim, l'un des comtés les moins peuplés. Carrick a pu prospérer grâce à sa situation géographique et touristique. Elle est arrosée en effet par le Shannon et elle est proche du Grand Canal. Carrick est dotée d'une marina moderne où sont amarrés l'été des vedettes de particuliers et des bateaux à louer.

Grand centre de plaisance, la ville a bénéficié de la réouverture du Shannon-Erne Waterway, un canal qui commence à 6 km plus au nord, à Leitrim. Il fut restauré grâce à une association d'entreprises d'Irlande du Nord et de la république d'Irlande.

Hormis sa marina animée, Carrick semble vivre dans le passé avec ses églises du siècle dernier, ses maisons georgiennes et ses boutiques d'antan. L'édifice le plus curieux est **Costello Chapel** dans Bridge Street. Cette chapelle est l'une des plus petites au monde. Elle fut bâtie en 1877 par un homme d'affaires, Edward Costello, qui y repose avec sa femme.

Lough Rynn Estate ㉕

Carte routière C3. Mohill, Co Leitrim. *078 31427.* *ou* *jusqu'à Carrick-on-Shannon.* *d'avril à mi-sept. : t.l.j.*

Ce vaste domaine, qui s'étend à 3 km au sud de Mohill fut, des siècles durant, le fief des Clements, comtes de Leitrim. Leur demeure fut construite en 1832. Elle regorge de trophées de chasse et de meubles superbes. Mais les terres alentour dotées de jardins ornementaux, prairies et forêts sont encore plus intéressantes. L'arborétum est planté d'arbres exotiques, dont des séquoias de Californie. Les ruines d'un château du XVIe siècle se mirent dans l'un des lacs. Vous pouvez flâner sur ses rives ou visiter les ruines du cimetière néolithique voisin.

Shannon-Erne Waterway

Ce labyrinthe de rivières et de lacs traverse une campagne sauvage, en reliant Leitrim on Shannon à l'Upper Lough Erne à Fermanagh. Il suit le cours d'un canal qui, bien qu'achevé, fut abandonné dans les années 1860. Ce chenal fut réouvert en 1993, ce qui permet d'admirer, à bord de son houseboat, les constructions victoriennes (dont 34 ponts) et la qualité technologique des 16 écluses.

Bateau franchissant une écluse du Shannon-Erne Waterway

LE CENTRE

CAVAN · MONAGHAN · LOUTH · LONGFORD · WESTMEATH
MEATH · OFFALY · LAOIS

Le Centre (Midlands) est le berceau de la civilisation irlandaise, la demeure spirituelle des Celtes où furent érigés des monuments sacrés hautement symboliques. La région est assez méconnue, et pourtant les pâturages, les tourbières et les lacs révèlent nombre de croix celtiques, d'abbayes normandes et de châteaux néo-gothiques.

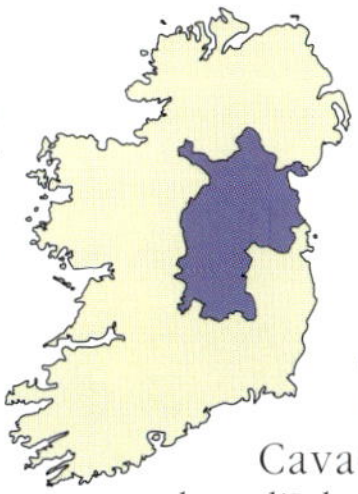

Très fertile, la vallée de la Boyne dans le comté de Meath fut habitée dès l'âge de la pierre. C'était la région la plus peuplée de l'île, comme le prouvent les nombreux édifices que les habitants laissèrent derrière eux, dont Newgrange, la plus belle tombe néolithique d'Irlande. Puis vinrent les Celtes qui s'établirent plus au sud, sur la colline de Tara, le siège des rois suprêmes d'Irlande. Tara devint la capitale politique et spirituelle des Celtes et atteignit son apogée au IIIe siècle, pour ne commencer à décliner que vers 1100 quand les Normands envahirent l'Irlande.

Les châteaux normands, notamment la forteresse de Trim dans le comté de Meath, témoignent du déplacement des frontières du Pale *(p. 124)*. Cette région sous domination anglaise incluait presque tous les comtés du Centre à la fin du XVIe siècle.

En 1690, la vallée de la Boyne fut le théâtre d'une bataille entre catholiques et protestants, dont ces derniers sortirent vainqueurs *(p. 36-37)*.

Depuis 1921, le Monaghan et le Cavan font partie de la république d'Irlande, mais des siècles durant ils ont appartenu à l'Ulster avec lequel ils ont gardé des liens très étroits. Des collines arrondies ou « drumlins » donnent du relief à ces deux comtés.

Prairies, tourbières et lacs forment le décor du Centre, mais la chaîne des Slieve Bloom Mountains et la presqu'île de Cooley baignée par l'océan enchantent aussi les promeneurs. Outre les sites historiques du Meath, la région est dotée de monastères comme Fore Abbey et Clonmacnoise. Ce dernier compte parmi les principaux sites chrétiens d'Europe.

Carlingford, petit port adossé aux collines de Cooley Peninsula

◁ **La tour ronde de Temple Finghin à Clonmacnoise, sur les rives du Shannon**

À la découverte du Centre

Drogheda est une base tout indiquée pour qui compte visiter la vallée de la Boyne et les monastères voisins comme Monasterboice. Certes, Trim et Mullingar, au sud-ouest, sont un peu moins bien situés, mais le séjour y est fort plaisant. Au nord, les comtés de Monaghan, Cavan et Longford et leurs innombrables lacs attirent les pêcheurs. Les comtés d'Offaly et de Laois, au sud, sont couverts de sombres tourbières, mais regorgent de monuments à découvrir aux environs de la petite ville georgienne de Birr. Ceux à qui la mer manque peuvent se rendre à Carlingford, pittoresque village de Cooley Peninsula.

Porte ouest de Nuns' Church à Clonmacnoise

LÉGENDE

- Autoroute
- Route principale
- Route secondaire
- Parcours pittoresque
- Cours d'eau
- Point de vue

VOIR AUSSI

- ***Hébergement*** p. 299
- ***Restaurants, cafés et pubs*** p. 315-316 et p. 321

CIRCULER

Le Centre est sillonné par les routes et voies ferrées qui partent de Dublin vers le reste du pays. Cette région est l'une des mieux desservies de toutes par les transports publics. Le train reliant Dublin à Belfast passe par Dundalk et Drogheda. Mullingar et Longford sont sur la route de Dublin à Sligo. Le rail et la N 7 qui s'étendent entre Dublin et Limerick desservent le Laois et l'Offaly. Les routes du Centre sont souvent plates et droites, mais la chaussée n'est pas toujours en bon état.

Statue ornant les jardins de Birr Castle

La ville de Trim au bord de la Boyne

LA RÉGION D'UN COUP D'ŒIL

Athlone 18
Birr 21
Carlingford 8
Carrigglas Manor 3
Clonmacnoise p. 242-243 19
Drogheda 10
Drumlane 2
Dundalk 7
Emo Court 23
Fore Abbey 5
Hill of Tara 14
Kells 6
Kilbeggan 17
Mellifont Abbey 12
Monaghan 1
Monasterboice 9
Mullingar 16
Newgrange et la Boyne Valley p. 236-239 11
Rock of Dunamase 24
Shannonbridge Bog Railway 20
Slane 13
Slieve Bloom Mountains 22
Trim 15
Tullynally Castle 4

0 20 km

Rossmore Memorial, l'élégante fontaine de Monaghan

Monaghan ❶

Carte routière D2. Co Monaghan. 6 000. *Market House, Market Square (047 81122).*

Cette ville est la plus animée du nord des Midlands (Centre). Ancienne plantation fondée par Jacques Ier en 1613 *(p. 37)*, elle prospéra grâce à ses manufactures de lin. L'unique trace du passage des Celtes qui fondèrent la ville est un « crannog » *(p. 31)* visible près de Glen Road.

Monaghan fut bâtie autour de trois places presque contiguës. Sur Market Square, on peut voir une jolie maison du XVIIIe siècle, **Market House**, qui abrite l'office du tourisme. Ses poutres de chêne d'origine lui confèrent un certain cachet. À l'est s'ouvre une deuxième place, Church Square, bordée de bâtiments du XIXe siècle, dont le tribunal, du plus pur style néo-classique. La troisième place, dite The Diamond (le diamant), accueillait jadis le marché. Y murmure **Rossmore Memorial**, une fontaine victorienne reposant sur des colonnes de marbre.

Ne manquez pas de visiter le **County Museum**, tout près de Market Square. Ce musée extraordinaire retrace notamment l'histoire des manufactures de Monaghan. Il abrite en outre la Cross of Clogher, une croix d'autel en bronze de 1400 environ.

La cathédrale néo-gothique, St Macartan, se dresse en haut d'une colline, au sud de la ville. Du sommet, vous pourrez contempler tout Monaghan.

County Museum

Hill St. *047 82928.* *du mar. au sam.* *jours fériés.* *limité.*

Drumlane ❷

Carte routière C3. 1 km au S. de Milltown, Co Cavan. *jusqu'à Belturbet.*

Cette église médiévale isolée sur les bords de l'Erne fut fondée au début du XIIIe siècle et modifiée quelque 200 ans plus tard. Néanmoins, elle a conservé ses sculptures romanes. La tour ronde, toute proche, n'a plus de toit, mais elle reste remarquable. Sa face nord notamment est sculptée d'oiseaux superbes.

Carrigglas Manor ❸

Carte routière C3. Co Longford. *043 45165.* *jusqu'à Longford.* *de juin à sept. : du jeu. au lun.* *limité.*

Ce manoir est le fief des Lefroy, famille d'origine huguenotte, depuis sa construction en 1837. Les rares modifications apportées depuis n'altèrent pas ce modèle de style néo-élisabéthain. À l'intérieur règne une atmosphère victorienne. Les salles réchauffées par des boiseries pseudo-gothiques sont ornées de stucs. En revanche, les écuries, transformées en un

Le salon de Carrigglas Manor, merveille du XIXe siècle

La cuisine victorienne de Tullynally Castle

musée du costume, sont de style néo-classique. Elles furent conçues par James Gandon, qui bâtit aussi Custom House à Dublin (p. 86). Le domaine alentour est couvert de forêts.

Aux environs

Ardagh, à 14 km au sud de Carrigglas Manor, est le plus beau village du Longford. Sur ses pelouses se détachent de jolis cottages de pierre.

Tullynally Castle ❹

Carte routière C3. Castle Pollard, Co Westmeath. *044 61159.* *jusqu'à Mullingar.* **Château** *mi-juin à mi-août : t.l.j. (seulement l'après-midi).* *obligatoire.* **Terrasses** *de mai à sept. : t.l.j. (l'après-midi seulement).* *limité.*

Ce château aux multiples tourelles est l'un des plus vastes d'Irlande. Il s'agit en fait d'une maison forte du XVIIe siècle revue et corrigée à la mode georgienne, puis néo-gothique. La famille Pakenham vit à Tullynally depuis 1655. Thomas Pakenham, fils de l'actuel comte de Longford, dirige à présent le domaine.

L'impressionnante grande salle ouvre sur la salle à manger, ornée de portraits de famille. La cuisine et la buanderie victoriennes et le séchoir adjacent sont tout aussi intéressants. La bibliothèque, riche de 8 000 ouvrages, donne sur le domaine aménagé vers 1760.

Fore Abbey ❺

Carte routière C3. Fore, Castle Pollard, Co Westmeath. *jusqu'à Castle Pollard.* *t.l.j.*

Cette abbaye est en pleine campagne, à 8 km à l'est de Tullynally Castle. Saint Fechin y fonda un monastère en 630. Mais les ruines que vous contemplez sont celles d'un prieuré bénédictin bâti vers 1200. Situé à la frontière nord du Pale (p. 124), Fore Abbey fut fortifiée au XVIe siècle par crainte des Irlandais de souche.

L'église en ruine faisait partie du prieuré d'époque normande. Toutefois, son cloître et son réfectoire datent de 1400 environ. Sur la colline d'en face se dresse St Fechin's Church, une église normande qui marquerait l'emplacement du tout premier monastère. La chapelle voisine comprend une sorte d'abri fortifié du XVe siècle dit The Anchorite's Cell (le refuge de l'anachorète).

Kells ❻

Carte routière D3. Co Meath. *3 500.* *Mill St, Trim (046 37111).*

Pour y parvenir, suivez les panneaux indicateurs portant l'inscription Ceanannus Mór. Tel est en effet le nom irlandais de cette bourgade.

Son monastère, **Kells Monastery**, fut fondé par saint Colomba au VIe siècle. Ce n'est qu'après 806 qu'il atteignit son apogée, lorsque des moines fuyant Iona s'y réfugièrent. Ils auraient enluminé le *Book of Kells* (livre de Kells) exposé à Trinity College, à Dublin (p. 62).

Situé à l'ouest de Kells, ce monastère est construit autour d'une église du XVIIIe siècle. Cet édifice est ordinaire, mais il abrite une exposition passionnante sur Kells. Dehors, une tour ronde, à ciel ouvert, monte la garde. Non loin se dressent des croix celtiques du IXe siècle, dont la South Cross parfaitement conservée.

Au nord, vous reconnaîtrez à son toit pentu **St Columba's House**, un petit oratoire de pierres qui rappelle St Kevin's Kitchen à Glendalough (p. 132).

L'une des croix celtiques du monastère fut transportée au centre de Kells, dans Cross Street. Elle servit de potence lors du soulèvement de 1798 (p. 39). Sa partie inférieure représente une bataille, thème rarement évoqué sur ce type de croix.

Les ruines de Fore Abbey, un prieuré bénédictin du Moyen Âge

Cottage de Carlingford au pied des montagnes de Cooley Peninsula

Dundalk 7

Carte routière D3. Co Louth. *30 000.* *Market Square (042 35484).* *jeu.*

Dundalk était jadis le point le plus au nord du Pale, zone sous domination anglaise au Moyen Âge *(p. 124)*. Aujourd'hui, à mi-chemin de Dublin et de Belfast, c'est la dernière grande ville avant l'Irlande du Nord.

Dundalk est située à l'orée des magnifiques paysages de Cooley Peninsula. En revanche, rien ne mérite vraiment un arrêt à Dundalk. Vous pouvez toutefois visiter le **County Museum** ouvert dans une distillerie du XVIIIe siècle. Ce musée donne un aperçu des industries traditionnelles du comté de Louth.

County Museum
Jocleyn St. 042 27056. *du mar. au sam.* *25, 26 déc. et 1er jan.*

Carlingford 8

Carte routière D3. Co Louth. *650.* **Holy Trinity Heritage Centre** *Churchyard Rd (042 73454).* **Carlingford Adventure Centre** *Tholsel St (042 73100).*

Ce village de pêcheurs pittoresque est serré entre les montagnes de Cooley Peninsula et les eaux du Carlingford Lough. La frontière avec l'Irlande du Nord passe au centre de cette vallée arrosée par un cours d'eau. Depuis le village, vous pouvez admirer les cimes des Mountains of Mourne, déjà en Ulster *(p. 276-277)*. Carlingford est doté de maisons anciennes et de cottages blanchis à la chaux. Ses ruelles médiévales sont dominées par **King John's Castle**. Fortifié à l'instar du Mint (hôtel des Monnaies), ce château normand gardait l'entrée du lac. Ouvert dans une église médiévale, l'**Holy Trinity Heritage Centre** retrace l'histoire du port depuis l'époque anglo-normande.

Carlingford, capitale de l'huître, accueille en août un festival consacré au délicieux coquillage. Le village est alors envahi par les vacanciers. Certains viennent pratiquer divers sports nautiques sur le lac. L'été, vous pouvez le découvrir à bord d'un bateau qui attend les touristes au port de Carlingford.

Vous pourrez aussi vous promener sur Cooley Peninsula. Le **Carlingford Adventure Centre** vous renseignera sur les différentes excursions qu'il organise.

Aux environs
Une route pittoresque permet de visiter **Cooley Peninsula** en longeant le rivage, puis en coupant à travers les montagnes. La partie nord de la côte est la plus spectaculaire. En effet, à 3 km au nord-ouest de Carlingford s'étend le **Slieve Foye Forest Park**, traversé par une route en lacet qui offre une vue superbe sur les collines et le lac.

Le Tain Trail que vous pouvez prendre à Carlingford est un circuit de 30 km. Il mène aux lieux les plus intéressants de la péninsule, les cairns et autres sites préhistoriques. Les bons randonneurs pourront le faire en une journée.

Monasterboice 9

Carte routière D3. Co Louth. *jusqu'à Drogheda.* *t.l.j.*

Fondé au Ve siècle par saint Buite, obscur disciple de saint Patrick, ce monastère est l'un des plus connus d'Irlande. Ses ruines médiévales se dressent dans un ravissant cimetière, au nord de Drogheda. Vous apercevrez d'abord une tour ronde sans toit et deux églises. Mais ce sont les croix scripturaires du Xe siècle qui retiendront votre attention.

L'une d'elles, Muiredach's High Cross, est sculptée de scènes bibliques. Sa face ouest représente la vie de Jésus et sa face est des passages de l'Ancien Testament. En bas de la croix, l'inscription qui lui donna son nom : « Une prière pour Muiredach qui réalisa cette croix ». L'artiste était peut-être l'abbé de Monasterboice. Avec 6,5 m de haut, West Cross ou Tall Cross est l'une des plus grandes d'Irlande. Ses sculptures, un peu estompées, figurent la mort du Christ. North Cross, ornée de spirales, représente la crucifixion.

Détail d'une tombe de Monasterboice

West High Cross et la tour ronde de Monasterboice

Croix celtiques

Les croix d'Irlande (High Crosses) témoignent du sens artistique des Celtes. Elles sont exceptionnelles par leur raffinement et leur nombre. La croix à anneau est devenue l'emblème de la chrétienté celtique. Les croix des monastères médiévaux furent sculptées entre le VIIIe et le XIIe siècle. Les plus anciennes ne sont décorées que de motifs géométriques. Puis, aux IXe et Xe siècles, les croix furent sculptées de scènes bibliques ou « sermons de pierre ». Ces croix scripturaires, plus récentes, auraient servi à l'éducation religieuse du peuple, mais elles symbolisaient avant tout le pouvoir du monastère ou du chef local.

Les piliers *gravés, comme celui-ci (VIe siècle) découvert à Riasc* (p. 150)*, précédèrent les croix celtiques.*

Partie supérieure figurant saint Antoine et saint Paul au désert

La croix d'Ahenny (p. 191) *est typique des croix ornementales du VIIIe siècle sculptées d'entrelacs et de spirales comme ceux de l'orfèvrerie celtique.*

MUIREDACH'S CROSS

La Muiredach's Cross (Xe siècle) représente des scènes bibliques sur chacune de ses faces. Haute de 5,5 m, elle est composée de trois blocs calcaires emboîtés les uns dans les autres.

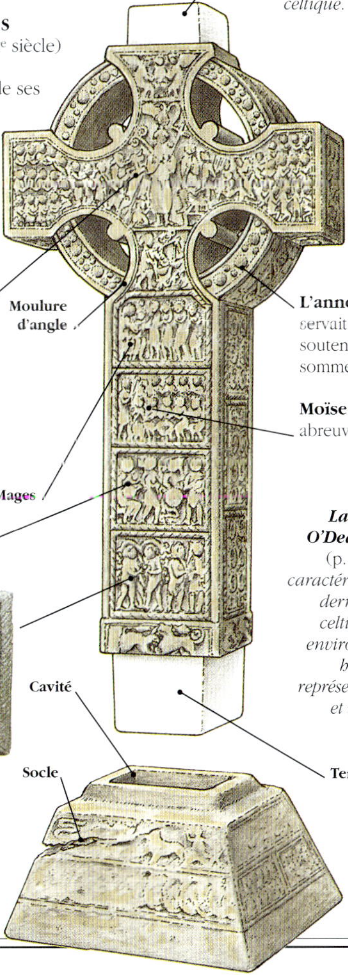

Le Jugement dernier montre le Christ en gloire entouré d'âmes ressuscitées. À sa droite, le diable armé d'une fourche est prêt à poursuivre les âmes damnées en enfer.

L'anneau décoratif servait aussi à soutenir les bras et le sommet de la croix.

Moïse frappe le rocher pour abreuver les Hébreux.

L'Adoration des Mages

David luttant contre Goliath

La chute de l'homme *montre Adam et Ève sous le pommier, ainsi que Caïn tuant Abel. Ces deux scènes ornent souvent les croix irlandaises.*

La Dysert O'Dea Cross (p. 181) *est caractéristique des dernières croix celtiques (1100 environ) avec ses hauts-reliefs représentant Jésus et un évêque.*

Drogheda ⑩

Carte routière D3. Co Louth. *25 000.* *West St (041 37070).* *sam.*

Au XIVe siècle, ce port fondé par les Normands à l'embouchure de la Boyne était l'une des principales villes d'Irlande. Néanmoins, il semble ne s'être jamais remis de la violente attaque menée par Cromwell en 1649 *(p. 37)* lors de laquelle périrent 2 000 habitants. L'aspect moderne de Drogheda est trompeur, car cette ville a gardé son plan d'origine et de nombreux monuments du Moyen Âge.

Il ne reste presque rien de ses fortifications médiévales, hormis les deux tours de **St Lawrence Gate**, une barbacane qui marquait l'entrée de la ville au XIIIe siècle. Tout près se dressent deux églises, chacune appelée **St Peter's Church**. Celle qui est consacrée au culte protestant date de 1753. Dotée de tombes superbes, c'est de loin la plus remarquable des deux. L'église catholique, elle, abrite la tête embaumée d'Oliver Plunkett, archevêque martyrisé en 1681.

Au sud de la rivière, vous pouvez visiter Millmount, une motte normande surmontée d'une tour Martello. Outre le panorama, vous pourrez admirer les objets historiques exposés au **Millmount Museum**. Sous le même toit se trouvent un centre généalogique et des ateliers d'artisans.

Drogheda vue depuis Millmount sur l'autre rive de la Boyne

Millmount Museum
Duleek St. 041 33097. *du mar. au dim.* *10 jours à Noël.*

Newgrange et la Boyne Valley ⑪

Carte routière D3. Co Meath. *jusqu'à Drogheda.* *jusqu'à Slane ou Drogheda.* *de mars à oct. : Newgrange (041 24274).*

Connue sous le nom de Brugh na Boinne, ou « palais de la Boyne », cette vallée est le berceau de la civilisation irlandaise. Son sol fertile nourrissait une civilisation néolithique comme en témoignent forts de pierre, tumuli et enclos sacrés. Les principaux monuments néolithiques de la vallée sont les tombes à couloir. Celle de **Newgrange** *(p. 238-239)* est réellement impressionnante, mais celles de **Dowth** et **Knowth** sont remarquables

La rivière près du champ de bataille de la Boyne

La bataille de la Boyne

En 1688, Jacques II, roi catholique d'Angleterre, fut déposé. Il fut remplacé par sa fille Marie, protestante, mariée à Guillaume d'Orange. Déterminé à remonter sur le trône, Jacques II chercha l'aide des Irlandais catholiques. Le 1er juillet 1690, il combattit Guillaume d'Orange près de la Boyne à Oldbridge, à l'ouest de Drogheda. Ses 25 000 soldats, des catholiques français et irlandais, furent écrasés par l'armée de Guillaume d'Orange comptant 36 000 huguenots français, hollandais, anglais et écossais. Jacques II se réfugia en France après cette bataille qui marqua le début de la domination absolue des protestants sur l'Irlande. Les catholiques furent privés de leurs terres et de leurs droits fondamentaux, et cela pendant trois siècles.

Guillaume d'Orange à la tête de ses troupes à la bataille de la Boyne, le 1er juillet 1690

aussi. La Boyne Valley est entourée par les collines de Slane et de Tara *(p. 240)*, lieux fondamentaux de la mythologie celte. Pourtant, la région est souvent associée à la préhistoire. Avec ses monuments antérieurs aux pyramides d'Égypte, la Boyne Valley est un peu la « Vallée des Rois » irlandaise. Un nouveau musée doit ouvrir à Newgrange en 1996. Il couvrira l'âge de la pierre et comprendra une réplique de la tombe de Newgrange.

Dowth

N51, 3 km à l'E. de Newgrange.
au public.

La tombe à couloir de Dowth fut pillée au siècle dernier. Et pourtant, elle n'a pas encore été totalement excavée. On ne peut approcher de cette tombe, mais vous pouvez l'admirer depuis la route.

Knowth

N51, 1,5 km au N.-O. de Newgrange.
041 24824. *de mai à oct. : t.l.j.*

Knowth est plus intéressant que Newgrange en bien des points. La quantité de ses trésors, notamment, en fait le principal site mégalithique d'Europe. Ces lieux furent habités plus longtemps : du néolithique à 1400 environ. Bizarrement, Knowth comprend deux tombes au lieu d'une. Elles sont fermées en raison des fouilles commencées en 1962.

Le lavabo en ruine de Mellifont Abbey

Slane Castle et son parc aménagé par Capability Brown

Néanmoins, un tiers du site est ouvert, et vous pourrez découvrir les 17 tombes environnantes et admirer des pierres finement sculptées.

Mellifont Abbey ⓬

Carte routière D3. Cullen, Co Louth. *041 26459.* *jusqu'à Drogheda.* *jusqu'à Drogheda ou Slane.* *de mai à oct. : t.l.j.*

Ce monastère cistercien, le premier bâti en Irlande, se trouve à 10 km à l'ouest de Drogheda sur les berges de la rivière Mattock. Il fut fondé en 1142 par ordre de saint Malachie, archevêque d'Armagh. Il fut influencé par saint Bernard qui, depuis Clairvaux en France, veillait à l'essor de l'ordre cistercien en Europe. Mellifont reflète la rigueur cistercienne, mais aussi le style formel des monastères du continent. Il devint vite le modèle sur lequel furent érigés les autres centres cisterciens d'Irlande. Il garda sa suprématie sur ces derniers jusqu'en 1539. Il fut alors fermé et transformé en maison fortifiée. Guillaume d'Orange en fit son quartier général lors de la bataille de la Boyne en 1690.

Carreaux médiévaux de Mellifont Abbey

Néanmoins, les ruines permettent quand même d'imaginer le plan d'ensemble. Il ne reste pas grand-chose de l'église mais au sud se dresse un cloître roman. En son centre se trouve un lavabo intéressant du XIIIe siècle. Les moines se lavaient les mains à sa fontaine avant de manger. Quatre pans de l'octogone d'origine sont parvenus jusqu'à nous, tous dotés d'un arc roman. À l'est, vous reconnaîtrez le chapitre à sa voûte remarquable. Son sol est recouvert de carreaux médiévaux provenant de l'église disparue.

Slane ⓭

Carte routière D3. Co Meath. *700.*

Slane est un joli village bâti autour de quatre maisons georgiennes. La Boyne qui l'arrose traverse aussi le domaine de **Slane Castle**. Ses jardins furent aménagés au XVIIIe siècle par Capability Brown. Malheureusement le château néo-gothique est fermé depuis l'incendie de 1991.

Au nord culmine l'**Hill of Slane**, la colline où en 433 saint Patrick aurait allumé le feu pascal pour défier le roi païen de Tara *(p. 240)*. Cet acte symbolique représente le triomphe du christianisme sur le paganisme.

Newgrange

Motif en spirale sur la pierre d'entrée

Les origines de Newgrange, l'une des principales tombes à couloir d'Europe, restent un mystère. Selon les Celtes, les rois légendaires de Tara *(p. 240)* y seraient enterrés. Or, Newgrange fut bâtie vers 3200 av. J.-C., bien avant leur mort. Ce tumulus, épargné par tous les envahisseurs (mais pas par les pilleurs) fut mis au jour dans les années soixante. Les archéologues découvrirent alors qu'au solstice d'hiver, le 21 décembre, les rayons du soleil entraient dans la tombe et éclairaient la chambre funéraire. Newgrange est donc le plus vieil observatoire solaire du monde. L'été, il faut parfois faire la queue pour visiter la tombe tant les touristes sont nombreux. Heureusement, le musée voisin *(p. 237)*, fort intéressant, attire aussi les visiteurs.

Bassin
Dans chaque chambre, ces pierres creusées auraient contenu des offrandes funéraires et les os du défunt.

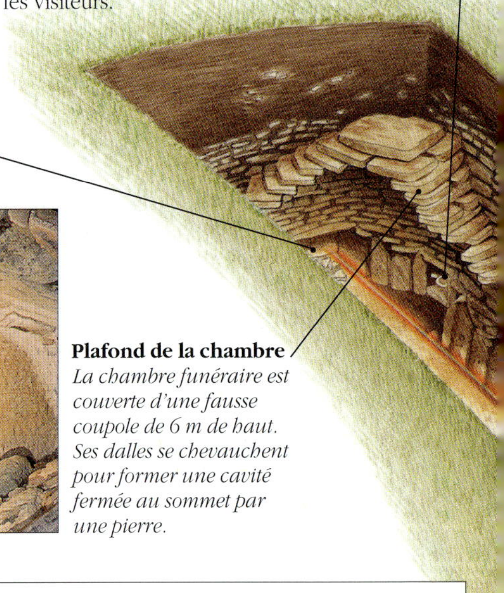

La chambre funéraire est dotée de trois chambres annexes. La chambre nord est celle que le soleil éclaire au solstice d'hiver.

Plafond de la chambre
La chambre funéraire est couverte d'une fausse coupole de 6 m de haut. Ses dalles se chevauchent pour former une cavité fermée au sommet par une pierre.

La construction de Newgrange

La tombe de Newgrange fut conçue par des techniciens doués d'un grand sens artistique, mais qui ne connaissaient ni la roue ni les outils de métal. Environ 200 000 tonnes de pierres furent charriées pour construire le tertre, ou cairn, qui protège la tombe à couloir. Les grandes pierres furent utilisées pour former un cercle autour du tumulus (12 sur probablement 35 sont parvenues jusqu'à nous), de la tombe et du parement. Elles sont souvent ornées de spirales et de motifs géométriques, notamment les dalles du couloir et des chambres. La fausse coupole est faite de pierres lisses moins grandes qui, par un savant agencement, n'ont pratiquement pas laissé passer une goutte d'eau depuis 5 000 ans.

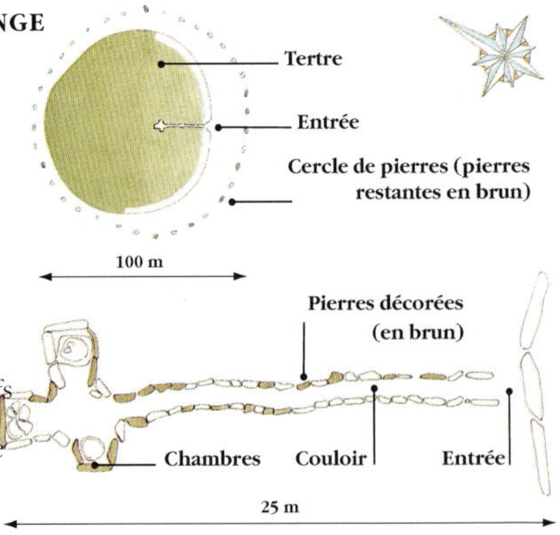

Plan du couloir et de la chambre funéraire

Restauration de Newgrange
Newgrange est située sur un relief au nord de la Boyne. Sa construction dura plus de 70 ans. Entre 1962 et 1975, la tombe à couloir et le tertre furent restaurés aussi fidèlement que possible.

Mode d'emploi

Carte routière D3. 8 km à l'E. de Slane, Co Meath. *jusqu'à Drogheda.* *jusqu'à Drogheda ou Slane.* *041 24488 et (de Pâques à oct.) 041 24274.* *de mai à mi-juin : de 9 h 30 à 18 h t.l.j. ; de mi-juin à mi-sept. : de 9 h 30 à 19 h t.l.j. ; mars-avril et mi-sept.-oct. : de 10 h à 17 h t.l.j. ; de nov. à fév. de 10 h à 16 h 30 t.l.j.* *25 et 26 déc.* *à l'intérieur du tombeau.*

Les dalles-supports du couloir sont en ardoises de la région.

Couloir
Le 21 décembre à l'aube, un rayon de soleil passe par un orifice au-dessus de l'entrée (typique de Newgrange), puis par le couloir de 19 m pour éclairer la chambre centrale de la tombe.

Le mur de soutènement à l'avant du tumulus fut reconstruit avec des pierres de quartz blanc et de granite trouvées alentour lors des fouilles.

Entrée
Le bloc de pierre le plus finement sculpté de Newgrange couvrait à l'origine l'entrée de la tombe. Il se trouve désormais devant l'entrée au milieu du parement.

Orifice

Au pied de Trim Castle coule la Boyne

Hill of Tara ⓮

Carte routière D3. Près de Killmessan Village, Co Meath. ☎ *046 25903.* 🚌 *jusqu'à Navan.* ◯ *t.l.j.* *pour l'Interpretative Centre.*

Haut lieu de la mythologie irlandaise, Tara fut le centre politique et spirituel de l'Irlande celtique. Cette colline fut aussi le siège des rois suprêmes *(Ard-Ri)* jusqu'au XIe siècle. Mais Tara déclina progressivement avec l'essor du christianisme. Véritable symbole, Tara fut choisie par le nationaliste Daniel O'Connell *(p. 40)* pour un rassemblement qui réunit plus d'un million de personnes en 1843.

Les excursions au départ du musée vous feront découvrir une tombe à couloir de l'âge de la pierre et des forts de l'âge du fer. Un public non averti n'y verrait que de simples monticules verdoyants, alors qu'il s'agit du Royal Enclosure, un fort ovale. En son centre se dresse Cormac's House et la « pierre du destin » *(Lialh Fail)*, un ancien symbole de fertilité. C'est sur cette pierre qu'étaient couronnés les rois suprêmes.

Trim ⓯

Carte routière D3. Co Meath. *4 000.* 🚌 ℹ *Mill St (046 37111).* *ven.*

Trim est l'une des villes commerçantes les plus agréables du Centre. Cette ancienne forteresse normande bâtie sur la Boyne marquait la frontière du Pale *(p. 124)*. Trim a de nombreux atouts, des monuments, des musées, sans oublier le fameux **Duchas Trim Folk Theatre**. Tout aussi populaire, le Nun Run est une étrange course où les chevaux sont montés par… des religieuses ! Cet événement se déroule habituellement près de **Trim Castle**. Cette citadelle fut fondée en 1173 par un chevalier normand, Hugh de Lacy. Le château, l'un des plus vastes bâtis en Irlande au Moyen Âge, servit de décor à différents films, dont *Braveheart* avec Mel Gibson (1995). Sur l'autre rive se dresse **Talbot Castle**, monastère augustinien transformé en manoir au XVe siècle. Plus au nord, vous distinguez **St Patrick's Cathedral**. Cette église avec un chœur médiéval est dominée par une tour du XVe siècle. À la sortie de Trim fleurissent les **Butterstream Gardens**, les plus beaux jardins du comté.

Trim Castle
◯ *t.l.j.*

Butterstream Gardens
Kildalkey Rd. ☎ *046 36016.*
◯ *de mai à sept. : du mar. au dim. (l'après-midi seulement).*

Mullingar ⓰

Carte routière C3. Co Westmeath. *12 000.* 🚌 🚌 ℹ *Dublin Rd (044 48650).* *sam.*

Capitale du comté de Westmeath, Mullingar est une ville prospère encerclée par le Royal Canal *(p. 99)* qui relie Dublin au Shannon. Le coût de la construction du canal ruina ses investisseurs et il ne fut jamais rentable. Ville plutôt ordinaire, Mullingar est

Vue aérienne des forts de l'âge du fer de Tara

proche de grands sites touristiques. Entre deux visites, il faut faire une halte dans ses pubs, comme Con's et Carton Casey's qui sont particulièrement agréables et chaleureux.

Aux environs

La partie du Royal Canal comprise entre Dublin et Mullingar a été restaurée récemment. Depuis, c'est le rendez-vous des pêcheurs et des promeneurs qui flânent le long des chemins de halage.

Tout près de Kilbeggan Road, sur la rive du Lough Ennel, se dresse **Belvedere House**. Bâtie en 1740, cette villa palladienne ornée de stucs rococo est en cours de restauration. Vous pourrez toutefois visiter ses jardins follement romantiques.

La maison à peine finie, le premier comte de Belvedere accusa sa femme de l'avoir trompé avec son frère et la garda prisonnière pendant 31 ans. En 1755, il fit bâtir une folie de style gothique pour ne plus voir la demeure somptueuse que son second frère habitait de l'autre côté du lac. Elle fut donc surnommée Jealous Wall (le mur de la jalousie). Le parc comprend aussi un belvédère octogonal, des folies et des terrasses qui descendent vers un lac. De l'autre côté de la maison, un arboretum, planté de toutes sortes d'arbres et d'arbustes, entoure un jardin pittoresque.

Belvedere House

6,5 km au S. de Mullingar. *044 42820.* **Maison** *pour restauration.* **Jardins** *d'avril à oct. : t.l.j.*

Le mur de la jalousie à Belvedere House près de Mullingar

Athlone Castle à l'ombre des tours de St Peter and St Paul

Kilbeggan ⑰

Carte routière C4. Co Westmeath. *600.*

Ce petit port situé entre Mullingar et Tullamore donne sur le Grand Canal, mais son principal atout est la **Locke's Distillery**. Fondée en 1757, elle se targue d'être la plus vieille distillerie légale du monde. Elle ferma en 1954, mais l'arôme du whisky, surnommé « la part de l'ange », flotta dans les entrepôts pendant des années. En 1987, la distillerie, un solide bâtiment doté de grandes roues à eau et de machines à vapeur, fut transformée en musée. Vous y découvrirez les étapes de la production du whisky irlandais jusqu'à la maturation finale. Lorsque venait l'étape de la dégustation, les ouvriers entraient dans les cuves pour goûter le whisky. Vous pourrez aussi juger de sa qualité, mais vous devrez vous contenter du bar.

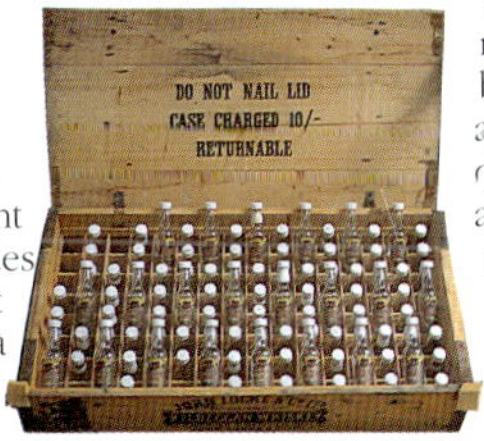

Bouteilles miniature à la Locke's Distillery de Kilbeggan

Locke's Distillery

Main Street. *0506 32134.* *t.l.j.*

Athlone ⑱

Carte routière C3. Co Westmeath. *15 000.* *le château, Market Square (0902 94630).* *ven.*

Cette ville est située près d'un gué naturel du Shannon. Sa forteresse du XIIIe siècle, **Athlone Castle**, fut endommagée lors du conflit entre Jacques II et Guillaume d'Orange *(p. 36-37)*. Elle est dominée par une église du XIXe siècle, St Peter and St Paul. Les rues voisines sont bordées de pubs agréables. Les quais et leurs anciens entrepôts valent aussi le détour. Face au château, sur l'autre rive, sont amarrés des bateaux pour Clonmacnoise *(p. 242-243)* ou le Lough Ree.

Athlone Castle

Market Square. *0902 94630.* *de mai à oct. : t.l.j.* *limité.*

Aux environs

Le circuit **Lough Ree Trail** part de Glasson, à 8 km au nord-est d'Athlone. Chemin faisant, vous découvrirez des paysages somptueux appréciés des cyclistes et des amoureux de la nature.

Clonmacnoise ⓳

Détail d'une dalle

Ce monastère fondé par saint Ciaran entre 545 et 548 est aujourd'hui perdu en pleine nature, sur une rive du Shannon. Centre religieux et lieu du savoir, Clonmacnoise rayonna du VIIe au XIIe siècle. De nombreux rois de Tara et de Connaught y furent enterrés. Pillé par les Vikings et les Anglo-Normands, le monastère tomba aux mains des Anglais en 1552, mais un groupe d'églises (temples), une cathédrale, deux tours rondes et trois croix celtiques sont tout de même parvenus jusqu'à nous.

Last Circuit of Pilgrims at Clonmacnoise

Sur ce tableau (1838) de George Petrie, des pèlerins font trois fois le tour du site, une coutume encore respectée tous les 9 septembre à la Saint-Ciaran.

Croix des Écritures

Cette copie de la croix originale du IXe siècle (conservée dans un musée) est ornée de scènes bibliques, mais les personnages ne sont pas tous identifiés.

L'abri du Pape où Jean-Paul II célébra la messe en 1979.

Visiter Clonmacnoise

Le Visitors' Centre est abrité dans trois édifices bâtis en forme de ruche *(p. 19)*. Son musée renferme des pierres tombales anciennes et les trois croix d'origine. Dehors, à leur emplacement, se dressent des copies. Nuns' Church, l'église au nord-est, est dotée d'un portail roman et d'un arc décoré.

Légende

1 South Cross
2 Temple Dowling
3 Temple Hurpan
4 Temple Melaghlin
5 Temple Ciaran
6 Temple Kelly
7 Cathédrale
8 North Cross
9 Croix des Écritures
10 Tour ronde
11 Temple Connor
12 Temple Finghin

0 50 m

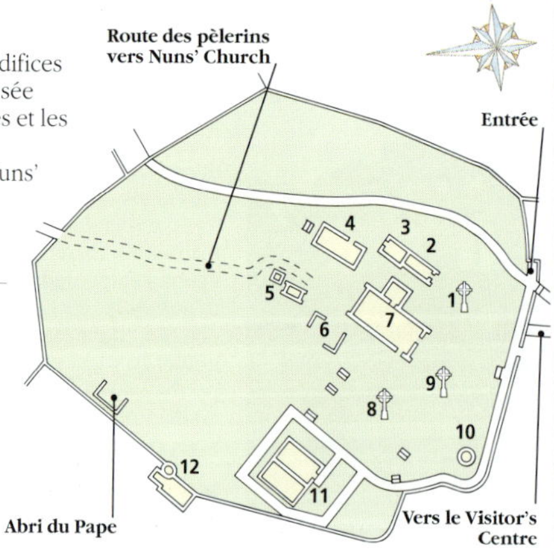

Mode d'emploi

Carte routière C4. 7 km au N. de Shannonbridge, Co Offaly. *0905 74195.* *jusqu'à Athlone, puis minibus (0905 74165).* *depuis Athlone.* *de juin à oct. : de 9 h à 19 h t.l.j. ; de nov. à mai : de 10 h à 17 h 30 (de mars à mai : 18 h).* *25 déc.*

Portail qui chuchote
Le portail nord (XVe siècle) de la cathédrale est dominé par les saints François, Patrick et Dominique. L'acoustique y est telle que le moindre murmure se propage dans tout l'édifice.

La tour ronde *(p. 18)* de plus de 19 m a une porte nettement au-dessus du sol.

Temples de Dowling, Hurpan et Melaghlin
Temple Hurpan fut ajouté au XVIIe siècle à Temple Dowling qui date du premier roman. Temple Melaghlin du XIIIe siècle est doté de deux fenêtres voûtées.

Le Shannonbridge Bog Railway traversant les tourbières

Shannonbridge Bog Railway ⓴

Carte routière C4. 5 km à l'E. de Shannonbridge, Co Offaly. *0905 74114.* *jusqu'à Athlone.* *d'avril à oct. : t.l.j. ; de nov. à mars : groupes sur r.-v.*

Près de Shannonbridge, cette visite guidée en train est organisée par l'Irish Peat Board (Bord na Móna). En 45 minutes, vous découvrirez l'histoire et le développement des tourbières de la Blackwater que vous traversez pendant 9 km et qui constituent un trésor écologique.

Les guides vous décriront comment les lacs devinrent des plaines marécageuses, puis des tourbières topographiques *(p. 244)* ; celles-ci se transformeront d'ailleurs en champs et en bois dans plusieurs siècles. On vous initiera aussi à la faune et à la flore de ces lieux où poussent sphaignes et narthèces. Les oiseaux vivent près des petits lacs et des mares. Peut-être apercevrez-vous des chênes de tourbières, remarquablement préservés, là où la tourbe a été ramassée. Pendant des siècles, celle-ci servit au chauffage domestique des paysans irlandais. Vous pourrez voir comment on la coupe à la main à l'aide d'un outil traditionnel appelé « slane ». Des machines permettent toujours d'alimenter en combustible la centrale thermique de Shannonbridge. Une boutique d'artisanat et un musée des machines se trouvent près du départ du train.

Les tourbières du Centre

Les tourbières d'Irlande, les plus grandes d'Europe, couvrent environ 15 % de l'Irlande sous deux formes principales. Les plus répandues sont les tourbières de couverture *(blanket bogs)* qui s'étendent à l'Ouest. Dans le Centre, surtout dans la région du Bog of Allen, les tourbières dites topographiques prennent la forme de dômes *(raised bogs)*. Mais leur étendue a fortement diminué depuis que l'homme se sert de la tourbe comme combustible. C'est une menace pour le paysage irlandais et pour la faune et la flore des tourbières.

Libellule quadrimaculée

Le Bog of Allen miraculeusement préservé

Les tourbiers *ramassent toujours la tourbe à la main dans certaines régions. Une fois séchée, la tourbe brûle bien car elle contient des résidus de plantes vieux de plusieurs milliers d'années.*

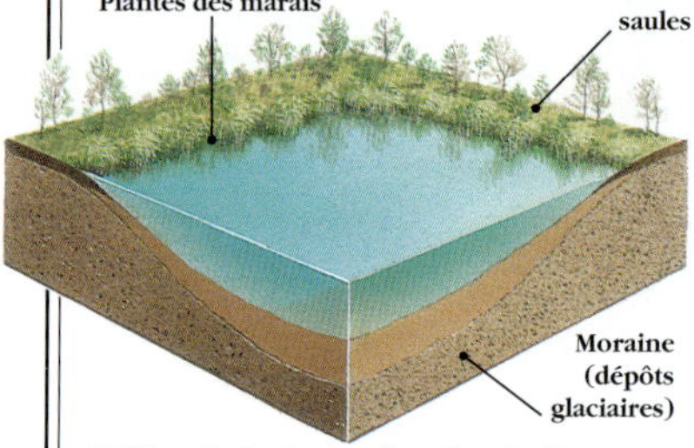

8000 av. J.-C. : *Les lacs formés après l'ère glaciaire s'embourbèrent progressivement. Des roseaux, des joncs et différentes autres plantes des marais se développèrent alors en grand nombre.*

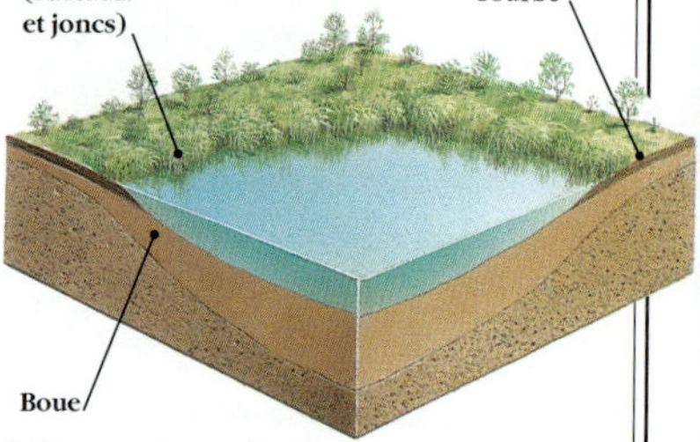

6000 av. J.-C. : *Les plantes des marais moururent mais ne se décomposèrent pas totalement grâce à la présence de l'eau et formèrent une couche de tourbe qui s'étendit progressivement.*

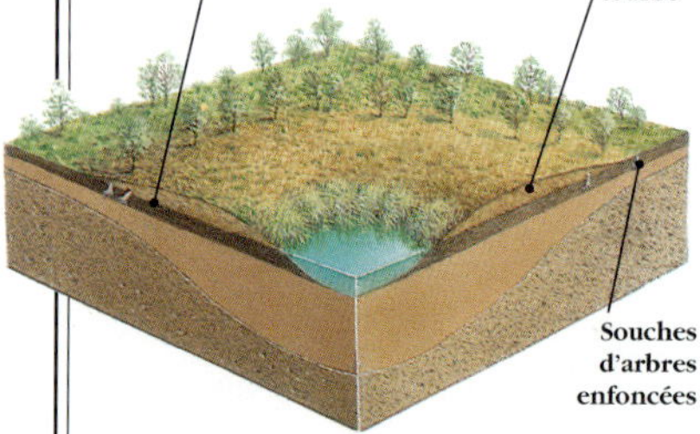

3000 av. J.-C. : *La tourbe se développa et les lacs s'embourbèrent. Les plantes poussèrent grâce aux pluies abondantes. Mais celles-ci étaient trop acides pour les plantes des marais qui disparurent, remplacées par différentes sortes de mousses dont les sphaignes. Au fur et à mesure que ces mousses mouraient, elles créèrent une couche superficielle qui, au fil des siècles, prit la forme de dômes.*

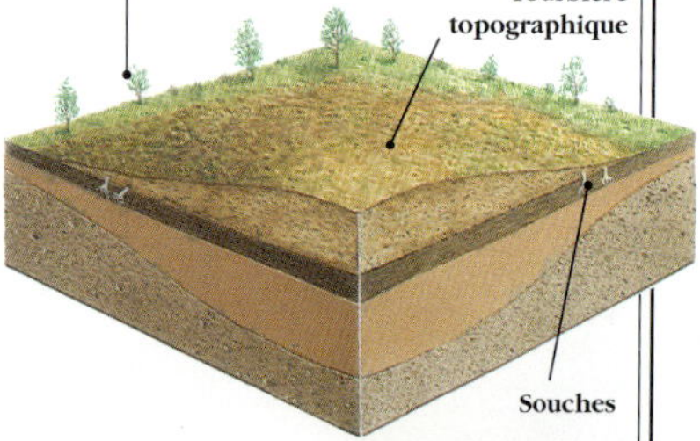

Aujourd'hui : *Il existe peu de tourbières en pleine croissance, mais celles qui restent racontent l'histoire du pays. Grâce à l'absence d'oxygène, on a pu retrouver des souches et des pollens très anciens.*

Sphaigne

Birr ㉑

Carte routière 4C. Co Offaly. 4 100. *de mai à sept. : Rosse Row (0509 20110).*

Cette ville se développa au pied du château des comtes de Rosse. Birr est connu par ses artères bordées de demeures georgiennes. Celles-ci ont gardé leurs impostes au-dessus des portes et leurs grilles de fer. Les plus élégantes se trouvent dans John's Mall et Oxmantown Mall, rue dessinée par le deuxième comte de Rosse. Emmet Square est un peu trop touristique, mais allez-y pour le Dooly's Hotel, une vieille auberge pleine de charme. Tout près, dans Connaught Street, les devantures, comme celle de l'agréable bar Foster, ont été joliment restaurées.

Birr Castle

Rosse Row. *0509 20056.* **Jardins** *t.l.j.* *25 déc.*

Ce château fondé en 1620 est toujours le fief des Parson, comtes de Rosse. Cette famille est célèbre pour avoir contribué au développement de l'astronomie. Ainsi, en 1845, le troisième comte fabriqua le plus grand télescope du monde à cette époque. Vous pourrez admirer, en visitant le domaine, sa lunette de bois de 17 m soutenue par deux murs.

L'édifice est fermé au public, mais le parc est somptueux. Aménagé au XVIIIe siècle, il est planté de haies de buis de 9 m. Ses arbres exotiques, magnolias et érables, furent rapportés d'expéditions financées par le sixième comte. Les jardins dominent le confluent de deux rivières. L'eau influença d'ailleurs nettement les paysagistes qui dotèrent le parc d'un petit pont suspendu.

Plafond en trompe-l'œil et niche à Emo Court

Slieve Bloom Mountains ㉒

Carte routière D4. Co Offaly et Co Laois. *jusqu'à Mountmellick.* *de mai à sept. : Rosse Row, Birr (0509 20110).*

Cette basse chaîne de montagnes surgit inopinément des tourbières et des plaines de l'Offaly et du Laois. Vous pouvez parcourir le **Slieve Bloom Way**, un sentier circulaire de 30 km qui traverse défilés, forêts et cours d'eau. Ce n'est certes pas l'unique chemin balisé. Au nord, vous pouvez en emprunter depuis **Cadamstown**, où tourne un joli moulin, ou depuis **Kinnitty**, lui aussi au pied des montagnes.

Emo Court ㉓

Carte routière D4. 13 km au N.-E. de Portlaoise, Co Laois. *0502 26110.* *jusqu'à Monasterevin ou Portlaoise.* **Maison** *de mi-juin à sept. : t.l.j.* **Jardins** *t.l.j.* *limité.*

Commandé par le comte de Portarlington en 1790, Emo Court est l'unique habitation conçue par James Gandon, l'architecte de Custom House à Dublin *(p. 86)*. De style néo-classique, sa façade est agrémentée d'un portique ionique. L'intérieur est doté d'une rotonde parfaitement proportionnée. Des stucs ornent les plafonds de la salle à manger et de la bibliothèque.

L'actuel propriétaire, qui fit restaurer la maison, va remettre le parc en état. Il est orné de statues que vous pourrez admirer en vous promenant vers le lac.

Rock of Dunamase ㉔

Carte routière D4. 5 km à l'E. de Portlaoise, Co Laois. *jusqu'à Portlaoise.*

Le Rock of Dunamase qui domine les plaines à l'est de Portlaoise fut longtemps une base militaire. Le fort de l'âge du fer qui se trouvait au sommet fut transformé en château au XIIIe siècle. Celui-ci fut endommagé par l'armée de Cromwell en 1650. Vous pouvez monter dans le donjon, mais soyez prudent, car avant il vous faudra franchir des fossés.

Rock of Dunamase vu depuis Stradbally

L'IRLANDE DU NORD

LONDONDERRY · ANTRIM · TYRONE · FERMANAGH
ARMAGH · DOWN

Chaque période de l'histoire a laissé en Irlande du Nord des monuments nichés dans les baies ou au bord des lacs. Malheureusement moins visitée autrefois que la république d'Irlande à cause des conflits qui s'y déroulaient, elle semble enfin recevoir l'attention qu'elle mérite depuis le cessez-le-feu de 1994.

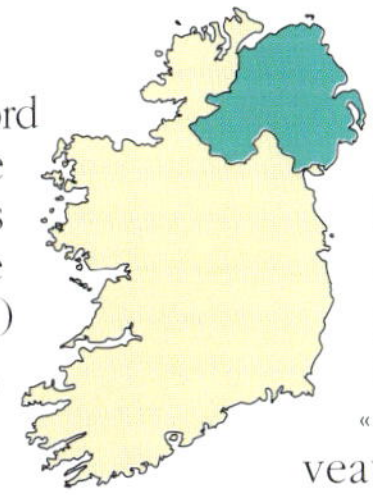

La province d'Irlande du Nord fut créée après la partition de l'île en 1921. Ses six comtés (ainsi que le Donegal, le Monaghan et le Cavan) faisaient partie de l'Ulster, l'un des quatre royaumes traditionnels de l'Irlande. C'est probablement là que le christianisme remplaça en premier le paganisme celtique. Dès 432, saint Patrick atteignit Saul, dans le comté de Down, juste avant de fonder une église à Armagh, qui reste la capitale spirituelle de l'Irlande.

Le pouvoir politique appartenait alors au clan Uí Néill. Leurs descendants, les O'Neill, s'opposèrent farouchement à la conquête britannique à la fin du XVIe siècle. Hugh O'Neill, comte de Tyrone, remporta quelques victoires contre les armées d'Élisabeth Ire. Mais il fut battu en 1607 et se réfugia en Europe avec d'autres seigneurs irlandais lors de la « fuite des comtes ». Leurs domaines, donnés à des particuliers et à des entreprises, furent peuplés de protestants anglais et écossais *(p. 37)*. De nombreuses villes de plantations, comme Londonderry, ont gardé leur plan du XVIIe siècle centré autour d'une place ou « diamant ». L'arrivée de nouveaux colons marginalisa un peu plus les Irlandais. Ainsi s'ouvraient quelque 400 ans de conflits.

Dans le calme relatif du XVIIIe siècle, les nobles anglo-irlandais firent bâtir des demeures comme Mount Stewart House sur Ards Peninsula ou Castle Coole près d'Enniskillen. L'Ulster prospéra au XIXe siècle grâce à ses chantiers navals et à ses fabriques de lin.

Les environs de Belfast sont fortement peuplés et industrialisés. Le reste de la région est principalement agricole. Ses paysages sont aussi extraordinaires que variés, avec la superbe côte dentelée d'Antrim près de la Chaussée des Géants (Giant's Causeway), les vertes montagnes de Mourne dans le comté de Down et les lacs paisibles de l'ouest.

La mairie de Belfast (1906), symbole de la fierté civique de la ville

◁ **Le pont de corde de Carrick-a-rede sur la Causeway Coast**

À la découverte de l'Irlande du Nord

Belfast est le point de départ idéal pour visiter la province. Outre ses édifices victoriens, la capitale possède des pubs accueillants et un excellent musée, l'Ulster Museum. Mais l'atout de l'Irlande du Nord reste sa côte, notamment la partie volcanique entre la Chaussée des Géants et Carrickfergus qui possède la plus belle forteresse normande d'Irlande. Au fond des baies se blottissent des stations balnéaires victoriennes, comme Portstewart, et des petits villages de pêcheurs. À l'intérieur, les randonneurs seront enchantés par les Mountains of Mourne, les pêcheurs et les plaisanciers par le Lower Lough Erne.

Le joli port de la station balnéaire de Portstewart

Circuler

Belfast est le nœud routier et ferroviaire de l'Irlande du Nord. Le réseau ferré est assez limité. Les trains gagnent notamment Londonderry au nord-ouest et Dublin au sud. La plupart des régions de la province sont desservies par des cars, nombreux et ponctuels même à la campagne. La voiture reste indispensable pour sortir des sentiers battus. Selon la situation politique, vous pourrez avoir à franchir des barrages temporaires de l'armée ou de la police *(p. 343)*.

Légende

- Autoroute
- Route principale
- Route secondaire
- Parcours pittoresque
- Cours d'eau
- Point de vue

LA RÉGION D'UN COUP D'ŒIL

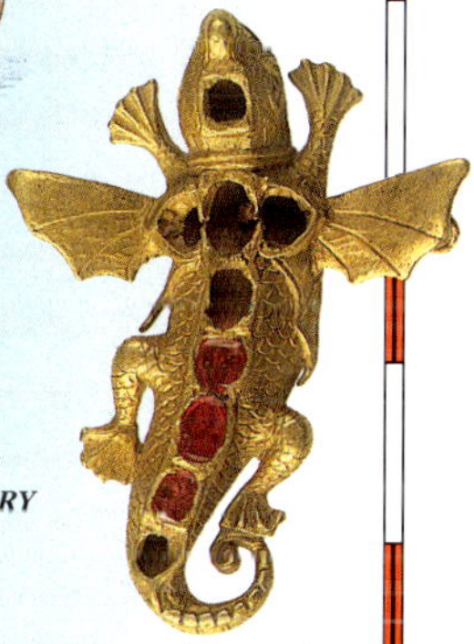

Salamandre en or de l'Invincible Armada à l'Ulster Museum de Belfast

Murets de pierres au flanc des Mountains of Mourne

VOIR AUSSI

• ***Hébergement*** p. 300-301

• ***Restaurants, cafés et pubs*** p. 316-317 et p. 321

Londonderry ❶

Détail de Shipquay Gate

En 546, saint Colomba fonda un monastère près de la Boyne. Il donna à ce lieu le nom de Doire, c'est-à-dire « chênaie », qui fut ensuite anglicisé en Derry. En 1613, les corporations londoniennes décidèrent de transformer la cité en une plantation *(p. 36-37)* de premier ordre. La ville fut alors rebaptisée Londonderry, en l'honneur de Londres. Elle sombra dans l'horreur en 1972, lorsque l'armée britannique y tua 13 manifestants. Aujourd'hui, la paix retrouvée a encouragé la mairie à entreprendre d'admirables projets culturels.

★ Tower Museum
Consacré à l'histoire locale, ce nouveau musée abrite notamment une exposition sur la région sous Élisabeth Ire.

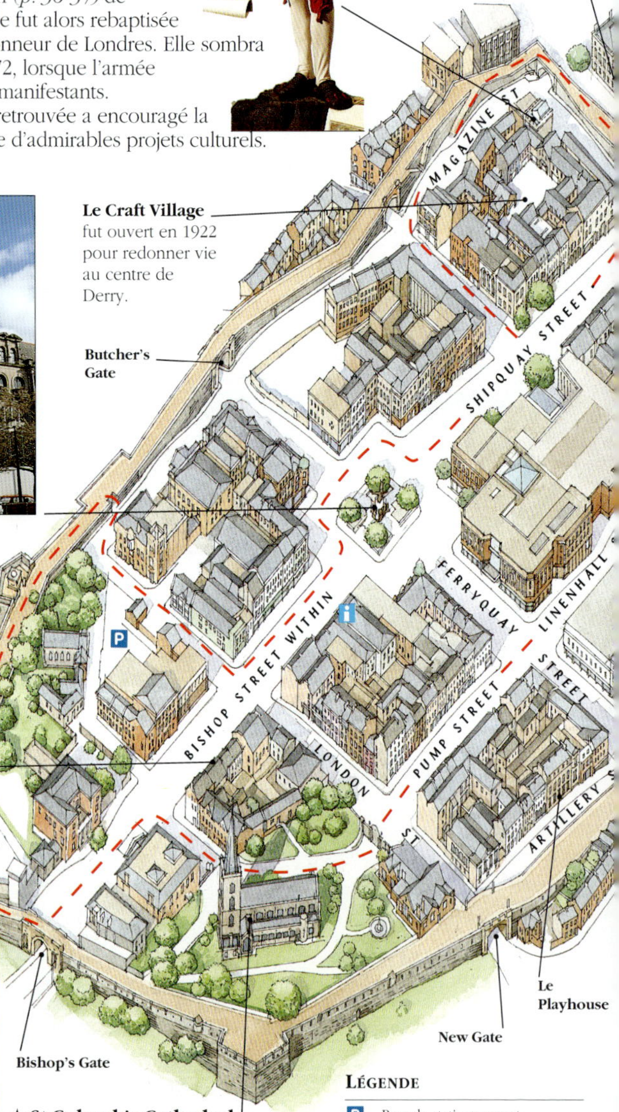

Shipquay Gate

Le Craft Village fut ouvert en 1922 pour redonner vie au centre de Derry.

Butcher's Gate

Le Diamond
Le monument aux morts érigé sur cette place en 1927 était destiné à la ville anglaise de Sheffield.

Court House

Army Post

Bishop's Gate

New Gate

Le Playhouse

★ St Columb's Cathedral
Le plafond de bois de la nef (1862) semble reposer sur les têtes sculptées d'anciens évêques et doyens.

Légende

P	Parc de stationnement
i	Information touristique
— — —	Itinéraire conseillé

MODE D'EMPLOI

Carte routière C1. Co Londonderry. 95 000. 11 km E. *Waterside, Duke Street (01504 42228).* *Foyle Street (01504 262261).* *8 Bishop Street (01504 267284).* *sam.* *Two Cathedrals Music Festival (oct.) ; Hallowe'en Festival (31 oct.).*

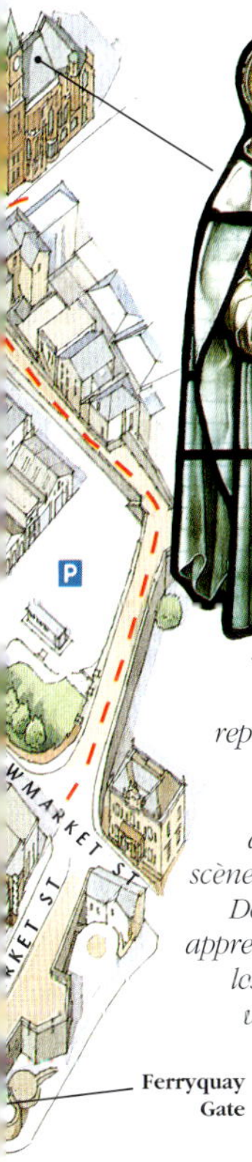

★ Guildhall
Ce vitrail représente saint Colomba. D'autres décrivent des scènes du siège de Derry, dont les apprentis fermant les portes de la ville en 1688.

Ferryquay Gate

Vers Craigavon Bridge et la Foyle

0 100 m

À NE PAS MANQUER

★ Tower Museum

★ Guildhall

★ St Columb's Cathedral

St Columb's Cathedral

St Columb's Court. *01504 267313.* *du lun. au sam.*

Bâtie entre 1628 et 1633, St Columb fut la première cathédrale fondée hors des îles britanniques après la Réforme. L'intérieur a été largement restauré au XIXe siècle. Le chapitre abrite un petit musée où vous pourrez admirer des objets du siège de 1689 *(p. 36-37)*, notamment les cadenas et clefs de la ville du XVIIe siècle. Dans le vestibule, se trouve un des boulets de canon tirés par l'armée de Jacques II. La réponse des protestants assiégés ne se fit pas attendre. « Pas de reddition », déclarèrent-ils, une devise reprise par les loyalistes jusqu'à aujourd'hui.

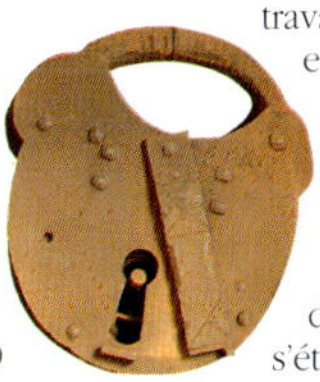

Cadenas de la ville à St Columb's Cathedral

Tower Museum

Union Hall Place. *01504 372411.* *juil. et août : t.l.j. ; de sept. à juin : du mar. au sam.* *17 mars, ven. saint, 25 et 26 déc.*

Ce musée abrité dans O'Doherty Tower (réplique de la tour qui se dressait jadis au même endroit) retrace toute l'histoire de la ville. L'exposition à l'étage porte sur le naufrage de l'Invincible Armada en 1588. Elle comprend des restes des navires coulés près de Kinnagoe Bay.

Walls of Derry

Accès depuis Magazine Street.

Ces fortifications sont parmi les mieux conservées d'Europe. Les remparts font 8 m de haut et 9 m d'épaisseur. Ils furent renforcés en 1618 pour défendre la nouvelle ville commerçante des attaques des seigneurs gaéliques du Donegal. Ces remparts résistèrent à tout, même au siège de 1689, où un tiers des 20 000 habitants moururent de faim et de maladie. Grâce aux travaux de restauration entrepris récemment, il sera bientôt possible de se promener autour des remparts. Hors des fortifications, au-delà de Butcher's Gate, s'étend le quartier catholique de Bogside. Une peinture murale vous accueille par ces mots : « Vous entrez dans le Derry libre ».

Guildhall

Guildhall Square. *01504 365151.* *du lun. au ven.* *juil. et août.*

Cet édifice néo-gothique fut bâti en 1890. Endommagé par un incendie (1908) puis par un attentat à la bombe (1972), il a dû être massivement restauré. Ses vitraux, copies des originaux, retracent l'histoire de Derry. Derrière Guildhall s'étend Derry Quay où tant d'émigrants embarquèrent pour l'Amérique aux XVIIIe et XIXe siècles.

Aux environs

Tout près de la B 194, en direction de Muff, se dresse un monument dédié à l'aviatrice américaine Amelia Earhart, la première femme qui franchit l'Atlantique en solitaire. Elle comptait atteindre Paris, mais atterrit près de Derry en mai 1932. L'**Earhart Centre** est un musée consacré à cette héroïne.

Earhart Centre

Ballyarnet. *01504 354040.* *de juin à sept. : t.l.j. ; d'oct. à mai : du lun. au ven.*

La vieille ville fortifiée arrosée par la Foyle

Portstewart et ses maisons sagement alignées

Benone Strand ❷

Carte routière D1. Co Londonderry. *juil. et août : Benone Tourist Complex, 53 Benone Ave, Seacoast Rd, Magilligan (015047 50555).*

Également connue sous le nom de Magilligan Strand, cette plage de sable est la plus longue d'Irlande. Elle longe la côte de Londonderry sur plus de 10 km. L'Union européenne lui a accordé un drapeau bleu en raison de sa grande propreté. À **Magilligan Point**, à l'extrémité ouest de la plage, se dresse une tour Martello, bâtie lors des guerres napoléoniennes pour défendre l'entrée du Lough Foyle. Pour accéder à ce cap, connu pour ses oiseaux de mer et ses coquillages, vous devrez passer sous les miradors d'une base militaire. Certes, l'expérience est incommodante, mais cela en vaut la peine.

Mussenden Temple ❸

Carte routière D1. Co Londonderry. *01265 848728. juil.-août : t.l.j. (l'après-midi seulement) ; d'avril à juin et sept. : sam., dim. et jours fériés.*

Cette rotonde surmontée d'un dôme est le monument le plus étrange de la côte de Londonderry. Perchée sur un promontoire venteux, près de Castlerock, elle fut bâtie en 1785 par Frederick Augustus Hervey, comte de Bristol et évêque protestant de Derry. Cet original entendait perpétuer le souvenir de sa cousine, Frideswide Mussenden.

La rotonde est inspirée du temple de Vesta à Tivoli, près de Rome. Ses murs sont percés de quatre ouvertures correspondant aux points cardinaux. La rotonde devait, à l'origine, accueillir une bibliothèque (ou, au dire de certains, un boudoir pour la maîtresse de l'évêque). Elle appartient désormais au National Trust.

L'évêque autorisa des prêtres à célébrer la messe catholique au sous-sol. Y sont exposés des objets provenant de Downhill Castle, l'ancienne résidence de l'évêque. Ce château tout proche fut, malheureusement, ravagé par un terrible incendie.

Depuis les falaises, vous découvrirez les côtes de Londonderry et d'Antrim, mais certains préféreront la plage de Downhill Strand, en contrebas. Jadis s'y déroulaient des courses de chevaux entre religieux, organisées par l'évêque.

Portstewart ❹

Carte routière D1. Co Londonderry. *5 500. jusqu'à Coleraine ou Portrush. juil. et août : Town Hall, The Crescent (01265 832286).*

Station balnéaire victorienne, Portstewart a gardé son air d'autrefois. La promenade du bord de mer est délimitée par deux promontoires rocheux. À l'ouest s'étend la superbe et longue plage de sable de **Portstewart Strand**, accessible par la route ou les falaises.

À Ramore Head, à l'est, se trouve **Portbrush**, une station balnéaire animée. Ses rues regorgent de salles de jeux électroniques et de boutiques de souvenirs. Sa plage, East Strand, longe le **Royal Portrush Golf Links**, un green connu des golfeurs du monde entier. Vous pouvez flâner le long de la plage jusqu'à White Rocks où se dressent des falaises calcaires sculptées par l'érosion.

Au sud s'étend la ville universitaire de **Coleraine** qui s'anime surtout en mai lors du North West 200 *(p. 26)*. Cette course de motos sur route est la plus rapide du monde. Les bolides foncent alors entre Portstewart, Coleraine et Portrush.

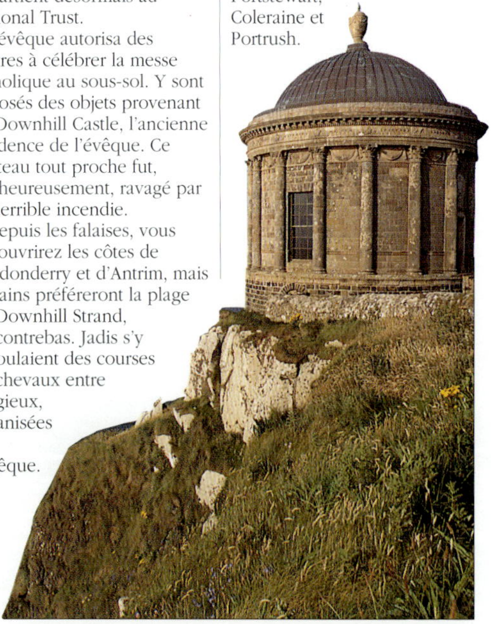

Mussenden Temple perché sur la côte de Londonderry

Causeway Coast 5

Carte routière D1. Co Antrim. *Giant's Causeway (012657 31855).*
Carrick-a-rede Rope Bridge *012657 31159.* *Pâques et de mai à août : t.l.j. ; sept. : sam. et dim.* *pour le parc de stationnement.*

Classée site mondial, la **Giant's Causeway** ou Chaussée des Géants *(p. 254-255)* éclipse le reste de la côte d'Antrim, qui mérite pourtant d'être visitée.

À l'ouest de la Causeway se dresse **Dunluce Castle**. Cette forteresse du XIIIe siècle était le fief des MacDonnell, seigneurs d'Antrim. Aujourd'hui, de vastes ruines dominent la mer du haut d'une falaise. Jadis, lors d'une violente tempête, la cuisine du château s'effondra et sombra au fond de l'eau. Si le toit n'a pas résisté au temps, le reste est bien préservé, surtout l'entrée et les tours jumelles.

Autre témoin du passé, **Dunseverick Castle**, que vous pourrez atteindre par la route ou par un long chemin de randonnée en partant de la Causeway. De cette forteresse, plus ancienne que Dunluce, ne reste qu'un immense rempart.

Les ruines de Dunluce Castle, château du XIIIe siècle

Reliée à Tara *(p. 240)* par une grande route, Dunseverick était jadis la capitale du royaume de Dalriada. Au Ve siècle, c'était aussi le point de départ des Irlandais qui partaient envahir l'Écosse.

Au-delà de la plage de **White Park Bay**, une route mène au petit port de **Ballintoy** qui rappelle un village de pêcheurs égéen. Au large, **Sheep Island** est un îlot rocheux où nichent des cormorans. L'été, des propriétaires de bateaux vous y emmèneront faire un tour.

À l'est de Ballintoy se trouve **Carrick-a-rede Rope Bridge**, l'un des ponts les plus pittoresques d'Irlande. À 25 m au-dessus de la mer, il bouge au moindre de vos pas et vous assure une vraie frayeur ! Fait de planches tenues par des cordes, il enjambe un goulot de 20 m de large. Les rampes du pont sont solides et équipées de filet de sécurité. Mais si vous avez le vertige, ne vous y aventurez pas. Dirigez vous plutôt vers **Kinbane Castle**, à l'est. Ce château en ruine du XVIe siècle offre une vue superbe sur la mer.

Dunluce Castle
d'avril à sept. : t.l.j. ; d'oct. à mars :du mar. au dim.

Bateaux de pêche amarrés dans le port de Ballintoy

Pont de Carrick-a-rede Rope

LE NORD DE LA CÔTE D'ANTRIM

LÉGENDE

Route secondaire	Parc de stationnement
Route principale	Information touristique

La Chaussée des Géants ❻

Souches de cheminées

Cette merveille de la nature est un mélange d'étrangeté et de beauté. Ses colonnes de basalte, d'une régularité impressionnante, font l'objet de maintes légendes. Le géant Finn MacCool *(p. 24-25)* aurait emprunté cette chaussée à sa mesure pour rejoindre sa bien-aimée. Il aurait ainsi atteint Staffa, une île écossaise dotée de colonnes semblables. La Giant's Causeway (Chaussée des Géants) attire inévitablement un grand nombre de touristes, mais rien, pas même leur présence, ne peut altérer la splendeur de ces falaises survolées par les mouettes. Si vous tenez à vous isoler un peu, il vous suffit de prendre l'un des sentiers qui longent la côte.

Aird's Snout
Ce promontoire est encadré de falaises basaltiques, hautes de 120 m, qui dominent la Giant's Causeway.

La formation de la Chaussée

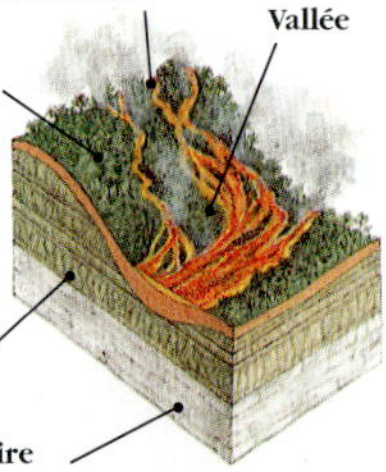

Il y a 61 millions d'années : Lors d'une série d'éruptions volcaniques, la lave coula par des fissures du sol, remplit la vallée et brûla sa végétation.

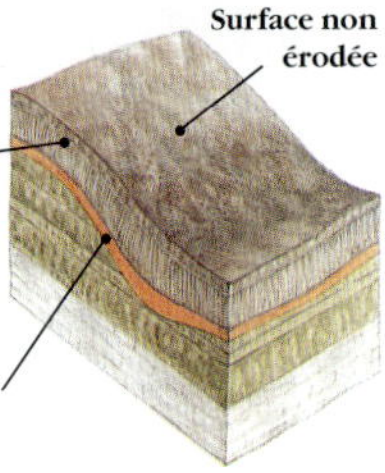

Il y a 60 millions d'années : Cette couche de lave tholéitique se rétracta en refroidissant et craqua en créant des blocs polygonaux, formant des colonnes jointes sous la surface.

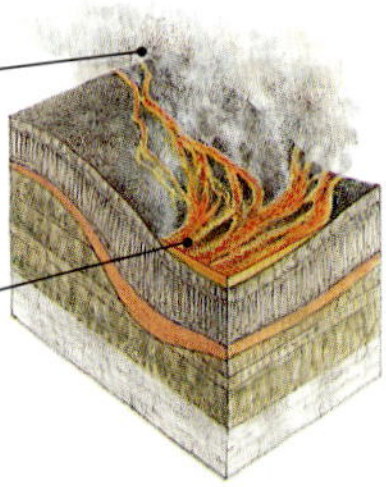

Il y a 58 millions d'années : De nouvelles éruptions produisirent d'autres couches de lave. D'une composition différente, elles formèrent, une fois refroidies, des colonnes moins régulières.

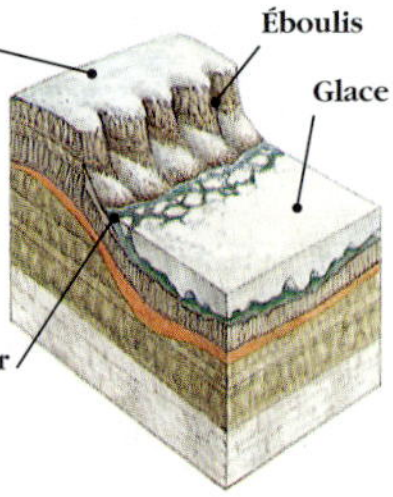

Il y a 15 000 ans : À la fin de l'ère glaciaire, des blocs de glace de la mer gelée érodèrent les falaises de basalte et contribuèrent à former la Giant's Causeway.

La forme des colonnes
La plupart sont hexagonales, d'autres ont quatre, cinq, huit ou même dix côtés. Elles font généralement près de 30 cm de large.

Mode d'emploi

Carte routière D1. Co Antrim. *jusqu'à Portrush.* *depuis Portrush, Bushmills ou Coleraine.* **Visitors' Centre** *Causeway Head, 3 km au N. de Bushmills (012657 31855).* *juil.-août : de 10 h à 19 h t.l.j. ; de sept. à juin : de 10 h à 16 h* *24-26 déc.* *limité.* *juil. et août.*

La Chaussée des Géants et le nord de la côte d'Antrim
Les falaises proches de la Causeway témoignent de plusieurs millions d'années d'activité géologique. La roche rougeâtre, ou couche inter-basaltique, se forma sur une longue période de climat tempéré. Sa couleur ocre est due à une forte concentration en fer.

Middle Causeway
Cette partie de la Middle Causeway fut appelée Honeycomb (nid d'abeilles) par des guides du XIXe siècle qui baptisèrent aussi les autres formations rocheuses de la côte.

Le site aujourd'hui

Entre mer et falaises, environ 37 000 colonnes de basalte, sculptées par l'érosion, forment les Grand, Middle et Little Causeway.

Whishing Chair
La légende veut que ce siège ait été fait pour Finn MacCool enfant, et que les vœux qu'on fait ici soient exaucés.

Quand la mer se retire, le spectacle est magnifique ▷

Old Bushmills Distillery ❼

Carte routière D1. Bushmills, Co Antrim. *012657 31521. depuis Coleraine et Giant's Causeway. de juin à août : du lun. au sam. ; de sept. à mai : du lun. au ven. (seulement le matin le ven.). 1 sem. en oct. ; 2 sem. à Noël. obligatoire.*

La bourgade de Bushmills est dotée d'une belle place, d'une rivière pleine de truites et de saumons, mais c'est le whisky qui fait sa célébrité. Située à la sortie de la ville, sa distillerie, Old Bushmills, est la plus ancienne au monde. Elle fonctionnait probablement déjà depuis deux cents ans lorsque l'autorisation de distiller lui fut accordée en 1608.

En 1974, Bushmills s'associa aux Irish Distillers Group de la fabrique Jameson *(p. 171)* à Midleton. Néanmoins, son whisky a gardé sa saveur unique, car, contrairement à la plupart des marques, ce n'est pas un mélange de différents whiskies.

Lorsque vous visiterez la distillerie, ne manquez pas la dégustation au Postill Bar, situé dans les anciennes tourailles, où sont exposés les appareils utilisés jadis pour distiller.

Tonneau de whisky de Bushmills Distillery

À l'est de Ballycastle, Murlough Bay fait face à l'Écosse

Rathlin Island ❽

Carte routière D1. Co Antrim. *120. t.l.j. depuis Ballycastle (012657 63915). Ballycastle (012657 62024).*

Cette île en forme de boomerang de 11 km de long et 1,6 km de large n'est qu'à 50 mn en bateau de Ballycastle. Une trentaine de familles y vivent de la pêche et de l'agriculture. Le tourisme, c'est une chance, en est à ses balbutiements. Pour vous accueillir, vous trouverez un café, un pub et une guesthouse (maison d'hôtes) où dormir. Les vents contrarient la croissance des arbres sur cette île bordée de falaises blanches. Des milliers de mouettes, macareux et petits pingouins vivent à **Bull Point**, à l'ouest de l'île (desservi par minibus). À l'autre bout de l'île se trouve **Bruce's Cave**, la grotte où en 1306 Robert Bruce, roi d'Écosse, aurait vu une araignée monter sur un fil. Étonné puis inspiré par la persévérance de l'insecte, il aurait alors décidé de reconquérir son royaume.

Ballycastle ❾

Carte routière D1. Co Antrim. *4 000. Sheskburn House, 7 Mary St (012657 62024). sam.*

Cette ville de taille moyenne est dotée d'une plage de sable et d'un joli port. À proximité s'élève le monument dédié à Guglielmo Marconi qui, en 1898, réalisa la première transmission par télégraphie sans fil entre Ballycastle et Rathlin Island.

Chaque année, en août, Ballycastle accueille l'Oul Lammas Fair, l'une des plus vieilles foires d'Irlande. Entre les étals chargés de *yellowman* (caramels) et de *dulce* (algues séchées très salées) circulent alors vendeurs et acheteurs de bétail.

À la sortie de la ville se dresse un monastère du XVe siècle, **Bonamargy Friary**, qui contient les reliques de Sorley Boy MacDonnell, un ancien seigneur de la région. Des pans de l'église, de la loge et des cloîtres sont parvenus jusqu'à nous.

LE WHISKY IRLANDAIS

Le mot whisky vient du gaélique *uisce beatha* ou eau de vie. Sa recette fut sans doute introduite en Irlande par des moines venus d'Asie il y a 1 000 ans. Les Irlandais se mirent alors à produire leur whisky personnel. Mais au XVIIe siècle, les Anglais établirent un système de licences et interdirent les alambics. Au XIXe siècle, le mouvement de tempérance et la misère consécutive à la famine firent chuter la demande. Le whisky écossais s'exporta alors mieux que l'irlandais (qui s'écrit « whiskey »). Mais les ventes ont repris grâce aux faibles coûts de production, à un meilleur marketing et à la popularité de l'irish coffee.

Affiche représentant l'Old Bushmills Distillery près de la rivière Bush

Aux environs
Près de l'A 2, à 5 km à l'est de la ville, part une route pittoresque qui longe la côte jusqu'à Cushendall. Elle passe par **Fair Head** où un sentier grimpe à travers la lande jusqu'au sommet des falaises. Hautes de 200 m, elles offrent une vue magnifique sur Rathlin et les îles écossaises.

Ce promontoire domine **Murlough Bay**, la plus jolie baie de la côte, accessible en voiture. Si vous continuez vers le sud-est, vous arriverez à **Torr Head**. Cette péninsule est le point d'Irlande le plus proche de l'Écosse, distante de 21 km.

Cushendall ⑩

Carte routière D1. Co Antrim. *1 400.* *juil. et août : 4b Mill St (012667 71180).*

Trois des neuf vallées d'Antrim mènent à Cushendall, d'où son surnom de « capitale des vallées ». Ce village pimpant, doté de maisons colorées, est dominé par Curfew Tower, une tour en calcaire rouge de la région. Érigée au XIXe siècle, c'était une prison pour les vagabonds et les voleurs de l'endroit.

Le port de Carnlough, une étape appréciée au sud de Cushendall

Aux environs
À 1,5 km au nord du village se dresse **Layde Old Church**. Il suffit de longer les falaises pour parvenir à cette église fondée par des franciscains en 1306, où reposent les MacDonnell, seigneurs de la région.

À 3 km à l'ouest de l'église, sur le flanc du mont Tievebulliagh, vous apercevrez **Ossian's Grave**, un cercle de pierres levées. Cette tombe néolithique porte le nom du fils de Finn MacCool, Ossian, poète et guerrier légendaire *(p. 24-25)*. À l'âge de la pierre, la région alentour était spécialisée dans la fabrication d'outils. Des objets en porcelanite de Tievebulliagh, une pierre très dure, ont d'ailleurs été trouvés un peu partout dans les îles britanniques.

Plus au sud, la côte est parsemée de jolis villages comme **Carnlough**, avec sa plage de sable et son port, et **Ballygally**, dont le château bâti en 1625 a été transformé en hôtel *(p. 300)*.

Glenariff Forest Park

Glenariff Forest Park ⑪

Carte routière D1. Co Antrim. *012667 58232.* *t.l.j.* *pour le stationnement.* *limité.*

Neuf rivières ont creusé de profondes vallées dans les Antrim Mountains chantées par tant de poètes. Situées au nord de l'Ulster, ces montagnes sont la seule région d'Irlande du Nord où l'on parle encore irlandais. En effet, elles furent épargnées par la politique de plantation menée par les Anglais et les Écossais au XVIIe siècle.

Leur accès a été facilité par la route de la côte d'Antrim qui dessert toutes les vallées *(glens)*.
Le Glenariff Forest Park vous surprendra par ses paysages. Le principal sentier du parc vous mènera à trois chutes d'eau et une gorge escarpée. D'autres chemins partent à l'assaut des cimes, vers de lointains belvédères. Sans doute furent-ils empruntés par William Thackeray, romancier anglais du XIXe siècle, qui vit dans cette région une « Suisse en miniature ».

Cercles et alignements de pierres à Beaghmore

Cookstown ⓬

Carte routière D2. Co Tyrone.
11 000. de Pâques à sept. : 48 Molesworth St (016487 66727).
sam.

Cookstown est bâtie de part et d'autre d'une rue parfaitement droite qui mesure 2 km. Large de 40 m, elle est bouchée au nord par le Slieve Gallion, le plus haut sommet des Sperrin Mountains. Cookstown, ville plantation du XVIIe siècle *(p. 36-37)*, porte le nom d'Alan Cook, son fondateur.

Aux environs
La campagne alentour est parsemée de monuments du Néolithique et du début de la christianisation. À l'est, sur le rivage sauvage du Lough Neagh, **Ardboe Cross** se dresse sur le site d'un monastère du VIe siècle. Cette croix du Xe siècle dont les motifs se soient estompés, est l'une des plus belles croix scripturaires *(p. 235)* de l'Ulster. Ses 22 panneaux sculptés représentent des scènes de l'Ancien Testament (face est) et du Nouveau Testament (face ouest). À l'ouest de Cookstown vous pourrez visiter **Wellbrook Beetling Mill**, une ancienne manufacture. Le « beetling » qui lui valut son nom était un procédé qui consistait à battre le lin pour lui donner une certaine finition. Pour en savoir plus sur cette technique ancienne, il faut visiter les expositions à l'intérieur de la manufacture. Cette dernière fut fondée en 1768 sur les berges de la rivière Ballindery. Le National Trust a restauré son moulin à eau et son bâtiment blanchi à la chaux.

L'Ardboe Cross

Ardboe Cross
B73, 16 km à l'E. de Cookstown.

Wellbrook Beetling Mill
A505, 6,5 kmà l'O. de Cookstown. *016487 51715. juil. et août : du mer. au lun. (l'après-midi seulement) ; d'avril à juin et sept. : sam., dim. et jours fériés.*

Beaghmore Stone Circles ⓭

Carte routière D2. Co Tyrone. Près de l'A505, 14 km au N.-O. de Cookstown.

En plein cœur de la lande, au pied des Sperrin Mountains, se dresse toute une série de monuments érigés entre 2000 et 1200 av. J.-C. Vous pourrez notamment admirer sept cercles et plusieurs alignements de pierres. Vous remarquerez aussi des constructions plus difficiles à identifier. Il s'agirait de murs de pierre effondrés. Leur fonction et leur utilisation restent mystérieuses, même si l'orientation de certains correspond au mouvement du soleil, de la lune et des étoiles. Trois des alignements, par exemple, sont orientés par rapport au point où le soleil se lève au solstice d'été.

Certes, les pierres des cercles ne vous impressionneront pas par leur taille car elles ne dépassent pas 1,20 m, mais elles sont si nombreuses qu'elles forment un ensemble spectaculaire. Ce site, jadis enfoui sous une épaisse tourbière, ne fut exhumé qu'en 1945. Aujourd'hui, c'est l'un des plus importants d'Irlande du Nord.

Les manufactures de lin en Ulster

L'Ulster commença à produire du lin après l'arrivée de France, à la fin du XVIIe siècle, de tisserands huguenots. Grâce à leur savoir-faire, cette industrie prospéra pendant deux siècles. Mais aujourd'hui, sa production, relativement limitée, est destinée au marché des produits de luxe. Désormais, dans le « triangle du lin », entre Belfast, Armagh et Dungannon, les fabriques à l'abandon se comptent par centaines. En effet, les ventes chutèrent lorsque les méthodes de production devinrent trop onéreuses. Ces dernières impliquaient de nombreuses étapes : une fois coupé, le lin était roui, c'est-à-dire plongé dans des bassins, avant que ses fibres ne soient séparées. Après avoir été peigné, le lin était filé, tissé, puis blanchi au soleil. Finalement, l'étoffe était battue pour lui donner un aspect brillant.

Préparation du lin pour la filature, gravure du XVIIIe siècle

Copie d'une tête celtique de l'âge du fer dans l'Ulster History Park

Ulster History Park ⓮

Carte routière C2. Co Tyrone. *01662 648188.* *depuis Omagh.* *d'avril à sept. : t.l.j. ; d'oct. à mars : du lun. au ven.* *1er jan., 25 et 26 déc.*

Blotti au pied des Sperrin Mountains, l'Ulster History Park vous permet de découvrir les constructions bâties par les diverses peuplades qui envahirent l'Irlande. Toutes sont reconstituées grandeur nature : huttes du Mésolithique couvertes de peaux de bêtes (7000 av. J.-C.) ou village plantation du XVIIe siècle *(p. 36-37)*. Outre des tombes mégalithiques, vous pourrez admirer un crannog *(p. 31)* des débuts de l'évangélisation et une « motte and bailey » normande (forteresse de bois sur une butte). Ne manquez pas de vous rendre au musée, pour mieux comprendre l'évolution de ces constructions au fil des siècles.

Ulster-American Folk Park ⓯

Carte routière C2. Co Tyrone. *01662 243292.* *depuis Omagh.* *de Pâques à sept. : t.l.j. ; d'oct. à Pâques : du lun. au ven. (sauf les jours fériés.).*

Ce musée en plein air, l'un des meilleurs du genre, fut installé autour de la maison restaurée de Thomas Mellon, qui, une fois aux États-Unis, devint juge à la Cour suprême et fonda une dynastie de banquiers de Pittsburgh. L'exposition permanente du parc, baptisée « Emigrants », relate le départ pour l'Amérique d'au moins deux millions d'habitants de l'Ulster (aux XVIIIe et XIXe siècles). Elle présente aussi le parcours de ceux qui firent fortune, sans oublier les autres qui eurent moins de chance, comme certains domestiques liés par contrat à leur maître et les 15 000 vagabonds et prisonniers irlandais expédiés en Amérique au milieu du XVIIIe siècle.

Le parc comprend plus de 30 édifices historiques, dont la maison de John Joseph Hughes (premier archevêque catholique de New York), des églises, une école, une forge. Certains bâtiments sont d'origine, d'autres de simples copies. Pour plus de vraisemblance, les guides qui vous les font visiter sont costumés. Ils vous feront découvrir une rue typique de l'Ulster, un bateau comme ceux qui transportaient les émigrants vers le Nouveau Monde et une ferme en rondins de Pennsylvanie, inspirée de celle que bâtirent en Amérique Thomas Mellon et son père.

Chaque année dans le parc sont célébrés l'Independence Day (fête nationale américaine) et Hallowe'en. En outre, début septembre s'y déroule l'Appalachian-Bluegrass, un festival qui rassemble de nombreux mélomanes.

Ferme de Pennsylvanie dans l'Ulster-American Folk Park

Ouvrier de Belleek Pottery réalisant une figurine de porcelaine

Belleek Pottery ⓰

Carte routière C2. Belleek, Co Fermanagh. *013656 58501.* *de mars à août : t.l.j. ; d'oct. à fév. : du lun. au sam.* *17 mars et 10 jours à Noël.*

Belleek n'attirerait que les pêcheurs si elle n'était pas connue par la Belleek Pottery. Fondée en 1857, cette fabrique devint vite célèbre par sa porcelaine qui rappelle le marbre de Paros.

Désormais, elle produit surtout des pièces ornementales. Les plus fines de ces porcelaines, qui font fureur aux États-Unis, sont exposées dans le musée. Par ailleurs, ne manquez pas le film de 20 minutes sur l'histoire de la fabrique.

Excursion autour du Lough Erne ⓱

Martin-pêcheur

La région du Lough Erne allie merveilles naturelles et sites historiques. Dès le début de l'évangélisation, des hommes s'installèrent aux abords de ce lac. Au Moyen Âge, des monastères furent fondés sur plusieurs des îles. Puis vint l'époque des plantations *(p. 37)*, comme en témoignent les châteaux édifiés aux alentours. Le Lough Erne est un havre de paix pour les martins-pêcheurs, grèbes et canards. Ce lac est connu des passionnés de pêche, car il regorge de truites. Vous serez enchanté, que vous le découvriez depuis la berge ou à bord d'un bateau.

Vue du Lower Lough Erne

Boa Island ⑤
Deux curieuses figures, chacune à deux faces, ornent le cimetière chrétien de Caldragh, sur Boa Island. Pourtant, ces idoles de pierre seraient préchrétiennes.

Castle Caldwell Forest Park ⑥
Les presqu'îles boisées de ce parc sont le refuge des oiseaux. Vous pouvez voir, depuis les cachettes du rivage, grèbes huppés et macreuses noires, et des loutres.

Belleek ⑦
Ce village, le plus à l'ouest de l'Irlande du Nord, est réputé pour ses porcelaines *(p. 261)*. Son musée, ExplorErne, est consacré à la région.

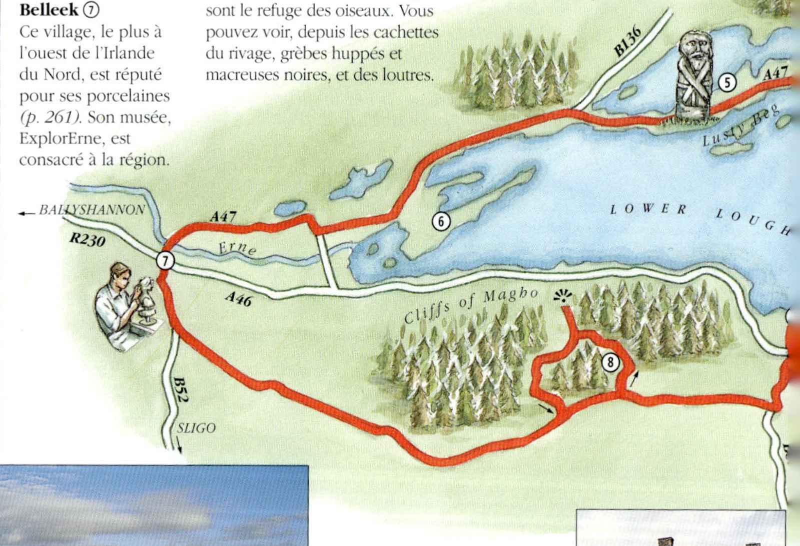

Lough Navar Forest Drive ⑧
Cette route de 11 km qui file jusqu'aux falaises de Magho offre une vue superbe sur le lac. Des sentiers partent de la route dans les pinèdes.

Tully Castle ⑨
Un jardin de style XVIIᵉ siècle a récemment été tracé devant ce château de l'époque des plantations dont les fortifications sont toujours visibles.

CARNET DE ROUTE

Itinéraire : *110 km.*
Où faire une pause ? *Hors d'Enniskillen, vous pouvez manger dans les pubs de Kesh et Belleek, dans le café ouvert l'été de Castle Archdale Country Park, sur les aires de pique-nique qui bordent cette route, dont une près des falaises de Magho* (p. 355-357).

LÉGENDE

- Circuit recommandé
- Autres routes
- Bateaux pour les îles
- Point de vue

White Island ④
L'église romane de White Island est ornée d'étranges figures païennes. D'origine incertaine, elles décoraient sans doute un monastère situé jadis à cet endroit. L'été, des ferries pour l'île partent de la marina de Castle Archdale.

Bateaux dans la marina de Castle Archdale

Castle Archdale Country Park ③
Ce parc est doté d'une marina et d'un camping pour caravanes. Ses sentiers à travers bois permettent de s'isoler. Tout au plus croiserez-vous un cerf.

Devenish Island ②
Site du principal monastère du Lower Lough Erne, cette île est desservie, l'été, par ferry et bateau-bus.

Enniskillen ①
Dominée par un château, Enniskillen *(p. 264)* est le principal port de plaisance de l'Erne, sur la rivière reliant les deux lacs.

Monea Castle ⑩
C'est le château du XVIIe siècle le mieux préservé du Fermanagh. Bâti assez loin du lac en 1618, il possède de belles tours rondes.

La spectaculaire tour ronde de Devenish Island

Devenish Island ⓲

Carte routière C2. Co Fermanagh.
depuis Trory Point, 5 km au N. d'Enniskillen (01365 322711) : d'avril à sept. : du mar. au sam. et dim. après-midi ; depuis Enniskillen (01365 322882) : de mai à juin : dim. après-midi ; juil.-août : t.l.j. ; sept. : mar., sam. et dim. *pour le musée et la coupole.*

Saint Molaise, qui avait 1 500 disciples sous sa tutelle, fonda au VIe siècle un monastère sur cette petite île battue par les vents. Attaqué par les Vikings au IXe siècle, incendié en 1157, il resta pourtant un centre religieux important jusqu'au début du XVIIe siècle.

Plusieurs de ses édifices médiévaux sont parvenus jusqu'à nous, dont **Teampall Mor** près de la jetée. Bâtie en 1225, cette église illustre la transition entre le roman et le gothique. Au sommet de l'île fut édifiée au XVe siècle une église augustinenne, **St Mary's Priory**. Tout près se dresse une croix sculptée d'entrelacs de la même époque.

Néanmoins, le monument le plus spectaculaire de l'île reste sa tour ronde du XIIe siècle. Parfaitement conservée, elle mesure environ 25 m de haut. À l'intérieur, des échelles vous permettent d'atteindre le cinquième étage. Le toit repose sur une corniche décorée. Chaque fenêtre est dominée par une tête sculptée, ornement exceptionnel sur une tour ronde d'Irlande. Un petit musée retrace l'histoire et l'architecture de l'île. En outre, il abrite une collection de sculptures sur pierre.

Enniskillen ⓳

Carte routière C2. Co Fermanagh. *14 000. Wellington Road (01365 323110). jeu.*

Cette ville est située sur une île entre l'Upper et le Lower Lough Erne. Elle devint tristement célèbre en 1987 lorsque 11 personnes périrent dans un attentat à la bombe de l'IRA. Néanmoins, Enniskillen mérite d'être vue, ne serait-ce que pour ses monuments.

À l'ouest de la ville fut édifié au XVe siècle **Enniskillen Castle**. Ce château abrite deux musées, l'un consacré au passé militaire de la ville et l'autre à l'archéologie régionale. Pourtant, son principal atout reste sa poterne flanquée de deux tourelles de conte de fées. Vous pourrez notamment la contempler depuis la berge opposée de la rivière. Plus à l'ouest fut fondée en 1618 **Portora Royal School**, où étudièrent notamment Oscar Wilde et Samuel Beckett *(p. 20-21)*.

Le **Cole Monument** se dresse sur une colline qui domine un parc victorien à l'est d'Enniskillen. Cette colonne dorique contient un escalier en colimaçon qui permet de monter au sommet. De là, on peut admirer les paysages bucoliques du pays des lacs.

Enniskillen Castle au bord de l'Erne

Enniskillen Castle

01365 325000. juil.-août : t.l.j. (l'après-midi seulement du sam. au lun.) ; de mai à juin et sept. : du lun. au sam. ; d'oct. à avril : du lun. au ven. 1er jan., 25 et 26 déc. limité.

Mobilier Régence dans le salon de Castle Coole

Aux environs

À la sortie de la ville, au milieu de chênes que reflète un lac paisible, se dresse **Castle Coole**. Cette demeure néo-classique comporte une façade en pierre de Portland. Parfaitement symétrique, elle est agrémentée d'un petit pavillon à chaque extrémité et d'un portique central. La construction de Castle Coole, vers 1790, ruina le premier comte de Belmore. Cet excentrique demanda d'abord un premier plan à l'architecte irlandais Richard Johnston, puis un second à l'Anglais James Wyatt. Criblé de dettes, il mourut en 1802, laissant à son fils le soin de meubler Castle Coole, ce qu'il fit quelque vingt ans plus tard.

Le charme de Castle Coole vient justement de sa décoration. Des portraits de famille du XVIIIe siècle ornent les murs de la salle à manger. Quant à la State Bedroom, elle comprend un lit réalisé pour le roi George IV lors de sa visite en Irlande en 1821. En fait il n'y dormit pas, mais ce meuble vaut quand même le coup d'œil. Ne manquez pas non plus le salon ovale (ou salle de bal) qui donne sur l'arrière de la demeure. Certes, son mobilier Régence n'est pas du goût de tout le monde, mais le parquet de chêne est absolument superbe.

Castle Coole

A4, 1,6 km au S.-E. d'Enniskillen.
01365 322690. de juin à août : du ven. au mer. (l'après-midi seulement) ; avril, mai et sept. : sam., dim. et jours fériés.

Marble Arch Caves 20

Carte routière C2. Marlbank Scenic Loop Rd, Florence Court, Co Fermanagh. *01365 348855.* *depuis Enniskillen (juil. et août).* *d'avril à sept. : t.l.j.* *obligatoire.*

Ces grottes sont parcourues par trois cours d'eau souterrains qui sortent ensuite de terre pour former la rivière Cladagh. On ne peut donc les visiter qu'en barque. Lors de la visite (75 mn), vous pourrez marcher avec votre guide entre stalagmites, cascades et autres formations calcaires. Ainsi, « Marble Arch », une arche granitique naturelle de 9 m, se dresse hors des grottes, à l'endroit où la rivière sort de terre.

Pour visiter les grottes, mieux vaut réserver à l'avance. Faites aussi attention au temps, car, lorsqu'il pleut, elles sont souvent fermées. De toute façon, prenez toujours un pull-over et des chaussures de marche.

Visite en barque des Marble Arch Caves

Florence Court 21

Carte routière C2. Co Fermanagh. *01365 348249.* *depuis Enniskillen (juil. et août).* **Maison** *de juin à août : du mer. au lun. (seulement l'après-midi) ; d'avril à mai et sept. : sam., dim. et jours fériés.* **Terrasse** *t.l.j.* *pour le stationnement des véhicules.*

Cette villa palladienne fut bâtie pour la famille Cole au milieu du XVIIIe siècle et porte le prénom de l'un des premiers occupants. Ses arcades et ses pavillons furent rajoutés, probablement vers 1770, par William Cole, premier comte d'Enniskillen. La demeure, qui s'élève au milieu d'un très vaste parc, est ornée de stucs d'un éclatant style rococo qui auraient été réalisés par le Dublinois Robert West. Malheureusement, les originaux furent ravagés par les flammes en 1955, particulièrement au centre de la villa. Le mobilier brûla lui aussi, mais les stucs purent être reproduits d'après des photographies. Les plus travaillés ornent la salle à manger, la cage d'escalier et la salle vénitienne.

Le domaine est peut-être plus spectaculaire que la demeure. Il couvre un amphithéâtre naturel, entre collines et montagnes. L'un des sentiers qui partent de la villa mène au fameux if de Florence Court, dont les boutures donnèrent tant d'arbres en Irlande. Près de la maison se trouve le jardin clos, qui, à l'approche de l'été, se pare de roses multicolores.

Dungannon 22

Carte routière D2. Co Tyrone. *9 500.* *d'avril à sept. : Killymaddy Tourist Centre, Ballygawly Rd, 8 km à l'O. de la ville (01868 767259).* *jeu.*

Au sommet d'une colline, Dungannon était le siège idéal pour le gouvernement du clan O'Neill qui « régna » du XIVe siècle à l'époque des plantations *(p. 36-37)*, où son château fut rasé. La **Royal School** de la ville se targue d'être la plus vieille école d'Irlande du Nord. Fondée en 1614, elle s'installa dans ses actuels bâtiments de Northland Row en 1789.

Cette ville, jadis spécialisée dans le lin, est désormais célèbre par son cristal. Sa fabrique, **Tyrone Crystal**, est l'une des plus vastes et des plus modernes d'Ulster.

Tyrone Crystal
Coalisland Road. *01868 725335.* *du lun. au sam.* *10 jours à Noël.*

Florence Court, l'ancienne demeure des comtes d'Enniskillen

Armagh au pied de la cathédrale catholique St Patrick

Armagh ㉓

Carte routière D2. Co Armagh.
14 400. 40 English St (01861 527808). *mar. et ven.*

Armagh date des premiers temps de l'évangélisation menée par saint Patrick *(p. 273)*. Les ruelles du centre suivent les fossés qui entouraient jadis l'église fondée par ce missionnaire en 455. En son honneur furent bâties deux cathédrales, chacune appelée **St Patrick**. La plus frappante est la cathédrale catholique, un édifice néo-gothique, surmonté de deux flèches, dont les murs sont recouverts de mosaïques. La cathédrale protestante, bâtie au Moyen Âge, abrite les reliques de Brian Boru, roi d'Irlande qui battit les Vikings en 1014 *(p. 32-33)*. On peut aussi y admirer une croix celtique du XIe siècle.

L'été, le Mall est envahi par les joueurs de cricket. Ce parc est entouré de maisons georgiennes dont l'une abrite l'**Armagh County Museum**, un musée consacré à l'histoire locale. **St Patrick's Trian** retrace aussi le passé de la ville. Ce musée comprend un centre pour les enfants, « Land of Lilliput », inspiré des *Voyages de Gulliver*, le chef-d'œuvre de Jonathan Swift *(p. 80)*. Sur College Hill fut fondé **Observatory Grounds**, le seul planétarium d'Irlande. Du haut de cette colline, vous découvrirez toute la ville à vos pieds.

Armagh County Museum
The Mall East. 01861 523070. *du lun. au sam.* *certains jours fériés.*

St Patrick's Trian
40 English St. 01861 527808. *t.l.j.* *certains jours fériés.*

Observatory Grounds
College Hill. 01861 522928. *du lun. au sam.* **Planétarium** 01861 523689.

Aux environs

À l'ouest d'Armagh fut édifié **Navan Fort**, une vaste construction de terre au sommet d'une colline. Jadis, Navan aurait été Emain Macha, capitale des rois d'Ulster d'après les épopées celtes. Selon la légende, le guerrier mythique Cuchulainn *(p. 24)* y aurait même résidé.

Crâne du magot à Navan Fort

Fondé par la reine Macha qui en fit sa capitale, vers 300 av. J.-C., ce site fut détruit après la défaite des rois d'Ulster en 332 apr. J.-C. et perdit sa prééminence au profit de Tara. Un édifice de bois de 40 m de large fut alors bâti sur un cairn immense. Le tout brûla et les restes recouvrirent le sol. Des découvertes archéologiques ont prouvé que l'incendie était une coutume rituelle des habitants d'Emain Macha.

Sous le fort se trouve le **Navan Centre** consacré à l'archéologie et à la mythologie du site. L'objet exposé le plus surprenant est le crâne d'un magot, trouvé dans les ruines d'une maison de l'âge du bronze. Ce singe a probablement été apporté d'Espagne ou d'Afrique du Nord, ce qui prouve qu'en 500 av. J.-C. Emain Macha commerçait déjà avec des contrées lointaines.

Navan Centre
A28, 4 km à l'O. d'Armagh. 01861 525550. *t.l.j.* *10 jours à Noël.*

Lough Neagh ㉔

Carte routière D2. Co Armagh, Co Tyrone, Co Londonderry, Co Antrim.

Selon la légende, le géant Finn MacCool *(p. 24-25)* aurait créé le Lough Neagh en arrachant un bloc de tourbe qu'il aurait jeté dans la mer d'Irlande, formant du coup l'île de Man. Avec une superficie de 400 km², le Lough Neagh est le plus grand lac des îles Britanniques. Il est quasiment entouré de marais, d'où la rareté des routes alentour. Plus au sud, la péninsule d'Oxford Island est dotée de cachettes pour observer les oiseaux et d'un musée, le **Lough Neagh Discovery Centre**. Au sud-ouest du Lough Neagh, une voie ferrée traverse les tourbières de **Peatlands**

Navan Fort, le site d'Emain Macha, est la capitale légendaire de l'Ulster

Observatoire ornithologique à Oxford Island, au sud du Lough Neagh

Park. Si les rivières qui partent du Lough Neagh regorgent de truites et de saumons, le lac, lui, est connu pour ses anguilles.

Lough Neagh Discovery Centre
Oxford Island. Sortie 10 M1. *01762 322205.* *d'avril à sept. : t.l.j. ; d'oct. à mars : du mer. au dim.* *25 et 26 déc.*

Peatlands Park
Sortie 13 M1. *01762 851102.* *de juin à août : t.l.j. ; de Pâques à mai et sept. : sam., dim. et jours fériés.*

Larne ㉕

Carte routière D1. Co Antrim.
18 000. *Narrow Gauge Rd (01574 260088) et au ferry (01574 270517).*

Qui arrive d'Écosse *(p. 352-353)* en ferry est frappé par l'aspect industriel de Larne. La ville n'est certes pas le plus bel endroit de l'Ulster, mais elle est située au début de la côte d'Antrim *(p. 259)* qui, elle, est superbe.

Les abords du Larne Lough ont été habités depuis le Mésolithique. Les silex découverts sur place prouvent que des hommes y vivaient il y a environ 9 000 ans. Au xe siècle, les Nordiques s'installèrent autour du lac dont il firent leur base. Puis, en 1315, ce fut au tour des troupes écossaises d'Edward Bruce. Plus récemment, en 1914, l'Ulster Volunteer Force y aménagea une cache d'armes allemandes lors de sa campagne contre le Home Rule *(p. 42-43)*.

Carrickfergus ㉖

Carte routière E2. Co Antrim.
23 000. *Antrim St (01960 366455).* *jeu. et sam.*

Carrickfergus se développa autour d'un château dont la construction fut entreprise en 1180 par John de Courcy pour garder l'entrée du Belfast Lough. De Courcy était le chef des Anglo-Normands qui avaient envahi l'Ulster après la conquête du Leinster, au sud, par Strongbow *(p. 34-35)*.

Carrickfergus Castle fut conçu en fonction de la position stratégique du rocher sur lequel il se dresse. Il a conservé sa herse *(p. 34-35)*, mais fut maintes fois modifié depuis le xiie siècle. Ainsi, des remparts furent ajoutés pour permettre l'installation de canons. Dans le donjon sont exposées armes et armures. Vous remarquerez aussi sur les remparts les reproductions de soldats grandeur nature.

Habité jusqu'en 1928, le château a connu divers propriétaires. Les Écossais, dirigés par Edward Bruce, le prirent d'assaut en 1315. Puis, au xviie siècle, ce fut au tour de l'armée de Jacques II qui y resta jusqu'en 1688. En 1690, le général Schomberg s'en empara pour Guillaume d'Orange qui y demeura avant la bataille de la Boyne *(p. 236)* en juillet 1690. Le port, hier très important, n'abrite plus que des bateaux de plaisance.

L'histoire de la ville est évoquée au **Knight Ride**. Son exposition vous fait véritablement voyager dans le temps grâce à un système téléguidé qui enchante toujours les enfants, lesquels, bizarrement, raffolent aussi des épisodes les plus sanglants de l'histoire de Carrickfergus.

Carrickfergus Castle
01960 351273. *t.l.j.* *25 déc.*

Knight Ride
Antrim St. *01960 366455.* *t.l.j.* *25 déc.*

Le donjon de la forteresse normande de Carrickfergus Castle

Belfast 27

Emblème de l'Ulster, Linen Hall Library

Belfast fut l'unique ville d'Irlande gagnée par la révolution industrielle. L'essor de ses chantiers navals et de ses industries du lin, de la corde et du tabac alla de pair avec une augmentation de sa population. En effet, Belfast comptait presque 400 000 habitants à la fin de la Première Guerre mondiale. De sa richesse passée témoignent des édifices publics, quais et églises. Les conflits entre catholiques et protestants et le déclin des industries traditionnelles ont affaibli son économie, mais Belfast reste une ville magnifique et très attachante.

Mosaïque de St Anne's Cathedral montrant saint Patrick voguant vers l'Irlande

L'intérieur de Grand Opera House

City Hall

Donegall Square. 01232 320202 poste 2618. *habituellement le mer. (réservation à l'avance obligatoire).*

La plupart des rues de Belfast (et nombre d'autobus) partent de Donegall Square. Sur cette place fut bâti en 1906 le City Hall, l'imposante mairie en pierre de Portland. Ses tours d'angle sophistiquées encadrent un dôme de cuivre qui culmine à 53 m.

À l'intérieur, ne manquez pas la somptueuse salle du conseil lambrissée de chêne.

En sortant de la mairie, on peut voir plusieurs statues. Vous reconnaîtrez celle de la reine Victoria. À l'est se dresse celle de Sir Edward Harland, fondateur du chantier naval Harland and Wolff qui réalisa le *Titanic*. Tout près fut érigé un monument aux naufragés de 1912.

Détail du mémorial du Titanic devant City Hall

Grand Opera House

Great Victoria St. *01232 240411.*

Ce bâtiment de la fin de l'ère victorienne fut conçu par Frank Matcham, un architecte spécialiste des théâtres. Lorsqu'il ouvrit ses portes en 1894, le public découvrit un intérieur rouge et or décoré de stucs sophistiqués. Il fut restauré en 1980, mais les attentats à la bombe de l'Europa Hotel, tout proche, nuisirent alors aux affaires du théâtre. Il ne survécut que par la venue d'artistes prestigieux comme Van Morrison (né à Belfast) qui y enregistra un album en public en 1984.

St Anne's Cathedral

Donegall St. *01232 328332.*

La façade néo-romane de cette cathédrale protestante, consacrée en 1904, n'est pas du meilleur goût. En revanche, l'intérieur ne manque pas de charme. Il est égayé par des mosaïques multicolores des années vingt. Celle qui orne le plafond du baptistère comprend plus de 150 000 pièces. La nef est pavée avec de l'érable du Canada, les bas-côtés avec du marbre irlandais. Lord Carson (1854-1935), chef de la campagne contre le Home Rule *(p. 42)*, repose dans l'aile sud.

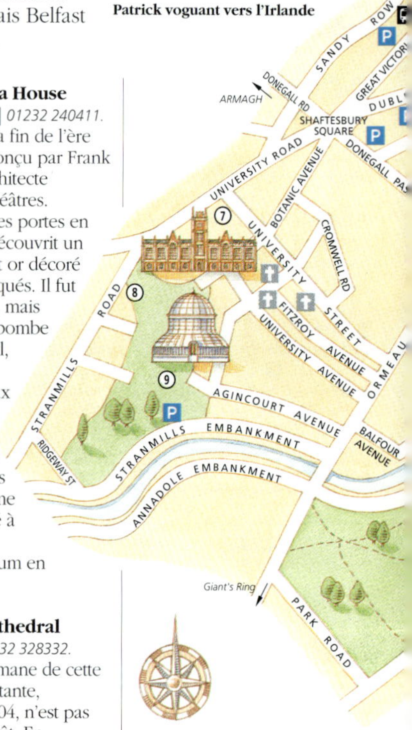

Belfast d'un coup d'œil

Albert Memorial Clock Tower ⑩
Botanical Gardens ⑨
City Hall ③
Crown Liquor Saloon ②
The Entries ⑤
Grand Opera House ①
Lagan Weir Lookout ⑪
Linen Hall Library ④
Queen's University ⑦
St Anne's Cathedral ⑥
Ulster Museum ⑧

0 500 m

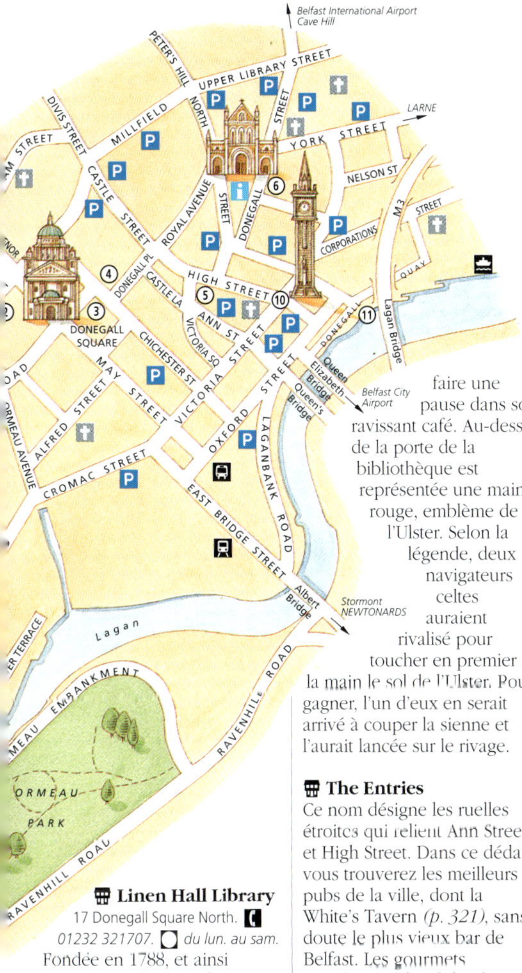

MODE D'EMPLOI

Carte routière D2. Co Antrim. *305 000. Belfast City Airport, 6,5 km à l'E. ; Belfast International, 29 km au N.-O. Central Station, East Bridge St (01232 899411) ; Great Victoria St Station. Europa Buscentre, Great Victoria St et Oxford St (01232 333000). 59 North St (01232 231221). Royal Ulster Agricultural Show & Lord Mayor's Show (mai) ; Belfast Festival at Queen's (nov.).*

Linen Hall Library

17 Donegall Square North. *01232 321707. du lun. au sam.*

Fondée en 1788, et ainsi nommée car le lin était autrefois la principale activité de la ville, cette bibliothèque renferme des milliers de livres rares. Elle est notamment fort bien documentée sur les événements politiques qui marquèrent l'Irlande depuis 1968. Même si vous n'avez pas d'ouvrage à consulter, visitez les lieux, ne serait-ce que pour faire une pause dans son ravissant café. Au-dessus de la porte de la bibliothèque est représentée une main rouge, emblème de l'Ulster. Selon la légende, deux navigateurs celtes auraient rivalisé pour toucher en premier de la main le sol de l'Ulster. Pour gagner, l'un d'eux en serait arrivé à couper la sienne et l'aurait lancée sur le rivage.

The Entries

Ce nom désigne les ruelles étroites qui relient Ann Street et High Street. Dans ce dédale, vous trouverez les meilleurs pubs de la ville, dont la White's Tavern *(p. 321)*, sans doute le plus vieux bar de Belfast. Les gourmets apprécieront le Globe, le Joy's Entry et le Morning Star dans Pottinger's Entry. Un peu plus loin, dans une taverne de Crown Entry, naissait, en 1791, le mouvement des United Irishmen. Inspiré par la Révolution française, il comptait parmi ses membres le célèbre « père du républicanisme », Wolfe Tone *(p. 38-39)*.

Crown Liquor Saloon

Great Victoria St. *01232 325368. t.l.j.*

Même les plus sobres doivent passer par le Crown Liquor Saloon, ne serait-ce que pour admirer sa façade. Ce luxueux bar victorien, ouvert dans les années 1880, est le seul pub que possède le National Trust. L'intérieur restauré du pub est décoré de stucs, vitraux, marbres et mosaïques. C'est l'endroit rêvé pour déguster des huîtres de Stanford Lough avec une bonne pinte de Guinness.

LÉGENDE

- Gare ferroviaire
- Gare routière
- Embarcadère de ferries
- Parc de stationnement
- Information touristique
- Église

Le luxueux intérieur victorien du Crown Liquor Saloon

À la découverte de Belfast

À l'écart du centre-ville, les élégantes banlieues de Belfast ont été épargnées par le conflit de ces dernières années. Le quartier de Queen's University au sud de la ville est doté d'un musée, l'Ulster Museum, et de jardins merveilleux, les Botanic Gardens. Certains préféreront le nord et la colline de Cave Hill qui offre une vue superbe sur la ville. Ceux que le passé industriel de Belfast intéresse partiront à la découverte des anciens quais et du fameux chantier naval Harland and Wolff.

Ulster Museum

Botanic Gardens. *01232 381251.* *t.l.j. (sam. et dim. : l'après-midi seulement).* *certains jours fériés.*

Ce bâtiment massif est consacré à tous les aspects de l'Ulster : histoire régionale, arts, histoire naturelle, etc. Par ailleurs, il abrite des bijoux d'or et d'argent provenant de la *Girona*, l'un des bateaux de l'Invincible Armada qui coulèrent au large de la Chaussée des Géants en 1588 *(p. 249)*. L'Ulster Museum vous fera aussi découvrir le passé industriel de Belfast. Ainsi sont exposés des machines et outils du début du siècle. Au dernier étage, des toiles de peintres dont beaucoup sont originaires de Belfast, comme John Lavery (1856-1941).

En plus des collections irlandaises, vous pourrez admirer des momies de l'antiquité égyptienne et des dinosaures. Le musée organise aussi des expositions temporaires sur des thèmes divers et variés.

Weighing Room, Hurst Park **(1924) de John Lavery, Ulster Museum**

La serre victorienne de Palm House dans les Botanic Gardens

Botanic Gardens

Stranmillis Rd. *01232 324902.* *t.l.j.*

Ces jardins botaniques sont un havre de paix au cœur du campus. La Palm House bâtie en 1839 est une remarquable construction en verre et en fer forgé. Le Tropical Ravine, ou Fernery, est une autre merveille architecturale de style victorien. Vous pourrez contempler les plantes exotiques depuis son balcon.

Queen's University

University Rd. *01232 245133.*

Cette université, la plus prestigieuse d'Irlande du Nord, se trouve à un quart d'heure à pied au sud de Donegall Square, au-delà du quartier animé de Golden Mile. Le bâtiment principal, en briques rouges et jaunes, est de style Tudor. Édifié par Charles Lanyon en 1849, il rappelle le Magdalene College d'Oxford. Une entrée dominée par une tour mène à une cour ornée de colonnes.

Les peintures murales politiques de l'ouest de Belfast

Peinture catholique de Falls Road

Depuis le début du conflit en 1968, catholiques de Falls Road et protestants de Shankill Road ont peint des fresques murales pour exprimer leurs convictions respectives. Dans ces deux quartiers ouvriers, des dizaines de maisons affichent clairement opinions politiques ou affiliations paramilitaires. Dans certaines rues, jusqu'aux trottoirs ont été peints aux couleurs du Royaume-Uni ou de l'Irlande. Même si le processus de paix aboutit, nombre de ces peintures ne seront pas effacées avant longtemps, car elles attirent de nombreux touristes dans l'ouest de Belfast. Pour en faire le tour, le plus simple est de prendre un taxi dans le centre-ville. Ceux qui vont à Falls Road partent de Castle Street, ceux pour Shankill Road sont stationnés dans North Street.

Peinture protestante et loyaliste

Albert Memorial Clock Tower

Queen's Square.

Cette tour dotée d'une horloge fut bâtie par W. J. Barre. Elle porte le nom du prince consort Albert, époux de la reine Victoria. En fait, rien ne le rattachait à Belfast, mais après sa mort en 1861 des monuments à sa mémoire furent érigés un peu partout. Aujourd'hui, la tour penche légèrement en raison de l'affaissement du terrain. Au-delà, face à la rivière, se dresse Custom House. Ce bâtiment fut construit en 1854 par Charles Lanyon, qui conçut aussi Queen's University.

Les grues Samson et Goliath au beau milieu de Belfast

Lagan Weir Lookout

Donegall Quay. 01232 315444 t.l.j. (sam. et dim. : l'après-midi seulement).

Le port de Belfast, jadis si animé, est à cinq minutes à pied de Donegall Square. Vous pourrez le contempler depuis la passerelle qui longe le barrage sur le fleuve. Depuis 1944, ses cinq portes d'acier, désormais actionnées par ordinateur, maintiennent le niveau de l'eau à une hauteur déterminée. Ainsi furent éliminés les bancs vaseux produits par les marées. Il fut dès lors possible de pêcher et de pratiquer divers sports nautiques.

Vous ne pourrez manquer de remarquer les immenses grues jaunes, baptisées non sans humour Samson et Goliath, du chantier naval Harland and Wolff. C'est ce même chantier, fondé en 1862, qui réalisa le paquebot *Titanic* devenu tristement célèbre.

La silhouette de Cave Hill domine les toits de Belfast

Aux environs

Parmi les hauteurs encerclant la ville, le meilleur endroit pour contempler Belfast et les eaux du Belfast Lough est la colline de Cave Hill, haute de 360 m.

Cave Hill

Antrim Rd, 6,5 km au N. du centre de Belfast. **Heritage Centre** *01232 776925.* *t.l.j.* *25 déc.* **Zoo** *01232 774625.* *t.l.j.* *25 déc.*

C'est au sommet de cette colline, près de MacArt's Fort (du nom d'un chef de l'âge du fer), que Wolfe Tone *(p. 39)* et les United Irishmen se réunirent pour organiser la rébellion. Les cinq grottes artificielles proches du fort datent du Néolithique.

Sur le versant est, au milieu des bois, se dresse Belfast Castle. Dans ce château, de style seigneurial écossais construit en 1870, résidait le comte de Shaftesbury. Aujourd'hui, l'édifice appartient à la ville de Belfast. Il comprend deux restaurants et un musée qui retrace l'histoire de la région. Un peu plus loin, sur la route, se trouve le zoo de Belfast, aménagé en fonction des bois et de la dénivellation de la colline.

Giant's Ring

B23, 5 km au S. du centre de Belfast.

On ne sait pas grand-chose de cet extraordinaire enclos préhistorique d'environ 200 m de diamètre. Il est entouré d'un talus verdoyant de 6 m de large et de 4,5 m de haut. Des ossements de l'âge de la pierre furent découverts sous le dolmen central. Au XVIIIe siècle, l'enclos trouva une autre utilisation : les courses de chevaux.

Stormont

Newtownards Rd, 8 km au S.-E. du centre de Belfast. *au public.* *sur r.-v. seulement.*

Une fortune fut engloutie dans la construction du Parlement d'Irlande du Nord qui dura de 1928 à 1932. Cet édifice de style anglo-palladien se dresse au bout d'une avenue de 1,6 km de long bordée par un parc. Une statue de Lord Carson *(p. 42)* fut érigée près de l'entrée.

Depuis la dissolution du Parlement en 1972, ce bâtiment abrite des services gouvernementaux. Son avenir dépend en grande partie du processus de paix actuel. La chambre où avaient lieu les débats a été ravagée par les flammes en 1994.

Stormont et son parc à la sortie de Belfast

Ulster Folk and Transport Museum ㉘

Carte routière E2. Cultra, près de Holywood, Co Down. *01232 428428.* *t.l.j.*

Des dizaines d'anciens bâtiments de l'Ulster (moulins, scieries, fermes, etc.) ont été reconstitués dans ce parc. Celui-ci est traversé par la route A 2 qui sépare les bâtiments de la partie consacrée aux transports. À l'intérieur d'un vaste hangar, l'Irish Railway Collection enchantera les passionnés de trains. Dans la petite Transport Gallery sont exposés des véhicules fabriqués en Ulster, dont une voiture du tramway qui reliait jadis Portrush à la Chaussée des Géants *(p. 254-255)*. Vous remarquerez aussi une De Lorean. Cette voiture fabriquée dans les années quatre-vingt n'a pas réussi à percer sur le marché. Autre échec retentissant, celui du *Titanic*, auquel est consacrée une exposition toujours très appréciée. D'ailleurs, ce parc est si intéressant qu'il vaut mieux prendre une demi-journée pour le visiter.

Voiture de tramway (1883) de l'Ulster Folk and Transport Museum

Ards Peninsula ㉙

Carte routière E2. Co Down. *jusqu'à Bangor.* *34 Quay St, Bangor (01247 270069).*

Les plus beaux paysages d'Irlande du Nord, dont cette péninsule, se trouvent à **Bangor** à l'est de Belfast. Au sud, à **Donaghadee**, partent les bateaux pour les **Copeland Islands**, trois îles où ne vivent plus que des oiseaux. Les derniers habitants partirent dans les années quarante.

Scrabo Tower donne du relief à Ards Peninsula

Ballycopeland Windmill est l'unique moulin à vent en état de marche en Irlande du Nord. Il fut bâti en 1784 sur une colline au nord de Millisle.

Le joyau de la péninsule est la petite ville de **Newtownards** adossée à une colline boisée, dominée par la **Scrabo Tower**. Cette tour fut érigée en 1857 en l'honneur du troisième marquis de Londonderry. Elle offre une vue magnifique sur le Strangford Lough, une fois effectuée l'ascension de ses 122 marches.

Après le domaine de **Mount Stewart House** *(p. 274-275)*, la route file vers le hameau de Greyabbey. Fondée en 1193, **Grey Abbey** fut une église paroissiale jusqu'au XVIIe siècle. De l'abbaye cistercienne restent des vestiges dont une porte, à l'ouest, magnifiquement sculptée.

Au bout de la péninsule, la ville de **Portaferry** domine le détroit de Strangford Narrows qui la sépare de Lecale Peninsula *(p. 276)*. Ne manquez pas de vous rendre à **Exploris**, un grand aquarium qui vous fera découvrir la vie aquatique de la mer d'Irlande et du Strangford Lough.

Ballycopeland Windmill
B172, 1,6 km à l'O. de Millisle. *01247 861413.* *de Pâques à sept. : du mar. au dim. ; d'oct. à mars : sam. et dim.*

Scrabo Tower
Près de Newtownards. *01247 811491.* *Pâques et de juin à sept. : du sam. au dim.*

Grey Abbey
Village de Greyabbey. *d'avril à sept. : du mar. au dim.*

Exploris
Castle Street, Portaferry. *012477 28062.* *t.l.j.* *25 déc.*

Ballycopeland Windmill, moulin bâti en 1784

Mount Stewart House 30

Voir p. 274-275.

Hillsborough 31

Carte routière D2. Co Down. *2 400.* *The Square (01846 682477).*

Cette bourgade georgienne se trouve à moins de 16 km de Belfast. Son principal atout est **Hillsborough Castle**, où résident les personnalités officielles en visite en Irlande du Nord. Il est fermé au public, mais ses grilles de fer forgé valent le détour.

Face à Market House bâtie au XVIIIe siècle sur la place principale, près du ravissant Forest Park, se dresse **Hillsborough Fort**. Ce fort bâti en 1650 fut modifié au XVIIIe siècle pour que les descendants d'Arthur Hill, fondateur de la ville, puissent y donner des fêtes.

Hillsborough Fort

Accès de la place ou du parc de stationnement de Forest Park. *01846 683285.* *du mar. au dim.*

Downpatrick 32

Carte routière E2. Co Down. *10 300.* *74 Market St (01396 612233).* *sam.*

Si son histoire n'avait pas croisé celle de saint Patrick, cette ville attirerait peu de visiteurs. Sa cathédrale protestante, **Down Cathedral**, bâtie au sommet d'une colline, fut modifiée pour la dernière fois au XIXe siècle. Une croix du Xe siècle se dresse dans le cimetière où reposerait saint Patrick, là où fut récemment placée une dalle de granite gravée à son nom.

Le **Down County Museum** est situé dans l'ancienne prison du comté (XVIIIe siècle). Ce musée éclectique comprend des cellules restaurées et des expositions sur saint Patrick. Non loin de là se trouve **Mound of Down**, vaste « motte and bailey » *(p. 19)* normande.

Maisons sagement alignées à Hillsborough

Down County Museum

The Mall. *01396 615218.* *de juil. à mi-sept. : t.l.j. (sam. et dim. : l'après-midi seulement) ; de mi-sept. à juin : du mar. au sam. et jours fériés.* *25 et 26 déc.*

Aux environs

Aux alentours de Downpatrick, vous pourrez visiter plusieurs sites où passa saint Patrick. Ainsi, **Struell Wells**, lieu de culte païen béni par le saint, comprend une église en ruine et deux établissements de bains du XVIIe siècle. Plus au nord, à **Saul**, première ville d'Irlande évangélisée par saint Patrick en 432, se dresse une église à sa mémoire. **Slieve Patrick**, la colline voisine, est dominée par une statue de saint Patrick. Chaque année, en juin, une messe en plein air est célébrée dans ce lieu de pèlerinage.

Près des rives de la Quoile se trouve **Inch Abbey**, une abbaye cistercienne fondée par John de Courcy vers 1180. Le paysage alentour vous impressionnera plus que le monument, mais il vaut tout de même le coup d'œil.

Inch Abbey

5 km au N.-O. de Downpatrick. *d'avril à sept. : du mar. au dim.*

La vie de saint Patrick

On ne sait pas grand-chose du saint patron de l'Irlande. Il ne fut sans doute pas le premier missionnaire dans l'île, un certain Palladius ayant été envoyé par le pape Célestin Ier en 431. Patrick aurait été enlevé en Grande-Bretagne par des pirates qui l'aurait amené en Irlande pour garder les moutons, avant de fuir en France où il étudiera le christianisme. En 432, il débarqua à Saul, dans le comté de Down, où il convertit rapidement le seigneur de la région. Puis il parcourut toute l'Irlande, évangélisant maintes tribus celtes. On dit même qu'il aurait débarrassé l'île des serpents en les repoussant dans la mer.

Saint Patrick chassant les serpents d'Irlande, gravure du XIXe siècle

Mount Stewart House ㉚

Lord Castlereagh (1769-1822)

Cette demeure du XIXe siècle est dotée d'un intérieur luxueux, mais ses jardins sont plus impressionnants encore. Ils ne furent plantés que dans les années vingt, mais les espèces exotiques poussèrent très bien grâce au microclimat subtropical. Désormais propriété du National Trust, Mount Stewart appartenait jadis à la famille Londonderry, dont le membre le plus célèbre fut Lord Castlereagh, ministre de 1812 à 1822.

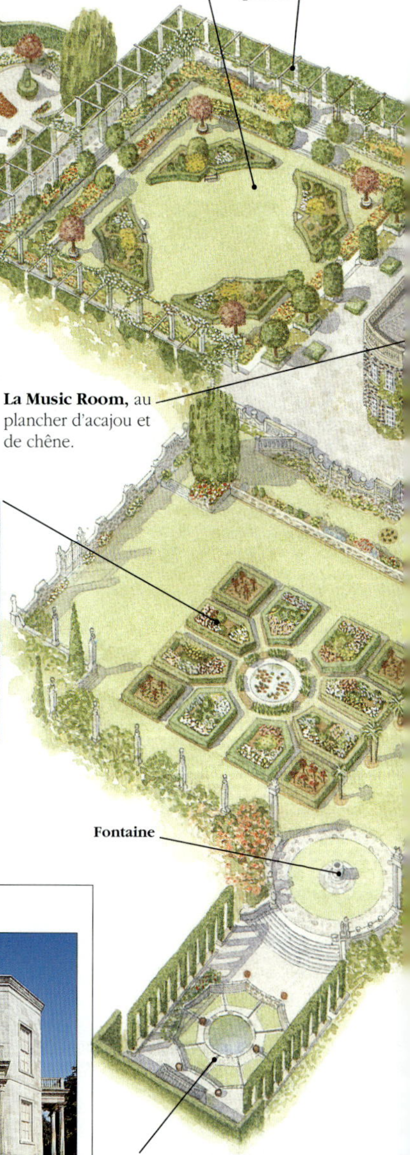

Les parterres symétriques du Sunk Garden se teintent de bleu, orange et jaune en été.

Pergola de pierres

★ Shamrock Garden
Une baie d'ifs taillée en forme de trèfle entoure cette harpe irlandaise ainsi qu'un parterre fleuri représentant une main rouge, emblème de l'Ulster.

La Music Room, au plancher d'acajou et de chêne.

Jardin italien
Ce jardin à l'italienne est planté à l'est de fleurs orange et rouges qui contrastent avec les roses, blanches et bleues à l'ouest.

Fontaine

Le jardin espagnol est bordé d'arcades de cyprès taillés.

LE TEMPLE DES VENTS

Ce pavillon réservé aux banquets se reflète dans le Strangford Lough, à l'est de la maison. Bâti en 1785 par James Stuart « l'Athénien », précurseur renommé de l'architecture néo-classique, il rappelle la tour des vents d'Athènes. Restauré dans les années soixante et aujourd'hui encore, il est doté d'un escalier en colimaçon, de plafonds ornés de stucs et de sols superbes.

★ Hambletonian par George Stubbs

Le crack qui gagna la course de Newmarket servit de thème à cette toile, peinte en 1799, qui orne l'escalier principal de la maison.

Mode d'emploi

Carte routière E2. 3 km au N. de Greyabbey, Co Down. *012477 88387.* *jusqu'à Newtownards depuis Belfast.* **Maison** *d'avril à oct. : de 13 h à 17 h du mer. au lun.* **Jardins** *mars : de 13 h à 17 h le dim. ; d'avril à oct. : de 10 h 30 à 17 h 30 t.l.j.* **Temple des vents** *pour restauration jusqu'en 1996.* *dans la maison.*

Hall d'entrée

Il est orné de colonnes ioniques en pierre peintes en trompe-l'œil pour ressembler à du marbre vert. Cette pièce austère est éclairée par un dôme de verre.

★ Dodo Terrace

Les drontes de pierre et l'arche de cette terrasse rappelle l'Ark Club. Chaque membre de ce cercle fondé par Lady Londonderry, lors de la Première Guerre mondiale, portait le nom d'un animal.

À ne pas manquer

- ★ **Dodo Terrace**
- ★ **Shamrock Garden**
- ★ **Hambletonian par George Stubbs**

Le boudoir gothique de Lady Bangor à Castle Ward, Lecale Peninsula

Lecale Peninsula ㉝

Carte routière E2. Co Down. *jusqu'à Ardglass.* *Downpatrick (01396 612233).*

Le moyen le plus simple pour accéder à cette partie du comté de Down est de prendre le ferry à Portaferry, une petite ville d'Ards Peninsula. Il vous mènera jusqu'à Strangford en une brève mais très spectaculaire traversée. À la sortie de ce petit port, vous apercevrez **Castle Ward**, l'étrange château de Lord et Lady Bangor qui se disputèrent sur l'aspect de leur demeure bâtie vers 1760. Lord Bangor opta pour le style palladien visible sur le devant de l'édifice. Son épouse, elle, préférait le genre gothique de la façade qui donne sur les jardins. L'intérieur est un mélange de gothique et de classique. Ainsi le boudoir de Lady Bangor est-il doté d'une étrange voûte en éventail. De la maison, des sentiers serpentent vers le lac avec au bord une ferme et un moulin.

À 4 km au sud de Strangford, l'A 2 passe près d'un château du XVe siècle, **Kilclief Castle**, l'une des plus vieilles maisons fortes d'Irlande *(p. 18)*. Puis la route file vers Ardglass, un village de pêcheurs qui fut jadis le port le plus actif de l'Ulster. Il ne reste que six des nombreux châteaux érigés entre le XIVe et le XVIe siècle pour garder le port. L'un d'eux, **Jordan's Castle**, est ouvert au public. Si vous préférez les paysages, rendez-vous à **St John's Point**, à 6 km au sud-ouest d'Arglass. Vous y découvrirez toute la baie de Dundrum.

Castle Ward
A25, 2,5 km à l'O. de Strangford. *01396 881204.* **Maison** *de mai à août : du ven. au mer. (l'après-midi seulement) ; avril, sept. et oct. : sam., dim. et jours fériés.* **Terrasses** *t.l.j.* *pour le parc de stationnement*

Jordan's Castle
Ardglass. *de mai à août : du mar. au dim.*

Castlewellan Forest Park ㉞

Carte routière D2. Main St, Castlewellan, Co Down. *013967 78664.* *t.l.j.* *pour le parc de stationnement.*

Ce parc qui s'étend au pied des Mourne Mountains comprend un arboretum extraordinaire. Planté vers 1740, il comporte des serres, des parterres de conifères nains et des massifs de rhododendrons.

Si vous flânez dans le reste du parc, vous remarquerez un château de style écossais du XIXe siècle (transformé en centre de conférences), un lac et des bois.

Mountains of Mourne ㉟

Carte routière D2. Co Down. *jusqu'à Newry.* *jusqu'à Newcastle.* *10 Central Promenade, Newcastle (013967 22222).*

Seuls douze des sommets de ces montagnes dépassent les 600 m ; pourtant, un grand nombre de visiteurs s'y rendent chaque année.

La B 27 qui relie Kilkeel à Hilltown est la seule route qui traverse ces montagnes – le reste n'est que sentiers de randonnées. Difficile et pourtant très fréquenté, l'un d'eux relie **Newcastle** au sommet de **Slieve Donard**. Avec 848 m, c'est le plus élevé de tous. La route longe **Mourne Wall**, un mur érigé entre 1904 et 1922, qui entoure la région des deux lacs artificiels de la **Silent Valley**.

Plus de vingt circuits de randonnées courts sont décrits dans une brochure intitulée *St Patrick's Vale Walks* disponible dans les offices du tourisme des environs. Si les promenades de Rostrevor Forest sont faciles, celles vers Slieve Muck sont plus ardues.

Toujours dans les Mourne Mountains, à environ 35 km au nord de Newcastle, se dresse le **dolmen de Legananny** *(p. 30)*, l'un des sites les plus photographiés d'Irlande.

Les sommets arrondis des Mountains of Mourne

Excursion sur la côte de Mourne ㊱

Entre mer et montagne, Newcastle est le point de départ idéal pour visiter la région. Les routes pittoresques des Mourne Mountains constituent l'une des principales attractions de l'Irlande du Nord. Celle qui longe la mer d'Irlande relie villages de pêcheurs et châteaux d'un autre âge. Ceux qui préfèrent s'enfoncer dans les terres traverseront des landes que les bruyères teintent de mauve et de violet. La Silent Valley, sillonnée de sentiers balisés, est la seule partie de la région qui ait vraiment été développée dans une optique touristique.

Dundrum ②
Cette ville est dominée par les ruines d'une forteresse normande. Depuis la baie, vous admirerez les lointaines montagnes.

Tollymore Forest Park ③
Ce parc ravissant est parsemé de folies, comme Gothic Gate qui faisait partie du domaine d'origine du XVIIIe siècle.

Spelga Dam ④
Au nord de ce barrage se dessine le pied des monts Mourne.

Rostrevor dominée par Slieve Martin

Newcastle ①
Cette station balnéaire du début du XIXe siècle borde une plage de sable fin.

Silent Valley ⑦
La vallée est fermée à la circulation, mais depuis le parking on peut faire l'ascension de Ben Crom Mountain.

Rostrevor ⑤
Dominée par Slieve Martin, cette petite ville victorienne est installée sur le rivage de Carlingford Lough.

Green Castle ⑥
Ce château du XIIIe siècle, perché sur un promontoire rocheux, garde l'entrée de Carlingford Lough.

Carnet de route

Itinéraire : 85 km.
Où faire une pause ? *Dans les nombreux pubs et restaurants de Newcastle, les pubs de Dundrum, Annalong, Kilkeel et Rostrevor, le café ouvert l'été de la Silent Valley, sur les aires de pique-nique de Spelga Dam et Tollymore Forest Park.* (Voir aussi p. 335-337.)

0 — 5 km

Légende

- Circuit
- Autres routes
- Point de vue

MURPH
VISA

Les bonnes adresses

Hébergement

Portier du Waterford Castle

Que vous optiez pour un palace somptueux ou une modeste location de vacances, une chose est sûre, en Irlande, on vous réservera un accueil des plus chaleureux. La gentillesse irlandaise est légendaire. Même dans les grandes chaînes hôtelières, le personnel déploie toujours des trésors d'hospitalité. Il existe quantité d'hébergements : élégant manoir du XVIIIe siècle, château luxueux (ou légèrement décrépit), maison de ville victorienne, hôtel au charme désuet, auberge villageoise douillette ou ferme d'hôtes. Mais on trouve aussi des auberges de jeunesse, des terrains de camping et de caravaning, et même des roulottes tirées par des chevaux. Ce chapitre fournit des informations sur les différents types d'hébergement, les classifications des offices du tourisme et les locations de vacances. Nous avons sélectionné plus de 200 établissements de qualité aux quatre coins du pays *(p. 286-301)*, qui vont du simple bed-and-breakfast à l'hôtel le plus luxueux. Le Bord Fáilte (Office du tourisme irlandais) et le Northern Ireland Tourist Board en Ulster publient tous deux des guides complets.

Hall du Delphi Lodge *(p. 296)* dans le Connemara

Hôtels

Quelques châteaux et manoirs majestueux abritent des hôtels luxueux et coûteux. Richement meublés et parfaitement entretenus, ces établissements offrent un confort maximum, une cuisine succulente et des installations sportives. Diverses activités peuvent y être pratiquées : pêche au saumon, chasse au renard, tir, équitation, golf, voile ou cyclisme.

Les visiteurs préférant les activités d'intérieur – sauna, gymnastique, natation – choisiront plutôt les chaînes hôtelières modernes. **Jury's**, **Great Southern Hotels** et **Irish Welcome** proposent ce type d'hébergement en république d'Irlande, tout comme **Hastings Hotels** et Irish Welcome en Irlande du Nord. Cependant, le charme des hôtels privés y sera peut-être moins sensible.

Les complexes hôteliers en bord de mer proposent en général quantité d'activités sportives. Dans les bourgs, l'hôtel principal est souvent au cœur de la vie sociale, avec un pub où les habitants se mêlent volontiers aux visiteurs.

Les trèfles *(shamrock)* délivrés par le Northern Ireland Tourist Board et le Bord Fáilte désignent les hébergements inspectés et agréés.

Hébergement en « Country House »

Les visiteurs désireux de séjourner dans un de ces gîtes ruraux pour découvrir la vie authentique des campagnes irlandaises peuvent s'adresser à un organisme spécialisé, **Hidden Ireland**. Toutefois, ce type d'hébergement ne conviendra pas à tous. Comme le soulignent les organisateurs, il ne s'agit pas d'hôtels, de guesthouse ou de bed-and-breakfast, mais d'un type d'hébergement particulier. Par conséquent, ne vous attendez pas à trouver le même service que dans les hôtels – piscine, ascenseurs, téléviseurs, porteurs. L'expérience proposée ici est plus personnelle ; les clients dînent à la table de leurs hôtes comme des invités de la famille. Quantité de maisons appartiennent à la même famille depuis plusieurs siècles et leur histoire est souvent passionnante. Les prix varient selon le style de l'établissement et le confort, mais le rapport qualité-prix est toujours

Entrée du Shelbourne Hotel à Dublin *(p. 287)*

Bar du Hunter's Hotel *(p. 290)* à Rathnew dans le comté de Wicklow

excellent. De plus, cette formule permet de découvrir une facette du mode de vie irlandais.

Outre les établissements rattachés au groupes Hidden Ireland, quantité d'autres maisons acceptent des hôtes payants. Les offices du tourisme régionaux possèdent des listes de maisons et effectuent des réservations dans les établissements agréés.

GUESTHOUSES

Les guesthouses (maisons d'hôte) se trouvent généralement dans les villes et les bourgs. Il s'agit souvent d'habitations privées reconverties, au charme particulier. La plupart proposent un dîner d'un bon rapport qualité-prix, et toutes servent un délicieux petit déjeuner irlandais complet *(p. 304)*. Les guesthouses haut de gamme peuvent égaler, voire surpasser, les hôtels. Ces hébergements offrent une vision beaucoup plus personnelle d'une ville. Toutefois, ils ne seront pas au goût des visiteurs en quête d'anonymat, car il y a fort à parier que le propriétaire et les autres clients tenteront d'engager la conversation.

La région de Dublin offre un vaste choix de bonnes guesthouses, aux tarifs très raisonnables. L'**Irish Hotel Federation** publie une brochure utile recensant les pensions de toute l'Irlande, y compris à Dublin. Le Northern Ireland Tourist Board édite sa propre publication avec une liste complète des pensions agréées, actualisée tous les ans. Toutefois, la meilleure filière consiste à se fier aux recommandations des clients que vous rencontrerez dans les guesthouses.

Chambre d'Enniscoe House *(p. 295)* à Crossmolina, comté de Mayo

PRIX

Les tarifs des chambres sont indiqués taxes et service compris. Dans l'ensemble, les prix en république d'Irlande sont légèrement plus bas que dans le Nord. Ils peuvent varier considérablement d'une saison à l'autre, avec des différences allant jusqu'à 40 %, notamment dans les country houses. Les prix des guesthouses, quant à eux, dépendent davantage de leur proximité des sites touristiques que de l'époque de l'année.

Les visiteurs au budget serré opteront pour l'hébergement en ferme, ou bien, encore moins coûteux, pour la location d'un cottage *(p. 282)*.

POURBOIRES

Les pourboires sont laissés à l'appréciation du client. Toutefois, cette pratique n'est pas très répandue, même dans les grands hôtels. Ainsi, les employés des hôtels n'escomptent pas de pourboire pour porter vos bagages dans votre chambre ou pour vous y apporter des boissons. En revanche, il est d'usage de laisser un pourboire aux serveurs des restaurants d'hôtels.

RÉSERVATIONS

Durant la haute saison et les vacances *(p. 49)*, mieux vaut réserver, surtout si votre séjour coïncide avec un festival local ou un événement sportif important *(p. 26-27)*. Bord Fáilte renseigne les visiteurs et effectue des réservations, par l'intermédiaire de son service d'hébergement national. Le Northern Ireland Tourist Board remplit aussi cette fonction. Les chaînes hôtelières mentionnées offrent un service de réservations centralisé.

Façade du Londonderry Arms *(p. 300)* à Carnlough, comté d'Antrim

Un bed-and-breakfast sur les rives de la Corrib à Galway

Hébergement en bed-and-breakfast

Les bed-and-breakfast irlandais ont la réputation d'être les meilleurs d'Europe. Même dans les coins les plus reculés, vous trouverez toujours un endroit accueillant et chaleureux, servant d'excellents repas. Même si la maison ne se distingue pas par son architecture, son confort et son ambiance auront tôt fait de vous séduire. Les chambres ne sont pas toutes équipées d'une salle de bains, dite *en suite.*

Les Irlandais, qui ne jurent que par leurs bed-and-breakfast, y séjournent souvent davantage par choix que par nécessité, les préférant à l'anonymat et aux tarifs des hôtels traditionnels – point de vue que partagent entièrement les passionnés de l'Irlande. Renseignements à la **Town and Seaside Association** pour l'Irlande du Nord et à la **Town and Country Homes Association** pour la république d'Irlande.

L'hébergement à la ferme

Les vacances à la ferme sont une tradition très populaire en Irlande. En république d'Irlande, **Farmhouse Association** propose une liste de fermes acceptant des hôtes payants. On y séjournera une nuit ou davantage pour découvrir les environs. Comme la plupart du temps en Irlande, c'est l'hospitalité et la gentillesse des gens qui transforment le séjour à la ferme en expérience inoubliable. Le visiteur découvrira l'Irlande rurale avec son riche héritage agricole, et ses hôtes s'emploieront à agrémenter son séjour.

Locations de vacances

En Irlande, les locations *(self-catering),* qui constituent un mode de vacances de plus en plus populaire, sont proposées aux quatre coins du pays. Le Sud et l'Ouest offriront plus de choix, ces régions attirant davantage de touristes. Bord Fáilte ne consacre qu'une petite partie de son guide général des hébergements aux locations, mais les offices du tourisme locaux possèdent des listes d'appartements et de maisons à louer. Les locations comprennent aussi bien de pittoresques cottages en pierre, des granges et des écuries aménagées que des bungalows.

Dans l'ensemble, tous ces logements sont pourvus d'installations : meubles confortables, cuisines et téléviseurs.

Rent an Irish Cottage propose une formule populaire : des cottages traditionnels, aux murs intérieurs et extérieurs blanchis à la chaux, et aux toits et aux fenêtres peints. La décoration est elle aussi traditionnelle – simple et charmante – et les sites choisis pour ces cottages sont généralement superbes. Une seule ombre au tableau, si vous souhaitez être isolé ; ils sont généralement bâtis par groupes d'environ dix maisons.

À l'autre extrémité de l'éventail de prix, vous pouvez louer un château ou un manoir. Certaines propriétés sont louées avec leur personnel. **Elegant Ireland** propose une sélection de demeures de ce type.

Camping et caravaning

Le guide des hébergements de Bord Fáilte comprend une liste de terrains de camping et de caravaning agréés. Beaucoup offrent des installations complémentaires, comme par exemple un magasin, un restaurant ou snack, une salle de jeux, une laverie, des courts de tennis et terrains de pitch-and-putt (sorte de golf). La qualité et l'état de l'équipement peuvent varier, mais le système d'étoiles attribuées par l'office

Une ferme à Clonakilty dans le comté de Cork

Roulotte traditionnelle louée chez Slattery's à Tralee

du tourisme fournit une indication fiable : les terrains quatre étoiles proposent un vaste choix d'installations très bien tenues ; les trois étoiles, de bonnes installations bien tenues ; les deux étoiles, des installations limitées et une bonne gestion ; et les une étoile, les équipements minimums pour être agréés par Board Fáilte.

Les visiteurs désireux de découvrir la campagne irlandaise à un rythme plus tranquille pourront louer une roulotte traditionnelle tirée par un cheval. Parmi les sociétés spécialisées dans ce type de vacances, citons **Kilvahan Caravans** à Portlaoise dans les Midlands et **Slattery's Travel Agency** à Tralee dans le comté de Kerry.

Symbole du Board Fáilte désignant les hébergements agréés

Auberges de jeunesse

Quarante auberges de jeunesse installées dans des bâtiments aussi divers que des châteaux ou des casernes entourés de superbes paysages sont agréées par **An Óige** (l'association irlandaise des auberges de jeunesse). Les hôtes, généralement hébergés dans des dortoirs, ont accès aux cuisines. Ces établissements n'accueillent que les membres d'An Óige ou d'une autre organisation affiliée à la Fédération Internationale des Auberges de Jeunesse. Les prix varient en fonction de l'emplacement, de l'époque et du confort. Pour l'Irlande du Nord, la **Youth Hostel Association of Northern Ireland**, également affiliée à l'organisme international, recense plus de 30 auberges agréées.

De plus, quantité d'auberges indépendantes et d'organismes comme les universités proposent des hébergements bon marché. Les offices du tourisme possèdent la liste.

Pour les handicapés

Bord Fáilte publie une fiche d'information destinée aux visiteurs handicapés et son guide des hébergements indique par un symbole les établissements accessibles aux fauteuils roulants. Un symbole figure aussi dans la liste des hébergements de ce guide *(p. 286-301)*. Le National Rehabilitation Board *(p. 340)* publie deux guides gratuits, *Accommodation for Disabled Persons* et *Dublin : A Guide for Disabled Persons*, en coopération avec l'office du tourisme. *Holidays in the British Isles*, qui paraît tous les ans, s'adresse aux voyageurs handicapés en Irlande du Nord. Est disponible également auprès du Northern Ireland Tourist Board le guide *Accessible Accommodation*.

Enseigne de bed-and-breakfast à Pettigo, comté de Donegal

Carnet d'adresses

Chaînes hôtelières

Hastings Hotels
8 Whitla St, Belfast. *01232 745251.* FAX *01232 748152.*

Irish Welcome
4 Whitefriars, Aungier St, Dublin 2. *01 4757017.* FAX *01 4750222.*

Jury's
Pembroke Rd, Ballsbridge, Dublin 4. *01 6605000.* FAX *01 6605540.*

Great Southern Hotels
6 Charlemont Terrace, Crofton Rd, Dun Laoghaire, Co Dublin. *01 2808581.* FAX *01 2808039.*

Autres adresses utiles

An Óige (Irish Youth Hostel Association)
61 Mountjoy St, Dublin 7. *01 8304555.* FAX *01 8305808.*

Elegant Ireland
15 Harcourt St, Dublin 2. *01 4751665.* FAX *01 4751012.*

Farmhouse Association
2 Michael St, Limerick. *061 400700.* FAX *061 400771.*

Hidden Ireland
PO Box 4414, Dublin 4. *01 6681423.* FAX *01 6686578.*

Irish Hotel Federation
13 Northbrook Rd, Dublin 6. *01 4976459.* FAX *01 4974613.*

Kilvahan Caravans
Portlaoise, Co Laois. *050 227048.*

Rent an Irish Cottage
85 O'Connell St, Limerick. *061 4111091.* FAX *061 314821.*

Slattery's Travel Agency
1 Russell St, Tralee, Co Kerry. *066 21722.* FAX *066 25981.*

Town and Seaside House Association
5 Ramore Ave, Portrush, Co Antrim. *01265 823823.*

Town and Country Homes Association
Donegal Rd, Ballyshannon, Co Donegal. *072 51377.* FAX *072 51207.*

Youth Hostel Association of Northern Ireland
22 Donegall Rd, Belfast. *01232 324733.* FAX *01232 439699.*

Les meilleurs hôtels d'Irlande

Les établissements présentés ici ont été sélectionnés dans la liste d'hébergements conseillés p. 286-301. Ils offrent un aperçu des trésors que l'Irlande réserve aux visiteurs : établissements privés du groupe Hidden Ireland *(p. 280)*, hôtels cinq étoiles de luxe au service irréprochable, ou châteaux historiques au cachet romantique. Ce sont tous des séjours exceptionnels, tant par leur site que par leur architecture raffinée.

St Ernan's House
Cette élégante demeure rose de style Régence est située sur une île privée, non loin de Donegal (p. 298).

Delphi Lodge
L'atmosphère de ce confortable pavillon de pêche bien tenu est extrêmement reposante. La Delphi et les loughs avoisinants assurent de bonnes prises (p. 296).

Ashford Castle
L'imposant édifice de style gothique se dresse sur les rives du Lough Corrib. Le service y est irréprochable et la cuisine excellente (p. 296).

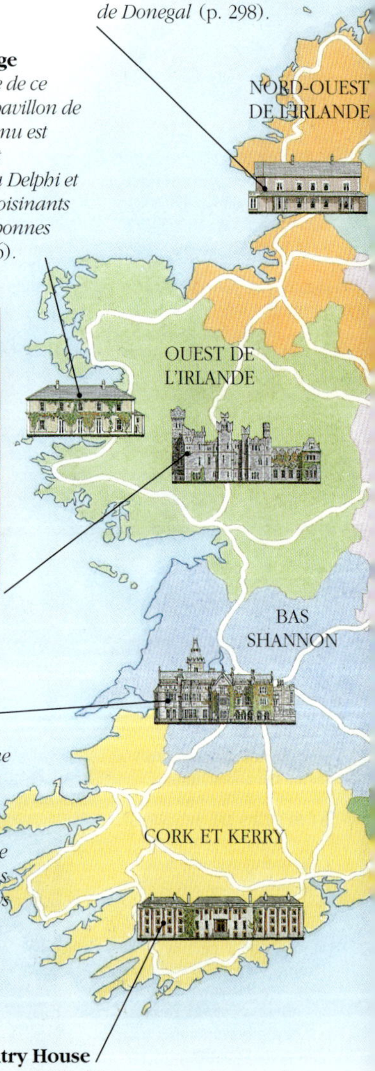

Adare Manor
Cet hôtel luxueux est installé dans une splendide demeure victorienne gothique au cœur d'un vaste domaine près de l'un des plus jolis villages du pays (p. 294).

Bantry House
La vaste bibliothèque de cette demeure du XVIIIe siècle donne sur les jardins. De nombreuses chambres offrent une vue splendide sur Bantry Bay (p. 160-161 et p. 291).

Streeve House
Ce petit manoir de douairière du XVIIIe siècle appartient au groupe Hidden Ireland. Les hôtes ont accès aux étonnants jardins de Drenagh House où se dissimule le Moon Garden (p. 301).

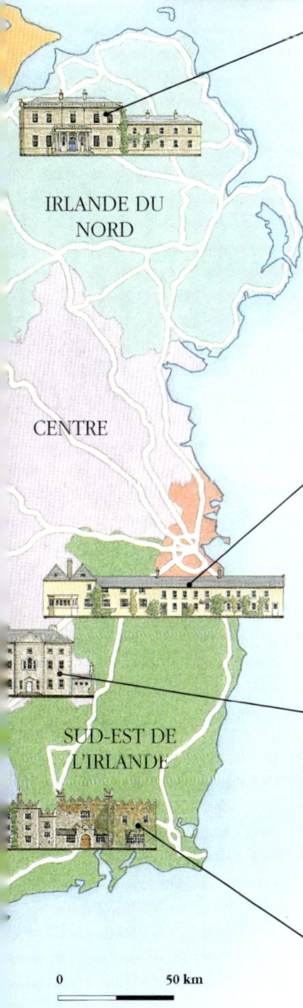

Hunter's Hotel
Cette charmante et confortable auberge est agrémentée de cours pavées, d'enclos et d'un splendide jardin. L'édifice, qui date de 1720, appartient à la quatrième génération de la famille Hunter qui dirige l'établissement (p. 290).

Roundwood House
Cette élégante petite demeure palladienne est entourée de bois. Les Slieve Bloom Mountains ne sont pas loin, et l'on peut s'adonner à la pêche et au golf. Les chambres ravissantes regorgent d'antiquités, mais l'atmosphère y est décontractée (p. 299).

Waterford Castle
Le nec plus ultra des voyageurs en quête de dépaysement. Ce château du XVe siècle se trouve sur une île magnifique de l'estuaire de la Suir. L'hôtel est uniquement desservi par un bac privé (p. 291).

Choisir un hôtel

Les établissements ont été choisis dans un vaste éventail de prix pour la qualité de leurs prestations ou leur emplacement ; ils sont classés par régions, en commençant par Dublin. Utilisez les repères de couleur indiquant les découpages régionaux. Pour les renvois au plan de Dublin, consultez les pages 110-111 ; pour les renvois aux cartes routières, voir à la fin du volume.

Dublin	Cartes de crédit	Équipements pour enfants	Parc de stationnement	Restaurant	Bar ouvert au public
Le sud-est de Dublin : *Fitzwilliam* ££ 41 Fitzwilliam St Upper, Dublin 2. **Plan** E5. *01 6600448.* FAX *01 6767488.* Dans une jolie rue georgienne, une guesthouse sympathique et sans prétention, aux chambres confortables, simples et élégantes. TV *12 ch.*	MC V AE DC		■		
Le sud-est de Dublin : *Georgian House* ££ 20-21 Baggot St Lower, Dublin 2. **Plan** F5. *01 6618832.* FAX *01 6618834.* À quelques pas de St Stephen's Green, ce petit hôtel élégant est le point de départ idéal pour découvrir Dublin. Chambres spacieuses et très confortables, et excellent restaurant de fruits de mer au sous-sol. TV *33 ch.*	MC V	●	■	●	■
Le sud-est de Dublin : *The Grey Door Hotel* ££ 22-23 Pembroke St Upper, Dublin 2. *01 6763286.* FAX *01 6763287.* Cette demeure georgienne du centre-ville possède des chambres décorées avec goût et bien équipées, ainsi qu'un excellent restaurant. TV *7 ch.*	MC V AE DC	●		●	
Le sud-est de Dublin : *Harcourt* ££ 60 Harcourt St, Dublin 2. **Plan** D5. *01 4783677.* FAX *01 4752013.* À quelques mètres de St Stephen's Green, l'hôtel est proche de nombreux centres d'intérêt. Chambres modernes et bien équipées, bar animé. Restaurant ouvert pour le dîner et night-club. TV *40 ch.*	MC V AE	●		●	■
Le sud-est de Dublin : *Kilronan House* ££ 70 Adelaide Rd, Dublin 2. *01 4755266.* FAX *01 4782841.* Petite guesthouse aux prix raisonnables, dans une rue calme du centre-ville. Propriétaires charmants, et petit déjeuner délicieux. TV *11 ch.*	MC V	●	■		
Le sud-est de Dublin : *Leeson Court* ££ 26-27 Leeson St Lower, Dublin 2. **Plan** E5. *01 6763380.* FAX *01 6618273.* À quelques minutes de marche de St Stephen's Green, cet hôtel installé dans deux maisons georgiennes est décoré avec goût ; l'atmosphère y est informelle et décontractée, et le service excellent. TV *20 ch.*	MC V AE DC	●	■	●	■
Le sud-est de Dublin : *Longfields* ££ Fitzwilliam St Lower, Dublin 2. **Plan** F5. *01 6761367.* FAX *01 6761542.* Deux demeures georgiennes ont été réunies pour créer cet hôtel de style au salon ravissant et aux jolies chambres élégantes. On y trouve aussi un très bon restaurant au sous-sol. TV *28 ch.*	MC V AE DC	●		●	■
Le sud-est de Dublin : *Russell Court* ££ 21-25 Harcourt St, Dublin 2. **Plan** D5. *01 4784066.* FAX *01 4781576.* Hôtel accueillant et agréable, au personnel jeune et à l'atmosphère animée en soirée. L'établissement possède plusieurs bars et un restaurant, et des chambres soignées et bien équipées. TV *42 ch.*	MC V AE	●	■	●	■
Le sud-est de Dublin : *Buswells* £££ Molesworth St, Dublin 2. **Plan** E4. *01 6764013.* FAX *01 6762090.* Un grand classique du centre de Dublin, toujours tenu par la famille Duff qui ouvrit l'établissement en 1928. Atmosphère et style traditionnels pour un hôtel accueillant et confortable. TV *67 ch.*	MC V AE DC	●		●	■
Le sud-est de Dublin : *Mont Clare* £££ Merrion Square, Dublin 2. **Plan** F4. *01 6616799.* FAX *01 6615663.* Moins prestigieux que le Davenport, mais avec la même atmosphère. Un pub traditionnel très animé occupe le rez-de-chaussée. TV *74 ch.*	MC V AE DC	●	■	●	■
Le sud-est de Dublin : *Temple Bar* £££ Fleet St, Temple Bar, Dublin 2. **Plan** D3. *01 6773333.* FAX *01 6773088.* Cet hôtel récent situé dans un quartier branché est un lieu de rencontre très prisé grâce à son populaire bar à thèmes, le « Buskers ». Chambres confortables mais sans caractère. TV *108 ch.*	MC V AE DC	●		●	■

Les prix correspondent à une nuit en chambre double (et non par personne), taxes, service et petit déjeuner compris.
£ moins de 50 IR£
££ de 50 à 100 IR£
£££ de 100 à 150 IR£
££££ de 150 à 200 IR£
£££££ plus de 200 IR£

Équipements pour enfants
Lits d'enfants et chaises hautes disponibles. Certains hôtels proposent aussi un service de baby-sitting.

Parc de stationnement
Stationnement assuré par l'hôtel, soit dans un parking privé, soit dans un garage privé à proximité.

Restaurant
L'hôtel possède un restaurant pour ses hôtes, qui accueille aussi les clients extérieurs – généralement pour le dîner.

Bar public
L'hôtel possède un bar ouvert aux hôtes et aux clients extérieurs.

Le sud-est de Dublin : *Davenport* ££££
Merrion Square, Dublin 2. **Plan** F4. ☎ *01 6616800.* FAX *01 6615663.*
Les dimensions majestueuses de sa façade néo-classique se retrouvent dans le hall – vaste atrium au sol de marbre. Ouvert en 1994, l'établissement est élégant mais plutôt formel. TV *120 ch.*

Le sud-est de Dublin : *Stephen's Hall* ££££
Leeson St Lower, Dublin 2. **Plan** E5. ☎ *01 6610585.* FAX *01 6610606.*
Les chambres, toutes des suites, offrent un bon rapport qualité-prix aux familles cherchant un hébergement élégant et confortable dans le centre-ville, près de St Stephen's Green. Possibilité d'y faire sa cuisine. TV *37 ch.*

Le sud-est de Dublin : *Westbury Hotel* ££££
Grafton St, Dublin 2. **Plan** D4. ☎ *01 6791122.* FAX *01 6797078.*
Impossible de trouver plus proche du cœur de la ville, tout près de la principale rue commerçante. Hôtel élégant et luxueux, aux sols brillants et aux chambres particulièrement décorées. TV *203 ch.*

Le sud-est de Dublin : *Conrad Hotel* £££££
Earlsfort Terrace, Dublin 2. **Plan** D5. ☎ *01 6765555.* FAX *01 6765424.*
Cet hôtel, près de St Stephen's Green, s'adresse aux hommes d'affaires, auxquels il convient parfaitement. Le pub agréable avec sa grande terrasse est la seule concession au Dublin traditionnel. TV *191 ch.*

Le sud-est de Dublin : *Shelbourne Hotel* £££££
27 St Stephen's Green, Dublin 2. **Plan** D4. ☎ *01 6766471.* FAX *01 6616006.*
Depuis son ouverture au siècle dernier, le Shelbourne est l'hôtel le plus élégant de la ville. Bien que doté de tous les équipements nécessaires aux hommes d'affaires, il a su préserver une atmosphère intime. TV *164 ch.*

Le sud-ouest de Dublin : *Avalon House* £
55 Aungier St, Dublin 2. **Plan** C4. ☎ *01 4750001.* FAX *01 4750303.*
Cet hébergement bon marché et attrayant est central, et ses chambres sont proprettes. Restaurant self-service. *38 ch.*

Le sud-ouest de Dublin : *Grafton Plaza* ££
Johnson's Place, Dublin 2. **Plan** D4. ☎ *01 4750888.* FAX *01 4750908.*
Cet hôtel récent à la façade georgienne est bien tenu et décoré avec goût. À quelques minutes de marche seulement de Grafton Street, c'est un excellent point de départ pour découvrir la ville. TV *75 ch.*

Le sud-ouest de Dublin : *Jury's Christchurch Inn* ££
Christchurch Place, Dublin 8. **Plan** B4. ☎ *01 4750111.* FAX *01 4750488.*
Établissement moderne, à 15 minutes de marche de St Stephen's Green, il possède un bar et un restaurant de qualité, et des chambres soignées et bien équipées pour un prix raisonnable. TV *183 ch.*

Le sud-ouest de Dublin : *Blooms* £££
Anglesea St, Dublin 2. **Plan** D3. ☎ *01 6715622.* FAX *01 6715997.*
Au cœur de Dublin près de Trinity College, cet hôtel moderne est bien pratique pour découvrir le centre, mais l'espace est réduit. TV *86 ch.*

Le sud-ouest de Dublin : *Central* £££
1-5 Exchequer St, Dublin 2. **Plan** D5. ☎ *01 6797302.* FAX *01 6797303.*
Comme son nom l'indique, le point fort de cet hôtel est son emplacement. Le pub du rez-de-chaussée propose de la musique tous les soirs ; veillez donc à bien choisir votre chambre. TV *70 ch.*

Le sud-ouest de Dublin : *Clarence* £££££
6-8 Wellington Quay, Dublin 2. **Plan** C3. ☎ *01 6623066.* FAX *01 6623077.*
L'hôtel, qui vient d'être racheté par les membres du groupe de rock U2, a été entièrement réaménagé. Le restaurant élégant est à l'image du reste de l'établissement. TV *50 ch.*

	Cartes de crédit	Équipements pour enfants	Parc de stationnement	Restaurant	Bar ouvert au public
Davenport	MC V AE DC	●	■	●	■
Stephen's Hall	MC V AE DC	●	■	●	
Westbury Hotel	MC V AE DC	●	■	●	■
Conrad Hotel	MC V AE DC	●	■	●	■
Shelbourne Hotel	MC V AE DC	●	■	●	■
Avalon House	MC V AE			●	
Grafton Plaza	MC V AE DC	●		●	■
Jury's Christchurch Inn	MC V AE DC	●		●	■
Blooms	MC V AE DC	●	■	●	■
Central	MC V AE DC	●		●	■
Clarence	MC V AE DC	●		●	■

Légende des symboles, voir rabat de couverture

Les prix correspondent à une nuit en chambre double (et non par personne), taxes, service et petit déjeuner compris.
- £ moins de 50 IR£
- ££ de 50 à 100 IR£
- £££ de 100 à 150 IR£
- ££££ de 150 à 200 IR£
- £££££ plus de 200 IR£

Équipements pour enfants
Lits d'enfants et chaises hautes disponibles. Certains hôtels proposent aussi un service de baby-sitting.

Parc de stationnement
Stationnement assuré par l'hôtel, soit dans un parking privé, soit dans un garage privé à proximité.

Restaurant
L'hôtel possède un restaurant pour ses hôtes, qui accueille aussi les clients extérieurs – généralement pour le dîner.

Bar public
L'hôtel possède un bar ouvert aux hôtes et aux clients extérieurs.

Hôtel	Prix	Cartes de crédit	Équipements pour enfants	Parc de stationnement	Restaurant	Bar ouvert au public
Au nord de la Liffey : *Isaacs* Frenchman's Lane, Dublin 1. **Plan** E2. ☎ *01 8749321.* FAX *01 8741574.* L'ancien hôtel du même nom a été agrandi récemment. Central et bien tenu, l'établissement pratique des prix raisonnables. TV *25 ch.*	£	MC V	●		●	■
Au nord de la Liffey : *Royal Dublin* 40 O'Connell St Upper, Dublin 1. **Plan** D1. ☎ *01 8733666.* FAX *01 8733120.* Établissement moderne, dans l'une des rues les plus renommées de la ville. Les chambres sont bien équipées et l'hôtel est élégant, mais il manque d'atmosphère. TV ♿ *117 ch.*	££	MC V AE DC	●	■	●	■
Au nord de la Liffey : *Gresham Hotel* 23 O'Connell St Upper, Dublin 1. **Plan** D1. ☎ *01 8746881.* FAX *01 8787175.* L'un des hôtels les plus anciens et réputés de Dublin. C'est un lieu de rendez-vous prisé, dont les espaces publics sont toujours animés. Chambres confortables, stationnement assuré. TV *200 ch.*	£££	MC V AE DC	●	■	●	■
Balgriffin : *Belcamp Hutchinson* Malahide Rd, Balgriffin, Dublin 17. ☎ *01 8460843.* FAX *01 8485703.* Mal situé pour Dublin, mais à dix minutes seulement de l'aéroport. Hôtel confortable et agréable, servant des repas délicieux. TV *5 ch.*	££	MC V		■		
Ballsbridge : *Anglesea Town House* 63 Anglesea Rd, Dublin 4. ☎ *01 6683877.* FAX *01 6683461.* Cette maison de l'époque d'Édouard VII est joliment décorée et meublée. Ravissant salon, chambres très confortables et excellent petit déjeuner, le tout à dix minutes en voiture du centre. TV *7 ch.*	££	MC V AE DC	●	■		
Ballsbridge : *Ariel House* Lansdowne Rd, Ballsbridge, Dublin 4. ☎ *01 6685512.* FAX *01 6685845.* Près de Lansdowne Road Station, cette élégante maison victorienne propose chambres confortables et délicieux petits déjeuners. TV ♿ *28 ch.*	££	MC V AE		■		
Ballsbridge : *Glenogra Guesthouse* 64 Merrion Rd, Ballsbridge, Dublin 4. ☎ *01 6683661.* FAX *01 6683661.* Guesthouse attrayante et élégante, à commode distance de Dun Laoghaire et du centre. Chambres charmantes et très confortables. TV *10 ch.*	££	MC V AE	●	■		
Ballsbridge : *Mount Herbert Hotel* Herbert Rd, Ballsbridge, Dublin 4. ☎ *01 6684321.* FAX *01 6607077.* Hôtel victorien situé près du stade de Lansdowne Road. Chambres claires avec un ameublement moderne, prix raisonnables. TV ♿ *140 ch.*	££	MC V AE DC	●	■	●	
Ballsbridge : *Hibernian* Eastmoreland Place, Ballsbridge, Dublin 4. ☎ *01 6687666.* FAX *01 6602655.* Niché dans une rue calme, mais près du centre, ce majestueux édifice 1900 a été réaménagé en hôtel confortable et chic en 1993. Les chambres y sont élégantes et luxueuses. TV ♿ *29 ch.*	£££	MC V AE DC	●	■	●	■
Ballsbridge : *Berkeley Court Hotel* Lansdowne Rd, Dublin 4. ☎ *01 6601711.* FAX *01 6617238.* Le hall très élégant est à l'image de cet hôtel luxueux, bien situé, à proximité du stade de Lansdowne Road. TV ♿ *188 ch.*	££££	MC V AE DC	●	■	●	■
Ballsbridge : *Jury's Hotel & The Towers at Jury's* Pembroke Rd, Ballsbridge, Dublin 4. ☎ *01 6605000.* FAX *01 6605540.* Hôtel moderne, apprécié des hommes d'affaires et des touristes. Proche du centre-ville, avec toutes les prestations dignes d'un cinq étoiles. The Towers est une aile luxueuse dotée de chambres somptueuses. TV ♿ *390 ch.*	££££	MC V AE DC	●	■	●	■
Booterstown : *Doyle Tara* Merrion Rd, Dublin 4. ☎ *01 2694666.* FAX *01 2691027.* Bien situé par rapport à Dun Laoghaire, l'hôtel a été modernisé récemment et s'est enrichi de nouvelles chambres. TV ♿ *113 ch.*	£££	MC V AE DC	●	■	●	■

DONNYBROOK : *Morehampton Townhouse* ££
46 Morehampton Rd, Donnybrook, Dublin 4. ☎ *01 6602106.* FAX *01 6602566.*
Maison de ville victorienne joliment décorée, à dix minutes en voiture du centre. Accueil très chaleureux, et délicieux petits déjeuners. TV *6 ch.*
MC V — ■

DONNYBROOK : *Doyle Montrose* £££
Stillorgan Rd, Dublin 4. ☎ *01 2693311.* FAX *01 2691164.*
L'un des hôtels de ville du groupe Doyle, très fiable. À l'instar du Tara, sa modernisation a été complète, avec adjonction d'un second bar et d'un grill. Au sud de la ville, sur la route principale. TV *179 ch.*
MC V AE DC — ● ■ ● ■

RATHMINES : *Clara House* ££
23 Leinster Rd, Rathmines, Dublin 6. ☎ *01 4975904.* FAX *01 4975904.*
Situé à dix minutes de marche du centre, dans un joli cadre, cette maison georgienne abrite un B&B confortable et chaleureux. TV *13 ch.*
MC V — ● ■

LE SUD-EST DE L'IRLANDE

BAGENALSTOWN : *Lorum Old Rectory* £
Co Carlow. **Carte routière** D4. ☎ *0503 75282.* FAX *0503 75455.*
Au pied des Blackstairs Mountains, ambiance chaleureuse et feu dans la cheminée. Délicieux dîners de cinq plats. Membre de Hidden Ireland. *5 ch.*
MC V — ● ■

BALLYMACARBRY : *Clonanav Farm Guesthouse* £
Clonmel, Co Waterford. **Carte routière** C5. ☎ *052 36141.* FAX *052 36141.*
Cette ferme à l'accueil chaleureux propose une foule d'activités de plein air. Repas du soir, et copieux petit déjeuner. *10 ch.*
MC V AE — ● ■

BALLYMURN : *Ballinkeele House* £
Co Wexford. **Carte routière** D5. ☎ *053 38105.* FAX *053 38468.*
Chambres confortables donnant sur le parc. Dîners succulents servis dans une salle à manger originale. Membre de Hidden Ireland. *5 ch.*
MC V — ● ■

BLESSINGTON : *Tulfarris House & Country Club* ££
Blessington Lakes, Co Wicklow. **Carte routière** D4. ☎ *045 64574.* FAX *045 64423.*
Hôtel élégant et confortable dans un site ravissant donnant sur Poulaphouca Lake. Accès aux nombreuses installations du Country Club. TV *21 ch.*
MC V AE DC — ■ ● ■

CAPPOQUIN : *Richmond House* ££
Co Waterford. **Carte routière** C5. ☎ *058 382520.* FAX *058 54988.*
Nichée dans un parc paisible, cette ravissante maison georgienne du XVIIIe siècle, décorée avec goût, est meublée d'antiquités. *10 ch.*
MC V — ● ■ ●

CASTLEDERMOT : *Kilkea Lodge* ££
Co Kildare. **Carte routière** D4. ☎ *0503 45112.* FAX *0503 45112.*
Non loin de Curragh, Punchestown et Naas, cette jolie demeure, membre de Hidden Ireland, est fréquentée par les amateurs de courses. *7 ch.*
● ■

CLONEA : *Clonea Strand Hotel* ££
Dungarvan, Co Waterford. **Carte routière** C5. ☎ *058 42416.* FAX *058 42880.*
Vaste complexe hôtelier moderne, sans charme particulier, mais proche d'une jolie plage. Installations pour les vacances en famille. TV *59 ch.*
MC V — ● ■ ● ■

DUNMORE EAST : *Church Villa* £
Co Waterford. **Carte routière** D5. ☎ *051 383390.*
Cette jolie maison du village est un B&B simple, propre et confortable. Propriétaires sympathiques et bon rapport qualité-prix. *5 ch.*

ENNISKERRY : *Enniscree Lodge* ££
Glencree Valley, Enniskerry, Co Wicklow. **Carte routière** D4.
☎ *01 2863542.* FAX *01 2866037.*
Dans un site magnifique, un établissement rustique très accueillant, offrant une vue superbe depuis la plupart des chambres. TV *10 ch.*
MC V AE DC — ● ■ ● ■

INISTIOGE : *Cullintra House* £
The Rower, Inistioge, Co Kilkenny. **Carte routière** D5. ☎ *051 23614.* FAX *051 23614.*
Entourée de forêts et de prairies, une jolie ferme douillette avec feux de cheminée et ambiance décontractée. Membre de Hidden Ireland. *6 ch.*
● ■

KILBRIDE : *The Manor* ££
Blessington, Co Wicklow. **Carte routière** D4. ☎ *01 4582105.* FAX *01 4582607.*
Membre de Hidden Ireland, The Manor propose des chambres spacieuses et confortables. Feu dans la cheminée. L'hôtel est situé au milieu de 16 ha de jardins avec un lac regorgeant de truites. Ouvert d'avril à octobre. *5 ch.*
MC V — ● ■

Légende des symboles, voir rabat de couverture

Les prix correspondent à une nuit en chambre double (et non par personne), taxes, service et petit déjeuner compris.
£ moins de 50 IR£
££ de 50 à 100 IR£
£££ de 100 à 150 IR£
££££ de 150 à 200 IR£
£££££ plus de 200 IR£

Équipements pour enfants
Lits d'enfants et chaises hautes disponibles. Certains hôtels proposent aussi un service de baby-sitting.

Parc de stationnement
Stationnement assuré par l'hôtel, soit dans un parking privé, soit dans un garage privé à proximité.

Restaurant
L'hôtel possède un restaurant pour ses hôtes, qui accueille aussi les clients extérieurs – généralement pour le dîner.

Bar public
L'hôtel possède un bar ouvert aux hôtes et aux clients extérieurs.

Hôtel	Cartes de crédit	Équipements pour enfants	Parc de stationnement	Restaurant	Bar ouvert au public
Kilkenny : *Butler House* ££ Patrick St, Kilkenny, Co Kilkenny. **Carte routière** C4. *056 65707.* FAX *056 65626.* Située dans le centre-ville, l'ancienne demeure de douairière de Kilkenny Castle a été restaurée par le Civic Trust. L'édifice du XVIIIe siècle aux proportions harmonieuses est décoré avec goût. TV *13 ch.*	MC V AE DC	●	■		
Kilkenny : *Lacken House* ££ Dublin Rd, Kilkenny, Co Kilkenny. **Carte routière** C4. *056 61085.* FAX *056 62435.* Non loin du centre, cette demeure victorienne très confortable possède un excellent restaurant. TV *9 ch.*	MC V AE DC	●	■	●	
Rathaspeck : *Rathaspeck Manor* £ Co Wexford. **Carte routière** D5. *053 42661/45148.* Ce manoir georgien bâti voilà trois siècles se cantonne au B&B et propose des chambres spacieuses et confortables. Excellent petit déjeuner. Golf de 18 trous et terrain de tennis. TV *7 ch.*			■		
Rathnew : *Hunter's Hotel* ££ Co Wicklow. **Carte routière** D4. *0404 40106.* FAX *0404 40338.* Ancien relais de 1720, tenu par la quatrième génération de la famille Hunter. Confortable et reposant, cet endroit agréable sert une cuisine délicieuse. *16 ch.*	MC V AE DC	●	■	●	■
Rathnew : *Tinakilly House, Hotel and Restaurant* £££ Co Wicklow. **Carte routière** D4. *0404 69274.* FAX *0404 67806.* Cette demeure victorienne aux splendides et vastes jardins offre une vue magnifique sur la côte. Cadre confortable, où des antiquités se mêlent aux installations modernes. TV *29 ch.*	MC V AE DC	●	■	●	■
Rathvilly : *Lisnavagh House* £££ Co Carlow. **Carte routière** D4. *503 61104.* Membre de Hidden Ireland. Construit en style victorien gothique en 1848, l'édifice qui a été modernisé a conservé son caractère. Atmosphère détendue, dans un vaste domaine. *5 ch.*	MC V		■		
Rosslare : *Kelly's Resort Hotel* ££ Co Wexford. **Carte routière** D5. *053 32114.* FAX *053 32222.* Situé sur la plage, l'hôtel convient aux familles préférant les installations sportives et de loisirs aux hôtels de charme. TV *99 ch.*	MC V AE	●	■	●	■
Straffan : *Kildare Hotel & Country Club* £££££ Co Kildare. **Carte routière** D4. *01 6273333.* FAX *01 6273312.* En partie installé dans des bâtiments du XVIIe siècle, cet élégant établissement possède des chambres luxueuses, un salon majestueux et un restaurant réputé, The Byerley Turk. Excellentes installations sportives, dont un terrain de golf, et possibilité de pêcher. TV *43 ch.*	MC V AE DC	●	■	●	■
Tacumshane : *Furziestown House* £ Co Wexford. **Carte routière** D5. *053 31376.* Calme et charmant, cet hôtel proche des plages et des lacs propose des chambres rustiques et douillettes à des prix raisonnables. *3 ch.*		●	■		
Thomastown : *Mount Juliet Estate* £££ Co Kilkenny. **Carte routière** D5. *056 24455.* FAX *056 24522.* Hôtel de luxe qui a conservé le caractère et le style d'un établissement familial. Domaine de plus de 450 hectares avec de nombreuses installations sportives, dont un golf de 18 trous. TV *64 ch.*	MC V AE DC	●	■	●	■
Waterford : *Foxmount Farm* £ Passage East Rd, Waterford, Co Waterford. **Carte routière** D5. *051 74308.* FAX *051 54906.* Ravissante maison du XVIIe siècle, regorgeant d'antiquités. Atmosphère familiale ; les clients peuvent apporter leur vin à table. *6 ch.*		●	■		

WATERFORD : *Waterford Castle Hotel* ££££££

The Island, Ballinakill, Waterford, Co Waterford. **Carte routière** D5.
051 78203. FAX *051 79316.*
Les clients rejoignent ce château du xve siècle et son site romantique en ferry. Feu de bois dans les salles spacieuses ; vastes suites ou chambres plus petites, toutes sont luxueuses. TV *19 ch.*

MC V AE DC | ● | ■ | ● | ■

WEXFORD : *Newbay Country House* ££

Newbay, Wexford, Co Wexford. **Carte routière** D5. *053 42779.* FAX *053 46318.*
Hotel champêtre membre de Hidden Ireland, en partie georgien et en partie du début de l'époque victorienne. Établissement très confortable et reposant, feux de tourbe et intéressantes antiquités. *6 ch.*

MC V | | ■ | |

WEXFORD : *White's Hotel* ££

George St, Wexford, Co Wexford. **Carte routière** D5. *053 2231.* FAX *053 45000.*
Central, cet ancien relais est soigné et assez confortable. Vous pourrez choisir entre un restaurant élégant ou campagnard. Centre de remise en forme et de loisirs, avec gymnastique et solarium. TV *82 ch.*

MC V AE DC | ● | ■ | ● | ■

WICKLOW : *The Old Rectory Country House* ££

Co Wicklow. **Carte routière** D4. *0404 67048.* FAX *0404 69181.*
Jolie demeure offrant un grand confort et une bonne cuisine. Le port et la ville sont proches. Ouvert d'avril à novembre. TV *5 ch.*

MC V AE | ● | ■ | ● |

LE CORK ET LE KERRY

BALLINADEE : *Glebe Country House* £

Bandon, Co Cork. **Carte routière** B6. *021 778294.* FAX *021 778456.*
À dix minutes seulement de Kinsale, où l'on peut faire du sport, ce charmant presbytère georgien joliment meublé est parfait pour découvrir la région. Réserver avant midi pour déjeuner. *3 ch.*

MC V | ● | ■ | |

BALLYLICKEY : *Ballylickey Manor House* £££

Bantry Bay, Co Cork. **Carte routière** B6. *027 50071.* FAX *027 50124.*
Pavillon de chasse du xviie siècle entièrement rénové. Cet endroit agréable propose de ravissantes chambres confortables et une délicieuse cuisine. *11 ch.*

MC V AF | ● | ■ | ● | ■

BANTEER : *Clonmeen Lodge* ££

Co Cork. **Carte routière** B5. *029 56238.* FAX *029 56294.*
Lieu de villégiature à la campagne très prisé, sur les rives de la Blackwater. Beaucoup de pistes cavalières et de promenades. Atmosphère très conviviale. Le petit déjeuner est servi quelle que soit l'heure de votre réveil. TV *6 ch.*

MC V DC | ● | ■ | |

BANTRY : *Bantry House* £££

Co Cork. **Carte routière** B6. *027 50047.* FAX *027 50795.*
Majestueux château du xviiie siècle *(p. 160-161)*, ouvert au public depuis 1946. Collection de tableaux et d'œuvres d'art. Les chambres confortables avec salles de bains se trouvent dans les ailes est et ouest. *9 ch.*

MC V AE DC | ● | ■ | |

CARAGH LAKE : *Caragh Lodge* ££

Co Kerry. **Carte routière** A5. *066 69115.* FAX *066 69316.*
Pavillon de pêche de style colonial situé dans de magnifiques jardins au bord du lac. Toutes les chambres décorées avec soin, ont des meubles anciens et des copies. Ouvert de Pâques à mi-octobre. *10 ch.*

MC V | | ■ | ● |

CARAGH LAKE : *Ard-na-Sidhe* £££

Co Kerry. **Carte routière** A5. *066 69105.* FAX *066 69282.*
Ce magnifique manoir victorien occupe un splendide et paisible site près du lac. Ambiance surannée, renforcée encore par les meubles de style. Ouvert de mai à septembre. *20 ch.*

MC V AE DC | | ■ | |

CLONAKILTY : *O'Donovan's Hotel* £

Co Cork. **Carte routière** B6. *023 33250.* FAX *023 33250.*
Hôtel familial traditionnel, central, tenu à l'ancienne. La décoration et l'ameublement sont quelconques, mais l'accueil est chaleureux. Deux restaurants, et parfois musique irlandaise au bar. TV *16 ch.*

MC V AE DC | ● | ■ | ● | ■

CORK : *Jury's Cork Inn* ££

Anderson's Quay, Cork, Co Cork. **Carte routière** C5.
021 276444. FAX *021 276144.*
Idéal pour les familles, cet hôtel pratiquant des prix fixes offre un ameublement attrayant et des installations de qualité. TV *133 ch.*

MC V AE DC | ● | ■ | ● | ■

Les prix correspondent à une nuit en chambre double (et non par personne), taxes, service et petit déjeuner compris.
- £ moins de 50 IR£
- ££ de 50 à 100 IR£
- £££ de 100 à 150 IR£
- ££££ de 150 à 200 IR£
- £££££ plus de 200 IR£

Équipements pour enfants
Lits d'enfants et chaises hautes disponibles. Certains hôtels proposent aussi un service de baby-sitting.

Parc de stationnement
Stationnement assuré par l'hôtel, soit dans un parking privé, soit dans un garage privé à proximité.

Restaurant
L'hôtel possède un restaurant pour ses hôtes, qui accueille aussi les clients extérieurs – généralement pour le dîner.

Bar public
L'hôtel possède un bar ouvert aux hôtes et aux clients extérieurs.

	Cartes de crédit	Équipements pour enfants	Parc de stationnement	Restaurant	Bar ouvert au public
Cork : *Lotamore House* ££ Tivoli, Cork, Co Cork. **Carte routière** C5. *021 822344.* FAX *021 822219.* Ce manoir georgien transformé en guesthouse se dresse dans un cadre ravissant, avec une belle vue sur le port et Blackrock Castle. À cinq minutes en voiture du centre-ville. TV *20 ch.*	MC V AE	●	■		
Cork : *Seven North Mall* ££ 7 North Mall, Cork, Co Cork. **Carte routière** C5. *021 397191.* FAX *021 300811.* Élégante demeure du XVIIIe siècle dominant la Lee, c'est une excellente base pour découvrir la ville et les environs. TV *5 ch.*	MC V		■		
Dingle : *Benners Hotel* ££ Main St, Dingle, Co Kerry. **Carte routière** A5. *066 51638.* FAX *066 51412.* Hôtel tenu par des Américains, en plein centre-ville. L'ancien bâtiment, modernisé, est agréable, avec plusieurs bars, un restaurant et des chambres confortables. TV *24 ch.*	MC V AE DC	●	■	●	■
Dingle : *Doyle's Seafood Bar and Townhouse* ££ John St, Dingle, Co Kerry. **Carte routière** A5. *066 51174.* FAX *066 51816.* Réputé pour ses fruits de mer, le Doyle propose aussi un hébergement de classe. Chambres élégantes, salles de bains luxueuses et salon agréable. Ambiance décontractée et informelle. TV *8 ch.*	MC V DC	●		●	■
Inishannon : *Inishannon House* ££ Co Cork. **Carte routière** B6. *021 775121.* FAX *021 775609.* Demeure du XVIIIe siècle très romantique, avec de ravissants jardins et un parc descendant vers le Bandon. Les chambres, toutes différentes, donnent sur la rivière ou le jardin. *14 ch.*	MC V AE DC	●	■	●	■
Kanturk : *Assolas Country House* £££ Co Cork. **Carte routière** B5. *029 50015.* FAX *029 50795.* Élégante maison du XVIIe siècle, tenue comme un hôtel familial. Cadre douillet, excellent restaurant. Ouvert d'avril à novembre. *9 ch.*	V AE	●	■	●	
Kenmare : *Park Hotel* £££££ Co Kerry. **Carte routière** B5. *064 41200.* FAX *064 41402.* Bâti en 1897 dans un décor étonnant près de Kenmare Bay, le Park est considéré comme l'un des meilleurs hôtels du pays, luxueux, avec un style personnel et de nombreuses touches d'originalité. Golf 18 trous. Ouvert de Pâques à octobre et pour Noël et le nouvel an. TV *50 ch.*	MC V AE DC	●	■	●	■
Kenmare : *Sheen Falls Lodge* £££££ Co Kerry. **Carte routière** B5. *064 41600.* FAX *064 41386.* L'hôtel récent est harmonieusement intégré à la demeure du XVIIe siècle. Chambres luxueuses et spacieuses avec vue magnifique sur les cascades ou le vaste domaine. Fermé de janvier à mi-février. TV *40 ch.*	MC V AE DC	●	■	●	■
Killarney : *Dunloe Castle* ££ Co Kerry. **Carte routière** B5. *064 44111.* FAX *064 44583.* Membre de l'Historic Castles and Gardens Association. Les bâtiments modernes s'élèvent dans un cadre ravissant, près des ruines du château du XIIIe siècle. Ouvert d'avril à septembre. TV *120 ch.*	MC V AE DC	●	■	●	■
Killarney : *Royal Hotel* ££ College St, Killarney, Co Kerry. **Carte routière** B5. *064 31853.* FAX *064 34001.* À quelques minutes à pied du centre-ville, cet hôtel traditionnel offre un endroit élégant et confortable où séjourner. TV *49 ch.*	MC V	●		●	■
Killarney : *Hotel Europe* £££ Co Kerry. **Carte routière** B5. *064 31900.* FAX *064 32118.* Vaste complexe cinq étoiles. Vue magnifique sur les lacs de Killarney et les montagnes. Toutes les installations, du salon de beauté à la piscine olympique. Ouvert d'avril à octobre. TV *205 ch.*	MC V AE DC	●	■	●	■

KILLARNEY : *Killarney Park Hotel* £££ Kenmare Place, Killarney, Co Kerry. **Carte routière** B5. *064 35555.* FAX *064 35266.* Cet hôtel moderne est bien situé dans le centre-ville. Construction très soignée, décorée avec beaucoup de goût. TV *66 ch.*	MC V AE DC	●	■	●	■
KILLEAGH : *Ballymakeigh House* £ Co Cork. **Carte routière** C5. *024 95184.* FAX *024 95370.* Cette belle ferme du XVIIIe siècle est une base confortable et abordable pour découvrir la région. Chambres douillettes, bonne cuisine. *5 ch.*	V	●	■		
KINSALE : *Old Presbytery* £ Cork St, Kinsale, Co Cork. **Carte routière** B6. *021 772027.* Établissement confortable et reposant, dans une rue calme du centre-ville. Chambres simples mais élégantes, décorées avec des meubles victoriens. Le petit restaurant sert d'excellents repas. *6 ch.*		■			
KINSALE : *The Blue Haven* ££ 3-4 Pearse St, Kinsale, Co Cork. **Carte routière** B6. *021 772209.* FAX *021 774268.* Ce ravissant petit hôtel, au cœur de Kinsale, se dresse à l'emplacement de l'ancien marché aux poissons. Élégant, il vient d'être rénové. Restaurant très prisé. TV *19 ch.*	MC V AE DC	●		●	■
KINSALE : *Old Bank House* ££ 11 Pearse St, Kinsale, Co Cork. **Carte routière** B6. *021 774075.* FAX *021 774296.* En plein centre-ville, l'Old Bank House était autrefois une succursale de la Munster and Leinster Bank. Cet édifice georgien classé possède des chambres confortables et un personnel hors pair. TV *9 ch.*	MC V AE				
KINSALE : *Scilly House* ££ Co Cork. **Carte routière** B6. *021 772413.* FAX *021 774629.* Ravissante demeure ancienne donnant sur Kinsale Bay et le port. Les jolies chambres et salles de réception regorgent de meubles insolites. Ouvert d'avril à novembre. *7 ch.*	MC V AE		■		
MALLOW : *Longueville House* £££ Co Cork. **Carte routière** B5. *022 47156.* FAX *022 47459.* La partie principale de l'édifice est georgienne. Élégantes et bien décorées, la plupart des chambres possèdent d'immenses lits à l'ancienne. Le President's Restaurant a reçu plusieurs récompenses. TV *21 ch.*	MC V AE DC	●	■	●	■
MIDLETON : *Bailick Cottage* ££ Co Cork. **Carte routière** C5. *021 631244.* Ce ravissant cottage envahi par les plantes grimpantes est à dix minutes à pied de la ville. Les chambres et les salles de réception sont joliment décorées avec des meubles anciens. *6 ch.*		●	■		
PARKNASILLA : *Great Southern Hotel* £££ Co Kerry. **Carte routière** A6. *064 45122.* FAX *064 45323.* L'édifice principal, victorien, est entouré de plusieurs hectares de jardins subtropicaux. Centre de conférences et de loisirs, golf de 9 trous. Toutes les chambres sont décorées avec élégance. TV *84 ch.*	MC V AE DC	●	■	●	■
SHANAGARRY : *Ballymaloe House* £££ Midleton, Co Cork. **Carte routière** C6. *021 652531.* FAX *021 652021.* Demeure de charme idéale pour se délasser. Quantité d'activités pour les enfants. Le restaurant, l'un des meilleurs du pays, sert les produits de la ferme et des fruits de mer locaux. *32 ch.*	MC V AE DC	●	■	●	
TAHILLA : *Tahilla Cove Country House* ££ Co Kerry. **Carte routière** A6. *064 45204.* FAX *064 45104.* Guesthouse accueillante occupant deux maisons, dans des jardins ravissants. Les chambres donnent sur la mer ou les montagnes. Le bar, très accueillant, est ouvert aux non-résidents. TV *9 ch.*	MC V AE DC	●	■		■
WATERVILLE : *The Smugglers' Inn* £ Cliff Rd, Waterville, Co Kerry. **Carte routière** A6. *066 74330.* FAX *066 74422.* Auberge blanchie à la chaux, construite voilà un siècle et modernisée, sur le Ring of Kerry. Lieu agréable, sans prétention, avec chambres confortables, bar accueillant et bon restaurant. *12 ch.*	MC AE DC V	●	■	●	■
YOUGHAL : *Aherne's Seafood Restaurant* ££ 163 North Main St, Youghal, Co Cork. **Carte routière** C5. *024 92424.* FAX *024 93633.* Tenu par la famille Fitzgibbon, ce restaurant de poissons renommé propose également des chambres élégantes et confortables. TV *10 ch.*	MC V AE D	●	■	●	■

Légende des symboles, voir rabat de couverture

Les prix correspondent à une nuit en chambre double (et non par personne), taxes, service et petit déjeuner compris.
£ moins de 50 IR£
££ de 50 à 100 IR£
£££ de 100 à 150 IR£
££££ de 150 à 200 IR£
£££££ plus de 200 IR£

Équipements pour enfants
Lits d'enfants et chaises hautes disponibles. Certains hôtels proposent aussi un service de baby-sitting.

Parc de stationnement
Stationnement assuré par l'hôtel, soit dans un parking privé, soit dans un garage privé à proximité.

Restaurant
L'hôtel possède un restaurant pour ses hôtes, qui accueille aussi les clients extérieurs – généralement pour le dîner.

Bar public
L'hôtel possède un bar ouvert aux hôtes et aux clients extérieurs.

Le bas Shannon

	Cartes de crédit	Équipements pour enfants	Parc de stationnement	Restaurant	Bar ouvert au public
Adare : *Dunraven Arms* £££ Co Limerick. **Carte routière** B5. *061 396633.* FAX *061 396541.* Nichée dans le magnifique village d'Adare, cette auberge ouverte en 1792 constitue une excellente base pour découvrir le Sud-Ouest. Chambres luxueuses, excellent restaurant. TV *66 ch.*	MC V AE DC	●	■	●	■
Adare : *Adare Manor* £££££ Co Limerick. **Carte routière** B5. *061 396566.* FAX *061 396124.* Ce vaste manoir gothique victorien était autrefois la résidence des comtes de Dunraven. Bâti en 1720, l'édifice fut agrandi et réaménagé au XIXe siècle. Très luxueux et décoré avec beaucoup de goût. TV *64 ch.*	MC V AE DC	●	■	●	■
Aglish : *Ballycormac House* ££ Borrisokane, Co Tipperary. **Carte routière** C4. *067 21129.* FAX *067 21200.* Atmosphère décontractée dans cette demeure construite voilà trois siècles dans un cadre champêtre. Quantité d'activités, golf, équitation. Dîner sur réservation uniquement. *5 ch.*	MC V	●	■		
Aherlow : *Aherlow House* ££ Glen of Aherlow, Co Tipperary. **Carte routière** C5. *062 56153.* FAX *062 56212.* Séjour agréable garanti dans ce pavillon de chasse confortable et accueillant, blotti dans un site magnifique entouré de forêts de conifères, avec vue sur les montagnes. TV *30 ch.*	MC V AE DC	●	■	●	■
Ballyvaughan : *Hylands* ££ Co Clare. **Carte routière** B4. *065 77037.* FAX *065 77131.* Hôtel familial du XVIIIe siècle, traditionnel, avec des chambres simples mais jolies. Musique irlandaise au bar. TV *19 ch.*	MC V AE	●	■	●	■
Ballyvaughan : *Gregans Castle* £££ Co Clare. **Carte routière** B4. *065 77005.* FAX *065 77111.* Un endroit merveilleux où séjourner au cœur du Burren avec vue sur Galway Bay. Ameublement très confortable. *22 ch.*	MC V	●	■	●	■
Cashel : *Cashel Palace* £££ Main St, Cashel, Co Tipperary. **Carte routière** C5. *062 61411.* FAX *062 61521.* Cette belle demeure palladienne construite vers 1730 était à l'origine le palais d'un archevêque. Situé dans le centre-ville, mais entouré d'un jardin calme, l'endroit est très agréable. TV *20 ch.*	MC V AE DC	●	■	●	■
Clarecastle : *Carnelly House* £££ Co Clare. **Carte routière** B4. *065 28442.* FAX *065 29222.* Jolie demeure de l'époque de la reine Anne, due à Francis Bindon, dans un site magnifique. Membre de Hidden Ireland, l'établissement est meublé avec élégance, mais l'atmosphère y est décontractée. *5 ch.*	MC V AE		■		
Clonmel : *Clonmel Arms Hotel* ££ Sarsfield St, Clonmel, Co Tipperary. **Carte routière** C5. *052 21233.* FAX *052 21526.* Hôtel central sans surprise, mais confortable. Bars et restaurants fréquentés par les habitants. Personnel particulièrement serviable. TV *31 ch.*	MC V AE DC	●	■	●	■
Feakle : *Smyths Village* £ Co Clare. **Carte routière** B4. *061 924002.* FAX *061 924244.* Complexe constitué de cottages modernes et d'un restaurant, dans un joli cadre champêtre. Simple, bon marché et agréable. *12 ch.*	MC V AE DC	●	■	●	■
Glin : *Glin Castle* £££ Co Limerick. **Carte routière** B5. *068 34173.* FAX *068 34364.* Officiellement, ce n'est pas un hôtel, mais une demeure historique irlandaise. Vous pourrez toutefois y séjourner individuellement ou en groupe. Ce bel édifice datant de 1780 appartient au chevalier de Glin qui y habite. *6 ch.*	MC V DC	●	■		

KILNABOY : *Fergus View* £ Corrofin, Co Clare. **Carte routière** B4. ☎ *065 37606.* FAX *065 37192.* Guesthouse accueillante, bon rapport qualité-prix, parfait pour explorer le Burren. Modernisé récemment, l'établissement est neuf et confortable. Repas uniquement sur réservation. *6 ch.*		●	■		
LIMERICK : *Woodfield House* ££ Ennis Rd, Limerick, Co Limerick. **Carte routière** B4. ☎ *061 453022.* FAX *061 326755.* En bordure de la localité, cet hôtel traditionnel vient d'être modernisé, mais il a gardé son ambiance familiale chaleureuse et informelle. Chambres élégantes bien équipées. TV *22 ch.*	MC V AE DC	●	■	●	■
LIMERICK : *Jury's Hotel* £££ Ennis Rd, Limerick, Co Limerick. **Carte routière** B4. ☎ *061 327777.* FAX *061 326400.* Membre sérieux de la chaîne Jury, l'hôtel est doté d'un ameublement de qualité et d'un service fiable. Joliment situé dans 2 hectares de jardins sur les rives du Shannon. TV *95 ch.*	MC V AE DC	●	■	●	■
LISDOONVARNA : *Sheedy's Spa View* £ Co Clare. **Carte routière** B4. ☎ *065 74026.* FAX *065 74555.* La maison qui appartient à la famille Sheedy depuis cinq générations vient d'être transformée par l'actuel propriétaire en hôtel très efficace et confortable. *11 ch.*	MC V AE DC	●	■	●	■
LISMACUE : *Lismacue House* ££ Bansha, Co Tipperary. **Carte routière** C5. ☎ *062 54106.* FAX *062 54126.* Membre du groupe Hidden Ireland. Belle maison campagnarde irlandaise classique du début du XIXe siècle. Salles de réception très élégantes, chambres confortables. *5 ch.*	MC AE	●	■	●	
NEWMARKET-ON-FERGUS : *Dromoland Castle* £££££ Co Clare. **Carte routière** B4. ☎ *061 368144.* FAX *061 363355.* C'est le pendant d'Ashford Castle à Cong, lui aussi extrêmement luxueux. Le château qui date du XVIe siècle possède une histoire passionnante. Le domaine couvre 150 hectares. TV *73 ch.*	MC V AE DC	●	■	●	■
QUIN : *Ballykilty Manor* ££ Co Clare. **Carte routière** B4. ☎ *065 25627.* FAX *065 25654.* Ravissant manoir georgien entouré de 20 hectares de forêts. Salles de réception spacieuses avec feu dans la cheminée et chambres confortables. Propriétaires très sympathiques. *10 ch.*	MC V AE DC	●	■	●	■

L'OUEST DE L'IRLANDE

BALLINA : *Mount Falcon* ££ Co Mayo. **Carte routière** B2. ☎ *096 70811.* FAX *096 71517.* Entouré de plus de 40 hectares de parcs et forêts, ce château du XIXe siècle est paisible et accueillant. Chambres claires et spacieuses. Pêche possible dans les loughs de la région et la Moy. *10 ch.*	MC V AE DC	●	■		
BALLYNAHINCH : *Ballynahinch Castle* £££ Recess, Connemara, Co Galway. **Carte routière** A3. ☎ *095 31006.* FAX *095 31085.* Ce splendide château qui appartint autrefois à un maharajah se dresse dans un site magnifique. Hôtel bien tenu et accueillant. Excellente restauration et quantité d'activités sportives. TV *28 ch.*	MC V AE DC	●	■	●	■
CASHEL BAY : *Zetland House* £££ Connemara, Co Galway. **Carte routière** A3. ☎ *095 31111.* FAX *095 31117.* Pavillon de chasse du XIXe siècle très bien tenu et décoré avec goût, situé sur les rives de Cashle Bay dans de ravissants jardins ; la plupart des chambres ont une vue magnifique. *20 ch.*	MC V AE DC	●	■	●	
CASHEL BAY : *Cashel House* ££££ Connemara, Co Galway. **Carte routière** A3. ☎ *095 31001.* FAX *095 31077.* Installé dans un site étonnant à la pointe de Cashel Bay, l'établissement est extrêmement confortable ; les chambres reposantes regorgent d'intéressantes antiquités. Hôtes très accueillants. TV *32 ch.*	MC V AE DC		■	●	■
CLIFDEN : *Erriseask House* ££ Connemara, Co Galway. **Carte routière** A3. ☎ *095 23553.* FAX *095 23639.* Cette ferme moderne décorée avec goût propose des chambres lumineuses et confortables. Site magnifique à quelques pas de la mer. Cuisine délicieuse. *13 ch.*	MC V AE DC	●	■	●	

Légende des symboles, voir rabat de couverture

Les prix correspondent à une nuit en chambre double (et non par personne), taxes, service et petit déjeuner compris.
£ moins de 50 IR£
££ de 50 à 100 IR£
£££ de 100 à 150 IR£
££££ de 150 à 200 IR£
£££££ plus de 200 IR£

Équipements pour enfants
Lits d'enfants et chaises hautes disponibles. Certains hôtels proposent aussi un service de baby-sitting.

Parc de stationnement
Stationnement assuré par l'hôtel, soit dans un parking privé, soit dans un garage privé à proximité.

Restaurant
L'hôtel possède un restaurant pour ses hôtes, qui accueille aussi les clients extérieurs – généralement pour le dîner.

Bar public
L'hôtel possède un bar ouvert aux hôtes et aux clients extérieurs.

	Cartes de crédit	Équipements pour enfants	Parc de stationnement	Restaurant	Bar ouvert au public
Clifden : *Rock Glen Manor House* ££ Connemara, Co Galway. **Carte routière** A3. *095 21035.* FAX *095 21737.* Établi dans un site magnifique donnant sur la baie, en dehors de Clifden, cet hôtel traditionnel est l'ancien pavillon de chasse de Clifden Castle. Chambres confortables, service efficace et sympathique. TV *29 ch.*	*MC V AE DC*	●	■	●	
Cong : *Ashford Castle* £££££ Co Mayo. **Carte routière** B3. *092 46003.* FAX *092 46260.* Mélange d'architecture du XIIIe siècle et néo-gothique, ce superbe château se dresse sur Lough Corrib. La moquette nuit à l'atmosphère historique, mais l'hôtel est sans conteste très luxueux. TV *83 ch.*	*MC V AE DC*	●	■	●	
Crossmolina : *Enniscoe House* ££ Castlehill, Crossmolina, Co Mayo. **Carte routière** B2. *096 31112.* FAX *096 31773.* Cette belle demeure georgienne dans une propriété splendide descendant jusqu'au Lough Conn recèle nombre d'antiquités. Ambiance décontractée, jolies chambres, bonne cuisine. Membre de Hidden Ireland. *6 ch.*	*MC V AE*	●	■	●	
Galway : *Hazlewood House* £ Oranmore, Galway, Co Galway. **Carte routière** B4. *091 94275.* FAX *091 94608.* Cette demeure isolée, à quelques minutes en voiture de la localité, propose chambres agréables, bonne cuisine et quantité d'activités. *6 ch.*	*MC V AE DC*	●	■		
Galway : *Ardilaun House* ££ Taylor's Hill, Galway, Co Galway. **Carte routière** B4. *091 21433.* FAX *091 521546.* Non loin du centre-ville et tout près de Salthill, l'hôtel est apprécié des hommes d'affaires et des touristes. Décor élégant, service efficace et aimable, chambres confortables. TV *89 ch.*	*MC V AE DC*	●	■	●	
Galway : *Great Southern Hotel* £££ Eyre Sq, Galway, Co Galway. **Carte routière** B4. *091 64041.* FAX *091 66704.* La piscine sur le toit est un agrément original de ce grand hôtel victorien plein de coins et de recoins situé au cœur de la ville. Chambres confortables, quantité d'activités. TV *114 ch.*	*MC V AE DC*	●	■	●	■
Kingstown : *Kille House* £ Clifden, Connemara, Co Galway. **Carte routière** A3. *095 21849.* FAX *095 21849.* Cette majestueuse demeure du XIXe siècle installée dans un joli cadre est spécialisée dans le B&B. Repas sur commande uniquement. *4 ch.*		●	■		
Knockferry : *Knockferry Lodge* £ Roscahill, Co Galway. **Carte routière** B3. *091 80122.* FAX *091 80328.* Situé à un emplacement paisible sur la rive occidentale du Lough Corrib, cet établissement simple et sobre pratique des prix corrects. Atmosphère très chaleureuse, bonne cuisine. *12 ch.*	*MC V AE DC*		■		
Letterfrack : *Rosleague Manor House* ££ Connemara, Co Galway. **Carte routière** A3. *095 41101.* FAX *095 41168.* Imposante demeure georgienne dominant Ballinakil Bay, bien située pour visiter le Connemara National Park, à quelques pas de la mer. Hôtel confortable à l'atmosphère décontractée, excellente cuisine. *20 ch.*	*MC V AE*	●	■	●	■
Leenane : *Delphi Lodge* ££ Co Galway. **Carte routière** B3. *095 42211.* FAX *095 42296.* Cadre magnifique près d'un lough, entouré de montagnes. Atmosphère informelle, possibilité de pêcher dans les loughs et la Delphi. Membre de Hidden Ireland. Ouvert de février à novembre. *11 ch.*	*MC V*		■		
Moyard : *Crocnaraw Country House* ££ Connemara, Co Galway. **Carte routière** A3. *095 41068.* Ravissante maison georgienne sur Ballinakill Bay, entourée de jardins primés. Très jolis meubles, atmosphère décontractée et chaleureuse, chambres confortables. *8 ch.*	*MC V AE DC*	●	■	●	■

NEWPORT : *Newport House* £££
Co Mayo. **Carte routière** B3. ☎ *098 41222.* FAX *098 41613.*
Cet édifice georgien tapissé de plantes grimpantes et chargé d'histoire offre confort et raffinement. L'établissement est situé sur la Newport, centre de pêche réputé. *19 ch.*

MC V AE DC	●	■	●	■

OUGHTERARD : *Currarevagh House* ££
Connemara, Co Galway. **Carte routière** B3. ☎ *091 82312.* FAX *091 82731.*
Dans un site paisible et reculé sur les rives du Lough Corrib, parmi les forêts, les parcs et les jardins, cette maison victorienne est tenue dans le respect des traditions. Ambiance douillette, un tantinet démodée. *15 ch.*

	●	■	●	

OUGHTERARD : *Ross Lake House* ££
Rosscahill, Oughterard, Co Galway. **Carte routière** B3.
☎ *091 80109.* FAX *091 80184.*
Cette demeure du XVIIIe siècle entourée de jardins est joliment décorée et impeccablement tenue. Possibilité de pêcher dans les loughs avoisinants et de jouer au tennis. *13 ch.*

MC V AE DC	●	■	●	■

PONTOON : *Healy's* ££
Foxford, Co Mayo. **Carte routière** B3. ☎ *094 56443.* FAX *094 56572.*
Maison de pierre traditionnelle dans un site étonnant sur les rives des Lough Conn et Lough Cullen. Un paradis pour les passionnés d'ornithologie. Chambres simples et soignées, bonne cuisine irlandaise. TV *10 ch.*

MC V	●	■	●	■

RENVYLE : *Renvyle House* ££
Connemara, Co Galway. **Carte routière** A3. ☎ *095 43511.* FAX *095 43515.*
Hôtel familial, confortable et décontracté donnant sur l'Atlantique, avec quantité d'activités sportives et une bonne cuisine. Poutres apparentes et parquets brillants recouverts de tapis. TV *65 ch.*

MC V AE DC	●	■	●	■

ROSTURK : *Rosturk Woods* £
Mulrany, Westport, Co Mayo. **Carte routière** B3. ☎ *098 36264.* FAX *098 36264.*
Dans un site délicieusement calme près de la mer, à 11 km de Newport, cette guesthouse confortable, meublée avec goût, garantit un séjour très agréable. *4 ch.*

MC V	●	■		

WESTPORT : *Olde Railway* ££
The Mall, Westport, Co Mayo. **Carte routière** B3. ☎ *098 25166.* FAX *098 25090.*
Dans le centre-ville, un hôtel confortable qui vient d'être joliment modernisé. Cet établissement traditionnel est géré efficacement. Excellente base pour visiter la région. TV *25 ch.*

MC V AE	●	■	●	■

LE NORD-OUEST DE L'IRLANDE

ARDARA : *Woodhill House* £
Co Donegal. **Carte routière** C2. ☎ *075 41112.* FAX *075 41516.*
L'édifice qui date du XVIIe siècle a toutefois une physionomie essentiellement victorienne. Bon rapport qualité prix pour des chambres confortables. Base parfaite pour explorer les environs. *9 ch.*

MC V AE D	●	■	●	■

BALLYMOTE : *Temple House* ££
Co Sligo. **Carte routière** B3. ☎ *071 83329.* FAX *071 83808.*
Dans 420 ha de parc, cette jolie maison georgienne, propriété de la famille Perceval depuis 1665, propose des salons spacieux, de grandes chambres et une bonne cuisine. Membre de Hidden Ireland. *5 ch.*

MC V AE	●	■		

BRUCKLESS : *Bruckless House* £
Co Donegal. **Carte routière** C2. ☎ *073 37071.* FAX *073 37070.*
Au cœur de 7 hectares de terres sur les rives de Bruckless Bay, cette ferme du XVIIIe siècle, confortable et reposante, est bien agréable. Hôtes sympathiques et bonne cuisine. *4 ch.*

MC V AE		■		

CASTLEBALDWIN : *Cromleach Lodge Country House* £££
Ballindoon, Boyle, Co Sligo. **Carte routière** C3. ☎ *071 65155.* FAX *071 65455.*
Magnifiquement situé dans les collines dominant le Lough Arrow, ce pavillon propose des chambres offrant toutes une vue splendide. Établissement fort confortable et excellent restaurant. TV *10 ch.*

MC V AE DC	●	■	●	■

COLLOONEY : *Markree Castle* ££
Co Sligo. **Carte routière** C2. ☎ *071 67800.* FAX *071 67840.*
Ce château qui appartient à la famille Cooper depuis 1640 n'a été que très récemment restauré et transformé en un hôtel élégant et reposant. Environnement superbe, chambres majestueuses. TV *14 ch.*

MC V AE DC	●	■	●	■

Légende des symboles, voir rabat de couverture

Les prix correspondent à une nuit en chambre double (et non par personne), taxes, service et petit déjeuner compris.
£ moins de 50 IR£
££ de 50 à 100 IR£
£££ de 100 à 150 IR£
££££ de 150 à 200 IR£
£££££ plus de 200 IR£

Équipements pour enfants
Lits d'enfants et chaises hautes disponibles. Certains hôtels proposent aussi un service de baby-sitting.

Parc de stationnement
Stationnement assuré par l'hôtel, soit dans un parking privé, soit dans un garage privé à proximité.

Restaurant
L'hôtel possède un restaurant pour ses hôtes, qui accueille aussi les clients extérieurs – généralement pour le dîner.

Bar public
L'hôtel possède un bar ouvert aux hôtes et aux clients extérieurs.

Hôtel	Prix	Cartes de crédit	Équipements pour enfants	Parc de stationnement	Restaurant	Bar ouvert au public
Donegal : *St Ernan's House* Co Donegal. **Carte routière** C2. *073 21065.* FAX *073 22098.* Blottie sur une petite île reliée à la terre ferme par une chaussée, cette ravissante maison rose du XIXe siècle meublée avec élégance a su conserver une atmosphère décontractée et informelle. TV *12 ch.*	£££	MC V		■	●	
Drumcliff : *Urlar House* Co Sligo. **Carte routière** C2. *071 63110.* Dans un site paisible et reculé que domine le Ben Bulben, cette jolie ferme propose un hébergement simple et de qualité. Excellente base pour visiter le pays de Yeats. *5 ch.*	£	AE	●	■		
Dunkineely : *Castle Murray House* Co Donegal. **Carte routière** C2. *073 37022.* FAX *073 37330.* Perché en haut d'une falaise, avec vue sur la côte du Donegal, ce petit hôtel est un endroit fort agréable. Décoration simple mais élégante. Le restaurant propose un menu délicieux. TV *10 ch.*	£	V AE	●	■	●	
Letterkenny : *Castle Grove Country House* Co Donegal. **Carte routière** C1. *074 51118.* FAX *074 51384.* Au bout d'une longue avenue traversant un parc se dresse cette demeure du XVIIe siècle qui donne sur Lough Swilly. Endroit paisible et reposant. *8 ch.*	££	MC V AE DC	●	■	●	
Lough Eske : *Ardnamona House* Co Donegal. **Carte routière** C2. *073 22650.* FAX *073 22819.* Membre de Hidden Ireland, cette maison bâtie sous Édouard VII occupe un site magnifique, entouré de jardins, au pied des Blue Stack Mountains. Chambres confortables, atmosphère accueillante et informelle. *5 ch.*	££	MC V DC	●	■		
Lough Eske : *Harvey's Point* Donegal, Co Donegal. **Carte routière** C2. *073 22208.* FAX *073 22352.* Hôtel de style suisse sur les rives du Lough Eske. Ameublement soigné et moderne, excellent restaurant, et quantité d'activités sportives. La plupart des chambres donnent sur le lough. TV *20 ch.*	£££	MC V AE DC		■	●	■
Mohill : *Glebe House* Ballinamore, Mohill, Co Leitrim. **Carte routière** C3. *078 31086.* FAX *078 31886.* L'ancien presbytère du début du XIXe siècle se dresse dans 20 hectares de parcs, forêts et prairies. Endroit paisible et agréable. *7 ch.*	£	MC V AE	●	■		
Riverstown : *Coopershill House* Co Sligo. **Carte routière** C2. *071 65108.* FAX *071 65466.* Demeure très élégante du XVIIe siècle entourée d'un vaste domaine. Pièces ornées de belles antiquités, chambres spacieuses et excellente cuisine. *7 ch.*	££	MC V AE DC	●	■	●	
Rossnowlagh : *Smuggler's Creek* Co Donegal. **Carte routière** C2. *072 52366.* Hôtel très douillet, jouissant d'un emplacement exceptionnel au sommet des falaises dominant la plage de Rossnowlagh. Repas au choix au bar ou au restaurant. Toutes les chambres ont vue sur la mer. *5 ch.*	£	MC V	●	■	●	■
Rossnowlagh : *Sand House* Co Donegal. **Carte routière** C2. *072 51777.* FAX *072 52100.* Imposant édifice blanc crénelé sur une plage de sable donnant sur Donegal Bay. Cet hôtel est très confortable et décoré avec goût. L'ambiance y est détendue. *39 ch.*	££	MC V AE DC	●	■	●	■
Stranorlar : *Kee's Hotel* Ballybofey, Co Donegal. **Carte routière** C2. *074 31018.* FAX *074 31917.* Ancien relais de poste du XIXe siècle, cet hôtel a préservé sa longue tradition d'hospitalité. Récemment modernisé, avec un nouveau centre de loisirs. Bien situé pour découvrir le Donegal. TV *36 ch.*	££	MC V AE DC	●	■	●	■

LE CENTRE

Établissement	Prix	Cartes				
ARDEE : *Red House* Co Louth. **Carte routière** D3. *041 53523.* FAX *041 53524.* Ce ravissant manoir georgien est membre de Hidden Ireland. Chambres confortables. L'hôtel possède un court de tennis éclairé. *3 ch.*	££	MC V	●	■		
BIRR : *Tullanisk* Co Offaly. **Carte routière** C4. *0509 20572.* FAX *0509 21783.* Joliment restauré, ce petit manoir de douairière de Birr Castle qui date du XVIIIe siècle est membre de Hidden Ireland. Hôtel confortable et reposant, aux vastes chambres décorées avec goût. *7 ch.*	££	MC V	●	■		
CARLINGFORD : *McKevitt's Village Hotel* Market Sq, Carlingford, Co Louth. **Carte routière** D3. *042 73116.* FAX *042 73144.* Auberge villageoise renommée, au cœur de la vie locale. Feu dans la cheminée, ambiance délicieuse. Chambres ravissantes. TV *13 ch.*	£	MC V AE DC	●	■	●	■
CARLINGFORD : *Viewpoint* Omeath Rd, Carlingford, Co Louth. **Carte routière** D3. *042 73733.* FAX *042 73144.* Hébergement moderne, de style motel. Chambres bien équipées avec vue magnifique sur Carlingford Lough. TV *8 ch.*	£	V	●	■		
CLONES : *Hilton Park* Co Monaghan. **Carte routière** C2. *047 56007.* FAX *047 56033.* Membre de Hidden Ireland, un magnifique manoir dans un parc splendide. Le décor est somptueux, mais l'ambiance décontractée. *5 ch.*	£££	MC V	●	■		
CROSSDONEY : *Lisnamandra Farmhouse* Lisnamandra, Crossdoney, Co Cavan. **Carte routière** C3. *049 37196.* FAX *049 37111.* Hébergement simple mais confortable dans une ferme accueillante du XVIIe siècle. Quantité d'activités sur place et dans les environs. *6 ch.*	£	MC V	●	■		
DROGHEDA : *Boyne Valley* Co Louth. **Carte routière** D3. *041 37737.* FAX *041 39188.* Manoir du XVIIIe siècle, modernisé et agrandi. Bien que la décoration et l'ameublement soient modernes, l'édifice a conservé son ambiance traditionnelle. TV *37 ch.*	££	MC V AE DC	●	■	●	■
DULEEK : *Annesbrook* Co Meath. **Carte routière** D3. *041 23293.* FAX *041 23024.* Demeure du XVIIe siècle, membre de Hidden Ireland. Atmosphère chaleureuse et accueillante, chambres spacieuses et confortables. *5 ch.*	££	MC V	●	■		
KILMESSAN : *Station House* Co Meath. **Carte routière** D3. *046 25239* FAX *046 25588.* Le train passait autrefois à Kilmessan. Aujourd'hui, la gare victorienne a été transformée en un hôtel confortable, avec un bon restaurant. TV *10 ch.*	££	MC V AE DC		■	●	■
LONGFORD : *Carrigglas Manor* Co Longford. **Carte routière** C3. *043 45165.* FAX *043 41026.* La demeure ancestrale des Lefroy *(p. 232-233)* est membre de Hidden Ireland. Séjour inoubliable dans ce cadre magnifique où vous serez reçus comme des invités de la maison. Ouvert de mai à octobre. *6 ch.*	£££	MC V AE		■		
MOUNTRATH : *Roundwood House* Co Laois. **Carte routière** C4. *0502 32120.* FAX *0502 32711.* Belle villa paladienne du XVIIIe siècle dans un joli décor, près des Slieve Bloom Mountains. Atmosphère élégante mais informelle. *10 ch.*	££	MC V AE DC	●	■	●	
MULLINGAR : *Bloomfield House* Co Westmeath. **Carte routière** C3. *044 40894.* FAX *044 43767.* Manoir avec une vue magnifique sur Lough Ennell. Ambiance traditionnelle dans cet hôtel modernisé récemment. Confortable et accueillant. TV *33 ch.*	££	MC V AE DC	●	■	●	■
MULLINGAR : *Greville Arms* Co Westmeath. **Carte routière** C3. *044 48563.* FAX *044 48052.* Hôtel traditionnel et central, il accueille touristes et habitants. On y trouve aussi un grand bar et un restaurant. TV *40 ch.*	££	MC V AE DC	●	■	●	■
SLANE : *Conyngham Arms* Co Meath. **Carte routière** D3. *041 24155.* FAX *041 24205.* Au cœur du village, cet hôtel familial traditionnel est accueillant et confortable. Bonne base pour visiter la vallée de la Boyne. TV *16 ch.*	££	MC V DC	●	■	●	■

Légende des symboles, voir rabat de couverture

Les prix correspondent à une nuit en chambre double (et non par personne), taxes, service et petit déjeuner compris.
- £ moins de 50 IR£
- ££ de 50 à 100 IR£
- £££ de 100 à 150 IR£
- ££££ de 150 à 200 IR£
- £££££ plus de 200 IR£

Équipements pour enfants
Lits d'enfants et chaises hautes disponibles. Certains hôtels proposent aussi un service de baby-sitting.

Parc de stationnement
Stationnement assuré par l'hôtel, soit dans un parking privé, soit dans un garage privé à proximité.

Restaurant
L'hôtel possède un restaurant pour ses hôtes, qui accueille aussi les clients extérieurs – généralement pour le dîner.

Bar public
L'hôtel possède un bar ouvert aux hôtes et aux clients extérieurs.

Irlande du Nord

	Cartes de crédit	Équipements pour enfants	Parc de stationnement	Restaurant	Bar ouvert au public
Annalong : *Glassdrumman Lodge* ££ Mill Rd, Annalong, Co Down. **Carte routière** D2. ☎ *013967 68451.* FAX *013967 67041.* Sis au cœur du « Kingdom of Mourne », l'hôtel donne sur les fameux murs de pierres sèches de la région. Excellente cuisine. TV *10 ch.*	MC V AE DC		■	●	
Armagh : *Charlemont Arms* £ Co Armagh. **Carte routière** D2. ☎ *01861 522028.* FAX *01861 526979.* Hôtel champêtre parfaitement situé pour visiter la région. La chaleur de l'accueil compense l'absence de luxe. TV *14 ch.*	MC V	●	■	●	■
Ballygally : *Ballygally Castle* ££ 274 Coast Rd, Ballygally, Co Antrim. **Carte routière** D1. ☎ *01574 583212.* FAX *01574 583681.* Le clou de ce château « hanté » est la Ghost Room, petite chambre de la tour qu'entoure une macabre légende. Des musiciens créent une ambiance plus chaleureuse au Dungeon Bar de l'ancienne forteresse. TV *30 ch.*	MC V AE DC	●	■	●	■
Ballymena : *Galgorm Manor* £££ Co Antrim. **Carte routière** D1. ☎ *01266 881001.* FAX *01266 880080.* De nombreuses chambres donnent sur le Maine, qui coule non loin de là. Équitation et pêche possibles dans le magnifique domaine. Restaurant de premier ordre et bar traditionnel irlandais. TV *23 ch.*	MC V AE DC	●	■	●	■
Bangor : *Clandeboye Lodge* ££ 10 Estate Rd, Bangor, Co Down. **Carte routière** E2. ☎ *01247 853777.* FAX *01247 852772.* L'hôtel qui ressemble à une école victorienne propose des chambres à un prix raisonnable et un excellent menu. TV *43 ch.*	MC V AE DC	●	■	●	■
Belfast : *Duke's Hotel* ££ 65 University St, Belfast BT7. **Carte routière** D2. ☎ *01232 236666.* FAX *01232 237177.* Un hôtel moderne et élégant du centre-ville offrant tout le confort et une cuisine internationale. Agréable bar ouvert au public. TV *21 ch.*	MC V AE DC	●		●	■
Belfast : *Malone Lodge Hotel* ££ 60 Eglantine Ave, Belfast BT9. **Carte routière** D2. ☎ *01232 382409.* FAX *01232 382706.* Hôtel central convenant aux touristes et aux hommes d'affaires. Moderne et fonctionnel, avec des chambres bien équipées. TV *33 ch.*	MC V AE DC	●	■	●	■
Belfast : *Europa Hotel* £££ Great Victoria St, Belfast BT2. **Carte routière** D2. ☎ *01232 327000.* FAX *01232 327800.* Édifice imposant au cœur du Golden Mile, parfait pour les hommes d'affaires et les touristes. Très bon restaurant. TV *184 ch.*	MC V AE DC	●	■	●	■
Belfast : *Stormont Hotel* £££ 587 Upper Newtownards Rd, Belfast BT4. **Carte routière** D2. ☎ *01232 658621.* FAX *01232 480240.* Près de Stormont et de l'aéroport, convient très bien aux hommes d'affaires. Moderne et fonctionnel, avec un restaurant reconnu. TV *109 ch.*	MC V AE DC	●	■	●	■
Carnlough : *Londonderry Arms Hotel* ££ 20 Harbour Rd, Carnlough, Co Antrim. **Carte routière** D1. ☎ *01574 885255.* FAX *01574 885263.* Installée dans un site magnifique au pied du Glencloy, cette auberge couverte de lierre près du port de Carnlough appartenait autrefois à Winston Churchill. Établissement familial à l'accueil très chaleureux. TV *21 ch.*	MC V AE DC	●	■	●	■
Coleraine : *Blackheath House* ££ 112 Killeague Rd, Blackhill, Coleraine, Co Londonderry. **Carte routière** D2. ☎ *01265 868433.* FAX *01265 868433.* Maison de campagne georgienne entourée de magnifiques jardins paysagers. L'excellent restaurant, MacDuffs, a été primé. TV *5 ch.*	MC V AE DC	●	■	●	■

CRAWFORDSBURN : *The Old Inn at Crawfordsburn* ££

Co Down. **Carte routière** E2. ☎ *01247 853255.* FAX *01247 852775.*

Cette ravissante auberge au toit de chaume du XVIe siècle est l'une des plus anciennes du pays. Feu dans la cheminée et lit à baldaquin dans certaines chambres. Bon menu irlandais et excellente carte des vins. 🚗 TV ♿ *33 ch.*

MC V | ■ | ●

DUNGANNON : *Grange Lodge* ££

Grange Rd, Dungannon, Co Tyrone. **Carte routière** D2.

☎ *018687 84212.* FAX *018687 723891.*

Situé dans un cadre agréable, l'hôtel propose une bonne cuisine typique de l'Ulster. Accueil familial et chaleureux. 🚗 TV *5 ch.*

MC V AE DC | ● | ■ | ■

ENNISKILLEN : *Killyhevlin Hotel* £

Dublin Rd, Enniskillen, Co Fermanagh. **Carte routière** C2.

☎ *01365 323481.* FAX *01365 324726.*

La propriété descend jusqu'au Lower Lough Erne. Beaucoup de chambres donnent sur le lough, mais elles sont plus chères. 🚗 TV ♿ *45 ch.*

MC V AE | ● | ■ | ● | ■

ENNISKILLEN : *Manor House* ££

Killadeas, Enniskillen, Co Fermanagh. **Carte routière** C2.

☎ *013656 21561.* FAX *013656 21545.*

Sur les rives du Lough Erne, cet hôtel est richement décoré d'antiquités et de peintures. Atmosphère chaleureuse et personnel sympathique. Nourriture saine, à base de produits de saison locaux. 🚗 TV ♿ *46 ch.*

■

FIVEMILETOWN : *Blessingbourne* ££

Co Tyrone. **Carte routière** C2. ☎ *013655 21221.*

Demeure victorienne de style élisabéthain offrant une superbe vue de ses fenêtres à meneaux. Toutes les chambres sont élégantes, l'une possède même un lit à baldaquin. Membre de Hidden Ireland. *4 ch.*

MC V AE DC | ● | ■ | ■

HOLYWOOD : *The Culloden Hotel* £££

142 Bangor Rd, Holywood, Co Down. **Carte routière** E2.

☎ *01232 425223.* FAX *01232 426777.*

Hôtel très raffiné entouré de jardins et de forêts, près de Belfast Lough. Cet ancien palais des évêques de Down a conservé son opulence d'antan, avec nombre d'antiquités et de tableaux précieux. 🚗 TV ♿ *91 ch.*

MC V | ● | ■ | ● | ■

KILKEEL : *The Kilmorey Arms Hotel* £

41 Greencastle St, Kilkeel, Co Down. **Carte routière** D3.

☎ *016937 62220.* FAX *016937 65399.*

Parfait pour explorer la région de Mourne. Chambres meublées avec goût. L'ambiance du bar convient bien à la région. 🚗 TV ♿ *28 ch.*

MC V AE DC | ● | ■ | ●

LIMAVADY : *Streeve House* ££

Co Londonderry. **Carte routière** D1. ☎ *015047 66563.* FAX *015047 66563.*

Édifié au XVIIIe siècle, le manoir de douairière de Drenagh est parfait pour découvrir la région. Les jardins de Drenagh House sont magnifiques. Nombreuses activités sportives. Membre de Hidden Ireland. 🚗 *3 ch.*

MC V | ■ | ●

LONDONDERRY : *Beechill Country House* ££

32 Ardmore Rd, Londonderry, Co Londonderry. **Carte routière** C1.

☎ *01504 49279.* FAX *01504 45366.*

Le service et la cuisine sont excellents. Véritable atmosphère familiale. Décorées pour certaines de magnifiques meubles victoriens, les chambres rappellent les maisons de campagne d'antan. 🚗 TV ♿ *17 ch.*

MC V AE | ● | ■ | ●

NEWCASTLE : *Burrendale Hotel and Country Club* ££

51 Castlewellan Rd, Co Down. **Carte routière** E2.

☎ *013967 22599.* FAX *013967 22328.*

Hébergement idéal pour pratiquer l'escalade, l'équitation et le golf. Bien équipé pour les handicapés. Bar et restaurant confortables. 🚗 TV ♿ *51 ch.*

MC V AE DC | ● | ■ | ● | ■

NEWCASTLE : *Slieve Donard Hotel* ££

Downs Rd, Newcastle, Co Down. **Carte routière** E2.

☎ *013967 23681.* FAX *013967 24830.*

Bel édifice de briques rouges donnant sur la plage et le célèbre Royal County Down Golf Course. Service de qualité et efficace. 🚗 TV ♿ *120 ch.*

MC V AE DC | ● | ■ | ● | ■

PORTAFERRY : *Portaferry Hotel* ££

The Strand, Portaferry, Co Down. **Carte routière** E2.

☎ *012477 28231.* FAX *012477 28999.*

Auberge au bord de l'eau sur Ards Peninsula, donnant sur Strangford Lough. Atmosphère agréable, restaurant primé. 🚗 TV *14 ch.*

MC V AE DC | ● | ■ | ● | ■

Légende des symboles, voir rabat de couverture

Restaurants, cafés et pubs

Bien que la plus forte concentration de restaurants gastronomiques se trouve dans les grandes villes, le visiteur pourra découvrir une cuisine tout aussi délicieuse dans certains endroits reculés. Aux quatre coins de l'Irlande, des restaurants familiaux proposent une bonne cuisine simple, à des prix raisonnables. Les restaurants figurant aux pages 306-317 sont recommandés pour la qualité du service et de la nourriture, dans toutes les gammes de prix. Consulter également la brochure *Dining in Ireland* publiée par Bord Fáilte, l'office du tourisme irlandais. D'un excellent rapport qualité-prix, les repas bon marché servis dans les pubs, avec de délicieuses viandes et de généreuses portions de légumes frais, peuvent constituer le repas principal de la journée. En-cas, repas légers et quantité de plats à emporter sont disponibles partout.

Enseigne de restaurant à Kinsale

Habitudes alimentaires

On commence traditionnellement la journée par un petit déjeuner copieux : bacon, saucisses, black pudding (boudin noir), œufs, tomates et pain bis. Dans le Nord, on y ajoute des potato cakes (pains aux pommes de terre) et des soda farls (pains tendres) *(p. 304)* : c'est l'« Ulster Fry ». Le repas principal (dinner) se prend à midi, suivi d'un « tea » plus léger en début de soirée.

Le visiteur aura du mal à échapper au petit déjeuner traditionnel, souvent compris dans les hébergements. Toutefois, les Irlandais optent de plus en plus pour une collation légère à midi, et prennent leur repas le soir. Les copieuses assiettées servies à midi dans les pubs rappellent les habitudes d'antan.

Le petit déjeuner à l'Adare Manor Hotel *(p. 294)*

Devant la porte d'un café de Kinvarra *(p. 204)*

Restaurant mode d'emploi

En Irlande, il est bien plus avantageux de consommer son repas principal à midi. Dans beaucoup de restaurants élégants, le déjeuner à prix fixe et le dîner comportent les mêmes plats, mais le déjeuner est généralement à moitié prix. La cuvée du patron, souvent correcte, peut permettre de réduire l'addition. Si vous voyagez avec des enfants, choisissez l'un des nombreux restaurants offrant un menu spécial pour eux.

Le déjeuner est généralement servi entre midi et 14 h 30, le dîner entre 18 h 30 et 22 h, plus tard dans les restaurants du centre-ville et étrangers. Prévenus à l'avance, les bed-and-breakfast peuvent préparer un dîner copieux, et beaucoup proposent gracieusement thé et scones en soirée.

Dans les restaurant élégants, la veste est de mise pour les hommes, mais pas nécessairement la cravate ; les femmes porteront une robe ou un pantalon et une veste. Ailleurs, les règles vestimentaires sont assez souples ; on évitera toutefois les shorts trop courts et les torses nus.

Les cartes de crédit les plus courantes sont Visa (V) et Mastercard/Access (MC), suivies de Diners Club (DC) et American Express (AE). Les abréviations entre parenthèses sont utilisées dans la liste des restaurants pour indiquer les cartes acceptées.

Gastronomie et cuisines du monde

L'Irlande compte aujourd'hui des tables renommées, avec de grands chefs issus de prestigieuses écoles irlandaises et européennes. Les gourmets n'auront que l'embarras du choix entre les restaurants irlandais, français, italiens, chinois, traditionnels, régionaux ou nouvelle cuisine.

Leurs sites sont aussi variés que les mets proposés : restaurants d'hôtel, caves, hôtels particuliers, châteaux ou petits cafés perdus en bord de mer. Kinsale, dans le comté de Cork, s'est proclamée capitale gastronomique de l'Irlande. De grands chefs officient également dans les établissement recensés dans l'*Ireland's Blue Book of Country Houses and Restaurants*, disponible auprès des offices du tourisme.

Assortiment de gâteaux servis au café de Bantry House *(p. 160-161)*

PRIX

Partout en Irlande, vous pourrez bien manger à faible coût. En ville ou à la campagne, cafés, salons de thé et restaurants familiaux proposent des repas d'un bon rapport qualité-prix. Même les établissements touristiques, comme Bantry House, servent de bons plats faits maison et du pain et des gâteaux frais. Les sandwichs sont généralement confectionnés avec d'épaisses tranches de viande ou de fromage frais ; les assiettes composées comprennent du saumon fumé, poulet, jambon, viande de porc ou de bœuf ; les plats chauds sont souvent accompagnés de généreuses portions de légumes frais, avec des pommes de terre accommodées de trois façons : à l'eau, au four et en purée.

PUBS

Les pubs irlandais offrent aujourd'hui une véritable cuisine. Outre les en-cas (soupes, sandwichs, etc.) servis dès midi et jusqu'à une heure tardive, les pubs proposent des salades et des plats chauds de midi à 14 h 30. Pour un prix avantageux, les plats chauds comportent de copieuses portions de légumes frais, des pommes de terre accommodées d'une ou plusieurs manières et de généreuses parts de poisson ou de viande. Particulièrement intéressants : les grills présentant un choix de rôtis coupés à votre goût. Depuis peu, spaghettis, lasagnes et quiches ont fait leur apparition sur les cartes des pubs. Voir la liste des pubs recommandés p. 318-321.

Enseigne de café à Baltimore

FISH AND CHIPS ET AUTRES FAST-FOODS

Qu'il soit paysan ou parlementaire, tout Irlandais qui se respecte adore les « chippers », immortalisés dans le roman de Roddy Doyle *The Van*. Chaque virée nocturne dans les pubs dignes de ce nom se termine au fish-and-chip le plus proche. À n'importe quelle heure du jour, il y a une longue queue devant Leo Burdock's à Dublin, une véritable institution *(p. 307)*. Où que vous soyez en Irlande, pays côtier, le poisson – carrelet, morue, aiglefin, merlan ou raie – sera généralement très frais. Citons également les chaînes internationales, comme McDonald's et Kentucky Fried Chicken, ainsi que les nombreuses échoppes servant kebabs ou hamburgers. À noter aussi quelques chaînes proposant pâtes et pizzas qui viennent d'ouvrir.

PIQUE-NIQUES

L'Irlande est le pays du pique-nique. D'ailleurs, fromages fermiers et tomates savoureuses s'y prêtent à merveille. De nombreux magasins proposent des sandwichs confectionnés avec des produits du terroir. Les emplacements ne manquent pas sur le long littoral découpé, ponctué de vastes plages de sable. Les forêts, plus de 400 au total, sont souvent dotées d'aires aménagées. En montagne, vous dégusterez votre repas en profitant des splendides paysages. En quittant la route principale pour un petit chemin rural, on découvrira rapidement un joli site, près d'un lac, d'une rivière ou d'un pré ombragé.

Le 1601, un pub de Kinsale *(p. 319)*

Que manger en Irlande ?

Irish coffee

Les prairies verdoyantes, les rivières claires et le long littoral offrent de l'agneau, du bœuf et du porc très tendres, quantité de poissons et de fruits de mer, et des fruits et légumes frais. De la bonne chère campagnarde, la cuisine irlandaise a évolué vers des recettes gastronomiques créées par des chefs renommés. Souvent, les fleurons de ces deux univers culinaires se retrouvent sur une même carte, aux côtés de plats plus exotiques. La meilleure manière de ponctuer un repas reste l'irish coffee – café, crème fraîche et whisky.

***Le pain**, toujours frais, se présente sous diverses formes. Le pain au bicarbonate est blanc ou bis. Le pain bis est dit wheaten bread en Irlande du Nord.*

***L'Ulster fry** est composé de soda farls faits maison (petits pains tendres au bicarbonate de soude et au babeurre) et de potato cakes (pains à base de purée de pommes de terre, beurre et farine), ainsi que des autres ingrédients des plats de friture. Le « fry » permet de prendre des forces pour la journée. Sans les soda farls et les potato cakes, ce plat se savoure dans tout le pays à toute heure de la journée.*

***La mushroom soup**, hors-d'œuvre consistant ou en-cas, se prépare avec des champignons frais et une généreuse portion de crème fraîche.*

***Le smoked salmon** (saumon fumé), très prisé, se déguste dans tout le pays, servi très simplement afin d'apprécier toute la saveur du poisson.*

***La mussel soup** est consistante : moules fraîches dans un consommé crémeux de poisson aux légumes et aux herbes. À goûter avec du pain de froment.*

***Huîtres fraîches**, ici sur un lit d'algues et de glace pilée. Un déjeuner léger et succulent devant être arrosé d'un verre de Guinness.*

***Dublin coddle**, repas traditionnel du samedi soir : saucisses et jambon ou bacon cuits dans du bouillon avec des pommes de terre et des oignons.*

Irish stew. *Ce plat paysan est un ragoût d'agneau ou de mouton aux oignons et au persil, couvert de pommes de terre.*

Fresh salmon *(saumon frais), souvent poché dans du consommé ou du vin et des herbes. Celui de Galway est délicieux.*

Lamb cutlets *(côtelettes d'agneau), avec sauce à la menthe ou gelée. La viande du Kerry et du Wicklow est particulièrement tendre.*

Les légumes (vegetables) *sont servis en portions copieuses, généralement en accompagnement du plat principal. Les pommes de terre sont parfois accommodées de différentes manières, sautées, au four, à l'eau, en purée ou frites, et accompagnées de légumes de saison.*

Baked ham *(jambon cuit), couvert de clous de girofle et de cassonade ; se savoure avec du chou au beurre, notamment pour Noël.*

Strawberries and cream *(fraises à la crème fraîche), le dessert de l'été par excellence. Elles sont parfois sucrées au miel.*

Le porter cake, *gâteau classique irlandais à base de fruits secs, contient de la bière brune, souvent de la Guinness.*

L'apple tart, *parfois appelée tout simplement « cake », se déguste toute l'année, mais traditionnellement pour Hallowe'en.*

FROMAGES

Durant des siècles, le fromage a été fabriqué dans les fermes et les monastères de toute l'Irlande. Depuis 25 ans, cette activité s'est développée et le pays produit aujourd'hui des fromages réputés, à pâte demi-molle comme le Cashel Blue et le St Killian, proche du camembert, le Carrigaline semblable au gouda et le Durrus, fumé.

St Killan

Carrigaline

Cashel Blue

Durrus

Le tea-time *a ses classiques : sponges, fruit cakes et scones blancs ou bruns, avec ou sans fruits. Le barm brack, un pain aux fruits, se mange traditionnellement à Hallowe'en et à la Toussaint, où l'on y cache une bague. La tradition veut que la personne qui la trouve se mariera avant Pâques.*

Choisir un restaurant

Les restaurants présentés ont été sélectionnés pour leur bon rapport qualité-prix, leur cuisine et leur emplacement. Ils sont classés par régions, en commençant par Dublin. Utilisez les repères de couleur indiquant les découpages régionaux. Pour les renvois au plan de Dublin, consultez les pages 110-111 ; pour les renvois aux cartes routières, voir à la fin du volume.

Dublin

	Cartes de crédit	Ouvert à midi	Ouvert tard le soir	Menu à prix fixe	Bonne carte des vins
Le sud-est de Dublin : *Bewley's Oriental Café* (£) 78-79 Grafton St, Dublin 2. **Plan** D4. ☎ *01 6776761.* Cette institution de Dublin, ouverte dès l'heure du petit déjeuner, sert pains, pâtisseries et soupes faites maison tous succulents. V	MC V AE DC	●	■		
Le sud-est de Dublin : *Kilkenny Shop Restaurant* (£) The Kilkenny Shop, 6-10 Nassau St, Dublin 2. **Plan** E4. ☎ *01 6777066.* Restaurant animé donnant sur le terrain de sport de Trinity College. Cuisine traditionnelle, excellent plateau de fromages. V	MC V AE DC	●			■
Le sud-est de Dublin : *Ante Room* (£)(£)(£) 20 Baggot St Lower, Dublin 2. **Plan** F5. ☎ *01 6618832.* Ce restaurant douillet au sous-sol du Georgian House Hotel sert huîtres, palourdes et homards très frais.	MC V AE DC	●		●	■
Le sud-est de Dublin : *Gotham Café* (£)(£)(£) 8 Anne St South, Dublin 2. **Plan** D4. ☎ *01 6795266.* Ce café de style américain accueillant et clair propose de délicieuses pizzas, comme la « Bowery » et la « Upper East Side ». V	MC V AE DC	●	■		■
Le sud-est de Dublin : *Pier 32* (£)(£)(£) 23 Pembroke St Upper, Dublin 2. ☎ *01 6761494.* Au menu, fruits de mer et plats régionaux. Goûtez le *hare and champ* (lièvre à la purée de pommes de terre aux oignons et au beurre). V	MC V	●	■		■
Le sud-est de Dublin : *Rajdoot Tandoori* (£)(£)(£) 26-28 Clarendon St, Dublin 2. **Plan** D4. ☎ *01 6794274.* Cuisine du nord de l'Inde. Curries peu épicés et plats cuits au four en argile : tandooris de bœuf, de poulet et d'agneau. V	MC V AE DC	●	■	●	■
Le sud-est de Dublin : *Sandbank Seafood Bar* (£)(£)(£) Westbury Hotel, Grafton St, Dublin 2. **Plan** D4. ☎ *01 6791122.* Ambiance très animée dans ce pub et restaurant décoré de souvenirs maritimes. Dégustez les huîtres fraîches à la Guinness. V	MC V AE DC	●	■	●	■
Le sud-est de Dublin : *The Commons* (£)(£)(£)(£) Newman House, St Stephen's Green South, Dublin 2. **Plan** D5. ☎ *01 4780530.* Ce charmant restaurant orné de tableaux commandés à des artistes irlandais sert des plats gastronomiques. V	MC V AE DC	●	■	●	■
Le sud-est de Dublin : *Dobbin's Wine Bistro* (£)(£)(£)(£) 15 Stephen's Lane, Mount St Upper, Dublin 2. **Plan** F5. ☎ *01 6764679.* Bistrot accueillant et chaleureux avec un nouveau menu tous les mois et l'une des meilleures cartes des vins de Dublin. V	MC V AE DC	●	■	●	■
Le sud-est de Dublin : *L'Écrivain* (£)(£)(£)(£) 109 Baggot St Lower, Dublin 2. **Plan** F5. ☎ *01 6611919.* Au cœur de la ville georgienne, de grands classiques français accommodés à l'irlandaise. V	MC V AE DC	●	■	●	■
Le sud-est de Dublin : *The Grey Door* (£)(£)(£)(£) Grey Door Hotel, 23 Pembroke St Upper, Dublin 2. ☎ *01 6763286.* Cuisine russe et scandinave primée, servie dans un cadre élégant. Blinis au caviar, bortsch et gravlax. V	MC V AE DC	●	■	●	■
Le sud-est de Dublin : *La Stampa* (£)(£)(£)(£) 35 Dawson St, Dublin 2. **Plan** D4. ☎ *01 6778611.* Ce restaurant italien haut de gamme du cœur de Dublin est réputé pour son somptueux décor georgien. Service efficace, ambiance animée. Réserver le week-end. V	MC V AE DC	●	■	●	■

Prix moyen par personne pour un repas de trois plats accompagné d'une demi-bouteille de cuvée du patron, couvert et service compris
£ moins de 10 IR£
££ de 10 à 15 IR£
£££ de 15 à 25 IR£
££££ de 25 à 50 IR£

Ouvert à midi
Beaucoup de restaurants n'ouvrent que le soir, sauf souvent ceux des pubs ou des grandes villes.

Ouvert tard le soir
Restaurant servant tous les plats de la carte après 22 h.

Menu à prix fixe
Menu à prix fixe d'un bon rapport qualité-prix à midi, le soir ou les deux, généralement composé de trois plats.

Bonne carte des vins
Indique un vaste choix de bons vins, ou une sélection plus spécialisée de vins.

Restaurant	Prix	Cartes de crédit	Ouvert à midi	Ouvert tard le soir	Menu à prix fixe	Bonne carte des vins
Le sud-ouest de Dublin : *Leo Burdock's* 2 Werburgh St, Dublin 8. **Plan** C4. *01 4540306.* Le plus ancien fish-and-chip à emporter de Dublin, à la clientèle hétéroclite. Poisson frais, frites (de pommes de terre irlandaises).	£		●	■		
Le sud-ouest de Dublin : *Elephant and Castle* 18 Temple Bar, Dublin 2. **Plan** D3. *01 6793121.* Fast-food de qualité dans un restaurant de style américain très animé. Prisé pour le brunch du dimanche.	££	MC V AE DC	●	■		
Le sud-ouest de Dublin : *Les Frères Jacques* 74 Dame St, Dublin 2. **Plan** C3. *01 6794555.* Situé près de l'Olympia Theatre, ce restaurant français ajoute une note irlandaise à de nombreux plats hexagonaux. Pianiste le week-end.	££££	MC V AE	●	■	●	■
Le sud-ouest de Dublin : *Lord Edward* 23 Christchurch Place, Dublin 8. **Plan** B4. *01 4542420.* Le plus vieux restaurant de fruits de mer de la ville. Déjeuner au pub du rez-de-chaussée, dîner à l'étage. Service courtois.	££££	MC V AE DC	●	■	●	■
Au nord de la Liffey : *Conway's Pub and Restaurant* 70 Parnell St, Dublin 1. **Plan** D1. *01 8732474.* La décoration de ce pub rappelle sa création en 1745. Fréquenté par des habitants de Dublin, des comédiens du Gate Theatre et des touristes. Plats originaux au menu, comme les bricks de crevettes tigrées.	£		●	■	●	
Au nord de la Liffey : *Flanagan's Restaurant* 61 O'Connell St Upper, Dublin 1. **Plan** D2. *01 8731388.* Établissement familial réputé, le Flanagan propose une vaste carte d'un excellent rapport qualité-prix : salades, hamburgers et plats chauds, avec cuisine végétarienne et grand choix de pâtes.	££	MC V	●	■	●	■
Au nord de la Liffey : *101 Talbot* 100-102 Talbot St, Dublin 1. **Plan** E2. *01 8745011.* Vaste choix pour les végétariens dans ce restaurant clair près de l'Abbey Theatre. Goûtez le « strudel » de brocolis, fenouil et bleu.	£££	MC V AE DC	●	■		■
Au nord de la Liffey : *Chapter One Restaurant* Dublin Writers Museum, Parnell Square, Dublin 1. **Plan** C1. *01 8732266.* La décoration est un hommage aux écrivains irlandais. Au menu, gnocchis frits au parmesan et à la sauge.	££££	AE DC MC V	●	■	●	■
Ballsbridge : *Conservatory Restaurant* Berkeley Court Hotel, Lansdowne Rd, Dublin 4. *01 6601711.* Les plats servis dans la salle à manger lumineuse de l'un des hôtels les plus luxueux de la ville sont d'un excellent rapport qualité-prix. Restaurant très fréquenté par les Dublinois.	££	MC V AE DC	●	■	●	■
Ballsbridge : *Roly's Bistro* 7 Ballsbridge Terrace, Dublin 4. *01 6682611.* Bistrot animé servant de la cuisine irlandaise. Spécialités de saison comme la « pie » de gibier au genièvre et aux champignons. Réserver.	£££	MC V AE DC	●		●	■
Ballsbridge : *Le Coq Hardi* 35 Pembroke Rd, Dublin 4. *01 6689070.* Une cuisine française classique préparée avec les meilleurs ingrédients irlandais dans un restaurant charmant. Réserver pour dîner.	££££	MC V AE DC	●	■	●	■
Dun Laoghaire : *Restaurant Na Mara* 1 Harbour Rd. *01 2806767.* Ce restaurant qui donne sur le port sert les meilleurs fruits de mer régionaux. Propose aussi des plats sans poisson.	££££	MC V AE DC	●	■	●	■

Légende des symboles, voir rabat de couverture

Prix moyen par personne pour un repas de trois plats accompagné d'une demi-bouteille de cuvée du patron, couvert et service compris
£ moins de 10 IR£
££ de 10 à 15 IR£
£££ de 15 à 25 IR£
££££ de 25 à 50 IR£

Ouvert à midi
Beaucoup de restaurants n'ouvrent que le soir, sauf souvent ceux des pubs ou des grandes villes.

Ouvert tard le soir
Restaurant servant tous les plats de la carte après 22 h.

Menu à prix fixe
Menu à prix fixe d'un bon rapport qualité-prix à midi, le soir ou les deux, généralement composé de trois plats.

Bonne carte des vins
Indique un vaste choix de bons vins, ou une sélection plus spécialisée de vins.

	Cartes de crédit	Ouvert à midi	Ouvert tard le soir	Menu à prix fixe	Bonne carte des vins
Howth : *Abbey Tavern* £££ Abbey St. *01 8390307.* Taverne du XVIe siècle donnant sur Howth Harbour. Spécialités de fruits de mer. Sa musique irlandaise est une institution. Réserver. V	MC V AE DC	●		●	■
Howth : *King Sitric Fish Restaurant* ££££ East Pier. *01 8325235.* Crabe et homard de Howth en vedette dans ce restaurant élégant. En été, un bistrot de fruits de mer sert à déjeuner. Réserver le soir.	MC V AE DC	●	■	●	■
Malahide : *Eastern Tandoori* £££ 1 New St. *01 8454154.* Authenthique cuisine et décoration indiennes dans ce restaurant près de la marina. Plats pour tous les goûts.	MC V AE DC		■	●	■
Malahide : *Roches Bistro* £££ 12 New St. *01 8452777.* Ce charmant bistrot propose toujours des nouveautés. L'influence française inspire le soufflé de crabe à la crème. V	MC V AE DC	●	■	●	■
LE SUD-EST DE L'IRLANDE					
Ballyhack : *Neptune Bistro Restaurant* £££ Ballyhack Harbour. **Carte routière** D5. *051 389284.* Situé près de Ballyhack Castle, ce bistrot est spécialisé dans les fruits de mer frais, comme le colin poché à la sauce au homard. V	MC V AE DC			●	■
Cappoquin : *Richmond House* ££££ Cappoquin. **Carte routière** C5. *058 54278.* Cette maison campagnarde du XVIIIe siècle sur les rives de la Blackwater sert une cuisine française, du saumon et des truites. V	MC V			●	■
Carlow : *The Beams Restaurant* £££ 59 Dublin St. **Carte routière** D4. *0503 31824.* Établissement familial orné de poutres apparentes et d'un four ancien. Goûtez le saumon sauvage de l'Atlantique à la sauce au vin blanc et le vaste choix de fromages irlandais. V	MC V		■	●	■
Dungarvan : *Merry's* £££ Main St. **Carte routière** C5. *058 41974.* Dans une jolie boutique de marchand de vin du XIXe siècle, Merry's propose des fruits de mer, ainsi que du gibier en saison. V	MC V DC	●		●	■
Ferrycarrig Bridge : *Conservatory Restaurant* ££££ Ferrycarrig Hotel. **Carte routière** D5. *053 22999.* L'une des meilleures tables du comté de Wexford. Ambiance décontractée, salle donnant sur l'estuaire de la Slaney. Réserver. V	MC V AE DC	●		●	■
Gorey : *Marlfield House* ££££ Courtown Rd. **Carte routière** D4. *055 21124.* Cette demeure de style Régence abrite l'un des meilleurs restaurants du Sud-Est. Cuisine à base de légumes biologiques. V	MC V DC	●		●	■
Kildare : *Silken Thomas* £££ The Square. **Carte routière** D4. *045 22232.* Près du donjon du château normand, dans le centre-ville, ce restaurant propose notamment du bœuf stroganov et du steak gaélique. V	MC V AE	●			■
Kilkenny : *Kilkenny Design Centre Restaurant* £ Castle Yard. **Carte routière** C4. *056 22118.* Self-service clair, avec des ragoûts faits maison et d'autres plats chauds, ainsi que des salades, quiches, soupes et pâtés. V	MC V AE DC	●			

KILKENNY : *Edward Langton Restaurant and Bar* 69 John St. **Carte routière** C4. ☎ *056 65133.* Chez Langton, chacune des nombreuses petites pièces a sa décoration propre. Délicieuses moules farcies. ♿ 🚸 V	££££	MC V DC	●		●	■
LEIGHLINBRIDGE : *Lord Bagenal Inn* Main St. **Carte routière** D4. ☎ *0503 21668.* Ce restaurant au bord de l'eau a un charme suranné. Carte des vins primée. Saumon irlandais sauvage et gibier en saison. 🚸 🚭 V	£££	MC V DC	●	■	●	■
LISMORE : *Eamonn's Place* Main St. **Carte routière** C5. ☎ *058 54025.* En été, les repas sont servis dehors, sur la terrasse aux murs de pierre, et en hiver, un feu de tourbe ajoute à l'ambiance en salle. ♿ 🚸 V	£		●		●	■
NAAS : *Manor Inn* Main St. **Carte routière** D4. ☎ *045 97471.* Le rendez-vous des parieurs fréquentant le champ de courses de Curragh, non loin de là. Poissons, steaks, pâtes et grillades. ♿ 🚸 V	££	MC V AE DC	●	■		■
RATHNEW : *Hunter's Hotel* Rathnew. **Carte routière** D4. ☎ *0404 40106.* Restaurant d'hôtel accueillant et agréable, attirant des clients de Dublin et des environs. Délicieux plats de viande et de poisson. ♿ 🚸	£££	MC V AE DC	●		●	■
ROSSLARE : *The Lobster Pot* Carne. **Carte routière** D5. ☎ *053 31110.* Homards et huîtres viennent directement du réservoir d'eau de mer de ce pub et restaurant traditionnel, près du port de Rosslare. 🚸 V	£££	MC V AE	●			■
THOMASTOWN : *The Loft* Mount Juliet Estate. **Carte routière** D5. ☎ *056 24455.* Cuisine traditionnelle irlandaise, comme l'Irish stew et le chou au bacon, dans ce restaurant informel. Plat du jour. ♿ 🚸 🚭 V	£££	MC V AE DC	●		●	■
THOMASTOWN : *Lady Helen McCalmont Room* Mount Juliet Estate. **Carte routière** D5. ☎ *056 24455.* Aussi élégante que le cadre, la carte propose du blanc de poulet farci au fenouil à la sauce tomate pimentée. Réserver. ♿ 🚸 🚭 V	££££	MC V AE DC			●	■
WATERFORD : *The Munster Bar* Bailey's New St. **Carte routière** D5. ☎ *051 74656.* L'une des spécialités du Munster, très appréciée ici, est le « blaa » (viande, oignons, tomate et laitue sur un petit pain), qui ne se trouve qu'à Waterford City. D'autres plats traditionnels figurent sur la carte. ♿ 🚸 V	£	MC V DC	●			■
WATERFORD : *The Olde Stand Pub and Restaurant* 45 Michael St. **Carte routière** D5. ☎ *051 79488.* À l'étage, un feu dans la cheminée ajoute à l'ambiance de ce restaurant de style victorien. Des plats moins sophistiqués sont servis au rez-de-chaussée. Sautez le dessert et dégustez l'un de leurs délicieux cafés. ♿ 🚸 🚭 V	££	MC V	●		●	■
WATERFORD : *Prendiville's Restaurant* Cork Rd. **Carte routière** D5. ☎ *051 78851.* Le chef, Paula Prendiville, a parachevé ses créations culinaires dans ce restaurant clair, proche de la cristallerie de Waterford. ♿ 🚭 V	£££	MC V AE DC	●		●	■
WATERFORD : *Waterford Castle Hotel* The Island, Ballinakill. **Carte routière** D5. ☎ *051 78203.* Un petit bac pour voitures dessert Waterford Castle, situé sur une île de l'estuaire de la Suir. Somptueuse salle à manger ornée de boiseries, spécialités de poissons et de fruits de mer. ♿ 🚸 🚭 V	££££	MC V AE DC	●		●	■
WEXFORD : *The Granary* Westgate. **Carte routière** D5. ☎ *053 23935.* Cet ancien entrepôt à grain est spécialisé dans les fruits de mer comme les moules de Wexford et les coquilles Saint-Jacques de Kilmore. 🚸 🚭 V	£££	MC V AE DC			●	■
WICKLOW : *The Old Rectory* Wicklow. **Carte routière** D4. ☎ *0404 67048.* Dans la jolie salle à manger, on déguste une cuisine haut de gamme à base d'aliments complets, de légumes biologiques, de fleurs comestibles, de viandes et de fruits de mer de la région. Réserver. 🚸 🚭 V	££££	MC V AE			●	■

Légende des symboles, voir rabat de couverture

Prix moyen par personne pour un repas de trois plats accompagné d'une demi-bouteille de cuvée du patron, couvert et service compris
- £ moins de 10 IR£
- ££ de 10 à 15 IR£
- £££ de 15 à 25 IR£
- ££££ de 25 à 50 IR£

OUVERT À MIDI
Beaucoup de restaurants n'ouvrent que le soir, sauf souvent ceux des pubs ou des grandes villes.

OUVERT TARD LE SOIR
Restaurant servant tous les plats de la carte après 22 h.

MENU À PRIX FIXE
Menu à prix fixe d'un bon rapport qualité-prix à midi, le soir ou les deux, généralement composé de trois plats.

BONNE CARTE DES VINS
Indique un vaste choix de bons vins, ou une sélection plus spécialisée de vins.

LE CORK ET LE KERRY

	Prix	Cartes de crédit	Ouvert à midi	Ouvert tard le soir	Menu à prix fixe	Bonne carte des vins
BALLYFERRITER : *Tig an Tobair* Ballyferriter. **Carte routière** A5. *066 56404.* Un puits couvert orne le centre du petit restaurant « House of the Well ». Le chef cuisine toujours des poissons de la région. V	£££	MC V	●			■
BALLYLICKEY : *Sea View House Hotel* Bantry Bay. **Carte routière** B6. *027 50073.* La cuisine de ce charmant restaurant primé fait la part belle au poisson frais de Bantry Bay et aux viandes et produits du terroir. V	£££	MC V AE			●	■
BANTRY : *O'Connor's Seafood Restaurant* The Square. **Carte routière** B6. *027 50221.* Les célèbres moules de Bantry Bay sont à l'honneur dans ce restaurant réputé. Agneau des montagnes et délicieux steaks. V	£££	MC V	●			■
BLARNEY : *Phelan's Woodview House* Tweedmount. **Carte routière** B5. *021 385197.* Ce restaurant attire des clients de Cork, non loin de là. Ne manquez pas de goûter aux fruits de mer chauds du chef, Billy Phelan. V	£££	MC V		■	●	■
CASTLETOWNSHEND : *Mary Ann's* Skibbereen. **Carte routière** B6. *028 36146.* Ce bar ouvert voilà 150 ans est spécialisé dans les fruits de mer. Découvrez la sole farcie au hachis de poisson et nappée de sauce. V	£££	MC V	●		●	■
CORK : *Beecher's Inn* Faulkner's Lane. **Carte routière** C5. *021 273144.* Un peu difficile à trouver, dans une ruelle entre St Patrick's Street et Emmet Place. La cuisine vous dédommagera de vos efforts. V	£	MC V AE DC	●			
CORK : *Arbutus Lodge Hotel Gallery Bar* Montenotte. **Carte routière** C5. *021 501237.* Au déjeuner, ce bar informel offre l'un des meilleurs rapports qualité-prix de Cork. Plus cérémonieux, le restaurant sert des dîners gastronomiques, mêlant cuisines irlandaise, française et internationale. V	££	MC V AE DC	●	■		■
CORK : *Isaac's Restaurant* 48 MacCurtain St. **Carte routière** C5. *021 503805.* La carte de cet ancien entrepôt est très riche. Essayez les tagliatelles à la sauce au poivron rouge, avec fromage blanc et bacon fumé. V	£££	MC V AE DC	●	■		■
CORK : *Clifford's* 18 Dyke Parade. **Carte routière** C5. *021 275333.* Le chef, Michael Clifford, change sa carte tous les mois. Dégustez les queues de lotte en papillote au gingembre et aux petits oignons.	££££	MC V DC	●	■	●	■
DINGLE : *Beginish* Green St. **Carte routière** A5. *066 51588.* Cet établissement primé sert des plats comme le blanc de canard à la sauce au miel et à la moutarde. Service efficace et aimable. V	£££	MC V AE DC	●			■
DINGLE : *Half Door Restaurant* 3 John St. **Carte routière** A5. *066 51600.* L'alliage de pierres et de bois clair crée une ambiance très agréable. Menu en fonction du marché. V	£££	MC V AE DC	●			■
DURRUS : *Blair's Cove House Restaurant* Blair's Cove. **Carte routière** B6. *027 61127.* Ce restaurant romantique blotti sur les rives de Dunmanus Bay propose une carte des vins et un plateau de fromages exceptionnels. V	££££	MC V AE DC			●	■

KANTURK : *Assolas Country House* Kanturk. **Carte routière** B5. *029 50015.* Le savoir-faire culinaire de Hazel Bourke et la fraîcheur de ses produits ont valu à cette ravissante demeure du XVIIe siècle une renommée internationale. Choisissez sur le menu de saison ou un plat du jour.	££££	MC V AE			●	■
KENMARE : *The Purple Heather* Henry St. **Carte routière** B5. *064 41016.* Ce pub et restaurant du centre-ville sert une cuisine savoureuse et copieuse, comme la terrine de foie de poulet à la sauce Cumberland.	£		●			
KENMARE : *Lime Tree Restaurant* Shelbourne St. **Carte routière** B5. *064 41225.* Situé dans une jolie école édifiée vers 1830, le Lime Tree propose une grande diversité de plats. Essayez les potato cakes au chèvre.	£££	MC V			●	■
KENMARE : *Packie's Food and Wine* Henry St. **Carte routière** B5. *064 41508.* Menu éclectique, où la cuisine d'inspiration californienne ou méditerranéenne côtoie des plats irlandais traditionnels, comme le ragoût de bœuf à la Guinness et aux champignons.	£££	MC V				■
KILLARNEY : *Dingle's Restaurant* 40 New St. **Carte routière** B5. *064 31079.* Décoration accueillante, avec feu dans la cheminée, lambris de bois et de cuir et pierres apparentes. La spécialité du restaurant est l'Irish stew. Ragoût de légumes mémorable.	£££	MC V AE DC		■		■
KILLARNEY : *Gaby's* High St. **Carte routière** B5. *064 32519.* Le meilleur restaurant de fruits de mer de la ville, décoré de souvenirs maritimes. Spécialités : homard, coquillages, huîtres et saumon de l'Atlantique. Menu à prix fixe au déjeuner.	££££	MC V AE DC	●	■	●	■
KILLARNEY : *The Strawberry Tree* 24 Plunkett St. **Carte routière** B5. *064 32688.* Le cuisinier n'utilise que des produits non chimiques. Délicieux saumon sauvage de l'Atlantique à la sauce à l'oseille.	££££	MC V AE DC				■
KILLORGLIN : *Nick's Restaurant* Lower Bridge St. **Carte routière** A5. *066 61219.* Nick Foley, le cuisinier, est un ancien boucher, ce qui explique la qualité exceptionnelle de la viande. Les fruits de mer sont eux aussi hors pair. Feu dans la cheminée. Un pianiste y joue régulièrement.	£££	MC V AE DC	●		●	■
KINSALE : *The Blue Haven* 3-4 Pearse St. **Carte routière** B6. *021 772209.* Restaurant familial agréable, le Blue Haven propose une grande variété de plats, pour une collation ou un repas copieux. Excellente sélection de fromages fermiers.	£££	MC V AE DC	●	■		■
KINSALE : *Max's Wine Bar* Main St. **Carte routière** B6. *021 772443.* Depuis plus de 20 ans, Max occupe le devant de la scène des restaurants gastronomiques de Kinsale. Parmi les spécialités, citons le gigot d'agneau à la sauce au vin rouge et au romarin.	£££	MC V	●	■	●	■
KINSALE : *Man Friday* Scilly. **Carte routière** B6. *021 772260.* Donnant sur Kinsale Harbour, ce restaurant a remporté quantité de prix bien mérités. Laissez-vous tenter par la sole noire farcie aux fruits de mer ou l'agneau rôti à la sauce au romarin et à la menthe.	££££	MC V AE DC	●	■		■
LEAP : *Friskey's Restaurant* The Leap Inn. **Carte routière** B6. *028 33307.* Des plats traditionnels irlandais (Irish stew, chou au bacon, poulet farci rôti) figurent aux menus de midi de cette ravissante auberge. Également spécialité de fruits de mer de la région.	£££	MC V	●		●	■
MALLOW : *Presidents' Restaurant* Longueville House. **Carte routière** B5. *022 47156.* Des portraits de présidents irlandais ornent les murs de cette demeure georgienne. Excellent vin blanc des vignobles du restaurant.	££££	MC V AE DC	●		●	■

Légende des symboles, voir rabat de couverture

Prix moyen par personne pour un repas de trois plats accompagné d'une demi-bouteille de cuvée du patron, couvert et service compris
£ moins de 10 IR£
££ de 10 à 15 IR£
£££ de 15 à 25 IR£
££££ de 25 à 50 IR£

Ouvert à midi
Beaucoup de restaurants n'ouvrent que le soir, sauf souvent ceux des pubs ou des grandes villes.

Ouvert tard le soir
Restaurant servant tous les plats de la carte après 22 h.

Menu à prix fixe
Menu à prix fixe d'un bon rapport qualité-prix à midi, le soir ou les deux, généralement composé de trois plats.

Bonne carte des vins
Indique un vaste choix de bons vins, ou une sélection plus spécialisée de vins.

	Cartes de crédit	Ouvert à midi	Ouvert tard le soir	Menu à prix fixe	Bonne carte des vins
Parknasilla : *Pygmalion Restaurant* ££££ Great Southern Hotel. **Carte routière** A6. *064 45122.* Ce restaurant au cadre élégant et au service raffiné, donnant sur Kenmare Bay dans le Ring of Kerry, sert une cuisine gastronomique.	MC V AE DC			●	■
Shanagarry : *Ballymaloe House* ££££ Shanagarry, Midleton. **Carte routière** C6. *021 652531.* Renommé pour sa cuisine irlandaise et française, le restaurant a sa propre ferme fournissant légumes et viande ; fruits de mer.	MC V AE DC	●		●	■
Youghal : *Aherne's Seafood Restaurant* ££££ 163 North Main St. **Carte routière** C5. *024 92424.* La soupe de fruits de mer de David Fitzgibbon, le chef, est un régal. Quant à la somptueuse assiette de six poissons et quatre crustacés, elle a remporté le prestigieux Seafood Dish of the Year Award.	MC V AE DC	●		●	■
LE BAS SHANNON					
Adare : *The Inn-Between* £££ Dunraven Arms Hotel, Main St. **Carte routière** B5. *061 396633.* Ce cottage au toit de chaume abrite un restaurant charmant. Service informel, atmosphère douillette. À midi, soupes et soda bread.	MC V AE	●		●	■
Adare : *The Mustard Seed at Echo Lodge* ££££ Ballingarry. **Carte routière** B5. *069 68508.* En quittant Adare pour s'installer dans une maison campagnarde, le cadre du restaurant a changé, mais pas la qualité de sa cuisine. Plats de saison préparés avec des produits de première fraîcheur.	MC V AE DC			●	■
Bunratty : *MacCloskey's* ££££ Bunratty House Mews. **Carte routière** B4. *061 364082.* Le sous-sol de cette maison de 1846 recèle la cuisine d'origine, les quartiers du personnel et la cave de l'une des meilleures tables.	MC V DC			●	■
Cahir : *Malone's* ££ The Galtee Inn, The Square. **Carte routière** C5. *052 41247.* Au menu de ce restaurant familial, une excellente viande de bœuf en sauce, des rôtis, des fruits de mer, ainsi que des plats légers.	MC V	●	■		■
Cashel : *Chez Hans* ££££ Rockside. **Carte routière** C5. *062 61177.* Blotti au pied du Rock of Cashel, Chez Hans est installé dans une ancienne chapelle wesleyenne. Depuis des années, Hans-Peter Matthiä crée de délicieuses variantes de plats traditionnels.	MC V				■
Clonmel : *Michael's* £££ Clonmel Arms Hotel, Sarsfield St. **Carte routière** C5. *052 21233.* La salle à manger de l'hôtel, spacieuse et claire, est décorée de couleurs vives, de beaucoup de cuivres et d'œuvres d'art intéressantes. La carte, d'inspiration européenne, change au gré des saisons.	MC V AE DC	●	■	●	■
Doolin : *Bruach na hAille* £££ Roadford. **Carte routière** B4. *065 74120.* Ce joli restaurant décoré comme un cottage (son nom signifie « bords de rivière ») accommode des produits locaux de manière inattendue, comme les filets de sole au cidre avec des crustacés en sauce.	MC V AE			●	■
Ennis : *Cruise's Pub and Restaurant* ££ Abbey St. **Carte routière** B4. *065 41800.* Le plafond bas orné de poutres de cette maison du XVIIe siècle et le feu dans la cheminée qui y crépite en hiver confèrent au lieu une ambiance chaleureuse. Musique traditionnelle plusieurs soirs par semaine.	MC V AE	●		●	■

LIMERICK : *Bridges Restaurant* £££
Jury's Hotel, Ennis Rd. **Carte routière** B4. ☎ *061 327777.*
Ce restaurant d'hôtel de Limerick est ouvert sans interruption, ce qui est bon à savoir. En-cas légers et plats copieux. Le Copper Room, plus formel, sert des plats gastronomiques et traditionnels irlandais. ♿ 🚸 V
MC V AE DC — ● ■ ● ■

LIMERICK : *The Silver Plate* £££
74 O'Connell St. **Carte routière** B4. ☎ *061 316311.*
L'accent est mis sur la fraîcheur dans cette maison georgienne du centre-ville, où l'on choisit homards et huîtres dans un réservoir. 🚭 V
MC V AE DC — – ■ – ■

NENAGH : *Gurthalougha House* ££££
Ballinderry. **Carte routière** C4. ☎ *067 22080.*
Éclairé aux chandelles, ce restaurant, que vous atteindrez par la terre ou l'eau, donne sur un lac. Au menu, produits cultivés maison. 🚭
MC V AE DC — – – ● ■

NEWMARKET-ON-FERGUS : *Earl of Thomond Room* ££££
Dromoland Castle. **Carte routière** B4. ☎ *061 368144.*
Dans un cadre élégant, un harpiste joue de la musique traditionnelle le soir. Le menu « Taste of Ireland » ne compte pas moins de six plats. Goûtez le brown bread soufflé et les crémeux raviolis à l'agneau. 🚭 V
MC V AE DC — ● – ● ■

L'OUEST DE L'IRLANDE

ACHILL ISLAND : *The Boley House Restaurant* £££
Keel. **Carte routière** A3. ☎ *098 43147.*
Tom McNamara n'utilise que des produits de première fraîcheur et des fruits de mer locaux. Essayez le caneton fermier rôti. ♿ 🚭 V
MC V — – – ● ■

ARAN ISLANDS : *Dún Aonghasa Restaurant* £££
Kilronan, Inishmore. **Carte routière** B4. ☎ *099 61104.*
Pour ce restaurant donnant sur le port, Grace Flaherty a composé une carte de poissons de Galway Bay, dans un décor de pierres, de bois et de feu dans l'âtre. Soupe de fruits de mer et requin grillé. ♿ 🚸 🚭 V
MC V — ● ■ ● ■

BARNA : *Donnelly's Seafood Restaurant and Bar* £££
Seapoint. **Carte routière** B4. ☎ *091 592487.*
Les fruits de mer sont la spécialité de ce restaurant rustique. Parmi les plats sans poisson, citons le suprême de poulet à la gaélique. 🚸 🚭 V
MC V AE DC — ● – ● ■

CLARINBRIDGE : *Moran's Oyster Cottage* ££
The Weir. **Carte routière** B4. ☎ *091 96113.*
Connu sous le nom de « Moran's of the Weir », ce restaurant installé dans une chaumière ouverte voilà deux siècles est apprécié des résidents et des célébrités, surtout durant le festival de l'huître. 🚸
MC V AE — ● ■ – ■

CLIFDEN : *O'Grady's Seafood Restaurant* ££££
Market St. **Carte routière** A3. ☎ *095 21450.*
O'Grady, chef renommé, prépare de délicieux plats de poisson, comme le filet de morue nappé d'une sauce au calvados, et végétariens, comme le feuilleté à la mousse d'avocat au bleu. V
MC V AE — ● – ● ■

CLIFDEN : *Rock Glen Restaurant* ££££
Rock Glen Manor House. **Carte routière** A3. ☎ *095 21035.*
Cet ancien pavillon de chasse abrite un excellent restaurant, à la cuisine délicieuse et au service aimable. ♿ 🚸 🚭 V
MC V AE DC — – – ● ■

CONG : *Connaught Room* ££££
Ashford Castle. **Carte routière** B3. ☎ *092 46003.*
Seuls les meilleurs ingrédients locaux entrent dans les plats servis dans cette salle à manger décorée de boiseries. Gigot d'agneau du Connemara et filet de turbot aux coquilles Saint-Jacques. ♿ 🚭 V
MC V AE DC — ● ■ ● ■

GALWAY : *Eyre House and Park* £££
Forster St, Eyre Sq. **Carte routière** B4. ☎ *091 64924.*
Élégant restaurant offrant un bon rapport qualité-prix et un vaste choix : truite de mer grillée, gigot d'agneau glacé au miel et autres plats irlandais préparés avec des ingrédients locaux. ♿ 🚭 V
MC V DC — ● – ● ■

GALWAY : *Hooker Jimmy's Steak and Seafood Bar* £££
The Fishmarket, Spanish Arch. **Carte routière** B4. ☎ *091 68351.*
Par beau temps, l'établissement sert à manger à l'extérieur. Au menu, saumon de Galway et crustacés pêchés par le bateau du bar. ♿ 🚸 🚭 V
MC V AE DC — ● ■ – ■

Légende des symboles, voir rabat de couverture

Prix moyen par personne pour un repas de trois plats accompagné d'une demi-bouteille de cuvée du patron, couvert et service compris
£ moins de 10 IR£
££ de 10 à 15 IR£
£££ de 15 à 25 IR£
££££ de 25 à 50 IR£

Ouvert à midi
Beaucoup de restaurants n'ouvrent que le soir, sauf souvent ceux des pubs ou des grandes villes.

Ouvert tard le soir
Restaurant servant tous les plats de la carte après 22 h.

Menu à prix fixe
Menu à prix fixe d'un bon rapport qualité-prix à midi, le soir ou les deux, généralement composé de trois plats.

Bonne carte des vins
Indique un vaste choix de bons vins, ou une sélection plus spécialisée de vins.

Restaurant	Prix	Cartes de crédit	Ouvert à midi	Ouvert tard le soir	Menu à prix fixe	Bonne carte des vins
Galway : *Rabbitt's Bar and Restaurant* 23-25 Forster St, Eyre Sq. **Carte routière** B4. 091 66490. Ce charmant bar-restaurant de 1872 propose un menu aussi traditionnel que son décor. L'Irish stew à l'agneau est délicieux.	£££	MC V DC	●			■
Moycullen : *Drimcong House* Moycullen. **Carte routière** B4. 091 85115. Restaurant de grande classe, dans une demeure du XVIIe siècle au bord d'un lac. Carte hebdomadaire et copieux menu végétarien.	£££	MC V AE DC		■	●	■
Roscommon : *Abbey Hotel* Galway Rd. **Carte routière** C3. 0903 26250. Le soir, ce manoir à tourelles du XVIIIe siècle propose des menus avec divers steaks, truite de mer grillée et plats de poisson.	£££	MC V AE DC	●		●	■
Westport : *The Asgard Tavern and Restaurant* The Quay. **Carte routière** B3. 098 25319. Bar animé servant à midi une cuisine primée. Sur la carte du soir, délicieuse soupe de fruits de mer et steak à l'ail.	£££	MC V AE	●		●	■
Le nord-ouest de l'Irlande						
Ballyshannon : *Sweeney's White Horse Bar* Assaroe Rd. **Carte routière** C2. 072 51452. Le bar propose un bon menu dans une ambiance agréable. Tous les vendredis soir, musique traditionnelle au Cellar Bar.	£		●	■	●	■
Castlebaldwin : *Cromleach Lodge Country House* Ballindoon, Boyle. **Carte routière** C3. 071 65155. Cuisine haut de gamme dans cette maison campagnarde perchée sur une colline. Vue sur le Lough Arrow et les Bricklieve Mountains.	££££	MC V AE DC			●	■
Collooney : *Glebe House Restaurant* Collooney. **Carte routière** C2. 071 67787. Demeure georgienne où produits biologiques, poissons et viandes de la région sont cuisinés avec invention. Service aimable.	£££	MC V AE			●	■
Inishowen Peninsula : *Bree Inn* Malin Head. **Carte routière** C1. 077 70161. Blottie à la pointe nord de l'Irlande, cette auberge campagnarde sert sans discontinuer. Très prisée par les habitants.	£		●	■		
Inishowen Peninsula : *Restaurant St John's* Fahan. **Carte routière** C1. 077 60289. Établissement pittoresque sur les rives du Lough Swil, proposant des menus à cinq ou six plats. Excellents plats de poisson.	£££	MC V DC			●	■
Killybegs : *Sail Inn* Main St. **Carte routière** C2. 073 31130. Cette auberge traditionnelle sert toute la journée. Bon rapport qualité-prix. Le restaurant propose du poisson frais.	£££	MC V	●			■
Letterkenny : *Carolina House Restaurant* Milford Rd. **Carte routière** C1. 074 22480. Le chef, Mary Prendergast, estime qu'un poisson doit nager trois fois : dans l'eau, dans le beurre et dans le vin, ce qui se traduit par une cuisine succulente. Légumes et fines herbes du jardin.	£££	MC V AE DC				■
Rathmullan : *Pavilion Restaurant* Rathmullan Country House. **Carte routière** C1. 074 58188. Le Pavilion sert une cuisine gastronomique dans un décor de verre. Savourez le dessert de carragheen (algue) à la compote de fruits.	££££	MC V AE DC			●	■

Restaurant	Prix	Cartes				
SLIGO : *Gulliver's Restaurant* 24 Grattan St. **Carte routière** C2. *071 42030.* Décoration placée sous le signe de la mer. Au menu : hamburgers, salades et sandwiches. Viandes de qualité et poisson frais. V	££	MC V AE DC	●	■		■
SLIGO : *Truffles Restaurant* 11 The Mall. **Carte routière** C2. *071 44226.* Décoration baroque en trompe-l'œil et feu de tourbe traditionnel. La carte de pizzas New Age a des parfums de Méditerranée, avec des influences californienne et mexicaine. V	££			■		■
TOBERCURRY : *Killoran's Traditional Restaurant* Teeling St. **Carte routière** B3. *071 85111.* Plats traditionnels : Irish stew, boxty (crêpes de pommes de terre) et crubeens (pieds de porc marinés). Service continu. V	££	MC V AE DC	●		●	■

LE CENTRE

Restaurant	Prix	Cartes				
ARDEE : *The Gables* Dundalk Rd. **Carte routière** D3. *041 53789.* Cuisine à base de produits locaux de première fraîcheur. Inspiration résolument française. Goûtez un classique, les escargots à l'ail. V	£££	MC V AE DC			●	■
ATHLONE : *L'Escale Restaurant* The Hodson Bay Hotel. **Carte routière** C3. *0902 92444.* Mélange des cuisines française et irlandaise. Dégustez les langoustines à l'échalote, aux champignons et à la tomate flambées au whisky. V	££££	MC V AE DC	●		●	■
BUTLER'S BRIDGE : *Derragarra Inn* Butler's Bridge. **Carte routière** C3. *049 31003.* Près de l'Annalea, une chaumière décorée avec des reliques de l'Irlande rurale d'antan. Repas servis au bar toute la journée. V	££	MC V	●			■
CARLINGFORD : *Jordan's Town House Restaurant* Newry St. **Carte routière** D3. *042 73223.* Cet ancien entrepôt du XIXe siècle qui donne sur le port sert une succulente cuisine à base d'ingrédients biologiques. V	£££	MC V AE			●	■
CARRICKMACROSS : *Nuremore Hotel* Carrickmacross. **Carte routière** D3. *042 61438.* Ce magnifique restaurant propose une carte originale inspirée des cuisines française et irlandaise, dans un cadre paisible. V	££££	MC V AE DC	●		●	■
DUNDALK : *Quaglino's Restaurant* 88 Clanbrassil St. **Carte routière** D3. *042 38567.* Restaurant clair du centre-ville servant des plats succulents, présentés sur un menu en quatre langues. V	£££	MC V AE DC		■	●	■
KELLS : *Monaghan's* Kells. **Carte routière** D3. *046 40100.* Restaurant familial peu onéreux. Seules des viandes de la région, sans hormones, sont utilisées. Enfants acceptés jusqu'à 21 h. V	£	MC V	●			
MONAGHAN : *Andy's Restaurant* Market St. **Carte routière** D2. *047 82277.* Cet établissement du centre-ville se trouve au-dessus d'un pub réputé. Au menu, signalons le steak d'aloyau à la sauce au whisky et à la bière, et une demi-douzaine de plats végétariens. V	£££	MC V		■	●	■
MOUNTRATH : *Roundwood House* Mountrath. **Carte routière** C4. *0502 32120.* Dans cette demeure palladienne, le menu se compose de quatre plats différents tous les jours. Bons déjeuners dominicaux. Réserver. V	£££	MC V AE DC			●	■
MULLINGAR : *Crookedwood House* Crookedwood. **Carte routière** C3. *044 72165.* La carte de ce restaurant ouvert voilà deux siècles change au gré des saisons. En été, goûtez le saumon de la Moy sauce hollandaise. V	£££	MC V AE DC			●	■
TULLAMORE : *Moorhill Country House* Clara Rd. **Carte routière** C4. *0506 21395.* Dans cette ancienne étable, murs de pierre, poutres et feux créent un cadre accueillant. Cuisine traditionnelle mais inventive. V	£££	MC V AE			●	■

Légende des symboles, voir rabat de couverture

Prix moyen par personne pour un repas de trois plats accompagné d'une demi-bouteille de cuvée du patron, couvert et service compris
Ⓕ moins de 10 IR£
ⒻⒻ de 10 à 15 IR£
ⒻⒻⒻ de 15 à 25 IR£
ⒻⒻⒻⒻ de 25 à 50 IR£

Ouvert à midi
Beaucoup de restaurants n'ouvrent que le soir, sauf souvent ceux des pubs ou des grandes villes.

Ouvert tard le soir
Restaurant servant tous les plats de la carte après 22 h.

Menu à prix fixe
Menu à prix fixe d'un bon rapport qualité-prix à midi, le soir ou les deux, généralement composé de trois plats.

Bonne carte des vins
Indique un vaste choix de bons vins, ou une sélection plus spécialisée de vins.

L'Irlande du Nord

Armagh : *Pilgrim's Table* — Ⓕ
38-40 English St. **Carte routière** D2. *01861 527808.*
Bonne cuisine familiale préparée avec d'excellents produits locaux. Délicieux plats simples, copieux et peu onéreux, surtout les soupes (pommes de terre et poireau, ou poulet et bacon).

Ballycastle : *Wysner's Restaurant* — ⒻⒻⒻ
16 Anne St. **Carte routière** D1. *01265 762372.*
Excellents plats de poisson et de viande. Au rez-de-chaussée, ambiance de café français. À l'étage, restaurant plus cher : le Bushmills Malt cheesecake y est un véritable régal.

Belfast : *Crown Liquor Saloon* — Ⓕ
46 Great Victoria St. **Carte routière** D2. *01232 249476.*
Dans le centre-ville, ce bar au décor victorien douillet propose de l'Irish stew ou du champ – spécialité locale à base de pommes de terre, de petits oignons et de beurre.

Belfast : *Duke of York* — Ⓕ
11 Commercial Court. **Carte routière** D2. *01232 241062.*
Ce restaurant près de St Anne's Cathedral sert une cuisine de pub typique, et des chilis, steaks et lasagnes, à des prix très raisonnables. Décoration irlandaise, agrémentée de souvenirs de Belfast.

Belfast : *Pierre Victoire* — ⒻⒻ
30 University Rd. **Carte routière** D2. *01232 315151.*
Vous reconnaîtrez ce restaurant français à la bicyclette qui surmonte la porte. La carte change tous les jours, et les portions ne sont pas trop copieuses. La soupe à l'oignon vaut le déplacement.

Belfast : *Malone House* — ⒻⒻⒻ
Barnett Demesne. **Carte routière** D2. *01232 681246.*
Clare Connery, l'un des plus grands chefs d'Irlande du Nord, n'utilise que les meilleurs produits de l'Ulster pour ses cuisines traditionnelle et moderne. Le plat du jour est souvent végétarien.

Belfast : *Nick's Warehouse* — ⒻⒻⒻ
35-39 Hill St. **Carte routière** D2. *01232 439690.*
Dans une rue pavée du centre de Belfast, cet ancien entrepôt tenu par Nick Price se distingue par son ambiance extraordinaire. La carte présente régulièrement les dernières innovations culinaires du chef.

Belfast : *Antica Roma* — ⒻⒻⒻⒻ
67 Botanic Ave. **Carte routière** D2. *01232 311121.*
Atmosphère romaine et service de grande classe dans ce restaurant italien, qui propose notamment des plats de pâtes originaux, comme les tagliatelles à la sauce à l'agneau. Pianiste.

Belfast : *Roscoff* — ⒻⒻⒻⒻ
7 Lesley House, Shaftesbury Sq. **Carte routière** D2. *01232 331532.*
Une cuisine classique française avec une touche californienne fait du Roscoff un haut lieu de la gastronomie. Produits de première fraîcheur et service impeccable. Dégustez le filet de saumon de Glenarm à la sauce au raifort et à la crème de ciboulette.

Belleek : *Rooney's Bar and Restaurant* — ⒻⒻ
Main St. **Carte routière** C2. *01365 658279.*
Ce pub-restaurant douillet sert de copieuses portions d'une bonne cuisine sans prétention. Au menu, steaks, jambon braisé et gigot d'agneau irlandais, accompagnés de légumes et de pommes de terre.

Restaurant	Cartes de crédit	Ouvert à midi	Ouvert tard le soir	Menu à prix fixe	Bonne carte des vins
Armagh : Pilgrim's Table		●			
Ballycastle : Wysner's Restaurant	MC V	●		●	■
Belfast : Crown Liquor Saloon	MC V DC	●			■
Belfast : Duke of York		●			
Belfast : Pierre Victoire	MC V	●	■	●	■
Belfast : Malone House	MC V DC	●		●	■
Belfast : Nick's Warehouse	MC V AE DC	●		●	■
Belfast : Antica Roma	MC V AE	●	■		■
Belfast : Roscoff	MC V AE DC	●	■	●	■
Belleek : Rooney's Bar and Restaurant	MC V AE	●		●	■

DUNDRUM : *The Buck's Head* £££ — MC V AE
77 Main St. **Carte routière** E2. *01396 751868.*
Une excellente adresse pour déjeuner ou dîner. Feu dans la cheminée, service aimable et accueillant. Jardin d'hiver et terrasse.

DUNGANNON : *Viscount's Great Food Hall* ££ — MC V
10 Northland Row. **Carte routière** D2. *01868 753800.*
Église victorienne transformée en salle de banquet de style médiéval, où l'amusement n'est pas un vain mot. Carte pour tous les appétits. Très familial durant la journée.

ENNISKILLEN : *Tullyhona Farm Restaurant* £
59 Marble Arch Rd, Florencecourt. **Carte routière** C2. *01365 348452.*
Cette ferme près des grottes de Marble Arch propose une cuisine et un service excellents. Produits frais de la ferme. Spécialités de desserts, comme le soufflé au citron et le pavlova aux fruits frais.

ENNISKILLEN : *Franco's Pizzeria* ££ — MC V AE DC
Queen Elizabeth Rd. **Carte routière** C2. *01365 324185.*
Ce restaurant accueillant plein de recoins présente souvent de la musique *live*. La longue carte se compose de plats italiens avec une touche irlandaise. Fruits de mer, tels homard frais et moules.

ENNISKILLEN : *The Sheelin* ££ — MC V AE
Bellanaleck. **Carte routière** C2. *01365 348232.*
Ce cottage au toit de chaume, sur les rives du Lower Lough Erne, est un temple de la gastronomie. Essayez le jambon mariné au miel et aux fruits, suivi d'un cheesecake au Baileys.

HOLYWOOD : *Iona Bistro* ££ — MC V
27 Church Rd. **Carte routière** E2. *01232 425655.*
Les murs crépis et les tables serrées confèrent à ce restaurant tenu par un Hollandais, Bart Brave, une ambiance chaleureuse et accueillante. Menus-surprise de quatre plats. Apportez votre vin.

LONDONDERRY : *The Metro* £
3-4 Bank Pl. **Carte routière** C1. *01504 267401.*
Près des remparts, un bon restaurant prisé des habitants. Soupes et sandwiches, mais aussi ragoût de bœuf à la Guinness.

LONDONDERRY : *Schooners* ££ — MC V
59 Victoria Rd. **Carte routière** C1. *01504 311500.*
Restaurant maritime, donnant sur Lough Foyle. Goûtez au « Captain's Catch » – filet de truite au four, au beurre de noisette. Également proposés, beaucoup de plats sans poisson.

NEWCASTLE : *Pavilion Restaurant* £££ — MC V AE
36 Downs Rd. **Carte routière** E2. *01396 726239.*
L'un des meilleurs restaurants de Newcastle, devant lequel se déroulent des kilomètres de plage de sable. À midi, en-cas au bar en sous-sol, menu plus sophistiqué le soir.

NEWCASTLE : *Percy French* £££ — MC V AE DC
Downs Rd. **Carte routière** E2. *01396 723175.*
Restaurant et bar de style Tudor servant des portions copieuses de « ploughman's cheese and pickle » ou plats à la carte.

PORTBALLINTRAE : *Sweeny's Wine Bar* ££
6b Seaport Ave. **Carte routière** D1. *01265 732404.*
Prix avantageux pour une cuisine imaginative. Installé sur la Causeway Coast, dans une étable aménagée, Sweeny donne sur Portballintrae Harbour.

PORTRUSH : *The Ramore Restaurant* £££ — MC V
The Harbour. **Carte routière** D1. *01265 824313.*
Ce restaurant qui donne sur Portrush Harbour est l'une des meilleures tables d'Irlande du Nord. Excellente présentation. Dégustez le calmar frit avec salade.

STRANGFORD : *The Lobster Pot* £££ — MC V AE DC
The Square. **Carte routière** E2. *01396 881288.*
Seuls les meilleurs produits de la pêche sont servis dans ce restaurant donnant sur Strangford Lough.

Légende des symboles, voir rabat de couverture

Les pubs irlandais

Le pub irlandais typique est réputé pour son ambiance conviviale, ses clients sympathiques, son personnel aimable et le « crack » – c'est ainsi que les Irlandais appellent l'amusement. On y consomme les deux boissons nationales, le whisky et la Guinness. Ses ancêtres sont la taverne médiévale, le relais de poste et le « shebeen », débit de boisson clandestin. Les magnifiques décorations de certains pubs anciens – ornements en acajou, comptoirs en marbre – datent de l'époque victorienne, où les brasseries et les distilleries prospéraient. Les « snugs », sorte de petites alcôves, constituent un autre trait marquant des pubs irlandais. Les établissements traditionnels sont de couleurs vives, coiffés d'un toit de chaume, ou bien noir et blanc, à colombage. À la campagne, certains font également office d'épicerie.

Les bons pubs ne sont pas répartis également : dans le Sud-Est, Kilkenny fait figure de paradis du pub, tandis que le Cork et le Kerry possèdent quelques établissements fort pittoresques. La région du bas Shannon est célèbre par ses pubs animés, surtout dans le comté de Clare, où les séances de musique improvisées sont monnaie courante. L'Ouest recèle une foule de bons pubs, et Galway doit ses nombreux pubs à la venue de touristes et d'étudiants. La liste ci-dessous couvre tout le pays ; pour Dublin, voir p. 104-107.

LE SUD-EST DE L'IRLANDE

Dunmore East : *The Ship Inn*
Carte routière D5. *051 383141.*
Ce pub ancien tapissé de lierre domine le port, loin de la foule des plages. La localité, d'où partent de nombreux ferries, est réputée pour ses fruits de mer. À l'intérieur, décoration de souvenirs martimes. Au bar, sièges en demi-tonneaux. En été, vous mangerez dans le petit jardin. Au menu, sole, turbot et barbue.

Enniscorthy : *The Antique Tavern*
14 Slaney St. **Carte routière** D5.
054 33428.
Charmant pub noir et blanc traditionnel, orné de boiseries. Le bar, sombre et accueillant, est décoré de hampes datant de Vinegar Hill, la bataille décisive du soulèvement de 1798 qui se déroula non loin. Au programme, cuisine de pub et discussions animées. Par beau temps, profitez du balcon.

Enniscorthy : *The Cotton Tree*
Slaney Place. **Carte routière** D5.
054 33179.
C'est un pub courant sans prétention, mais son emplacement vaut le détour - l'établissement est construit à la base d'une ancienne carrière et la roche est visible au fond du bar. Des en-cas sont servis toute la journée. Musique improvisée le soir.

Kilkenny : *Kyteler's Inn*
27 St Kieran's St. **Carte routière** C4.
056 21064.
Par beau temps, on peut s'installer dans la cour de ce relais historique. Service continu. Les repas sont servis dans le restaurant au sous-sol, jusqu'à 21 h 45 (dernières commandes). Dans l'encadrement de la fenêtre, une sorcière rappelle l'histoire de Dame Alice Kyteler. En 1324, Alice et sa servante furent condamnées pour sorcellerie, après que les quatre époux d'Alice furent morts dans des circonstances mystérieuses. Graciée, elle fut à nouveau accusée mais s'enfuit, laissant sa servante périr sur le bûcher.

Kilkenny : *Langton's*
69 John St. **Carte routière** C4.
056 65133.
Édifice noir et blanc. Ambiance édouardienne (la plupart du temps) et élégante décoration de verre de l'arrière-salle. Le pub, bas de plafond, est chaleureux. En-cas de pub, musique et danse trois ou quatre soirs par semaine. Soirée discothèque le mardi.

Kilkenny : *Maggie Holland's*
St Kieran's St. **Carte routière** C4.
056 62273.
Près de la rivière, ce pub sombre mais accueillant présente d'excellents musiciens. La musique traditionnelle du mardi soir attire quantité d'habitants.

Kilkenny : *Marble City Bar*
66 High St. **Carte routière** C4.
056 62091.
Le plus célèbre pub de la localité tire son nom du calcaire local, qui noircit lorsqu'il est poli. L'édifice à quatre étages est doté d'une belle façade datant d'Édouard VII, ornée d'une enseigne éclairée par une jolie lampe à gaz.

Kilkenny : *Tynan's Bridge House Bar*
2 John's Bridge. **Carte routière** C4.
056 21291.
Le pub ancien le plus authentique de Kilkenny. Intérieur chaleureux, éclairé par de ravissantes lampes. Des vestiges de l'épicerie et de la pharmacie d'antan ornent le lieu, tels que balances et tiroirs portant des étiquettes mentionnant diverses variétés de noix et d'épices. Ni repas, ni musique, ni télé : un vrai « bar à palabres ».

Kilmore Quay : *The Wooden House*
Carte routière D5. *053 29804.*
Pub traditionnel au toit de chaume – un peu trop modernisé –, décoré d'objets de marine et de proverbes. La petite terrasse est ornée d'ancres. Cuisine de pub consistante.

Waterford : *T and H Doolin*
George's St. **Carte routière** D5.
051 72764.
Dans la plus jolie rue piétonne se dresse ce pub noir et blanc traditionnel du XVIIIe siècle à l'ambiance chaleureuse, où l'on s'amuse vraiment. Tous les mardis soir, concerts de musique folklorique traditionnelle.

Waterford : *The Reginald Bar*
The Mall. **Carte routière** D5.
051 55087.
Situé à côté de Reginald's Tower, le pub englobe des parties des fortifications de la ville viking et des « sallyports » médiévales (sorties de secours en cas d'attaque) , toujours visibles. Service plutôt bourru, mais le pub propose des en-cas de bar (12 h-19 h 30) et un menu de restaurant (17 h 30-22 h 30). Night-club attenant.

Wexford : *Centenary Stores*
Charlotte St. **Carte routière** D5.
053 24424.
Niché dans un ancien entrepôt, ce pub intime et sombre est le plus charmant de Wexford. Le personnel sympathique et une foule hétéroclite discutent dans ce bar orné de boiseries. Des séances de musique traditionnelle improvisées s'y tiennent fréquemment.

Wexford : *Westgate Tavern*
Westgate. **Carte routière** D5.
053 22086.
Cette taverne en bois, ouverte depuis 1761, borde le chemin conduisant à la célèbre Selskar Abbey et au Westgate Heritage Centre. Des en-cas simples sont servis au bar accueillant. Musique traditionnelle le week-end.

LE CORK ET LE KERRY

Clonakilty : *De Barra's*
Carte routière B6. *023 33381.*
L'un des pubs les plus renommés de la région. Club avec musique folklorique traditionnelle presque tous les soirs. Beaucoup de musiciens viennent du Gaeltacht *(p. 221)*. Bar joliment rénové, avec des emblèmes peints à la main et des récipients à whisky traditionnels. Snacks simples de 11 h 30 à 14 h 30.

Cork : *Chateau Bar*
St Patrick's St. **Carte routière** C5.
021 270370.
En plein centre-ville, l'établissement est installé dans un édifice imposant, qui se trouvait autrefois sur le quai. Ce pub élégant fondé en 1793, au joli intérieur victorien, propose une bonne cuisine de bar.

Cork : *Chimes*
27 Church St. **Carte routière** C5.
021 304136.
Dans le quartier vallonné de Shandon, ce pub convivial et populaire attire une clientèle sympathique et hétéroclite, mêlant retraités, supporters sportifs et étudiants. Certains jours, en-cas de bar ; les jeudi, samedi et dimanche, musique, généralement un accordéoniste ou un clavier.

Cork : *Henchy's*
40 St Luke's Cross. **Carte routière** C5.
021 507833.
Ce pub traditionnel proche du Chimes *(voir ci-dessus)*, qui date de 1884, a conservé son ambiance victorienne, avec un bar en acajou, des décorations de verre peint et un « snug » (ici, salle privée avec une entrée séparée). Dans ce pub longtemps prisé par les poètes, de jeunes talents viennent parfois déclamer leurs vers. Menu de bar proposé à midi.

Cork : *The New Oyster*
Market Lane, près de St Patrick's St.
Carte routière C5. *021 272716.*
Cette taverne du XVIIIe siècle a été modernisée par la nouvelle direction en 1994. Aujourd'hui, bar et restaurant ne sont plus séparés, avec des en-cas de bar servis de 12 h 30 à 14 h, et des repas plus consistants de 18 h à 22 h. Spécialité d'huîtres.

Dingle : *Dick Mack's*
Green St. **Carte routière** A5.
066 51960.
Cet endroit original, à la fois magasin de chaussures et pub, orné des comptoirs d'origine, est fréquenté par les artistes locaux et une faune excentrique. Le soir, les clients s'installent souvent au piano.

Dingle : *Doyle's Townhouse*
John St. **Carte routière** A5.
066 51174.
Bar-restaurant charmant, réputé pour ses délicieux fruits de mer. L'intérieur de pierre, rustique mais chaleureux, offre un cadre agréable où déguster un déjeuner de poissons ou de crustacés.

Dunquin : *Krugers*
Carte routière A5. *066 56127.*
Proche des quais desservant les îles Blasket, ce pub familial réputé est aussi une guesthouse.
L'établissement est décoré avec des souvenirs de famille et des photos de films tournés dans la région, comme *La fille de Ryan.*

Killarney : *Buckley's Bar*
College St. **Carte routière** B5.
064 31037.
Ce bar orné de boiseries en chêne est réputé pour sa musique traditionnelle et ses plats copieux. Le pub fut ouvert en 1926 par Tom Buckley, un émigrant que le mal du pays fit revenir de New York. En-cas de bar servis jusqu'à 21 h.

Killarney : *The Laurels*
Main St. **Carte routière** B5.
064 31149.
Le pub le plus animé de Killarney est fréquenté tant par les jeunes du coin que par les Irlando-Américains, qui aiment y écouter des romances et chanter. Le pub sert d'excellents snacks de bar et propose aussi de vrais repas (steaks, moules, huîtres, poissons), dans un restaurant séparé. Romances tous les soirs à partir de 21 h 15 entre avril et octobre, et plus occasionnellement en hiver.

Killorglin : *The Old Forge*
Carte routière A5. *066 61231.*
Sur le célèbre Ring of Kerry, cette chaumière est délicieusement surannée et authentique.
L'établissement est totalement bondé durant la Puck Fair en août *(p. 47).*

Kinsale : *Kieran's Folk House Inn*
Guardwell. **Carte routière** B6.
021 772382.
Ce petit coin convivial de l'ancien Kinsale attire les visiteurs et les gens de la région, les pêcheurs et les plongeurs. Intérieur chaleureux et accueillant, musiciens le vendredi, le samedi et le dimanche. L'auberge abrite également une guesthouse agréable et un restaurant réputé, Bacchus Brasserie, ouvert à midi et le soir entre avril et octobre.

Kinsale : *The Lord Kingsale*
Main St. **Carte routière** B6.
021 772371.
Pub à l'ancienne avec poutres apparentes, fréquenté par la calme gentry locale. Bien que le pub existe depuis plusieurs siècles, la décoration de l'intérieur est en partie une bonne copie d'ancien. En été, musiciens le week-end.

Kinsale : *The 1601*
Pearse St. **Carte routière** B6.
021 772529.
La décoration du bar est un hommage à la bataille de Kinsale *(p. 164)*, tandis que l'arrière-salle abrite une galerie d'art, présentant des œuvres constamment renouvelées. Les repas du bar (déjeuner et dîner) sont bons et éclectiques, mais le pub est rapidement bondé. Le lundi ou le mardi soir, musique moderne ou traditionnelle au pub.

Kinsale : *The Spaniard Inn*
Scilly. **Carte routière** B6.
021 772436.
Dans un virage en épingle à cheveux au-dessus du village de Scilly, ce pub de pêcheurs populaire semble être un repaire de contrebandiers. Tous les soirs en été, musique traditionnelle dans l'un des bars. On se presse autour de la cheminée le week-end. En-cas simples mais délicieux.

LE BAS SHANNON

Ballyvaughan : *Monk's Pub*
The Pier. **Carte routière** B4.
065 77059.
Ce pub douillet et suranné est situé sur le quai. Meubles rustiques et feu de tourbe. Plats de fruits de mer et tartes faites maison, servis jusqu'à 18 h en hiver et 21 h en été. Musique presque tous les soirs. Téléphoner pour connaître le programme.

Bunratty : *Durty Nelly's*
Carte routière B4. *061 364072.*
Situé près de Bunratty Castle, ce pub très touristique est fréquenté par les habitants et les visiteurs. L'ambiance du XVIIe siècle est encore renforcée par l'enfilade de pièces, les cheminées et les portraits historiques. Musique traditionnelle presque tous les soirs. Une cuisine saine est servie au bar et dans les deux restaurants.

Doolin : *O'Connor's*
Carte routière B4. 065 74168.
Ce pub réputé est mondialement connu des amoureux de musique irlandaise traditionnelle. L'établissement, qui appartient à la famille O'Connor depuis plus de 150 ans, comprend une épicerie et un pub animé. Musique spontanée, en-cas de bar simples, public jeune. Excellente soirée garantie.

Ennis : *The Cloister*
Abbey St. **Carte routière** B4.
065 29521.
Ce pub historique se trouve près du célèbre Ennis Friary. L'intérieur est douillet et chaleureux, et un patio permet de dîner dehors en été. En-cas de bar et plats plus sophistiqués au restaurant : moules de Ballyvaughan et poisson frais du Donegal.

Ennistimon : *The Archway Bar*
Main St. **Carte routière** B4.
065 71080.
Imposant pub ancien, bordant la rue principale. Plusieurs bars accueillants et une terrasse qui donne sur une rivière regorgeant de truites, une cascade et un pont de pierre. Les soirs d'été, des séances spontanées de musique s'y tiennent souvent. Le restaurant attenant sert des plats copieux : ragoût, pâtes, poulet.

Killaloe : *Goosers*
Ballina. **Carte routière** C4.
061 376791.
Ce ravissant pub pittoresque en bord de rivière, côté Ballina, est couronné d'un toit de chaume. Décoration traditionnelle et atmosphère accueillante. Cuisine réputée. Fruits de mer à des prix raisonnables au restaurant et en-cas de pub corrects au bar rustique.

Limerick : *The Locke*
3 George's Quay. **Carte routière** B4.
061 413733.
Sur un quai du Shannon, un pub noir et blanc typique. En été, point de chute très prisé des promeneurs au bord de l'eau. En hiver, ambiance douillette grâce au feu dans la cheminée et aux « snugs ». Musique traditionnelle les mardi et dimanche soir. Snacks de bar toute la journée.

Limerick : *Nancy Blake's*
Upper Denmark St. **Carte routière** B4.
061 416443.
Le bar le plus connu de Limerick est l'endroit idéal pour s'amuser et écouter de la musique traditionnelle. Si vous préférez le rhythm and blues, essayez l'Outback Bar, attenant. Le bar principal, fort douillet, sert soupes et sandwichs à midi. Musique du dimanche au mercredi.

L'Ouest de l'Irlande

Aran Islands : *Joe Watty's Pub*
Kilronan, Inishmore. **Carte routière** B4.
099 61155.
Sur la route entre Kilronan et Kilmurvy Bay, ce pub insulaire est réputé pour son ambiance décontractée et ses assiettées copieuses. Cyclistes et marcheurs apprécieront les ragoûts d'agneau, les soupes, les sandwiches et le stout.

Clarinbridge : *Moran's Oyster Cottage*
The Weir, Kilcolgan. **Carte routière** B4.
091 96113.
Ce pub installé dans une chaumière accueillait autrefois les équipages des bateaux. Aujourd'hui, on y déguste des fruits de mer, mais Moran est surtout réputé pour ses huîtres. D'ailleurs, le patron détient le record local de vitesse d'ouverture des huîtres. Depuis les tables à la terrasse, vous pourrez observer les pêcheurs au travail.

Clarinbridge : *Paddy Burke's Oyster Inn*
Carte routière B4. 091 96226.
Cet authentique pub de 1835 au toit de chaume possède des vitres ornées de plombures et des poutres apparentes. Outre les célèbres huîtres de Clarinbridge et le buffet du déjeuner, des menus gastronomiques sont proposés certains soirs.

Clifden : *EJ Kings*
The Square. **Carte routière** A3.
095 21330.
Pub spacieux et animé sur plusieurs étages. Le rez-de-chaussée est l'endroit le plus agréable. Plateaux de fruits de mer ou en-cas de pub, à déguster au coin du feu. En été, souvent beaucoup de musique, surtout folk et romances. Le personnel, essentiellement des étudiants, est particulièrement aimable.

Galway : *Cooke's Thatch Bar*
Cooke's Corner, 2 Newcastle Rd.
Carte routière B4. 091 21714.
Dans les faubourgs de Galway, cette chaumière traditionnelle qui appartient à la même famille depuis six générations est réputée pour la chaleur de son accueil. Le bar sert des en-cas, plus de 20 vins, ainsi que des bières et des alcools. Terrasse et barbecue. Les clients inspirés peuvent s'installer au piano.

Galway : *The King's Head*
15 High St. **Carte routière** B4.
091 63771.
Ce pub historique de 1649 est orné d'une façade à fenêtres en saillie. L'intérieur sobre recèle d'authentiques cheminées du XVIIe siècle. À midi, des snacks simples sont servis au bar principal. Dans l'arrière-salle, les représentations théâtrales à midi, le jazz du dimanche midi et divers groupes jouant le soir attirent une foule jeune.

Galway : *O'Flaherty's*
Great Southern Hotel, 15 Eyre Sq.
Carte routière B4. 091 64041.
Cette ancienne cave à vin abrite aujourd'hui des « snugs » confortables et une décoration empruntée aux trains. Le pub contraste avec le bar à cocktail de l'hôtel. Déjeuner de grillades tous les jours au bar. Le week-end, la musique (traditionnelle ou jazz) attire une foule d'habitants et de visiteurs.

Galway : *The Quays*
11 Quay St. **Carte routière** B4.
091 68347.
Ce pub au plafond voûté sera le temps fort d'une expédition dans les bars de Galway. Situé dans une ancienne maison de pierre du « quartier latin » local, le pub est réputé pour son charme d'antan, ses différents bars et la diversité de la musique *live*. Le bar de la première salle est resté authentique, tandis que le reste du pub a été modernisé, avec des matériaux anciens. Délicieux et copieux, les plats sont appréciés des habitants.

Galway : *The Slate House*
Cross St Upper. **Carte routière** B4.
091 68820.
Ce pub champêtre en pleine ville occupe plusieurs niveaux et abrite, au dernier étage, les vestiges d'un couvent du XVIe siècle. Les fréquentes représentations de musique attirent quantité d'étudiants. Télévision et billard au rez-de-chaussée.

Galway : *Tí Neachtain*
Quay St. **Carte routière** B4.
091 68820.
Au cœur du quartier étudiant, cet édifice du XVIIe siècle possède un magnifique oriel. L'intérieur, orné de boiseries, abrite des « snugs ». Service aimable. Fréquents concerts de musique traditionnelle. À l'étage, l'un des meilleurs restaurants de Galway, tenu par un chef suisse.

Maam Cross : *Keogh's Tavern*
Carte routière B3. 091 82306.
Près de la reconstitution du cottage utilisé pour le film *L'homme tranquille*, avec John Wayne, ce pub moderne est très fréquenté par les gens du coin. Repas de pub classiques, et steaks grillés au feu de tourbe.

Westport : *The Asgard Tavern*
The Quay. **Carte routière** B3.
098 25319.
Cette ancienne auberge donnant sur la jetée et Clew Bay a un décor maritime. Le bar principal de l'arrière-salle du sous-sol et le restaurant à l'étage servent des salades et des fruits de mer excellents. Le petit bar en sous-sol est le plus chaleureux.

Westport : *Matt Molloy's*
Bridge St. **Carte routière** B3.
098 26655.
Créé par le flûtiste du groupe de folk traditionnel irlandais The Chieftains, ce pub faussement spacieux est aménagé dans le respect des traditions. Musique presque tous les soirs, dans l'arrière-salle lorsque le pub est bondé. Pas d'enfants après 21 h.

Le nord-ouest de l'Irlande

Crolly : *Leo's Tavern*
Menaleck. **Carte routière** C1.
075 48143.
Ce pub appartient à l'ancêtre des musiciens de folk Clannad et de la chanteuse Enya. Attire gens du coin et touristes, pour des soirées chantantes autour d'un accordéon, ou de musique traditionnelle.

Dromahair : *Stanford's Inn*
Main St. **Carte routière** C2.
0716 4140.
Dans un joli village, un pub traditionnel tenu par la même famille depuis des générations. Le petit Biddy's Bar est inchangé, orné de portraits de famille et d'anciens récipients d'épicerie. Le bar principal comprend le briquetage et les dalles patinées par l'âge d'un château en ruine. Le style rustique est encore rehaussé par des abat-jour en tweed. Cuisine délicieuse tous les jours. L'été, fréquentes improvisations musicales.

Rossnowlagh : *Smugglers' Creek Inn*
Carte routière C2. *072 52366.*
Perché sur une falaise dominant Donegal Bay, un pub fréquenté par les véliplanchistes. Musique traditionnelle le week-end. Vue panoramique de la terrasse.

Sligo : *Beezie's*
45 O'Connell St. **Carte routière** C2.
071 45030.
Le pub tire son nom de Beezie Gallagher, célèbre habitante de Sligo, qui allait régulièrement à la rame de Cottage Island où elle vivait à Sligo. Ambiance victorienne grâce aux lampes et aux cheminées.

Sligo : *Hargadon's*
4-5 O'Connell St. **Carte routière** C2.
071 70933.
L'extérieur délabré de piètre allure décèle le pub le plus traditionnel de la ville. L'ambiance intemporelle est rehaussée par le poêle à l'ancienne, le sol de guingois et les casiers d'épicerie en bois. Le pub abrite des « snugs » douillets, tous différents. En été, vous pourrez dîner à la terrasse.

Le Centre

Abbeyleix : *Morrissey's*
Main St. **Carte routière** C4.
0502 31233.
En passant dans le comté de Laois, faites une halte dans ce pub traditionnel. L'auberge du XVIIIe siècle, réaménagée à l'époque victorienne, n'a pas changé depuis. Le coin épicerie fonctionne toujours, et le bar sans prétention sert des snacks simples.

Carlingford : *PJ O'Hare's Anchor Bar*
Tholsel St. **Carte routière** D3.
042 73106.
Familièrement appelé PJ's, ce pub-épicerie charmant est fréquenté par les amateurs de voile et les habitants. Accueil chaleureux et souvent original. Repas de bar, avec notamment huîtres et sandwichs.

Kilbeggan : *Locke's Distillery Museum*
Mullingar. **Carte routière** C3.
0506 32307.
Ce complexe historique, qui est l'une des plus anciennes distilleries au monde (créée en 1757), possède également un bar à whisky – l'endroit idéal où déguster plusieurs whiskies avant d'acheter (p. 241). Le restaurant adjacent est fermé à midi.

Portlaoise : *Tracey's Pub and Restaurant*
The Heath, Dublin Rd. **Carte routière** C4. *0502 46539.*
Cette jolie chaumière, à la fois pub et restaurant, est à 5 km de la ville, mais elle vaut le détour. Le plus vieux pub familial de la région propose un vaste choix de plats de pub (rôtis, poisson, salades), ainsi que d'excellents steaks, à des prix étonnament raisonnables.

L'Irlande du Nord

Bangor : *Jenny Watt's*
41 High St. **Carte routière** E2.
01247 460682.
Cet agréable bar très fréquenté, à la décoration victorienne, se trouve en plein centre-ville. Les murs sont ornés de photos et de souvenirs de la région. Jazz *live* le dimanche midi, et musique folk le mardi soir. Une cuisine de bar est servie jusqu'à 21 h 30. Terrasse.

Belfast : *Crown Liquor Saloon*
46 Great Victoria St. **Carte routière** D2. *01232 325368.*
Ce « gin palace » victorien a la réputation d'être l'un des plus beaux bars d'Irlande *(p. 269)*. Au déjeuner, quantité de spécialités locales, dont les huîtres de Strangford Lough, un véritable régal. À côté, le Robinson's pub, qui vient d'être rénové, est très animé en soirée.

Belfast : *Lavery's Gin Palace*
12-14 Bradbury Place. **Carte routière** D2. *01232 328205.*
Un autre splendide « gin palace » ancien de Belfast. Ici, fréquentes soirées discothèque. L'établissement est très fréquenté par les étudiants de Queen's University.

Belfast : *White's Tavern*
Winecellar Entry. **Carte routière** D2.
01232 243080.
L'un des nombreux pubs où n'entre pas la lumière du jour, dans le quartier d'Entries *(p. 269)* au centre de Belfast. À fréquenter à midi, pour déguster une bonne cuisine à prix raisonnable. La White's Tavern affirme être le plus vieux bar de la ville. Parmi les autres pubs du quartier, citons le Morning Star et le Globe.

Bushmills : *Bushmills Inn*
25 Main St. **Carte routière** D1.
01265 732339.
Installé dans un ancien relais, c'est un bar douillet, éclairé par des lampes à gaz. Excellent restaurant, avec des tables à la terrasse l'été.

Enniskillen : *Blake's of the Hollow*
6 Church St. **Carte routière** C2.
01365 322143.
L'un des pubs très prisés du centre-ville. Le Blake date de l'époque victorienne, ce qui se reflète dans la décoration d'époque.

Hillsborough : *Plough Inn*
The Square. **Carte routière** D2.
01846 682985.
Cet archétype du pub villageois, créé vers 1750, recèle des poutres apparentes et une sélection de porcelaines, de faïences et d'autres décorations ornant les murs. À l'étage, bistrot ouvert la journée, proposant des huîtres. Terrasse agréable. Le Hillside, de l'autre côté de la rue principale, vaut également le déplacement.

Boutiques et marchés en Irlande

L'Irlande offre un vaste choix d'articles faits main, généralement régionaux. Parmi les produits les plus renommés, citons les gros pulls des Aran Islands , le cristal de Waterford, le linge de maison en lin, le tweed du Donegal tissé main et les délicieux fromages fermiers. L'artisanat donne naissance à des produits traditionnels agrémentés d'une petite touche novatrice. Cet artisanat contemporain se distingue par un design de qualité, un travail soigné et un choix très vaste, allant des broches celtiques à la porcelaine, en passant par les lainages, les vêtements de créateurs, le bois de tourbière sculpté et les livres de poésie irlandaise. Les souvenirs kitsch abondent également. Le carnet d'adresses à la p. 325 fournit les coordonées pour chaque adresse. Les références à Dublin renvoient au plan p. 110-111, tandis que les références à la carte routière renvoient à la couverture intérieure, en fin d'ouvrage.

Chemise en lin et gilet en tweed

Marché aux fruits et aux légumes de Moore Street à Dublin

Où faire ses achats

Petites échoppes ou vastes usines, boutiques élégantes ou grandes chaînes de magasins, on n'a que l'embarras du choix. Les brocantes et les marchés peuvent recéler de bonnes affaires, bien que le plus intéressant soit souvent le boniment des vendeurs. Ce guide indique les jours de marché des localités recensées. Pour vos achats de dernière minute, pensez aussi aux duty-free des aéroports.

Shopping à Dublin

Dublin possède deux grands quartiers commerçants : la rive nord de la Liffey, assez populaire, autour d'O'Connell Street et Henry Street, et une zone sur la rive sud, plus élégante, autour de Grafton Street et Nassau Street. Le quartier de Temple Bar abrite des boutiques d'artisanat à la mode. À découvrir : le marché aux puces couvert de Mother Redcap à Christchurch (le week-end) et le marché aux fruits et aux légumes dans Moore Street, du lundi au samedi. Le plus vaste centre commercial est **St Stephen's Green Shopping Centre** (vêtements et artisanat). Près de l'élégante Grafton Street se dresse le Powerscourt Townhouse Shopping Centre *(p. 76)*. Parmi les grands magasins traditionnels, citons **Brown Thomas** et **Clery's**.

Horaires d'ouverture

La plupart des magasins sont ouverts du lundi au samedi, de 9 h à 17 h 30 ou 18 h. Dans les centres commerciaux et les grandes villes, ils font au moins une nocturne par semaine, généralement le jeudi ou le vendredi (jeudi à Dublin). Dans les régions touristiques, les boutiques d'artisanat ouvrent le dimanche. Les commerces sont fermés à Pâques, à Noël et à la Saint-Patrick, mais pas les autres jours fériés.

Modes de paiement

Les cartes de crédit courantes sont généralement acceptées dans les grands magasins. Les magasins prennent les traveller's chèques, sur présentation du passeport. Échangez vos Eurochèques, moins bien acceptés, dans les banques *(p. 347)*.

Taxes et exemptions

La plupart des achats sont soumis à une taxe sur la valeur ajoutée (VAT) de 21 %, comprise dans le prix de vente. Les visiteurs étrangers à l'Union européenne peuvent se la faire rembourser avant leur départ. Si vous expédiez les marchandises à l'étranger, faites la demande sur le lieu d'achat. Si vous les emportez, repérez le logo CashBack dans les magasins, remplissez un formulaire spécial, puis adressez-vous aux « CashBack offices » des aéroports de Dublin ou Shannon en partant.

Luthier traditionnel dans son atelier de Dingle

La pittoresque boutique d'un brocanteur de Kilkenny

LIVRES

Les Irlandais sont passionnés de lecture et ont donc de bonnes librairies. Les grandes librairies sont bien fournies en ouvrages sur l'archéologie, l'architecture, le folklore, l'histoire, la politique et la cuisine. L'une des plus grandes de Dublin est **Eason and Son**, riche en littérature irlandaise et journaux. Découvrez aussi celles d'orientation « irlandaise ». À Galway, **Kennys Bookshop and Art Gallery** regorge de livres irlandais neufs et d'occasion.

MUSIQUE

Plusieurs régions fabriquent des instruments de musique traditionnels *(p. 22-23)*, et notamment le comté de Clare, dit « le comté chantant ». Les harpes sont la spécialité du Mayo et de Dublin. À Dublin, on trouve des instruments de musique tels que les « bodhráns » (tambourins) et les « uillean pipes » (cornemuses). **Waltons** vend partitions et instruments ; **Claddagh Records**, disques de folklore irlandais et de musique traditionnelle.

ARTISANAT

L'artisanat est en pleine expansion. Le **Crafts Council of Ireland** (bureaux à Dublin et Kilkenny) recommande des petites boutiques de qualité, et les offices du tourisme fournissent des listes d'ateliers locaux. Quantité de boutiques, comme le **Kilkenny Design Centre** et **Bricín**, vendent des produits intéressants de divers artisanats. Certaines régions ont leur spécialité. Le Cork et le Kerry recèlent d'innombrables ateliers ; procurez-vous le *Guide to Craft Outlets* auprès des offices du tourisme locaux. Des artisans y créent des carreaux traditionnels, aux motifs inspirés de la cathédrale de Kilkenny et des abbayes médiévales de la région. Plus à l'ouest, le marbre du Connemara, une pierre verte mouchetée, est transformé en petites amulettes contre les soucis, les « worry stones ». Autre spécialité du coin, et surtout de Clifden, les tentures murales, les pulls tricotés main et les tapis de laine.

Théière de Kylemore Abbey

Citons aussi le travail du métal, du cuir et du bois, qui donne naissance à des meubles en frêne et en hêtre, des cannes en prunellier et des sculptures en bois de tourbière vieux de plus de 1 000 ans.

CÉRAMIQUE ET PORCELAINE

Créée en Ulster au XIXe siècle, la Belleek Pottery *(p. 261)* produit une porcelaine crème à l'éclat brillant, décorée de jolis motifs. **Royal Tara China**, à Galway, est le premier fabricant irlandais de porcelaine fine à motifs inspirés de thèmes celtiques. Dans le même comté, Kylemore Abbey fabrique des poteries peintes à la main *(p. 200)*. **Louis Mulcahy's Pottery** à Ballyferriter est connue pour ses jolis vernis, tandis que **Nicholas Mosse Pottery** de Bennettsbridge, dans le comté de Kilkenny, est réputée pour ses motifs colorés peints à la main. Enniscorthy, dans le comté de Wexford, est renommé pour ses céramiques.

CRISTAL ET VERRERIE

Outre le célèbre cristal de Waterford *(p. 139)*, il existe quantité d'autres marques. Les prix dépendent de leur renommée, de la teneur en plomb du verre et de la sophistication des motifs. Dans le Nord, **Tyrone Crystal** est presque aussi coté que Waterford et moins cher. Comme Waterford, l'usine propose une visite passionnante. **Tipperary Crystal** comporte une vaste gamme de produits. **Galway Irish Crystal** est une marque raffinée.

Dans le Kilkenny, la célèbre Jerpoint Abbey a inspiré les créations de **Jerpoint Glass**. Ornés de jolis motifs, les vases, bougeoirs, pichets et coupes font de ravissants cadeaux. La plupart des magasins peuvent faire expédier la verrerie à l'étranger.

Poteries du Kilkenny Design Centre

Enseigne du comptoir de linge chez Brown Thomas à Dublin

Bijoux

L'orfèvrerie celte faisait jadis la fierté de l'Irlande *(p. 30-33)*. Aujourd'hui, nombre d'artisans s'inspirent des motifs traditionnels décorant calices et ornements celtes. Des bijoux en or, argent, émail et céramique, de diverses formes, sont créés aux quatre coins du pays, industriellement ou à la main. Le plus connu, symbole des amoureux, est l'anneau de Claddagh de Galway formé de deux mains enserrant un cœur couronné. Au Powerscourt Townhouse Shopping Centre *(p. 76)* de Dublin, des boutiques vendent des bijoux faits main et anciens. On y découvrira Ceramic Design, un atelier créant des broches d'inspiration celtique.

Tweed et lainages

Les pulls d'Aran se trouvent partout, mais surtout dans le comté de Galway et bien sûr dans les îles Aran (Aran Islands). Ces gros pulls écrus et huilés, qui se transmettaient d'une génération de pêcheurs à l'autre, sont l'un des plus jolis souvenirs à rapporter d'Irlande. On dit aue chaque famille utilisait un motif différent, permettant d'identifier un pêcheur noyé en mer.

Au royaume des intempéries, les vêtements chauds et imperméables – vestes cirées, duffel coats et vestes en mouton – sont de bonne qualité, tout comme les lainages ; les magasins les plus connus sont **Avoca Handweavers** et **Blarney Woollen Mills**. À rapporter aussi, pulls et gilets brodés, écharpes et châles tissés main.

Le tweed du Donegal est réputé pour sa qualité, sa texture, sa souplesse et ses magnifiques coloris (obtenus à l'origine par des teintures à base de lichens, de plantes et de minéraux). Écharpes, cravates, vestes, costumes, chapeaux et casquettes en tweed sont vendus chez **Magee and Co** à Donegal.

Boutique de meubles d'occasion à Kenmare

Linge de maison

Le linge damassé a été introduit à Armagh par les huguenots fuyant la France. C'est ainsi que Belfast devint la capitale du linge en lin. Vous y trouverez des draps et du linge de table en double damassé – chez **Smyth's Irish Linen**, par exemple –, ainsi que dans d'autres villes du Nord, tout comme dans de nombreux points de vente au Sud. Le linge brodé main est la spécialité du Donegal. La Wellbrook Beetling Mill *(p. 260)* permet d'observer la fabrication du linge.

Vêtements

Tandis que ses costumes en tweed et en lin à la coupe classique continuent d'être synonymes d'élégance, l'Irlande s'impose dans l'univers de la mode. De jeunes stylistes créent des vêtements originaux, mêlant des tissus traditionnels.

A-Wear, une chaîne de magasins haut de gamme représentée dans les grandes villes, et le Design Centre du Powerscourt Townhouse Shopping Centre de Dublin vendent les créations des plus grands stylistes irlandais : John Rocha, Paul Costelloe, Louise Kennedy, Quin and Donnelly et Mariad Whisker.

Alimentation et boissons

Saumon fumé, bacon séché maison, fromages fermiers, soda bread, confitures et chocolats sont autant de délicieux cadeaux de dernière minute. Quantité de boutiques expédient du saumon à l'étranger.

Les thés et cafés Bewley sont vendus au **Bewley's Oriental Café** et dans toutes les boutiques Bewley. La Guinness voyage moins bien il est préférable de la boire sur place. En revanche, le whisky irlandais fait un excellent souvenir. Citons le Power et le Paddy, bon marché, les grands noms comme le Bushmills *(p. 258)* et le Jameson *(p. 171)*, et les liqueurs comme l'Irish Mist et le Baileys Irish Cream.

Assortiment de pulls tricotés main, dans une boutique d'artisanat de Dingle

CARNET D'ADRESSES

GRANDS MAGASINS ET CENTRES COMMERCIAUX

Brown Thomas
88-92 Grafton St, Dublin 2.
Plan D4.
01 6795666.

Clery's
18-27 O'Connell St Lower, Dublin 1.
Plan D2.
01 8786000.

St Stephen's Green Shopping Centre
St Stephen's Green West, Dublin 2. **Plan** D4.

LIVRES

Eason and Son
80 Abbey St Middle, Dublin 1. **Plan** D2.
01 8733811.

Fred Hanna
27-29 Nassau St, Dublin 2.
Plan E4.
01 6771255.

Kennys Bookshop and Art Gallery
High St, Galway.
Carte routière B4.
091 62739.

Waterstone's
7 Dawson St, Dublin 2.
Plan D4.
01 6791415.

MUSIQUE

Claddagh Records
2 Cecilia St, Temple Bar, Dublin 2. **Plan** C3.
01 6770262.

J McNeill
140 Capel St, Dublin 1.
Plan C2.
01 8722159.

Waltons
2-5 Frederick St North, Dublin 1.
01 8747805.

ARTISANAT

Bricín
26 High Street, Killarney, Co Kerry.
Carte routière B5.
064 34902.

Connemara Marble Factory
Moycullen, Co Galway.
Carte routière B4.
091 85102.

Crafts Council of Ireland
Powerscourt Townhouse Shopping Centre, William St South, Dublin 2.
Plan D4.
01 6797368.
Crescent Workshop, Castleyard, Kilkenny.
Carte routière C4.
056 61804.

Craftsworks Gallery
13 Linenhall St, Belfast.
Carte routière D2.
01232 236334.

Doolin Crafts Gallery
Ballyvoe, Doolin, Co Clare.
Carte routière B4.
065 74309.

Kilkenny Design Centre
Castle Yard, Kilkenny.
Carte routière C4.
056 22118.

The Kilkenny Shop
6 Nassau St, Dublin 2.
Plan E4.
01 6777066.

Standuin
Spiddal, Co Galway.
Carte routière B4.
091 83357.

Tower Enterprise Centre
Pearse St, Dublin 2.
01 6775655.

CÉRAMIQUE ET PORCELAINE

Cré Irish Porcelain
Wellpark, Galway.
Carte routière B4.
091 52788.

Hogg's
10 Donegal Sq West, Belfast.
Carte routière D2.
01232 243898.

Louis Mulcahy's Pottery
Clogher Strand, Ballyferriter, Tralee, Co Kerry.
Carte routière A5.
066 56229.

Nicholas Mosse Pottery
Bennettsbridge, Co Kilkenny.
Carte routière D5.
056 27126.

Royal Tara China
Tara Hall, Mervue, Galway.
Carte routière B4.
091 751301.

Treasure Chest
William St, Galway.
Carte routière B4.
091 67237.

CRISTAL ET VERRERIE

Galway Irish Crystal
Merlin Park, Galway.
Carte routière B4.
091 757311.

Jerpoint Glass
Stoneyford, Co Kilkenny.
Carte routière D5.
056 24350.

Sligo Crystal
Grange, Co Sligo.
Carte routière C2.
071 63251.

Tipperary Crystal
Ballynoran, Carrick-on-Suir, Co Tipperary.
Carte routière C5.
051 641188.

Tyrone Crystal
Killybrackey, Coal Island Rd, Dungannon, Co Tyrone.
Carte routière D2.
01868 725335.

Waterford Crystal
Kilbarry, Waterford.
Carte routière D5.
051 73311.

BIJOUX

Brian de Staic
18 High St, Killarney, Co Kerry. **Carte routière** B5.
064 33822.

Hilser Brothers
Grand Parade, Cork.
Carte routière C5.
021 270382.

Saller's Jewellers
Williamsgate St, Galway.
Carte routière B4.
091 61226.

TWEED ET LAINAGE

Avoca Handweavers
Kilmacanogue, Bray, Co Wicklow.
Carte routière D4.
01 2867466.

Blarney Woollen Mills
Blarney, Co Cork.
Carte routière B5.
021 385280.

Exclusively Irish
14-15 O'Connell St Upper, Dublin 1. **Plan** D2.
01 8746064.

Magee and Co
The Diamond, Donegal.
Carte routière C2.
073 21100.

Quills Woollen Market
1 High St, Killarney, Co Kerry. **Carte routière** B5.
064 32277.

Studio Donegal
Kilcar, Co Donegal.
Carte routière B2.
073 38194.

LINGE DE MAISON

Forgotten Cotton
Savoy Centre, 117-119 St Patrick's St, Cork.
Carte routière C5.
021 276098.

Smyth's Irish Linen
65 Royal Ave, Belfast.
Carte routière D2.
01232 242232.

VÊTEMENTS

A-Wear
26 Grafton St, Dublin 2.
Plan D4. *01 6717200.*

ALIMENTATION ET BOISSONS

Bewley's Oriental Café
78 Grafton St, Dublin 2.
Plan D4.
01 6776761.

Butler's Irish Handmade Chocolates
51 Grafton St, Dublin 2.
Plan D4.
01 6710599.

Qu'acheter en Irlande ?

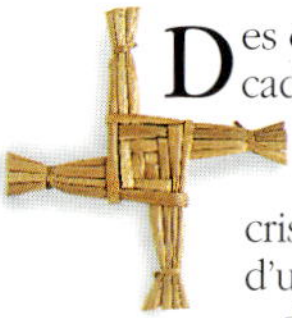

Croix de St Brigid

Des centaines de boutiques d'artisanat et de cadeaux recèlent quantité de spécialités locales pour toutes les bourses. Les meilleures affaires – linge, tweed et cristal – se feront dans les magasins d'usine, offrant un vaste choix d'articles de qualité. L'artisanat local fournit de magnifiques souvenirs, des bijoux et céramiques faits main aux instruments de musique traditionnels. Les objets religieux sont très répandus. À rapporter aussi : produits alimentaires et boissons.

Tambourin traditionnel *(bodhrán)* et son maillet

« Worry stone » en marbre du Connemara

Bague traditionnelle de Claddagh

La bijouterie et l'orfèvrerie modernes *reposent sur une longue et riche tradition. Les artisans s'inspirent du* Book of Kells (p. 62) *et des mythes celtiques, des plantes et de la nature irlandaises. Le comté de Galway produit des anneaux de Claddagh – bagues de fiançailles traditionnelles – en or et en argent, et des « worry stones ».*

Boucle d'oreille en forme de fuchsia de Dingle

Broche en émail

Broche en émail d'inspiration celtique

Figurine celte en résine

Gilet et veste en tweed du Donegal

Veste et jupe en tweed

Les vêtements *irlandais sont généralement d'excellente qualité. La fabrication du tweed est toujours florissante dans le Donegal, où l'on peut acheter du tissu au mètre ou des vêtements. Des lainages sont vendus dans tout le pays, dans de grands magasins d'usine ou des petites boutiques. Les nombreux articles tricotés à la main, comme les pulls d'Aran, ne sont pas bon marché, mais ils durent une éternité.*

Casquette en tweed

Chapeau de pêcheur

Pull (jumper) d'Aran

Le linge en lin *offre un assortiment extrêmement riche : linge de table, literie, dessus de lit extravagants et magnifiques nappes rigides. Les mouchoirs brodés feront de ravissants cadeaux, tout comme les serviettes de table. On remarquera aussi les torchons imprimés de motifs colorés et le linge orné de dentelles faites à la main, notamment à Limerick et Kenmare.*

Ensemble de sets de table et de serviettes en lin

Beaux mouchoirs en lin

La céramique irlandaise *s'orne de motifs traditionnels ou modernes. Offrez-vous un service complet d'une marque renommée, comme Royal Tara China ou la Belleek Pottery, ou une pièce unique sortie d'un atelier de potier.*

Le cristal irlandais *se commande et s'achète dans de nombreux magasins. À visiter : les magasins d'usine, comme Waterford Crystal, Tyrone Crystal et Jerpoint Glass, pour admirer toute la gamme d'articles, allant des verres et des carafes à de précieux lustres.*

Recueil de proverbes

Les livres et la papeterie *sont souvent superbement illustrés. Vaste choix dans les musées et les librairies.*

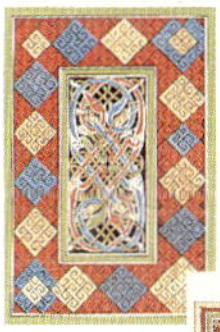

Cartes ornées de motifs celtes

Verre et carafe de Waterford Crystal

Denrées alimentaires et boissons *vous permettront de garder en mémoire les saveurs de l'Irlande bien après votre retour. Les amateurs de whisky visiteront l'Old Bushmills Distillery* (p. 258) *ou le Jameson Heritage Centre* (p. 171) *pour goûter la sélection de whiskies. De bons produits régionaux se trouvent dans des magasins locaux de toute l'Irlande. Essayez les algues séchées, crues ou en accompagnement de plats cuisinés.*

Whisky Jameson

Whisky Bushmills

Gâteau aux fruits à la Guinness

Pot de marmelade

Paquet d'algues séchées

SE DISTRAIRE EN IRLANDE

S'il y a un domaine dans lequel l'Irlande excelle, c'est bien celui des divertissements. Pour plus de détails sur Dublin, voir p. 102-107. Ailleurs, les boîtes de nuit et les concerts d'envergure internationale sont plutôt concentrés dans les grandes villes, mais quantité d'autres manifestations se tiennent aux quatre coins du pays : théâtre, festivals d'art, musique et danses traditionnelles, fêtes culturelles et même banquets médiévaux. La plupart des villes possèdent un ou deux cinémas projetant les films les plus récents, sans compter les spectacles (programmés ou improvisés) des pubs. Pour des vacances plus actives, traitées p. 332-335, la liste est encore plus longue, du golf aux randonnées équestres et du cyclisme à la plongée. Ceux qui préfèrent être spectateurs assisteront aux célèbres courses de chevaux et à des matches de football gaélique, hurling, football ou rugby. Presque tous les itinéraires permettent de s'adonner à plusieurs de ces activités.

Camionnette Morris Minor affichant de la publicité pour le Clonakilty Folk Club

L'Ulster Symphony Orchestra dans l'Ulster Hall de Belfast

INFORMATION TOURISTIQUE

L'office du tourisme de la république d'Irlande, **Bord Fáilte**, et le **Northern Ireland Tourist Board** publient tous deux un *Calendar of Events* (calendrier des manifestations) ; les offices du tourisme locaux sont une source précieuse de renseignements. Consultez également les journaux et renseignez-vous sur place pour dénicher des manifestations.

RÉSERVATION DE BILLETS

Les billets sont généralement vendus sur place, peu avant la manifestation. Toutefois, mieux vaut réserver à l'avance pour les spectacles très fréquentés. Dans beaucoup de festivals, il vous faudra des billets uniquement pour les spectacles principaux. Mais pour les festivals de renommée internationale, comme le Wexford Opera Festival, réservez longtemps à l'avance auprès des organisateurs. Réservations téléphoniques par cartes de crédit pour les grands concerts, pièces de théâtre, etc., auprès de **Keith Prowse Travel (IRL) Ltd** et **HMV** à Dublin.

GRANDES MANIFESTATIONS

Les grands théâtres accueillent des manifestations très diverses. À Cork, l'**Opera House** présente surtout des pièces irlandaises en été et des comédies musicales, opéras et ballets le reste de l'année. L'**Everyman Palace Theatre** reçoit des compagnies locales et extérieures, ainsi que des concerts de musique classique ou pop. Le **Hawks Well Theatre** de Sligo et le **Belltable Arts Centre** de Limerick accueillent théâtre et concerts. Au centre de Belfast, le **Grand Opera House**, l'**Arts Theatre** et le **Lyric Theatre** offrent un programme varié : pièces irlandaises et étrangères, théâtre expérimental et opéra.

THÉÂTRE

Tournées internationales ou spectacles d'amateurs, des représentations de qualité se tiennent dans tout le pays. À Galway, le **Druid Theatre** présente des pièces d'avant-garde, du nouveau théâtre irlandais et des classiques anglo-irlandais. Les pièces gaéliques, la musique irlandaise, la danse et le chant ont élu domicile au **Taibhdhearc Theatre** depuis 1928. Waterford est fier de sa troupe, la Red Kettle Theatre Company, qui joue au **Garter Lane Theatre**, tandis que le **Theatre Royal** accueille des troupes d'amateurs et des comédies musicales.

Partout dans le pays, guettez les représentations des petites troupes locales, souvent de qualité, qui ont servi de tremplin à nombre de grands comédiens.

Le siège de la Druid Theatre Company à Galway *(p. 202)*

La ballet de Moscou au Grand Opera House de Belfast *(p. 268)*

Musique classique, opéra et danse

Les grands rendez-vous de la musique classique sont la **Crawford Art Gallery**, l'Opera House et l'Everyman Palace de Cork, le Theatre Royal de Waterford, le Hawks Well Theatre de Sligo et le Belltable Arts Centre de Limerick. À Belfast, l'**Ulster Hall** accueille aussi bien des groupes de rock que l'Ulster Symphony Orchestra.

Les passionnés d'opéra affluent par milliers pour le **Wexford Opera Festival**, en octobre et novembre, et le **Waterford Festival of Light Opera**, fin septembre et début octobre. Wexford présente des opéras délaissés par le public, tandis que Waterford fait la part belle aux œuvres plus connues. On donne aussi des opéras à l'Opera House de Cork et au Grand Opera House de Belfast.

L'Irlande ne possède pas de troupe de danse d'avant-garde ou de ballet, mais de grandes compagnies internationales viennent y présenter des spectacles.

Rock, jazz et country

Quand de grandes stars, comme Prince, viennent en tournée en Irlande ailleurs qu'à Dublin, les concerts se tiennent en extérieur, en particulier au **Semple Stadium**, comté de Tipperary, et à Slane Castle *(p. 237)*, comté de Meath. Billets et renseignements auprès de HMV.

Les pubs *(p. 318-321)* sont le meilleur endroit pour écouter du rock ou du jazz irlandais. Consultez les offices du tourisme locaux et les journaux pour les nuits rock ou jazz (généralement en semaine) et la musique traditionnelle et country (plutôt le week-end).

Pour écouter des « big bands » de jazz irlandais, soyez à l'affût des représentations du Waterford's Brass and Co, dans tout le pays. Les passionnés de jazz trouveront leur bonheur au **Cork Jazz Festival**, fin octobre. Tous les pubs et salles de spectacle de la ville résonnent alors d'airs de jazz.

Dans un pub, lors du Feakle Traditional Music Weekend

Musique et danse traditionnelles

Si la musique irlandaise a pu survivre au fil du temps, c'est grâce aux pubs, qui ont aussi accueilli cette musique lors de son renouveau dans les années soixante. Aujourd'hui, les séances de musique spontanées y sont monnaie courante. Cette musique jouée dans les pubs comprend des romances, des chansons contestataires et des *sean-nos*, chantés *a capella*.

Quantité de pubs organisent des soirées de chanson et de musique irlandaises, comme The Laurels et le Danny Mann à Killarney, la Yeats Tavern à Drumcliff, près de Sligo, et An Phoenix et The Lobby à Cork. À Derry, le Gweedore Bar, le Castle Bar et le Dungloe Bar bordent Waterloo Street, là où se trouvent tous les pubs musicaux. Et partout, renseignez-vous auprès des habitants pour connaître les bonnes adresses. Pour plus de renseignements, voir p. 318-321.

À Tralee, **Siamsa Tire** accueille de magnifiques spectacles mêlant musique, chant et danse traditionnels. The Barn, à Bunratty Folk Park, reçoit le **Shannon Ceili** – soirées de musique traditionnelle en été.

Comhaltas Ceoltóirí Éireann, à Monkstown près de Dublin, représenté dans tout le pays, organise des soirées de danse et de musique traditionnelles toute l'année. Les danses s'exécutent soit seul, soit à deux, et l'on vous invitera généralement à vous joindre aux danseurs.

Le **Fleadh Cheoil** (festival national de musique traditionnelle) est un grand week-end de musique, danse, chant et spectacles qui gagne la rue. Il se tient dans une ville différente tous les ans, fin août. Au début du mois, le **Feakle Traditional Music Weekend**, dans le comté de Clare, rend un hommage plus intime à la musique, au chant et à la danse traditionnels.

Un vaste public pour un concert en plein air au festival de jazz de Cork

Le banquet de Knappogue à Knappogue Castle dans le comté de Clare

Festivals

Les Irlandais sont passés maîtres en matière de festivals. Les semaines de spectacle de rue, de théâtre, musique et danse se multiplient, pour fêter… tout ce qui peut être fêté *(p. 46-49).*

Mi-juillet, la ville de Galway accueille le **Galway Arts Festival**, l'une des plus grandes manifestations du pays, avec théâtre et musique irlandais et internationaux, spectacles de rue et manifestations pour enfants. Le **Boyle Arts Festival**, fin juillet et début août, allie expositions, poésie et théâtre à des concerts classiques, traditionnels et de jazz. Des ateliers de création accueillent les petits et les grands.

En août, la **Kilkenny Arts Week** présente poésie, musique classique, films et artisanat. Le **Cork Film Festival** se déroule la première semaine d'octobre : longs métrages, documentaires et courts métrages sont alors projetés dans toute la ville. Le **Belfast Festival at Queen's** dure trois semaines, de mi-novembre à la fin du mois. Très cosmopolite, le programme comprend théâtre, ballets, comédies musicales, cabaret, musique et cinéma, qui déferlent sur le campus de Queen's University, les théâtres et les salles de Belfast.

En mai et juin, le **County Wicklow Gardens Festival** rassemble les amateurs de jardins, qui viennent découvrir les plus beaux espaces verts du pays. Mi-juin, durant le **Music Festival in Great Irish Houses**, les portes de nombreuses demeures historiques s'ouvrent pour accueillir des artistes de renommée internationale interprétant des œuvres du répertoire classique. Les spectacles se tiennent notamment à Strokestown Park House *(p. 210-211)*, Mount Steward House *(p. 274-275)* et l'University College de Cork.

Théâtre durant la Kilkenny Arts Week

Banquets traditionnels avec animation

Les célèbres banquets irlandais sont des événements fort divertissants, placés sous le signe d'une époque ; les convives y dégustent des plats et boissons traditionnels et les serveurs et artistes sont costumés. Les plus réputés sont les banquets médiévaux – celui de Bunratty Castle *(p. 184-185)*, le premier du genre et aussi le plus animé, se tient régulièrement au cours de l'année. De mai à octobre, une reconstitution historique fastueuse a lieu à Knappogue Castle *(p. 181)*. Dunguaire Castle *(p. 204)* accueille un programme plus intime de musique et de poésie. De mars à novembre, le banquet de Killarney Manor, dans un majestueux manoir sur Loreto Road au sud de Killarney, redonne vie au début du XIXe siècle.

Vacances culturelles

Pour passer des vacances enrichissantes, consacrez-vous à l'une des facettes de la culture irlandaise : musique et littérature irlandaises, demeures et jardins, langue et folklore irlandais, artisanat et cuisine.

L'une des activités les plus passionnantes consiste à explorer l'histoire cinq fois millénaire de l'Irlande, grâce aux vestiges disséminés dans l'île. L'**Achill Archaeological Summer School** dans le comté de Mayo, par exemple, propose un atelier de fouilles.

Pour percer le mystère de la cuisine irlandaise, l'adresse à retenir est la **Ballymaloe School of Cookery**, tenue par le cuisinier le plus réputé du pays, Darina Allen.

Pour les passionnés de littérature, la **Yeats International Summer School** étudie des œuvres de Yeats et ses contemporains, tandis que la **Listowel Writers' Week** réunit de grands écrivains pour des conférences et des ateliers.

Danseuses folkloriques en costumes traditionnels irlandais

CARNET D'ADRESSES

INFORMATION TOURISTIQUE

Bord Fáilte
Baggot St Bridge, Dublin 2.
01 6765871.

Northern Ireland Tourist Board
St Anne's Court, 59 North St, Belfast.
01232 231221.

RÉSERVATION DE BILLETS

HMV
65 Grafton St, Dublin 2.
01 6797817.

Keith Prowse Travel (IRL) Ltd
10 St Stephen's Green, Dublin 2. *01 6795444.*

GRANDES MANIFESTATIONS

Arts Theatre
Botanic Ave, Belfast.
01232 324936.

Belltable Arts Centre
69 O'Connell St, Limerick.
061 319866.

Everyman Palace Theatre
MacCurtain St, Cork.
021 501673.

Grand Opera House
Great Victoria St, Belfast.
01232 240411.

Hawks Well Theatre
Temple St, Sligo.
071 61526.

Lyric Theatre
55 Ridgeway St, Belfast.
01232 381081.

Opera House
Emmet Place, Cork.
021 270022.

THÉÂTRE

Druid Theatre
Chapel Lane, Galway.
091 68617.

Garter Lane Theatre
22A O'Connell St, Waterford.
051 77153.

Taibhdhearc Theatre
Middle St, Galway.
091 62024.

Theatre Royal
The Mall, Waterford.
051 74402.

MUSIQUE CLASSIQUE, OPÉRA ET DANSE

Crawford Art Gallery
Emmet Place, Cork.
021 273377.

Ulster Hall
Bedford St, Belfast.
01232 323900.

Waterford Festival of Light Opera
60 Morrissons Ave, Waterford. *051 75437.*

Wexford Opera Festival
Theatre Royal, High St, Wexford.
053 22144.

ROCK, JAZZ ET COUNTRY

Cork Jazz Festival
Guinness House, St Patrick's St, Cork.
021 270463.

Semple Stadium
Thurles, Co Tipperary.

MUSIQUE ET DANSE TRADITIONNELLES

Comhaltas Ceoltóirí Éireann
32 Belgrave Sq, Monkstown, Co Dublin.
01 2800295.

Feakle Traditional Music Weekend
Maghera, Caher, Co Clare.
061 925125.

Fleadh Cheoil
32 Belgrave Sq, Monkstown, Co Dublin.
01 2800295.

Shannon Ceili
Bunratty Castle and Folk Park, Bunratty, Co Clare.
061 360788.

Siamsa Tire
National Folk Theatre, Tralee, Co Kerry.
066 23055.

FESTIVALS

Belfast Festival at Queen's
Festival House, 25 College Gardens, Belfast.
01232 667687.

Boyle Arts Festival
Festival Office, Boyle, Co Roscommon.
079 63085.

Cork Film Festival
Hatfield House, Tobin St, Cork.
021 271711.

County Wicklow Gardens Festival
St Manntan's House, Kilmantin Hill, Wicklow.
0404 66058.

Galway Arts Festival
6 Upper Dominic St, Galway.
091 583800.

Kilkenny Arts Week
Rose House, Parliament St, Kilkenny.
056 63663.

Music Festival in Great Irish Houses
31 Beechwood Lawn, Dun Laoghaire, Co Dublin.
01 2852838.

VACANCES CULTURELLES

Archéologie

Achill Archaeological Summer School
St O'Hara's Hill, Tullamore, Co Offaly.
0506 21627.

Belcoo Archaeology Summer School
Enterprise Centre, Belcoo, Co Fermanagh.
01365 386536.

Oideas Gael
Glencolumbkille, Co Donegal.
073 30248.

Cuisine

Ballymaloe School of Cookery
Shanagarry, Midleton, Co Cork.
021 646785.

Artisanat

Ardess Craft Centre
Ardess House, Kesh, Co Fermanagh.
01365 631267.

Belles demeures et jardins

Irish Heritage Properties
Hillsbrook, Dargle Village, Bray, Co Wicklow.
01 2862777.

National Trust
Rowallane House, Saintfield, Ballynahinch, Co Down.
01238 510721.

Langue irlandaise

Irish Conversation Courses
Oidhreacht Chorca Dhuibhne, Ballyferriter, Co Kerry.
066 56100.

Littérature

Goldsmith Summer School
Rackmore, Ballymahon, Co Longford.
0902 32374.

James Joyce Summer School
University College Dublin, Belfield, Dublin 4.
01 7068480.

Listowel Writers' Week
PO Box 147, Listowel, Co Kerry.
068 21074.

William Carleton Summer School
Leisure Services Dept, Dungannon District Council, Circular Rd, Dungannon, Co Tyrone.
018687 25311.

Yeats International Summer School
Yeats Society, Yeats Memorial Building, Douglas Hyde Bridge, Sligo.
071 42693.

Musique

South Sligo Summer School of Traditional Music, Song and Dance
Tubbercurry, Co Sligo.
071 85010.

Willie Clancy Summer School
Miltown Malbay, Co Clare.
065 84148.

Sports et activités de plein air

Équitation à Killarney

En Irlande, même dans les grandes villes, la campagne n'est jamais bien loin, ce qui ravira les amis de la nature. Les célèbres courses de chevaux attirent le maximum de spectateurs, suivies par le hurling, le football gaélique et le football. Les sportifs pourront s'adonner à la pêche, au golf, à l'équitation, à la voile, à la marche ou aux sports nautiques. Des vacances entières peuvent s'articuler autour de ces activités. Renseignements sur les sports p. 335 et auprès de Bord Fáilte (pour la république d'Irlande), du Northern Ireland Tourist Board et de tous les offices du tourisme locaux. Voir p. 26-27 pour les renseignements sur les grandes manifestations sportives.

Pour les spectateurs

La passion des Irlandais pour les courses de chevaux est réelle. Les principaux champs de courses sont le Curragh *(p. 121)*, où se déroule l'Irish Derby, Fairyhouse, qui accueille l'Ireland's Grand National, et Leopardstown. La république en compte quantité d'autres plus petits (et deux en Irlande du Nord), où l'ambiance est toujours enfiévrée. La Galway Race Week, fin juillet, est un événement mondain. Le calendrier des courses de l'**Irish Horse Racing Authority** recense les courses de plat et d'obstacles qui se tiennent 230 jours par an dans tout le pays. À Dublin, **Croke Park** accueille les matchs de football gaélique et de hurling *(p. 26-27)*, et Lansdowne Road Stadium les matchs internationaux de rugby et de football. Renseignements sur les billets des rencontres internationales de football auprès de la **Football Association of Ireland**.

Pour les passionnés de golf, l'événement de l'année est sans conteste l'Irish Open Golf Championship, en juillet, qui se joue chaque année sur des terrains différents. Billets et renseignements auprès de l'**Irish Open Office**.

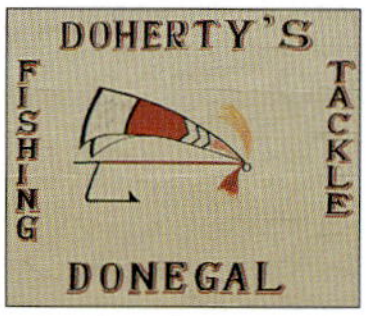

Enseigne d'un magasin d'articles de pêche à Donegal

Pêche

L'Irlande est un paradis pour la pêche au saumon et à la truite (game fishing), en eau douce ou en mer. Le **Kingfisher Angling Centre**, près de la Bann, est l'un des centres d'hébergement pour les pêcheurs. Les rivières proches de la mer abritent le fameux saumon d'Irlande, et parmi les poissons d'eau douce, la truite des lacs et la truite arc-en-ciel donneront du fil à retordre aux pêcheurs.

Pêcheurs sur le canal de Robertstown dans le comté de Kildare *(p. 120)*

En mer, on taquinera le flet, le merlan, le mulet, le bar et le colin, tandis que les excursions en haute mer permettront de ramener roussettes, requins, raies et lingues. Ces excursions sont organisées depuis de nombreuses villes, surtout de la côte du Cork et du Kerry.

Cartes et renseignements auprès du **Central Fisheries Board** et du Bord Fáilte pour la république, du **Department of Agriculture (Fisheries)** et du Northern Ireland Tourist Board pour le Nord. Vérifiez s'il vous faut un permis de pêche.

Golf

Sur les 300 terrains de golf disséminés à travers l'Irlande, plus de 50 sont des terrains de tournoi, et beaucoup occupent des sites magnifiques au bord de la mer. Dans le comté de Kilkenny, le golf de Mount Juliet, conçu par Jack Nicklaus, a acquis une notoriété internationale. Les terrains les plus réputés du Nord sont le Royal Portrush et le Royal County Down. Renseignements sur les terrains et les tarifs auprès de la

Golfeurs à Portstewart en Irlande du Nord *(p. 252)*

Randonneurs dans le Gap of Dunloe, Killarney *(p. 155)*

Golfing Union of Ireland et les offices du tourisme. Certains golfs proposent des clubs en location, mais il est préférable de venir avec son équipement.

Golfing Ireland organise des vacances de golf sur mesure, individuelles ou en groupe, en république d'Irlande, à l'instar de **Golfers Abroad** dans le Nord.

Cyclisme

Le cyclisme est l'un des sports rois de cette île. Limerick, Waterford et Galway sont d'excellents points de départ pour des vacances placées sous le signe de la petite reine. Plusieurs organismes, comme **Celtic Cycling**, imaginent des itinéraires et réservent des hébergements.

Les visiteurs partant avec leurs propres vélos pourront les transporter à faible coût dans tout le pays, par train ou par bus.

Les autres s'adresseront aux nombreux magasins **Raleigh Rent-a-Bike**, en république d'Irlande et dans le Nord, ou au **Bike Store** de Dublin, qui a des succursales dans plusieurs villes d'Eire.

Équitation et randonnée à dos de poney

Les Irlandais sont fiers de leurs magnifiques chevaux, et à juste titre. Quantité de centres équestres proposent des randonnées empruntant chemins de forêts, plages désertes, sentiers de campagne ou routes de montagne. Le Dingle, le Donegal, le Connemara et Killarney sont des régions réputées pour les randonnées équestres, qui existent sous deux formes : les randonnées d'étape en étape, et en étoile. Les premières suivent un itinéraire avec un hébergement différent tous les soirs, tandis que les secondes explorent une région, en rentrant tous les soirs à la base. Les centres équestres proposent également des cours d'équitation.

Bord Fáilte et le Northern Ireland Tourist Board fourniront des détails sur les centres. **Equestrian Holidays Ireland** organise des vacances pour cavaliers de tout niveau.

Randonnée et alpinisme

La randonnée est un excellent moyen pour découvrir la splendeur des paysages irlandais. Des sentiers balisés sillonnant tout le pays mènent aux plus beaux sites. Renseignements sur les randonnées au Bord Fáilte et au Northern Ireland Tourist Board. Citons le Wicklow Way *(p. 131)*, le Dingle Way, le Munster Way, le Kerry Way et le Barrow Towpath, à découper en itinéraires plus courts pour les marcheurs moins expérimentés ou plus pressés. Dans des paysages très variés, les 800 km de l'Ulster Way décrivent une boucle autour de l'Irlande du Nord, longeant le littoral spectaculaire, débouchant sur la Chaussée des Géants (Giant's Causeway) *(p. 254-255)* et escaladant les Mountains of Mourne *(p. 276-277)*. **Celtic Journeys** propose des randonnées sous la houlette d'un guide.

Signe de l'Ulster Way, la randonnée autour de l'Irlande du Nord

Les visiteurs pourront également s'adonner aux randonnées de montagne, à la varappe et à l'alpinisme. Pour plus de renseignements, contactez l'**Association for Adventure Sports**. Prévoyez toujours un équipement permettant d'affronter les légendaires changements climatiques.

Cycliste traversant le domaine de Muckross House, près de Killarney *(p. 151)*

Surfeur à Bundoran *(p. 222)*

Sports nautiques

Rien d'étonnant si les sports nautiques connaissent un vif succès dans ce pays où le littoral se déroule sur plus de 4 800 km. Sur toute la côte, le surf, la planche à voile, le ski nautique, la plongée et le canoë-kayak comptent parmi les activités les plus populaires.

Si le Donegal est la terre promise des amateurs de surf, beaucoup d'autres sites permettent également ce sport. L'**Irish Surfing Association** vous indiquera les clubs dans toutes les régions d'Irlande. Quant aux véliplanchistes, ils trouveront leur bonheur autour de Dublin, Cork et Westport.

Le littoral de l'île convient aussi fort bien à la pratique de la plongée – la visibilité est particulièrement bonne sur la côte ouest. L'**Irish Underwater Council** recense les cours de plongée et les sites. **DV Diving** propose cours et hébergements près du Belfast Lough et sur la mer d'Irlande, où l'on peut explorer des épaves anciennes.

À l'intérieur des terres, le Lower Lough Erne *(p. 262-263)* et Killaloe, près du Lough Derg *(p. 182)*, sont des lieux de villégiature très prisés. Le **Lakeland Canoe Centre**, entre l'Upper et le Lower Lough Erne, dispense des cours de canoë-kayak et organise des vacances sur ce thème (avec hébergement sous la tente), dont un itinéraire descendant le canal Shannon-Erne *(p. 227)*. **Irish Canoeing Holidays** loue des équipements de canoë-kayak, avec ou sans guide, pour se promener sur les eaux du Shannon et du Barrow.

Voile et yachting

La voile est un moyen paisible et reposant de découvrir l'Irlande. Les 14 500 km de rivières et les quelque 800 lacs raviront les amateurs de vacances au fil de l'eau. Les escales dans les bourgs et villages permettent un contact original avec l'Irlande et ses habitants. Que vous optiez pour le Lough Derg ou une autre partie du Shannon *(p. 177)* ou bien pour le Grand Canal *(p. 99)* reliant Dublin au Shannon, vous serez toujours aux premières loges pour admirer l'Irlande.

Entre Carrick-on-Shannon dans le comté de Leitrim et l'Upper Lough Erne dans le Fermanagh, s'étend un canal remis en fonctionnement en 1993, le **Shannon-Erne Waterway** *(p. 227)*. De là, on peut facilement traverser l'Upper et le Lower Lough Erne pour rejoindre Belleek *(p. 262)*. **Emerald Star** propose des yachts pour découvrir ce cours d'eau.

La région entre Cork et la péninsule de Dingle est très prisée pour la voile. L'**International Sailing Centre**, près de Cork, propose des cours. À Carrickfergus, l'**Ulster Cruising School** donne des cours de tout niveau ; les navigateurs les plus expérimentés loueront un bateau pour rejoindre l'Écosse.

Chasse et tir

En Irlande, la saison de la chasse dure d'octobre à mars. On y chasse surtout le renard, mais aussi le cerf et le lièvre. Le ball-trap (toute l'année) et le tir au faisan (de novembre à janvier) gagnent en popularité. **Mount Juliet Estate**, dans le comté de Kilkenny, propose ces deux activités et loue des fusils. Pour plus de détails, contacter l'**Irish Master of Foxhounds Association** en république d'Irlande et l'**Irish Fieldsports Agency** dans le Nord.

Voiliers au large de Rosslare *(p. 143)*

Sports pour les handicapés

Les handicapés passionnés de sport pourront obtenir des renseignements auprès de l'**Irish Wheelchair Association**. Les offices du tourisme locaux et nationaux et les associations sportives recensées dans le carnet d'adresses vous renseigneront sur les installations adaptées. Le **Share Centre** propose des vacances réunissant handicapés et non-handicapés.

Bateaux mouillant dans le port de Carnlough, sur la côte de l'Antrim *(p. 259)*

CARNET D'ADRESSES

POUR LES SPECTATEURS

Croke Park
Dublin 3.
01 8363222.

Football Association of Ireland
80 Merrion Sq, Dublin 2.
01 6766864.

Irish Horse Racing Authority
Leopardstown Racecourse, Foxrock, Dublin 18.
01 2892888.

Irish Open Office
35 Upper Mount St, Dublin 2.
01 6622433.

PÊCHE

Central Fisheries Board
Balnagowan House, Mobhi Boreen, Glasnevin, Dublin 9.
01 8379206.

Department of Agriculture (Fisheries)
Stormont, Belfast.
01232 523434.

Irish Federation of Sea Anglers
67 Windsor Drive, Monkstown, Co Dublin.
01 2806901.

Kingfisher Angling Centre
24 Hiltonstown Rd, Portglenone, Ballymena, Co Antrim.
01266 821301.

GOLF

Golfers Abroad
6 Park St, Wombwell, Barnsley, S Yorks, England.
01226 751704.

Golfing Ireland
18 Parnell Sq, Dublin 1.
01 8726711.

Golfing Union of Ireland
Glencar House, 81 Eglinton Rd, Dublin 4.
01 2694111.

CYCLISME

Ardclinis Activity Centre
High St, Cushendall, Co Antrim.
01266 771340.

Bike Store
58 Lower Gardiner St, Dublin 1.
01 8725399.

Celtic Cycling
Lorum Old Rectory, Bagenalstown, Co Carlow.
0503 75282.

Raleigh Rent-a-Bike
PO Box 3520, Raleigh House, Kylemore Rd, Dublin 10.
01 6261333.

ÉQUITATION ET RANDONNÉES À DOS DE PONEY

Association of Irish Riding Establishments
11 Moore Park, Newbridge, Co Kildare.
045 31584.

British Horse Society
House of Sport, Upper Malone Rd, Belfast.
01232 381222.

Equestrian Holidays Ireland
1 Sandyford Office Park, Foxrock, Dublin 18.
01 2958928.

RANDONNÉE ET ALPINISME

Association for Adventure Sports
House of Sport, Longmile Rd, Dublin 12.
01 4509845.

Celtic Journeys
Carrick-a-rede Cottage, 111 White Park Rd, Ballycastle, Co Antrim.
01265 769651.

Countryside Tours
Chamber of Commerce House, 10 Prince of Wales Terrace, Quinsboro Rd, Bray, Co Wicklow.
0404 2760733.

Out and Out Activities
Garrison, Co Fermanagh.
01365 658105.

SPORTS NAUTIQUES

Ballyronan Marina
Watersports Centre, Ballyronan, Co Londonderry.
01868 722528.

DV Diving
138 Mountstewart Rd, Newtownards, Co Down.
01247 464671.

Irish Canoeing Holidays
Multifarnham, Co Westmeath.
044 71324.

Irish Surfing Association
1 Ardeelan Dale, Rossnowlagh, Co Donegal.
072 52522.

Irish Underwater Council
78a Patrick St, Dun Laoghaire, Co Dublin.
01 2844601.

Irish Water Ski Federation
91 South Mall, Cork.
021 271962.

Irish Windsurfing Association
Surfdock Marketing Ltd, Grand Canal Dockyard, South Dock Rd, Ringsend, Dublin 4.
01 6683945.

Lakeland Canoe Centre
Castle Island, Enniskillen, Co Fermanagh.
01365 324250.

VOILE ET YACHTING

Athlone Cruisers
Jolly Mariner, Athlone, Co Westmeath.
0902 72892.

Derg Line Cruisers
Killaloe, Co Clare.
061 376364.

Emerald Star
47 Dawson St, Dublin 2.
01 6798166.

Erne Marine
Bellanaleck, Enniskillen, Co Fermanagh.
01365 348267.

International Sailing Centre
East Beach, Cobh, Cork.
021 811237.

Lough Melvin Holiday Centre
Garrison, Co Fermanagh.
01365 658142.

Shannon-Erne Waterway
Ballinamore, Co Leitrim.
078 44855.

Silver Line Cruisers
The Marina, Banagher, Co Offaly.
0509 51112.

Ulster Cruising School
The Marina, Carrickfergus, Co Antrim.
01960 368818.

CHASSE ET TIR

Irish Fieldsports Agency
174 Castlereagh Rd, Belfast.
01232 459248.

Irish Master of Foxhounds Association
Thornton, Dunlavin, Co Kildare.
045 51294.

Mount Juliet Estate
Thomastown, Co Kilkenny.
056 24455.

SPORTS POUR LES HANDICAPÉS

Irish Wheelchair Association
Aras Chuchulain, Blackheath Drive, Clontarf, Dublin 3.
01 8338241.

Share Centre
Smith's Strand, Lisnaskea, Co Fermanagh.
01365 722122.

ryan energy
BATHROOM

RENSEIGNEMENTS PRATIQUES

L'Irlande mode d'emploi

Bien que l'île soit assez peu étendue, il est impossible de la visiter à fond en peu de temps. En effet, certains sites magnifiques se trouvent dans des régions reculées. Là, les routes sont étroites, la vie s'égrène à un rythme beaucoup plus lent, les banques sont parfois ouvertes un ou deux jours par semaine seulement, et le passage des transports en commun est peu fréquent. Cependant, bien que la république d'Irlande reste l'un des pays les plus préservés d'Europe, son économie se développe à un rythme effréné. Toute ville d'une certaine importance comporte un office du tourisme et offre diverses activités aux voyageurs. L'Irlande du Nord possède son propre office du tourisme, représenté dans la plupart des villes. La qualité des installations touristiques proposées de part et d'autre de la frontière est la même, comme la chaleur de l'accueil.

Logo de Bord Fáilte

Information touristique

Tant le Sud que le Nord possèdent un très vaste réseau d'offices du tourisme. Non seulement ils fournissent gracieusement une foule d'informations, mais dans les grandes villes ils vendent cartes et guides, et effectuent des réservations de logements pour un prix modique. Des petites villes et des villages disposent aussi de points d'information touristique, aux horaires d'ouverture parfois fantaisistes ; beaucoup ne sont ouverts que l'été. Les bibliothèques et musées locaux recèlent souvent des ouvrages intéressants pour les visiteurs.

Avant votre départ pour l'Irlande, contactez **Bord Fáilte** (Office national du tourisme irlandais) et le **Northern Ireland Tourist Board** (Office du tourisme d'Irlande du Nord), qui vous fourniront cartes et brochures. Bord Fáilte a des bureaux dans toutes les grandes villes des cinq continents. Il peut également s'avérer judicieux de contacter les offices du tourisme régionaux de Dublin, Cork, Limerick et Galway pour plus de renseignements (hébergement, location de voitures). Si vous appelez un office du tourisme pour avoir une liste d'hébergements, sachez que tous les hôtels et guesthouses de la région n'y figurent pas.

Office du tourisme d'Irlande du Nord

Parke's Castle, géré par l'OPW, dans le comté de Sligo ***(p. 225)***

Billets d'entrée

L'accès à la plupart des centres d'intérêt – monuments historiques, musées et parcs nationaux – est payant. Pour tous les sites mentionnés dans ce guide, nous précisons si vous devrez payer un droit d'entrée. En république d'Irlande, le prix se situe généralement entre 1 IR£ et 5 IR£, avec des réductions pour les étudiants et les personnes âgées.

L'**Office of Public Works** (OPW), qui entretient parcs, musées, monuments et cours d'eaux, délivre une carte appelée Heritage Card, qui donne un accès illimité à tous les sites qu'il gère, pendant un an. Au prix de 15 IR£ par adulte, 10 IR£ pour les personnes âgées et 6 IR£ par enfant, c'est assurément un bon investissement. Les sites de l'OPW les plus fréquentés sont Kilkenny Castle *(p. 134-136)*, le monastère de Clonmacnoise *(p. 242-243)* et la tombe à couloir de Newgrange *(p. 238-239)*. En Irlande du Nord, les tarifs sont comparables. Le **National Trust** propose une formule semblable à l'Heritage Card, mais elle est plus chère (environ 25 £ par an et par personne, et 45 £ pour les familles) et les sites sont moins nombreux. Elle est donc moins avantageuse, sauf si vous pensez visiter d'autres sites du National Trust au Royaume-Uni.

L'Heritage Card donne accès aux sites historiques

Centre d'interprétation du Connemara National Park *(p. 200)*

Heures d'ouverture

Les jours d'ouverture des centres d'intérêt sont précisés dans ce guide. Quelques-uns sont ouverts le dimanche matin, et certains musées sont fermés le lundi. Les sites sont généralement ouverts de 10 h à 17 h, certains ouvrant plus longtemps, et d'autres fermant à midi.

De juin à septembre, tous sont ouverts, mais ils sont très fréquentés. En hiver, quantité d'attractions ferment plusieurs jours par semaine et ouvrent moins longtemps. Il y a aussi des changements les jours fériés – beaucoup d'endroits ouvrent à Pâques et ferment ensuite jusqu'à l'été.

Centres d'interprétation

La plupart des centres d'intérêt étant des ruines ou des sites archéologiques, leur importance historique est parfois difficile à cerner. Récemment, des centres d'interprétation (interpretative centres) ou d'accueil des visiteurs (Visitors' Centres) ont vu le jour, afin d'expliquer l'importance historique du site. L'entrée du site est parfois gratuite, mais l'accès au centre est payant.

Dans les sites naturels, comme le Connemara National Park, le centre est un peu l'âme du lieu, avec ses brochures informatives et ses reconstitutions de curiosités. Dans le Connemara, le centre présente des maquettes, une exposition et un spectacle audiovisuel sur le développement des paysages au cours des dix derniers millénaires.

Services religieux

L'Irlande est un pays profondément religieux. La population de la république d'Irlande étant catholique à 95 %, il sera souvent difficile de trouver un lieu de culte d'une autre confession. Les offices du tourisme, les hôtels et les B&B vous fourniront tous une liste des services religieux locaux.

Carnet d'adresses

Office du tourisme irlandais

République d'Irlande
Irish Tourist Board (Bord Fáilte)
Baggot St Bridge, Dublin 2.
☎ *01 6024000.*

Irlande du Nord
Northern Ireland Tourist Board
St Anne's Court, 59 North St, Belfast BT1 1NB.
☎ *01232 246609.*

Offices du tourisme en France et à l'étranger

France
Office national du tourisme irlandais
33, rue de Miromesnil, 75008 Paris.
☎ *(1) 47 42 03 36.*

Office du tourisme d'Irlande du Nord
3, rue de Pontoise, 78100 Saint-Germain-en-Laye.
☎ *(1) 39 21 93 80.*

Belgique
Office du tourisme irlandais
Avenue de Beaulieu, 25, Auderghem, 1160 Bruxelles.
☎ *(02) 673 99 40.*

Canada
Irish Tourist Board
160 Bloor Street East (suite 1150), Toronto, Ontario M4W 1B9
☎ *(416) 929 27 77.*

Suisse
Ireland Information Office
Neumühle Töss, Neumühlestrasse 42, 8406 Winterthur.
☎ *(052) 202 69 06.*

Langue

La république d'Irlande est officiellement bilingue – la plupart des noms de lieux sont indiqués en anglais et en irlandais. L'anglais est la langue parlée partout, sauf dans quelques régions de l'extrême est du pays, appelées Gaeltachts *(p. 221)*. Toutefois, ici et là, on trouvera des indications en gaélique seulement. Voici quelques termes à retenir.

Quelques mots utiles

an banc – **banque**
an lár – **centre-ville**
an trá – **plage**
ar aghaidh – **aller**
bád – **bateau**
bealach amach – **sortie**
bealach isteach – **entrée**
bus – **bus**
dúnta – **fermé**
fáilte – **bienvenue**
fir – **hommes**
gardai – **police**
leithreas – **toilettes**

Pancarte en gaélique ancien

mná – **femmes**
oifig an poist – **poste**
oscailte – **ouvert**
óstán – **hôtel**
siopa – **magasin**
stop/stad – **stop**
ticéad – **billet**
traein – **train**

Renseignements supplémentaires

Carte Jeune européenne

L'Irlande se divise en un État, la république d'Irlande, et l'Irlande du Nord, qui est une province du Royaume-Uni. Chaque Irlande possède sa monnaie, ses services postaux et son système de télécommunications (p. 344-349). Quoi qu'il en soit, il existe de nombreuses similitudes : toutes deux font partie de l'Union européenne, on y parle l'anglais et l'industrie du tourisme y est florissante. Ces deux pages décrivent les réglementations concernant la république d'Irlande et l'Irlande du Nord, ainsi que les services proposés aux touristes, y compris aux étudiants et aux handicapés. Vous trouverez également un guide des médias pour le Sud et le Nord, ainsi qu'un précieux carnet d'adresses.

Étudiantes à Trinity College, Dublin

VISAS

Pour les voyageurs de l'Union européenne, une carte d'identité ou un passeport suffit (passeport pour les Suisses et les Canadiens) pour entrer en Irlande du Nord et en république d'Irlande ; vous n'aurez donc pas besoin de visa. Pour les ressortissants des autres pays, et notamment ceux désireux de travailler ou de poursuivre des études en Irlande, il est conseillé de contacter l'ambassade d'Irlande ou de Grande-Bretagne de leur pays avant le départ.

MARCHANDISES HORS TAXES ET DOUANES

Les adultes voyageant entre l'Irlande et un pays extérieur aux îles britanniques peuvent acheter des produits hors taxes à l'aéroport, dans l'avion et sur le ferry. Ceci s'applique également aux personnes circulant entre la république d'Irlande et la Grande-Bretagne, mais pas entre le Sud et le Nord de l'Irlande. En revanche, on ne peut pas effectuer d'achats hors taxes en voyageant entre l'Irlande du Nord et d'autres parties du Royaume-Uni. Actuellement, les tolérances douanières sont d'un litre d'alcool, 50 grammes de parfum et 200 cigarettes. Au sein de l'Union européenne, les tolérances douanières sont les mêmes que pour les autres pays de l'UE.

INFORMATIONS POUR LES ÉTUDIANTS

Les étudiants porteurs d'une carte internationale d'étudiant (ISIC) bénéficieront de réductions de prix sur les transports et les billets des musées et concerts. Fixé sur la carte ISIC, le timbre Travelsave (vendu dans les agences de l'**USIT**) vous donnera droit à 50 % de réduction sur Irish Rail, NIR et Irish Ferries. Réductions aussi sur les billets de Bus Éireann dans le Sud, et les billets de banlieue (de septembre à juin seulement) à Dublin, Limerick, Cork, Galway et Waterford. Dans le Nord, réduction de 15 % sur Ulsterbus et de 20 % sur la « Gold Card » des lignes de banlieue de Belfast Citybus grâce à la carte ISIC. Les cartes ISIC sont délivrées par USIT Travel à Dublin, Belfast et autres villes universitaires.

USIT délivre également une Carte Jeune aux moins de 26 ans (réductions dans des restaurants, magasins et salles de spectacles). Les noms des Cartes Jeune varient d'un pays à l'autre, mais un logo commun leur permet d'être reconnues dans plus de 20 pays européens. Vous pourrez donc utiliser votre Carte Jeune française.

Duty-free de Shannon Airport

INSTALLATIONS POUR LES VOYAGEURS HANDICAPÉS

La plupart des sites peuvent accueillir des visiteurs handicapés. Ce guide fournit des renseignements généraux pour chaque site, mais mieux vaut téléphoner pour obtenir plus de détails. Le **National Rehabilitation Board** vous renseignera pour la république d'Irlande et publie des guides par comté pour l'hébergement, les restaurants et les aménagements. Dans le Nord, **Disability Action** vous informera sur l'accessibilité des sites. Open Arts possède une liste des salles de spectacles et des musées accessibles.

Lecture de la presse à Eyre Square, Galway

Radio et télévision

L'Irlande possède deux chaînes de télévision, RTE 1 et Network 2, toutes deux gérées par l'organisme public RTE, trois radios nationales et quantité de radios locales.

Les quatre chaînes de télévision britanniques sont reçues dans presque toute l'Irlande. Le câble est très répandu dans la république, où quasiment tous les hôtels proposent ce service.

Assortiment de quotidiens du Nord et du Sud

Journaux et magazines

Le Sud possède six quotidiens nationaux et cinq journaux du dimanche. Les quotidiens de qualité sont l'*Irish Independent*, l'*Irish Press*, le *Cork Examiner* et l'*Irish Times*, particulièrement réputé. Les journaux grand format recèlent des informations intéressantes sur le théâtre et les concerts. Le tabloïd quotidien est le *Star*. Le journal le plus réputé du Nord, le *Belfast Telegraph*, paraît l'après-midi. Les journaux du matin, la *News Letter* et l'*Irish News*, sont moins intéressants.

Les tabloïds britanniques et les grands formats, comme *The Times* (moins cher que la presse irlandaise), sont vendus dans les grandes villes. La plupart des villes ont un journal local ou régional, source de renseignements précieux.

Vous trouverez la presse internationale dans les grandes villes, mais beaucoup plus difficilement à la campagne.

Heure locale

Toute l'Irlande se trouve dans la même zone horaire que la Grande-Bretagne, c'est-à-dire qu'elle est en retard d'une heure sur la France, la Belgique et la Suisse, et en avance de cinq heures sur Toronto. Le Nord comme le Sud appliquent l'heure d'été.

Tableau de conversion

Britannique-métrique

1 inch (pouce) = 2,5 centimètres
1 foot (pied) = 30 centimètres
1 mile (mile) = 1,6 kilomètre
1 ounce (once) = 28 grammes
1 pound (livre) = 454 grammes
1 pint (pinte) = 0,6 litre
1 gallon (gallon) = 4,6 litres

Métrique-britannique

1 millimètre = 0,04 pouce
1 centimètre = 0,4 pouce
1 mètre = 3 pieds et 3 pouces
1 kilomètre = 0,6 mile
1 gramme = 0,04 once
1 kilogramme = 2,2 livres
1 litre = 1,8 pinte

Carnet d'adresses

Ambassades

France
36 Ailesbury Road, Dublin 4.
☎ *01 2601666.*

Ambassade d'Irlande
4, rue Rude, 75116 Paris.
☎ *(1) 45 00 20 87.*

Belgique
Shrewsbury Road, Dublin 4.
☎ *01 2692082/2691588.*

Canada
65-68 St Stephen's Green, Dublin 2. ☎ *01 4781988.*

Suisse
6 Ailesbury Road, Dublin 4.
☎ *01 2692515.*

Adresses utiles

National Rehabilitation Board
25 Clyde Road, Ballsbridge, Dublin 4. ☎ *01 6684181.*

Disability Action
2 Annadale Ave, Belfast DT7 3JH.
☎ *01232 491011.*

USIT
19/21 Aston Quay, Dublin 2.
☎ *01 6778117.*
Fountain Centre, Belfast BT1 6ET.
☎ *01232 324073.*

Conversion au système métrique

Le passage au système métrique se fait très lentement, en particulier au Nord, où les distances sont en miles. Dans le Sud, tous les nouveaux panneaux les indiquent en kilomètres, mais il reste beaucoup d'anciens panneaux *(p. 356)*. Dans tout le pays, les limitations de vitesse sont indiquées en miles. Au Nord et au Sud, l'essence est vendue par litres, mais la bière par pintes. Et pour ajouter à la confusion, les deux systèmes s'appliquent aux poids des produits alimentaires.

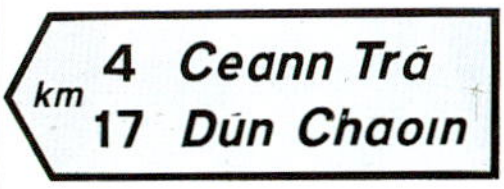

Nouveau panneau recourant au système métrique, utilisé dans le Sud

Santé et sécurité

L'Irlande est l'un des pays les plus sûrs d'Europe pour les voyageurs. La criminalité et la délinquance y sont rarement un problème en dehors de certains quartiers de Dublin et de quelques grandes villes. Les offices du tourisme et les hôtels vous indiqueront les coins à éviter. Le principal risque en Irlande du Nord réside dans la menace d'attentats, qui n'ont toutefois quasiment jamais touché de touristes. La criminalité y est bien plus réduite que dans d'autres régions du Royaume-Uni ou d'Europe.

Pharmacie de Dublin, ornée de l'antique caducée

Poste de la Garda à Pearse Street, Dublin

Sécurité des personnes

Sachez que les policiers sont appelés Gardaí en république d'Irlande et RUC (Royal Ulster Constabulary) en Irlande du Nord. Les agressions dans les rues sont quasiment inexistantes, tant au Nord qu'au Sud. Toutefois, respectez certaines règles de sécurité : évitez par exemple d'emprunter des rues mal éclairées dans les villes. La pauvreté et la toxicomanie sont à l'origine de quelques problèmes au centre de Dublin, et Limerick n'est pas la ville la plus accueillante qui soit la nuit tombée. Mais, si vous évitez les coins mal famés la nuit, vous n'aurez pas de problèmes. Dans certaines villes du Sud, vous pourrez vous rendre compte de la pauvreté de certaines personnes totalement démunies. Comme partout en Europe, cela ne donne que très rarement lieu à des situations épineuses.

Agent de la Garda **Policier de la RUC**

Objets de valeur

Avant votre départ, pensez à assurer vos biens, cette démarche s'avérant bien plus difficile et coûteuse en Irlande. Des pickpockets et des voleurs à la tire risquant de sévir dans certaines grandes villes du Sud, n'emportez pas votre passeport et d'importantes quantités d'argent liquide lorsque vous sortez, et ne les laissez pas dans votre chambre d'hôtel. La plupart des hôtels ont un coffre-fort ; n'hésitez donc pas à y déposer vos objets de valeur. Les chèques de voyage *(p. 346-347)* sont la solution la plus sûre pour votre argent. Soyez vigilant dans les lieux très fréquentés et les restaurants. Les sacs « banane » sont une excellente solution.

En quittant votre voiture, déposez toujours vos biens dans le coffre et fermez votre véhicule à clé. En Irlande du Nord, ne laissez jamais un sac ou bagage sans surveillance, il pourrait inquiéter les passants.

Poste de la Garda

Poste de la RUC

Objets trouvés

Signalez les objets perdus ou volés à la police ; le procès-verbal sera nécessaire pour votre déclaration d'assurance. Les stations de bus et gares de la république ont souvent un bureau des objets trouvés (lost property).

Soins médicaux

Avant votre départ, procurez-vous le formulaire E 111 délivré par la Sécurité sociale ; il permet aux ressortissants de l'Union européenne de se faire soigner gratuitement en république d'Irlande et en Irlande du Nord. Ainsi, en cas de maladie, vous n'aurez pas à payer le médecin et vous obtiendrez gratuitement les médicaments prescrits. Il vous faudra présenter le formulaire E 111 ainsi qu'une pièce d'identité, par exemple un permis de conduire ou un passeport. Précisez également au médecin que vous êtes porteur de ce formulaire et que vous demandez à être soigné dans le cadre des accords de sécurité sociale européens. Les ressortissants étrangers à l'Union européenne devront être titulaires d'une assurance maladie et accident, ou bien s'attendre à payer l'intégralité de leurs soins médicaux en cas de problème.

Numéros d'urgence

Police, pompiers, ambulance et garde-côte

En république d'Irlande et en Irlande du Nord, composez le 999.

PHARMACIES

Bien que quantité de produits pharmaceutiques soient en vente libre, beaucoup de médicaments ne sont vendus que sur ordonnance, délivrée par un médecin du pays. Si vous prenez des médicaments spécialisés, prévoyez les quantités nécessaires ou demandez à votre médecin une lettre indiquant le nom générique des médicaments. Faites-vous toujours délivrer un reçu pour votre assurance.

Récemment encore, les préservatifs n'étaient pas vendus en république d'Irlande, mais aujourd'hui on en trouve assez facilement. Dans certaines petites villes, des pharmaciens refusent toujours d'en vendre.

Petit centre de santé rural dans le comté de Donegal

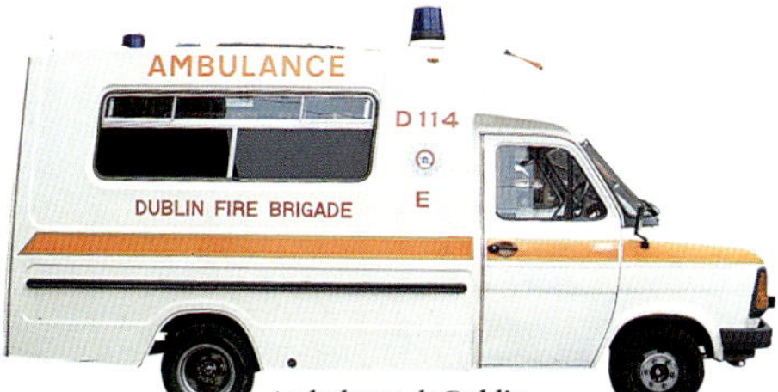

Ambulance de Dublin

Véhicule de pompiers de Dublin

Voiture de patrouille Garda

Voiture de patrouille RUC

SÉCURITÉ DES PERSONNES EN IRLANDE DU NORD

Près d'un poste de contrôle

Même au plus fort des troubles en Irlande du Nord, aucune menace sérieuse n'a pesé sur les touristes, et les déplacements dans la province étaient aussi sûrs que dans le Sud. Tant que la paix règne au nord de la frontière, aucune précaution particulière ne s'impose. En cas de résurgence des troubles, attendez-vous à des situations quelque peu inhabituelles. En voiture, lorsque vous apercevrez un signe indiquant que vous approchez d'un poste de contrôle (checkpoint), ralentissez et mettez-vous en code. Pour éviter les tracasseries, ayez votre passeport ou toute autre pièce d'identité à portée de main. Quand vous vous garez dans les villes du Nord, ne laissez pas votre véhicule sans surveillance dans une « Control Zone », indiquée par une pancarte. Dans le centre de Belfast et de Londonderry, vous remarquerez une forte présence policière ou militaire, mais les représentants de l'ordre ne vous importuneront pas. À l'occasion, le contenu de votre sac sera contrôlé à l'entrée des magasins – pas d'inquiétude, c'est une simple mesure de routine.

Land Rover blindée de la RUC

Monnaie

Deux monnaies différentes ont cours en république d'Irlande et en Irlande du Nord : les punts, ou livres irlandaises, et les livres sterling, qui ne sont pas interchangeables. Beaucoup de commerçants en république d'Irlande prendront des livres sterling si le taux de change est en leur faveur, mais ne comptez pas sur cela. Les possibilités de change – officielles ou non – ne manquent pas de part et d'autres de la frontière. Toutefois, pour bénéficier du meilleur cours, évitez de changer dans les magasins et les stations-service, et choisissez plutôt les bureaux de change et les banques.

Succursale de l'Ulster Bank à Delvin dans le comté de Westmeath

La monnaie de la république d'Irlande

L'unité monétaire de la république est le punt, aussi appelé livre irlandaise, qui se divise en 100 pence (p). Il n'y a pas de restrictions à l'importation d'argent dans la république, mais vous ne pourrez sortir plus de 150 IR£ en billets. Vous pourrez sortir le même montant de devises étrangères que vous possédiez à l'entrée, et ce jusqu'à 1 200 IR£.

Billets

Les billets de la république d'Irlande sont émis en coupures de 50 IR£, 20 IR£, 10 IR£ et 5 IR£, dont la taille augmente avec la valeur. Ils représentent des personnages célèbres de l'histoire du pays.

Billet de 50 IR£

Billet de 20 IR£

Billet de 10 IR£

Billet de 5 IR£

Pièces

Il existe des pièces de 1 IR£, 50 p, 20 p, 10 p, 5 p, 2 p et 1 p. Bien qu'elles aient le même montant que celles qui sont utilisées au nord de la frontière, leur aspect est très différent.

1 IR£

50 p

20 p

10 p

5 p

2 p

1 p

La monnaie d'Irlande du Nord

En Irlande du Nord a cours l'unité monétaire britannique – la livre sterling (£), divisée en 100 pence (p). En raison de l'absence de contrôle des changes au Royaume-Uni, il n'y a pas de limitation au montant d'espèces que vous pouvez importer ou exporter. Outre la monnaie britannique, il existe des billets émis par quatre banques provinciales, qui ont la même valeur. Pour les distinguer, cherchez la mention « Bank of England » sur les billets britanniques.

Billets
Les billets britanniques existent en coupures de 50 £, 20 £, 10 £ et 5 £. Leurs couleurs différentes permettent de les distinguer aisément.

Billet de 50 £

Billet de 20 £

Billet de 10 £

Billet de 5 £

Pièces
Il existe des pièces de 1 £, 50 p, 20 p, 10 p, 5 p, 2 p et 1 p. Toutes sont frappées à l'effigie de la reine. Ce sont les mêmes qui ont cours dans le reste du Royaume-Uni, à l'exception de la pièce de 1 £, qui porte un détail différent sur l'envers : un plant de lin.

Les billets provinciaux

Les billets émis par les quatre banques provinciales ne sont généralement pas acceptés par les commerçants des autres régions du Royaume-Uni. Échangez-les contre des billets émis par la Bank of England. Les billets provinciaux ne sont pas reconnus en république d'Irlande.

5 £ de la Bank of Ireland

5 £ de l'Ulster Bank

Billet de 5 £ de la Northern Bank

Billet de 10 £ de la First Trust Bank

1 £

50 p

20 p

10 p

5 p

2 p

1 p

Les banques irlandaises

Les banques obéissent à des horaires différents selon qu'elles se trouvent en ville ou à la campagne, en république d'Irlande ou en Irlande du Nord. Dans les régions rurales, au sud et au nord de la frontière, les banques sont souvent de petites agences, ouvertes seulement un ou deux jours par semaine. Par conséquent, il est conseillé de recourir aux banques des villes dès que possible. Dans toute l'Irlande, les banques proposent des services de qualité, comme beaucoup de grands bureaux de poste, et changeront vos chèques de voyage, souvent sans commission.

Heures d'ouverture

En république d'Irlande, les cinq banques pour les particuliers sont la Bank of Ireland, l'Allied Irish Bank (AIB), l'Ulster Bank, la National Irish Bank et la TSB Bank. En Irlande du Nord, il s'agit de l'Ulster Bank, la Bank of Ireland, la Northern Bank et la First Trust Bank.

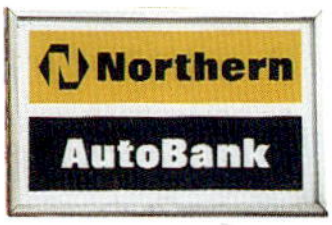

Distributeur de billets

En république d'Irlande, les banques sont généralement ouvertes du lundi au vendredi de 10 h à 12 h 30 et de 13 h 30 à 15 h. Certaines grandes agences restent ouvertes à midi, pratique qui a tendance à se généraliser. Les banques sont ouvertes plus longtemps (jusqu'à 17 h) un jour par semaine. À Dublin, Cork et dans la plupart des villes, il s'agit du jeudi, mais dans les régions rurales, c'est souvent le jour du marché. Les agences de la TSB Bank sont ouvertes à midi, jusqu'à 17 h tous les jours de la semaine et jusqu'à 19 h le jeudi. En Irlande du Nord, la plupart des banques ouvrent de 10 h à 15 h 30, certaines fermant entre 12 h 30 et 13 h 30. De part et d'autre de la frontière, toutes les banques sont fermées les jours fériés, mais ceux-ci ne sont pas toujours les mêmes en Irlande du Nord et en Irlande du Sud *(p. 49)*. Les banques des villes et des bourgs sont pourvues de distributeurs de billets. Ainsi, en cas de fermeture, vous pouvez toujours recourir à cette solution.

Logo de la First Trust Bank

Petite succursale de la Bank of Ireland à Sneem dans le comté du Kerry

Cartes de crédit

Dans toute l'Irlande, vous pouvez payer par carte dans la plupart des hôtels, stations-service et magasins. VISA et Mastercard (appelée aussi Access) sont les plus répandues, suivies par l'American Express et la Diners Club. Vous pouvez retirer des espèces avec votre carte dans les banques affichant le symbole correspondant.

Chèques de voyage

Les chèques de voyage, ou traveller's chèques, sont le moyen le plus sûr. Changez-les de préférence dans les grandes banques. Beaucoup de magasins et restaurants les acceptent aussi – souvent contre une faible commission. Avant votre départ, procurez-vous-en chez American Express, Thomas Cook ou dans

Un joli bureau de poste et de change à Ventry dans le comté du Kerry

votre banque. En Irlande, vous pourrez en acheter dans les banques ou les bureaux de change des grandes villes et des aéroports.

Eurochèques

Vous pouvez aussi vous procurer un carnet d'Eurochèques et une carte auprès de votre banque. Dans les magasins acceptant les Eurochèques, vous pourrez alors rédiger un chèque du montant exact de vos achats, en punts ou en livres. La carte permet également de retirer de l'argent, dans la limite du montant autorisé.

Distributeur automatique de billets de l'Allied Irish Bank

Bureaux de change

Outre les guichets de change des grandes banques, il existe aussi quelques bureaux de change privés à Dublin. Ces bureaux restent ouverts plus longtemps que les banques. Attention ! mieux vaut vérifier le cours pratiqué avant de changer son argent.

> **Bureaux de change**
>
> **American Express**
> 116 Grafton Street, Dublin 2.
> ☎ *01 6772874.*
> Et bureaux à Cork, Galway, Killarney, Limerick, Waterford et Belfast.
>
> **Thomas Cook**
> 118 Grafton Street, Dublin 2.
> ☎ *01 6770476.*
> 11 Donegall Place, Belfast.
> ☎ *01232 550030.*
> Bureaux aussi au Belfast International Airport et à Ballymena, Bangor, Coleraine, Lisburn, Londonderry et Portadown.

Courrier

Enseigne de la poste en Irlande du Nord

En république d'Irlande et en Irlande du Nord, les grands bureaux de poste sont généralement ouverts de 9 h à 17 h 30 en semaine et de 9 h à 13 h environ le samedi, mais les horaires varient. Certains petits bureaux ferment à l'heure du déjeuner en semaine et n'ouvrent pas le samedi. Les timbres pour les cartes postales et les lettres ordinaires sont également en vente chez certains marchands de journaux. En république d'Irlande, il n'y a pas de tarifs lent et rapide comme en Grande-Bretagne, mais les timbres pour les cartes postales sont moins chers que pour les lettres. Bien qu'en cours d'amélioration, la poste de la république d'Irlande reste lente – comptez plusieurs jours pour l'Europe, et une petite semaine pour un envoi outre-Atlantique. Dans le Nord, les lettres pour les pays de l'Union européenne (y compris la République) doivent être affranchies au tarif rapide (first-class mail).

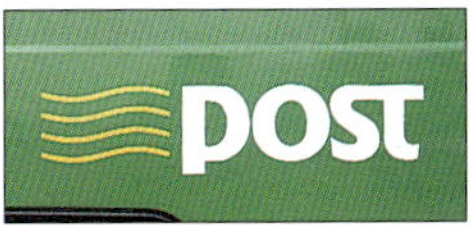

Logo de la poste en république d'Irlande

Boîtes aux lettres

Les boîtes aux lettres sont vertes en république d'Irlande et rouges dans le Nord. Beaucoup d'entre elles sont délicieusement anciennes. Dans la république, certaines sont même frappées au monogramme de la reine Victoria, vestige de l'époque de la domination britannique. Même les plus petites localités possèdent une boîte aux lettres vidée régulièrement, de une à quatre fois par jour.

Timbres de la république d'Irlande pour cartes, lettres et colis

Timbres tarif lent, tarif rapide et colis utilisés dans le Nord

Boîte aux lettres de la république

Boîte aux lettres double du Nord

Le téléphone en Irlande

En république d'Irlande, le téléphone est géré exclusivement par Telecom Eireann, qui fournit un service moderne et de qualité. TE dispose d'un réseau de téléphones modernes à carte et à pièces. Si vous prévoyez de dépenser plus de 4 IR£ en téléphone pendant votre séjour, achetez une carte, plus avantageuse. De plus, les téléphones à carte sont plus répandus que ceux à pièces. L'Irlande du Nord, comme le reste du Royaume-Uni, est équipée de téléphones à pièces et à carte British Telecom. Les cartes de téléphone BT et TE sont vendues par les marchands de journaux, les bureaux de poste, les supermarchés, etc.

TELECOM EIREANN

Logo de Telecom Eireann

Utiliser un téléphone à pièces TE

1 Décrochez le combiné et attendez la tonalité.

2 Insérez l'une des pièces ci-dessous. L'écran indique le montant minimum.

3 Composez le numéro et attendez la sonnerie.

4 L'écran indique le montant inséré et le crédit restant. Un bip rapide signifie que vous devez remettre de l'argent. Insérez des pièces.

5 Si vous désirez passer un autre coup de fil et qu'il reste de l'argent, ne raccrochez pas et appuyez sur le bouton « follow-on call » (appel suivant).

6 Lorsque vous avez terminé votre conversation, raccrochez et récupérez les pièces non utilisées. L'appareil ne rend pas la monnaie.

1 IR£ — 50 p — 20 p — 10 p

Utiliser un téléphone à carte TE

1 Décrochez le combiné et attendez la tonalité.

2 Insérez votre carte TE (Callcard) dans le sens de la flèche.

3 L'écran indique le nombre d'unités restantes. Le minimum facturé est une unité (20 p).

4 Composez le numéro et attendez la sonnerie.

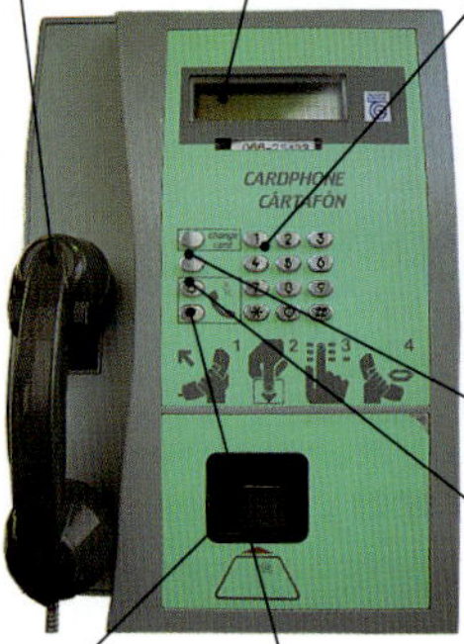

5 Lorsqu'il ne reste plus d'unités sur votre carte, vous entendrez un bip rapide. Pour continuer à parler, appuyez sur le bouton « change card ». Votre carte vous sera restituée. Retirez-la et remplacez-la par une nouvelle carte.

6 Si vous désirez passer un autre coup de fil et qu'il reste des unités, ne raccrochez pas et appuyez sur le bouton « follow-on call » (appel suivant).

7 Pour régler le volume sonore de l'écouteur, appuyez sur le bouton avec la flèche vers le haut pour l'augmenter et sur celui avec la flèche vers le bas pour le diminuer.

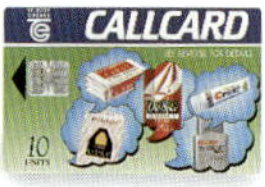

Les cartes téléphoniques TE comportent 10, 20, 50 ou 100 unités de 20 p.

Téléphoner de la république d'Irlande

Vous pourrez téléphoner à tarif réduit à l'intérieur de la république et vers le Royaume-Uni de 18 h à 8 h en semaine et toute la journée le week-end. Pour les communications internationales, les horaires des tarifs réduits varient en fonction des pays.

- Pour appeler l'Irlande du Nord, composez le 08, puis l'indicatif et le numéro.
- Pour l'étranger, composez le 00, suivi de l'indicatif du pays et du numéro.
- Renseignements : composez le 1190 pour des numéros en république et en Irlande du Nord et 1198 pour les autres pays.
- Pour obtenir un opérateur qui vous aidera à téléphoner, composez le 10 pour l'Irlande et le 114 pour les appels internationaux.
- Pour obtenir le service France direct, qui vous permet d'utiliser votre Carte France Télécom (appels facturés sur votre compte téléphonique en France) ou d'appeler en PCV, composez le 1800 55 10 33. Un serveur vocal vous guidera.
- Les cartes de crédit sont acceptées comme moyen de paiement pour un appel vers le pays d'émission de la carte.
- Pour les urgences, composez le 999.

Cabines téléphoniques de Telecom Eireann

Les cabines téléphoniques
En république d'Irlande, la plupart des cabines sont modernes. En Irlande du Nord, il en existe deux modèles – les modernes et les cabines rouges traditionnelles –, mais tous deux sont équipés des mêmes téléphones. Au Nord et au Sud, il est précisé sur le haut de la cabine s'il s'agit d'un téléphone à pièces, à carte ou à carte de crédit.

Ancienne cabine BT

Nouvelle cabine BT

Utiliser un téléphone à pièces BT

1 Décrochez le combiné et attendez la tonalité.

2 Insérez l'une des pièces ci-dessous. L'écran indique le montant minimum à payer.

3 Composez le numéro et attendez la sonnerie.

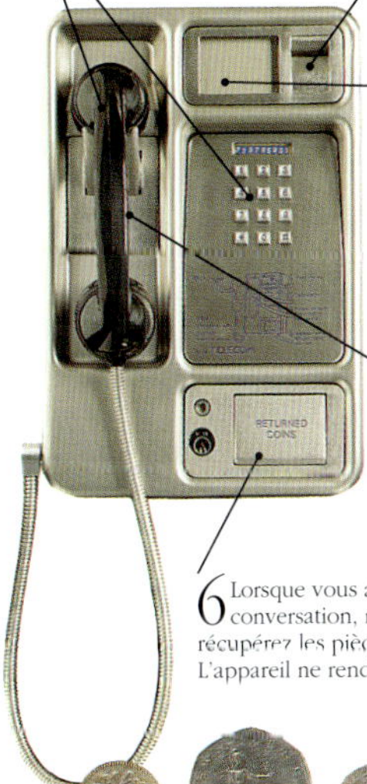

4 L'écran indique le montant inséré et le crédit restant. Un bip rapide signifie que vous devez remettre de l'argent. Insérez des pièces.

5 Si vous désirez passer un autre coup de fil et qu'il reste de l'argent, ne raccrochez pas et appuyez sur le bouton « follow-on call » (appel suivant).

6 Lorsque vous avez terminé votre conversation, raccrochez et récupérez les pièces non utilisées. L'appareil ne rend pas la monnaie.

1 £ 50 p 20 p 10 p

Utiliser un téléphone à carte BT

1 Décrochez le combiné et attendez la tonalité.

2 Insérez votre carte BT, côté vert vers le haut, dans le sens de la flèche.

3 L'écran indique le nombre d'unités restantes. Le minimum facturé est une unité (10 p).

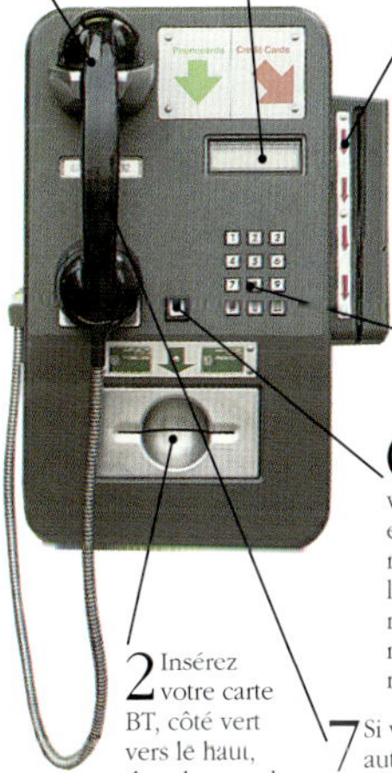

4 Certains téléphones à cartes BT acceptent aussi les cartes de crédit. Insérez votre carte dans la fente, la bande magnétique tournée vers la droite et vers l'appareil, puis faites-la glisser.

5 Composez le numéro et attendez la sonnerie.

6 Lorsqu'il ne reste plus d'unités sur votre carte, vous entendrez un bip rapide. Appuyez sur le bouton « eject », retirez votre carte et remplacez-la par une nouvelle.

7 Si vous désirez passer un autre coup de fil et qu'il reste des unités, appuyez sur l'endroit où repose le combiné lorsqu'il est raccroché.

Les cartes téléphoniques BT comportent 20, 40, 100 ou 200 unités de 10 p.

Téléphoner d'Irlande du Nord

Vous pourrez téléphoner à tarif réduit à l'intérieur de la province, vers les autres régions du Royaume-Uni et vers la république d'Irlande de 18 h à 8 h en semaine et toute la journée le week-end. Pour les communications internationales, les horaires des tarifs réduits varient en fonction des pays.

- Pour les appels internationaux, composez le 00, suivi de l'indicatif du pays, puis l'indicatif régional sans le 0 et le numéro.
- Pour appeler en république d'Irlande, composez le 00 353, puis l'indicatif régional sans le 0 et le numéro.
- Pour obtenir un opérateur qui vous aidera à téléphoner, composez le 100 pour le Royaume-Uni et le 155 pour tous les autres pays, y compris la république d'Irlande.
- Pour obtenir le service France direct *(p. 348)*, composez le 0800 890 033. Un serveur vocal vous guidera.
- Pour les renseignements, composez le 192 pour des numéros au Royaume-Uni et en république d'Irlande et le 153 pour tous les autres pays.
- Pour les urgences, composez le 999.

ALLER EN IRLANDE

Les trois grands aéroports d'Irlande, Dublin, Shannon et Belfast, sont desservis par quantité de vols au départ de villes européennes et nord-américaines. En car-ferry, vous avez le choix entre les liaisons directes depuis la France et celles via la Grande-Bretagne en partant de France, de Belgique ou des Pays-Bas. À condition d'y mettre le temps, on peut aussi voyager en bus ou en train. La carte Inter Rail permet d'utiliser gratuitement les services de la C.I.E., la compagnie irlandaise des transports. Quant aux transports en commun, ils sont à l'image de l'Irlande rurale, tant en Irlande du Nord qu'en république d'Irlande. La meilleure solution consiste donc à se mettre à l'heure irlandaise, et à prendre son temps.

Airbus d'Aer Lingus

L'architecture moderne de Dublin International Airport

ARRIVER EN AVION EN RÉPUBLIQUE D'IRLANDE

Les vols en provenance de la plupart des grandes villes européennes arrivent à **Dublin Airport**, qui est l'aéroport le plus important du pays. La principale compagnie aérienne proposant des vols réguliers à destination de la république d'Irlande est **Aer Lingus**, mais suite à la déréglementation, d'autres compagnies gagnent en importance. Des vols réguliers directs desservent la république depuis Paris (Aer Lingus et **Air Inter**), ainsi que depuis plusieurs autres villes françaises, en saison. Toute l'année, Aer Lingus assure des vols Paris/Dublin, Paris/Cork et Paris/Shannon, avec des correspondances pour d'autres villes. Air Inter assure Paris/Dublin toute l'année, et Paris/Shannon et Nice/Dublin en saison. **TAT** propose également des vols entre Quimper et Cork et Quimper et Dublin, en saison. Il existe aussi des vols *via* la Grande-Bretagne (**Air UK** et **Ryanair, British Airways/Cityflyer Express** et **British Midland**). Quantité de tour-opérateurs proposent également des vols charters.

Depuis la Suisse, Aer Lingus assure des vols directs Zurich-Dublin ; voir aussi les charters en saison.

Aer Lingus et **Sabena** effectuent des vols quotidiens entre Bruxelles et Dublin, avec des extensions vers d'autres villes d'Irlande. Alitalia propose aussi des vols entre la capitale belge et Dublin. En saison, il existe également des vols charters.

Pour le Canada, des opérateurs proposent des vols charters directs vers Shannon ou Dublin, en saison. Sinon, **Air Canada**, British Airways et **Canadian Airlines International** assurent des vols vers Londres, avec des correspondances pour Shannon ou Dublin.

Bus Airlink transportant les voyageurs de Dublin Airport au centre-ville

LIAISONS VERS LES AÉROPORTS

Les trois principaux aéroports de la république d'Irlande sont desservis par des bus. Pour les autres, on doit prendre un taxi. Des navettes circulent entre Dublin Airport et les principales stations de bus et de train de la ville, à intervalles de 20 mn, du matin très tôt à minuit. Le trajet dure environ une demi-heure. À Cork, des bus de Bus Éireann relient l'aéroport à la ville en 15 mn. Départ des bus toutes les 45 mn en semaine, et toutes les heures le week-end. De Shannon Airport, Bus Éireann assure un service régulier vers Limerick, qui rejoint le centre-ville en 35 mn. De même, plusieurs bus par jour desservent la ville d'Ennis, à environ 30 km. Tous les aéroports de la république possèdent des parkings pour des périodes courtes ou longues.

Panneaux d'information dans le hall de Shannon Airport

Enregistrement à Belfast International Airport

Arriver en avion en Irlande du Nord

En venant de France, de Belgique ou de Suisse, il vous faudra passer par la Grande-Bretagne pour rejoindre l'Irlande du Nord en avion. Des vols assurés par British Airways ou British Midland relient toutes les heures Londres à Belfast International Airport (BIA), situé à 30 km au nord-ouest de la ville. Belfast comporte un autre aéroport, Belfast City Airport, plus petit mais plus proche du centre-ville.

Il existe deux autres possibilités pour rejoindre directement l'Irlande du Nord par avion : vous pourrez emprunter les vols directs quotidiens Amsterdam/Belfast assurés par **KLM Cityhopper**, ou bien passer par Dublin (voir plus haut). En effet, comme l'aéroport de Dublin se trouve au nord de la ville, l'Irlande du Nord n'est qu'à environ 1 h 30 de route.

Liaisons vers les aéroports d'Irlande du Nord

Les aéroports d'Irlande du Nord sont généralement bien desservis. Les bus Airbus de BIA relient l'aéroport à l'Europa Buscentre, *via* Oxford Street Bus Station et Central Railway Station. Ces bus qui circulent toutes les demi-heures mettent environ 30 minutes d'un bout à l'autre du trajet. À Belfast City Airport, le bus n° 21 passe toutes les demi-heures et met environ 10 minutes pour rejoindre le dépôt de bus de Belfast City Hall. De plus, des trains partent environ toutes les 30 minutes de l'aéroport pour Central Station. L'aéroport de Derry est desservi par un bus local, le 143, qui rejoint le centre-ville environ toutes les heures (passages moins fréquents le week-end). Tous les aéroports du Nord possèdent des stations de taxis et des parkings de courte et longue durée.

Prix des billets

Les compagnies aériennes proposent quantité de tarifs intéressants. Citons les vols jeunes, pour les moins de 25 ans (trois tarifs sur Air Inter, en fonction des dates), et les vols vacances, qui vous permettent de voyager à un prix intéressant, en prenant un billet à date fixe et en restant au moins un week-end sur place (plus précisément la nuit du samedi au dimanche). Les tarifs des vols vacances sont pratiqués toute l'année. De manière générale, vous obtiendrez des tarifs plus intéressants en vous y prenant longtemps à l'avance.

Les compagnies aériennes offrent également des formules permettant de découvrir l'Irlande le temps d'un week-end, qui comprennent le vol et un véhicule de location.

Information en anglais et en gaélique à l'aéroport

Il existe aussi quantité de vols très bon marché depuis Londres. Renseignez-vous également auprès des agences de voyages, qui proposent de nombreux vols charters, à des prix particulièrement intéressants.

Carnet d'adresses

Principaux aéroports

Belfast City Airport
01232 457745.

Belfast International
01849 422888.

Cork International
021 313131.

Dublin Airport
01 8444900.

Knock International
094 67222.

Shannon Airport
061 471444.

Compagnies aériennes desservant l'Irlande

Aer Lingus
01 7056705.
(01) 47 42 12 50 (France).

Air Canada
1800 361 86 20 (Québec).
1800 663 37 21 (autres provinces du Canada).

Air Inter
(1) 45 46 90 00 (France).

Air UK/Ryanair
(1) 44 56 18 08 (France).

Alitalia
(02) 513 49 13 (Belgique).

British Airways/BA Express
1800 626747.
(1) 47 78 14 14 (France).

British Midland
01 2838833.
(1) 48 62 55 65 (France).

Canadian Airlines International
1800 665 11 77 (à composer au Canada et aux États-Unis).

KLM
01 2843823.
(020) 67 47 747 (Pays-Bas).

Sabena
(02) 511 90 30 (Belgique).

TAT
05 29 01 01 (France).

Arriver par la mer

Le ferry est un mode de transport très populaire pour rejoindre l'Irlande, particulièrement pour les familles ou les groupes désireux de découvrir le pays en voiture. Quatre ports en France et huit ports en Grande-Bretagne proposent des liaisons vers six villes irlandaises. Aujourd'hui, tous les ferries sont dotés de salons, de restaurants et, selon les destinations, de magasins duty-free. La traversée de la mer d'Irlande s'effectue désormais en un temps record, grâce aux ferries ultra-rapides.

Le Stena Sea Lynx quittant le port de Dun Laoghaire

Ferries vers Dublin et Dun Laoghaire

Pour rejoindre Dublin et Dun Laoghaire en ferry, vous devrez passer par la Grande-Bretagne, où de nombreuses possibilités s'offrent à vous. **Irish Ferries**, la principale compagnie irlandaise, est l'unique exploitant de la ligne Holyhead-Dublin, et assure deux traversées par jour. Ici, il n'y a pas de services rapides, seulement le ferry traditionnel qui met environ 3 h 30. Irish Ferries ne fonctionne pas le 25 et le 26 décembre.

La ligne Holyhead-Dun Laoghaire (le principal port du pays), non loin de Dublin, est exploitée par **Stena Sealink**, qui met en service des ferries traditionnels et le Stena HSS (service à grande vitesse) depuis septembre 1995. Le HSS, le plus grand ferry rapide du monde, a la même capacité de passagers et de véhicules que les autres ferries, tout en étant deux fois plus rapide.

Sur le Stena HSS, les temps de chargement et de déchargement des véhicules sont réduits – 20 minutes pour les voitures, contre 30 minutes au moins sur les autres ferries. Les passagers ayant besoin d'assistance dans le port ou sur le bateau doivent avertir la compagnie avec laquelle ils voyagent au moins 24 h avant le départ. Si vous partez à vélo, Irish Ferries et Stena Sealink le transporteront gratuitement, comme la plupart des ferries, mais n'oubliez pas de le signaler lors de la réservation.

Une autre possibilité consiste à emprunter le tunnel sous la Manche à bord du **Shuttle**, pour rejoindre ensuite l'Irlande en ferry.

Ferries vers Rosslare

Rosslare, dans le comté de Wexford, est desservi par des ferries du sud du pays de Galles et par des navires directs de France, venant du Havre (environ 20 heures de traversée), de Roscoff (15 heures) et de Cherbourg (17 heures).

Logo d'Irish Ferries

Stena Sealink propose une liaison depuis Fishguard, avec des ferries traditionnels et le Sea Lynx, un catamaran plus rapide. Si vous souhaitez emprunter le Sea Lynx et que vous êtes en voiture, vérifiez que votre véhicule chargé est bien conforme aux spécifications de Stena Sealink. En effet, les dimensions maximales sont de 3 m de haut et 6 m de long et le poids maximum de 3 tonnes.

Toute l'année, Irish Ferries propose 2 traversées quotidiennes entre Rosslare et Pembroke, qui durent environ 4 h 30. Tous les bateaux possèdent des cabines et des couchettes (réservez à l'avance).

Ferries vers Cork

Entre mai et septembre, Irish Ferries propose des traversées entre Le Havre et Cork (environ 22 h) et Roscoff et Cork (environ 15 h). Entre mars et octobre, **Brittany Ferries** propose une traversée Roscoff-Cork (14 h)

Itinéraire	Compagnie
Holyhead-Dun Laoghaire	Stena Sealink
Le Havre-Rosslare	Irish Ferries
Roscoff-Rosslare	Irish Ferries
Cherbourg-Rosslare	Irish Ferries
Le Havre-Cork	Irish Ferries
Roscoff-Cork	Irish Ferries Brittany Ferries
Saint-Malo-Cork	Brittany Ferries

Galerie donnant sur le quai du port de Rosslare

et Saint-Malo-Cork (18 h). Cabines et couchettes disponibles, mais réservez à l'avance.

Pour les liaisons partant de Grande-Bretagne, le trajet est relativement long (10 h), ce qui dissuade plus d'un voyageur d'emprunter cette route maritime. Toutefois, si vous désirez découvrir le sud-ouest de l'Irlande, cet itinéraire, qui vous fera arriver à Ringaskiddy, près de Cork, vous évitera de traverser une bonne partie de l'île en voiture. En haute saison, **Swansea Cork Ferries** assure 6 traversées par semaine. Toutefois, la ligne n'est pas exploitée entre fin janvier et mi-mars. Swansea Cork Ferries facture un petit supplément pour les bicyclettes.

Indications pour les passagers des ferries

Bateau d'Irish Ferries chargeant dans le port de Rosslare

Transports depuis les ports

Tous les ports sont bien desservis par le bus et le train. Du port de Dublin, des bus transportent les passagers (trajet payant) au centre-ville. De Dun Laoghaire, des trains DART partent pour Dublin toutes les 10 à 15 minutes, desservant les arrêts de Pearse Street, Tara Street et Connolly. Ces trains partent de la gare située près du hall principal de passagers. Des bus relient Dun Laoghaire à Eden Quay et Fleet Street dans le centre-ville toutes les 10 à 15 minutes. De plus, tous les ports possèdent des stations de taxis.

Carnet d'adresses

Compagnies de ferries

Brittany Ferries
021 277801 (Cork).
(1) 44 94 89 00 (Paris).

Irish Ferries
01 8552222 (Dublin).
(1) 42 66 90 90 (Paris).
(02) 537 45 88 (Belgique).
(01) 363 52 55 (Suisse).

Isle of Man Steam Packet Co Ltd
01624 661661 (Île de Man).

Norse Irish Ferries
01232 779090 (Belfast).

P&O European Ferries
1800 409049 (en Irlande).
(1) 44 51 00 51 (France).
(050) 54 22 22 (Belgique).

Stena Sealink Line
01 2808844 (Dublin).
01233 647047 (Royaume-Uni).
(02) 513 38 18 (Belgique).

Swansea Cork Ferries
021 271166 (Cork).
01792 456116 (Royaume-Uni).

SeaCat
01345 523523 (Royaume-Uni).

Bus et train

Le « Shuttle »
21 00 61 00 (France).

Eurolines
01 8366111(Dublin).
(1) 49 72 51 51 (France).

USIT Voyages
(1) 43 29 85 00 (France).

Durée du trajet	Traversées	Liaisons en bus et train
HSS : 1 h 40 Ferry : 3 h 30	6 à 8 fois par jour	Train DART ou bus locaux pour Dublin : 14 km
20 h	2 à 3 fois par semaine	Train ou bus pour Wexford : 19 km ou Dublin : 162 km
15 h	mai-sept. : quelques traversées/mois juin à juillet : 2 fois par semaine	Train ou bus pour Wexford : 19 km ou Dublin : 162 km
17 h	1 à 2 fois par semaine	Train ou bus pour Wexford : 19 km ou Dublin : 162 km
20 h	juin à sept. : 1 fois par semaine	Bus pour Cork : 18 km
15 h 14 h	juin à sept. : 1 fois par semaine mi-mars-début oct. : 2 fois par sem.	Bus pour Cork : 18 km
18 h	mi-avril-fin sept. : 1 fois par semaine	Bus pour Cork : 18 km

Ferries pour Belfast et Larne

Il n'existe pas de liaisons directes entre l'Irlande du Nord et la France. Vous devrez donc impérativement passer par la Grande-Bretagne. La liaison la plus rapide est le **SeaCat**, qui relie Stranraer à Belfast en 90 minutes. Ce ferry catamaran circule quatre ou cinq fois par jour, toute l'année. Sur le même itinéraire, Stena Sealink va mettre en service en 1996 le nouveau ferry HSS, aussi rapide que le SeaCat.

La ligne Liverpool/Belfast est exploitée par Norse Irish Ferries. Le bateau quitte Liverpool un soir sur deux à 20 h 30 et arrive le lendemain vers 7 h. Si vous traversez la mer d'Irlande avec l'**Isle of Man Steam Packet Co**, vous pourrez visiter l'île de Man en route. Cette liaison, assurée depuis Liverpool et Heysham, fonctionne en été seulement. Elle vous permet d'arriver à Dublin et de repartir de Belfast, ou vice-versa. Deux routes maritimes desservent Larne, toutes deux depuis l'Écosse. Les ferries partant de Stranraer sont exploités par Stena Sealink et ceux de Cairnryan par **P&O European Ferries**. Ces deux lignes sont desservies par des ferries plus lents (140 minutes). En été, il y a entre 10 et 15 traversées quotidiennes entre Larne et l'Écosse.

Auto-stoppeur prenant son mal en patience dans le port de Larne

Déchargement des voitures et camions dans le port de Larne

Liaisons avec les ports

Bien que le port de Belfast ne soit qu'à 10 minutes à pied du centre-ville, des navettes de Flexibus transportent les passagers au centre-ville, via l'Europa Buscentre et la Central Railway Station. Un bus assure la liaison entre le port de Larne et la station de bus de la ville. De là, des bus partent toutes les heures pour le centre de Belfast. Du port de Larne, des trains amènent les passagers des ferries aux gares de Yorkgate et Central Station de Belfast. Dans les ports de Belfast et de Larne, des taxis attendent généralement l'arrivée des passagers.

Logo du port de Belfast

Tarifs et réductions

Les tarifs varient considérablement en fonction de l'époque – en haute saison, entre mi-juin et mi-septembre, ils peuvent être deux fois plus chers qu'à d'autres époques. Les prix augmentent aussi vers Noël et le nouvel an. Il est recommandé de réserver, pour l'aller et le retour. Si vous empruntez une ligne sans réservation, vérifiez les disponibilités avant le départ.

Une solution avantageuse pour les groupes et les familles consiste à prendre un billet pour une voiture et un grand nombre de passagers. À certaines dates et sur certains trajets, le billet aller-retour (*via* la Grande-Bretagne) pour une voiture et cinq adultes (deux enfants comptent pour un adulte) peut coûter moins de 500 francs. Les billets les moins chers sont généralement ceux où l'aller et le retour se font dans une période déterminée. Les tarifs sont souvent moins chers en milieu de semaine et pour les départs tôt le matin ou tard le soir. Les compagnies consentent des réductions aux étudiants porteurs d'une carte ISIC *(p. 340)* et certaines proposent des prix spéciaux aux titulaires d'une carte Inter Rail *(p. 359)*.

Billets combinés rail/bus-ferry

Eurolines et **Usit Voyages** proposent des départs en bus de Paris et de plusieurs autres villes vers quantité de destinations en Irlande. Ces bus empruntent les lignes d'Irish Ferries.

Si vous choisissez de passer par la Grande Bretagne, sachez qu'il existe également des billets combinés train/ferry, valables pour toutes les villes d'Irlande. Ils sont en vente dans la plupart des gares de British Rail.

Les voyageurs d'Amérique du Nord et de certains pays non-européens pourront faire l'acquisition d'un forfait BritIreland. Ce billet autorise un nombre illimité de voyages en train dans toute la Grande-Bretagne et l'Irlande, et un aller-retour en ferry vers l'Irlande, ceci durant cinq ou dix jours dans l'espace d'un mois.

Sur la route

La voiture est l'un des meilleurs moyens pour découvrir les splendides paysages et les sites anciens de l'Irlande. La conduite sur les routes étroites et désertes qui serpentent dans la campagne est très agréable. Toutefois, il arrive également de se trouver bloqué derrière un tracteur ou un troupeau de vaches. Si vous ne souhaitez pas vous déplacer avec votre véhicule personnel, vous pourrez en louer un sur place. Toutes les compagnies internationales sont réprésentées au Nord comme au Sud. Le vélo est une autre solution fort agréable pour sillonner l'île, à votre propre rythme.

Panneau de signalisation en gaélique, indiquant de céder la priorité

Avec votre voiture personnelle

Pour rejoindre l'Irlande, vous pouvez emprunter un ferry direct ou *via* la Grande-Bretagne, ou bien voyager à bord du « Shuttle », continuer ensuite en ferry jusqu'en Irlande. Si vous prévoyez de prendre le ferry *(p. 352-354)* avec votre voiture personnelle, renseignez-vous auprès de votre assureur pour savoir si vous êtes bien couvert.

Munissez-vous de votre carte verte d'assurance internationale, des papiers du véhicule et, bien évidemment, de votre permis de conduire.

Il est également conseillé d'adhérer à un service de dépannage, comme par exemple l'**Automobile Club National** en France (qui vous couvre également à l'étranger). Si vous n'êtes pas membre d'un club de ce type, il est possible d'y adhérer simplement pour la durée des vacances.

Un petit verre pour la route

Avec une voiture de location

La location de voitures est une affaire florissante en Irlande. En été, pensez donc à réserver à l'avance. Les tarifs sont relativement chers et on obtient des prix plus intéressants en s'y prenant à l'avance. Des intermédiaires se chargent d'interroger les grandes firmes pour dénicher les offres les plus intéressantes. Il peut également s'avérer avantageux de prendre un billet combiné avion/voiture de location, ou ferry/voiture, mais attention aux frais supplémentaires. Les tarifs de location comprennent généralement le kilométrage illimité, l'assurance pour les passagers et une assurance au tiers, incendie et vol, mais le véhicule n'est pas couvert. Si vous prévoyez de franchir la frontière, même pour peu de temps, prévenez l'agence de location, qui vous fera parfois payer une légère surprime pour l'assurance.

Pour louer un véhicule, il faut être titulaire du permis de conduire depuis deux ans au moins et le conducteur doit avoir entre 23 et 70 ans.

Essence

L'essence sans plomb et le fuel pour diesel sont disponibles partout. Les prix varient d'une station-service à l'autre, mais l'essence est relativement chère au Sud. Au Nord, les prix sont inférieurs d'environ 10 %. Presque toutes les stations prennent les cartes Visa et Mastercard, mais vérifiez tout de même, surtout à la campagne.

Cartes routières

La carte routière à la fin du guide indique toutes les localités citées dans cet ouvrage. De plus, chaque chapitre s'ouvre par une carte de la région, avec les principales curiosités et des conseils sur les transports. Si vous prévoyez de circuler beaucoup, en voiture ou à vélo, procurez-vous une carte plus détaillée. Les cartes Ordnance Survey Holiday Maps sont excellentes. Les offices du tourisme fournissent des plans de ville gratuits *(p. 338)*. Les offices du tourisme d'Irlande du Nord et de la république proposent des itinéraires pour les cyclistes.

Comptoir de location de voitures Hertz à l'aéroport de Dublin

Une scène familière : fermier et son troupeau sur une petite route

CODE DE LA ROUTE

Même si vous n'êtes pas habitué à conduire à gauche, la circulation en Irlande ne devrait pas poser de problèmes, la principale difficulté étant de s'habituer à doubler par la droite et à céder la priorité à gauche aux ronds-points. Au Nord et au Sud, le port de la ceinture de sécurité est obligatoire à l'avant du véhicule, ainsi qu'à l'arrière dans les voitures équipées. Les enfants doivent être installés dans des sièges adéquats. À moto, le casque est obligatoire, pour le conducteur et le passager. En Irlande du Nord s'applique le code de la route britannique, très semblable à celui de la république d'Irlande. Les deux sont disponibles en librairie.

Limitation de vitesse en miles sur une route du Cork

Dans le Nord, on voit des véhicules portant une plaque rouge marquée « R » (restricted), indiquant un conducteur qui a son permis depuis moins de 12 mois.

LIMITATIONS DE VITESSE

De part et d'autre de la frontière, les limitations de vitesse, exprimées en miles, sont plus ou moins identiques :
• 30 m/h (50 km/h) en agglomération.
• 60 m/h (95 km/h) hors agglomération.
• 70 m/h (110 km/h) sur autoroute.
Sur certaines routes, clairement indiquées, la vitesse est limitée à 40 m/h (65 km/h) ou 50 m/h (80 km/h). En l'absence d'indications, elle est limitée à 60 m/h (95 km/h). Dans la république, les véhicules remorquant une caravane ne doivent pas dépasser 55 m/h (90 km/h). Les limitations sont appliquées plus sévèrement au Nord.

PANNEAUX DE SIGNALISATION

En république d'Irlande, la plupart des panneaux de signalisation sont en anglais et en gaélique. L'Irlande passant au système métrique, tous les nouveaux panneaux vert et blanc indiquent les distances en kilomètres. Mais comme ici, rien n'est simple, on voit aussi des pancartes blanches à lettres noires en miles. Les indications dans le Nord sont toujours en miles. Un signe diffère, celui qui commande de céder le passage : « Yield » dans la république, « Give Way » au Nord. Au Nord comme au Sud, des inscriptions blanches sur fond marron indiquent les sites historiques, culturels ou de loisirs.

PANNEAUX DE LA RÉPUBLIQUE D'IRLANDE

Quai ou rive non protégé

Intersection

Enfants ou école

Virages dangereux

PANNEAUX D'IRLANDE DU NORD

Panneau d'autoroute

Panneau de route nationale

ÉTAT DES ROUTES

Dans l'ensemble, les routes d'Irlande du Nord sont en meilleur état qu'au Sud. Toutefois, elles serpentent autant de part et d'autre de la frontière. Les routes sont assez peu fréquentées, surtout en république d'Irlande, et en pleine campagne, vous pourrez parcourir bon nombre de miles sans croiser une voiture. Même les grands axes sont parfois étonnamment déserts. L'île ne compte que quelques tronçons d'autoroutes. Toutefois, quantité de routes à quatre voies ont été aménagées récemment en république et même dans des régions rurales comme le comté de Donegal.

STATIONNEMENT

Dans un pays aussi peu encombré par les automobiles, on a rarement du mal à se garer. La plupart des villes possèdent au moins un parking gratuit. Dublin, Belfast et quelques autres villes sont équipées en parcmètres et en parkings (assez chers). Le stationnement dans la rue est autorisé. Une ligne jaune sur le sol indique des restrictions (un panneau affiche les heures de stationnement autorisé). Les doubles lignes jaunes signalent que le stationnement est interdit.

Les disques de stationnement sont utilisés dans la plupart des villes de la république d'Irlande. Ils sont en vente chez les marchands de journaux et dans les stations-service, les offices du tourisme et les magasins. Les localités du Nord comportent des zones de sécurité (« Control Zone »), signalées par de grandes pancartes roses ou jaunes. Le stationnement y est interdit, quelle que soit l'heure.

Zone à disque de stationnement

Panneau d'avertissement en Irlande du Nord

CYCLISME

Les paisibles routes d'Irlande font le bonheur des cyclistes. Un réseau de loueurs de vélos, **Raleigh Rent-a-Bike**, propose des formules à des prix raisonnables. Des magasins locaux, comme **Rent-a-Bike** à Dublin, louent également des bicyclettes. Il est possible de louer un vélo dans une ville pour le restituer dans une autre, moyennant une légère augmentation. Beaucoup de loueurs fournissent aussi des casques. Emportez des vêtements imperméables et légers. Vous pourrez transporter votre vélo en bus et en train, avec un supplément.

BARRAGES DE SÉCURITÉ EN IRLANDE DU NORD

Les barrages routiers ont fait leur apparition à la fin des années soixante. Aujourd'hui, que ce soit au cœur de Londonderry ou aux confins des Sperrin Mountains, il peut vous arriver de rencontrer plusieurs barrages ou aucun en fonction du climat politique. Lors des contrôles, effectués par l'armée ou la police, on vous demandera simplement une pièce d'identité. Si l'on arrête votre voiture, ce qui est peu probable, présentez votre permis de conduire et votre certificat d'assurance, ou le contrat de location lorsqu'on vous le demandera. Restez courtois, et tout se passera pour le mieux.

Cyclistes consultant leur carte à Ballyvaughan dans le comté de Clare

CARNET D'ADRESSES

LOCATION DE VOITURES

Alamo
05 44 78 07 (France).

Argus Rent-a-Car
01 4904444 (Dublin).

Avis
021 281111 (Cork).
(1) 46 10 60 60 (France).

Budget
01 8445919 (Dublin).
(1) 40 35 33 33 (France).

Dan Dooley/Kenning
062 53103 (Tipperary).
01849 452522 (Belfast).

EuroDollar
021 344884 (Cork).
(1) 49 58 44 44 (France).

Europcar/InterRent
01 6681777 (Dublin).
01849 423444 (Belfast).

Hertz
053 23511 (Wexford).
(1) 47 88 51 51 (France).

Holiday Autos
0171 4911111 (Royaume-Uni).

McCausland Car Hire
01232 333777 (Belfast).

Thrifty Car Rentals
061 453049 (Limerick).
(1) 41 07 93 80 (France).

DÉPANNAGE ET REMORQUAGE

Automobile Association (AA)
01 2833555 (pour adhérer en république d'Irlande).

Royal Automobile Club (RAC)
1800 483483 (pour adhérer en république d'Irlande).
0800 550550 (pour adhérer au Royaume-Uni).

Automobile Club National
(1) 44 51 53 99 (France).

LOCATIONS DE VÉLOS

Rent-a-Bike
58 Lower Gardiner Street, Dublin 2.
01 8725399.

Raleigh Rent-a-Bike
30 Bachelors Walk, Dublin 1.
01 8733622.

L'Irlande en train

Le réseau ferroviaire de la république d'Irlande, exploité par l'entreprise publique **Irish Rail** (Iarnród Éireann), est loin d'être étendu et les tarifs sont assez élevés. Toutefois, les trains sont fiables et confortables ; c'est un bon moyen de transport sur de longues distances. Les prestations fournies par **Northern Ireland Railways** (NIR) sont plus limitées, mais les tarifs sont meilleur marché. En 1996, la liaison entre le Nord et le Sud sera modernisée, avec des trains à grande vitesse reliant Belfast à Dublin en moins de 95 minutes.

Quai de la gare Heuston à Dublin

Le train en république d'Irlande

Bien que les régions rurales ne soient pas desservies, Irish Rail propose des liaisons satisfaisantes vers la plupart des villes. Le train est sans nul doute le moyen le plus rapide et le plus pratique de se rendre de Dublin à Waterford, Cork, Limerick ou Galway. Toutefois, le réseau possède des lacunes. Ainsi, le Donegal n'est absolument pas desservi. Si vous prévoyez de découvrir la côte ouest par les transports en commun, vous devrez donc, de Galway, Sligo, Limerick ou Westport, poursuivre vers l'ouest en prenant les bus locaux.

Les deux principales gares de Dublin sont Connolly, qui dessert le Nord, le Nord-Ouest et Rosslare, et Heuston, d'où partent les trains pour l'Ouest, le Centre et le Sud-Ouest. Ces deux gares sont reliées par le bus nº 90, qui part toutes les 10 à 15 minutes et met environ un quart d'heure, en fonction de la circulation. Tous les trains ont des compartiments standard (2e classe) et super-standard (1re classe). Un supplément est dû pour la 1re classe. Vous pouvez emporter votre vélo, mais il vous en coûtera un supplément pouvant atteindre 6 IR£, selon la longueur du trajet. Les renseignements sur les horaires et les villes desservies sont fournis par les indicateurs des chemins de fer, vendus dans la plupart des gares pour environ 50 p.

Le DART

Le réseau express électrique DART (Dublin Area Rapid Transit) dessert 25 stations entre Howth, comté de Dublin, et Bray, comté de Wicklow, avec plusieurs arrêts au centre de Dublin. Le billet Dublin Explorer permet d'emprunter durant quatre jours consécutifs le réseau DART et les bus de Dublin Bus. Les tickets sont en vente dans toutes les stations de DART. Vous pourrez emporter votre vélo dans le train s'il y a de la place, moyennant un supplément.

Panneau de station du DART

Logo du service InterCity d'Iarnród Éireann

Le train en Irlande du Nord

Outre un service express desservant le port de Larne et une ligne de banlieue vers Bangor, seules deux lignes quittent Belfast : l'une en direction de l'ouest, gagnant Londonderry via Colerain (pour le Giant's Causeway) ; l'autre, la seule ligne transfrontalière, reliant Belfast à Dublin, six fois par jour. Tous les trains partent de Central Station ; sauf pour le port de Larne : départ de Yorkgate. Une nouvelle gare, Great Victoria Street, a été inaugurée en septembre 1995, au cœur du quartier d'affaires et commerçant de la ville. N'oubliez pas qu'en Irlande du Nord il n'y a pas de consignes, ni dans les gares ni dans les stations de bus.

Stations du DART

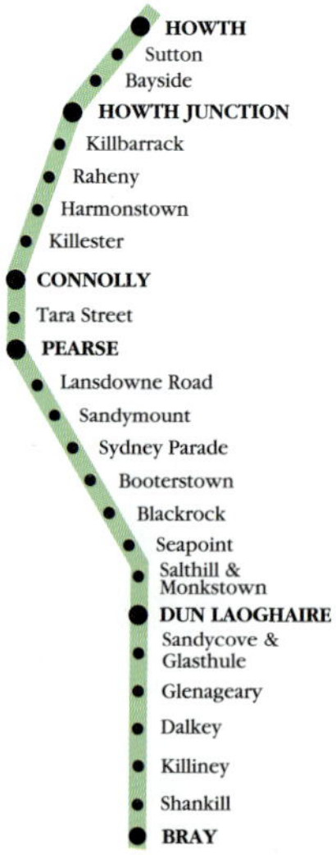

Billets et tarifs

En Irlande, le train est assez cher, mais il existe divers forfaits intéressants, qui couvrent souvent les réseaux de bus, si bien que vous pourrez découvrir tout le pays avec un seul billet.

Le billet le plus complet est l'Emerald Card, valable sur toutes les lignes d'Irish Rail, Northern Ireland Railways, Dublin Bus et Ulsterbus. Pour environ 100 IR£, il permet des voyages illimités durant huit journées, dans une période de 30 jours. Un ticket Irish Explorer pour huit jours, valable sur Irish Rail et Bus Éireann, est légèrement moins cher. Pour le train, le billet Irish Rover, valable sur Irish Rail et Northern Ireland Railways durant cinq journées dans une période de 15 jours, peut s'avérer avantageux.

Guichet moderne de Central Station à Belfast

Réductions

Les étudiants peuvent acheter un timbre « Travelsave Stamp » *(p. 340)* pour obtenir des tarifs réduits. Pour les moins de 26 ans, la Faircard, vendue par l'USIT *(p. 340)*, donne droit à 50 % de remise sur les allers simples d'Irish Rail. Les cartes Inter Rail moins de 26 ans permettent un nombre illimité de voyages durant 15 jours ou un mois dans la république. Les voyageurs plus âgés pourront acheter une carte Inter Rail, un peu plus chère. Ces cartes ne donnent droit qu'à un tiers de remise sur Northern Ireland Railways.

Réseau ferroviaire irlandais

Irish Rail (Iarnród Éireann)
35 Abbey St Lower, Dublin 1.
☎ *01 8366222.*

Northern Ireland Railways
Central Station, East Bridge St,
Belfast BT1 3PB.
☎ *01232 899411.*

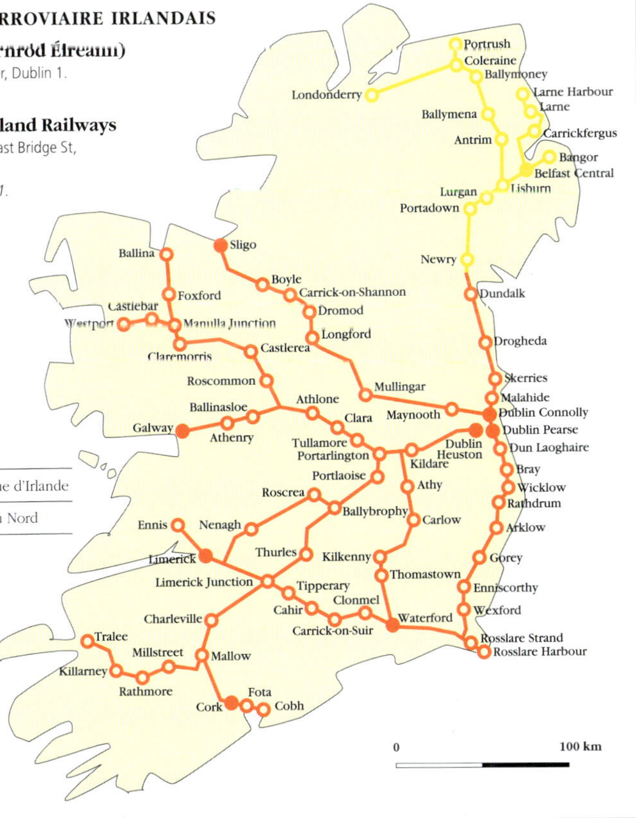

Légende

- République d'Irlande
- Irlande du Nord

L'Irlande en car et en taxi

Les liaisons en car sont assez bonnes pour un pays aussi rural. Toutefois, les longs trajets impliquent souvent des correspondances, qui prennent du temps. Les circuits en car sont un bon moyen de découvrir l'île – renseignements, tarifs et réservations dans les offices du tourisme. En outre, vous trouverez des taxis dans presque toutes les villes. Dans la république, il s'agit généralement de gros taxis traditionnels, identifiables à leur lumière jaune sur le toit. Au Nord, les villes comme Belfast et Londonderry possèdent des « mini-cabs » (voitures normales) et des « black cabs » (taxis londoniens).

Embarquement dans un car à l'Europa Buscentre de Belfast

BUS ÉIREANN

Logo ornant les cars express et locaux de Bus Éireann

Voyager en car

La société nationale de bus de la république d'Irlande, Bus Éireann, exploite un réseau de cars desservant presque toutes les villes. La principale gare routière de Dublin est le Busáras dans Store Street, à quelques minutes de marche d'O'Connell Street. De plus, il existe quantité de sociétés privées, qui exploitent les mêmes lignes que Bus Éireann, ou bien d'autres destinations. Les campagnes du Donegal sont par exemple desservies par plusieurs sociétés de cars privées. Elles ne sont pas toutes agréées, aussi convient-il de vérifier si les passagers sont couverts en cas d'accident. Les offices du tourisme vous indiqueront les services de ces sociétés.

Ulsterbus assure d'excellentes prestations en Irlande du Nord, et notamment des liaisons express entre les grandes villes. Belfast possède deux grandes gares routières – l'Europa Buscentre, près de Great Victoria Street, et Oxford Street Station. Vérifiez avant le départ d'où part votre car, et n'oubliez pas qu'en Irlande du Nord il n'y pas de consigne dans les gares.

Tarifs et billets

Dans la république, les cars interurbains coûtent environ deux fois moins cher que le train. Pour un aller-retour dans la journée, demandez un « day-return ticket », beaucoup moins cher que l'aller-retour normal. De même, du mardi au jeudi, vous pourrez prendre un « period return ticket », aller-retour au prix d'un aller simple. Demi-tarif pour les moins de 16 ans, réduction de 30 % pour les étudiants avec un timbre Travelsave *(p. 340)*. Si vous prévoyez de longs trajets, prenez un billet « Rambler », qui permet un nombre illimité de voyages au Sud, durant un certain nombre de jours pendant une période donnée, par exemple 15 jours de voyage sur 30 jours.

Le ticket « Freedom of Northern Ireland » autorise un nombre illimité de voyages sur Ulsterbus, pour un jour ou une semaine. Ulsterbus propose également des allers-retours dans la journée bon marché. Réduction de 15 % pour les étudiants porteurs d'une carte ISIC. Signalons également divers forfaits, combinant le car et le train *(p. 359)*.

Circuits en car

Le car constitue certes un bon moyen pour se rendre d'une ville à l'autre, mais les transports en commun ne sont pas très pratiques pour explorer une région de fond en comble – sauf si l'on n'est pas pressé. Si vous n'avez que peu de temps pour visiter une contrée reculée comme le Connemara *(p. 198-201)*, une visite guidée de la région est une solution intéressante. Pour environ 10 IR£ par adulte, vous pourrez effectuer un pittoresque circuit en forme de huit, qui part de Galway et passe par Spiddal, Kylemore, Letterfrack, Oughterard, pour revenir à Galway. L'excursion dure de 10 h à 17 h 30, avec des arrêts dans les centres d'intérêt. Le prix ne comprend ni les billets d'entrée ni le déjeuner. Réservations au Galway Tourist Informations Centre, à l'avance ou le jour même. Des circuits d'une demi-journée ou d'une journée sont proposés

Car express en Irlande du Nord

dans la plupart des régions touristiques. Parmi les excursions dans la campagne irlandaise, citons des destinations comme Glendalough *(p. 132-133)*, le Donegal *(p. 216-223)* et le Ring of Kerry *(p. 156-157)*. À Dublin et dans d'autres villes du Sud, Bus Éireann et certaines sociétés locales proposent des circuits d'une journée ou d'une demi-journée. Dublin Bus (Bus Átha Cliath) propose un tour de Dublin, qui part d'O'Connell Street Upper, pour découvrir les sites les plus célèbres.

En Irlande du Nord, Ulsterbus organise plusieurs excursions en car, partant de l'Europa Buscentre à Belfast pour tous les principaux sites, comme la côte du Causeway, les Glens of Antrim, et l'Ulster-American Folk Park, près d'Omagh. Pour réserver, mieux vaut se rendre aux bureaux d'Ulsterbus à Belfast plutôt que de téléphoner. En été, Belfast Citybus propose jusqu'à trois tours par semaine à travers la ville.

Bus urbains et bus locaux

En république d'Irlande, les bus urbains appliquent généralement des tarifs raisonnables. Dublin Bus exploite toutes les lignes de Dublin et de sa périphérie (y compris certains quartiers de Wicklow, Kildare et Meath),

File de taxis devant le bâtiment des arrivées de l'aéroport de Dublin

Passagers descendant d'un bus de Waterford

tandis que les bus de Cork, Galway, Limerick et Waterford sont gérés par Bus Éireann. Dans Dublin, les bus fonctionnent d'environ 6 h à 23 h 30. Si vous prenez le bus plus de deux ou trois fois dans la journée, achetez un laissez-passer pour la journée (environ 3 IR£). Dans le reste de la république, les lignes de cars sont essentiellement exploitées par Bus Éireann. Pour connaître les horaires et arrêts des cars dans les villages reculés, renseignez-vous auprès des habitants. Tous les itinéraires et horaires de Bus Éireann figurent dans l'indicateur de la société, vendu dans toutes les grandes stations de bus pour 50 p.

Logo de Dublin Bus

Quant au réseau d'Irlande du Nord, il est exploité par Ulsterbus, à l'exception de celui de Belfast, très vaste, géré par Citybus. Les deux sociétés proposent quantité de formules d'abonnement. Indicateurs régionaux des horaires dans les stations de bus.

Taxis en république d'Irlande

Hormis dans les coins perdus, on trouve généralement des taxis – renseignements dans votre hôtel ou B&B. À Dublin, les taxis sont de vastes berlines. Il est rare de pouvoir en héler un dans la rue ; mieux vaut se rendre dans les stations de taxis, gares, gares routières ou hôtels. Dans un taxi sans compteur, demandez toujours le prix de la course au préalable.

Taxis en Irlande du Nord

En Irlande du Nord, les tarifs pratiqués par les taxis sont raisonnables. Une course dans le centre de Belfast ne coûte généralement pas plus de 3 £, en « mini-cab » ou en « black cab ». Dans les villes du Nord, il y a presque toujours au moins une station de taxis. Sinon, demandez un numéro d'appel dans votre hôtel ou B&B.

Carnet d'adresses

Sociétés de bus nationales

Bus Éireann
01 8366111 (y compris renseignements sur les excursions).

Ulsterbus
01232 333000.
01232 337004 (excursions).

Sociétés de bus urbains

Dublin Bus
01 8734222 (y compris renseignements sur les excursions).

Belfast Citybus
01232 246485.
01232 458484 (excursions).

Excursions en car

Gray Line Tours
3 Clanwilliam Terrace, Dublin 2.
01 6619666.

McGeehan Coaches
Fintown PO, Co Donegal.
075 46101.

Index

Les numéros de page en **gras** renvoient aux entrées principales.

A

C

D

F

G

H

M

Q

R

S

T

Remerciements

L'éditeur remercie les organismes, les institutions et les particuliers suivants dont la contribution a permis la préparation de cet ouvrage.

Auteurs

Lisa Gerard-Sharp est écrivain et travaille également dans l'audiovisuel. Elle a participé à de nombreux guides de voyage, et notamment au *Guide Voir France*. D'origine irlandaise, elle a des attaches familiales dans les comtés de Sligo et de Galway, et se rend régulièrement en Irlande.

Tim Perry, de Dungannon dans le comté de Tyrone, écrit des ouvrages sur les voyages et la musique populaire pour divers éditeurs en Amérique du Nord et dans les îles Britanniques.

Collaborateur

Douglas Palmer.

Photographies d'appoint

Mike Linley, Joe Cornish, Michael Diggin, Anthony Haughey, Peter Anderson, Clive Streeter, Steve Gorton, Stephen Oliver, Matthew Ward.

Illustrations d'appoint

Richard Bonson, Brian Craker, John Fox, Paul Guest, Stephan Gyapay, Ian Henderson, Claire Littlejohn, Gillie Newman, Chris Orr, Kevin Robinson, John Woodcock, Martin Woodward.

Recherche photographique d'appoint

Miriam Sharland.

Collaboration éditoriale

Marion Broderick, Margaret Chang, Guy Dimond, Fay Franklin, Caroline Radula-Scott.

Collaboration artistique

Martin Cropper, Yael Freudmann, Sally Ann Hibbard, Annette Jacobs, Erika Lang, Michael Osborn.

Index

Hilary Bird.

Avec le concours spécial de :

L'éditeur tient à remercier tous les offices du tourisme régionaux et locaux de république d'Irlande et d'Irlande du Nord pour leur aide précieuse.

Remerciements spéciaux à : Ralph Doak et Egerton Shelswell-White de Bantry House, Bantry, comté de Cork ; Vera Greif de la Chester Beatty Library and Gallery of Oriental Art, Dublin ; Alan Figgis de Christ Church Cathedral, Dublin ; Labhras Ó Murchu de Comhaltas Ceoltóirí Éireann ; Catherine O'Connor du Derry City Council ; Patsy O'Connell du Dublin Tourism ; Tanya Cathcart du Fermanagh Tourism, Enniskillen ; Peter Walsh du Guinness Hop Store, Dublin ; Gerard Collet de l'Irish Shop, Covent Garden, Londres ; Dónall P Ó Baoill d'ITE, Dublin ; Pat Cooke de Kilmainham Gaol, Dublin ; Angela Shanahan du Kinsale Tourist Office ; Bill Maxwell, Adrian Le Harivel et Marie McFeely de la National Gallery of Ireland, Dublin ; Philip McCann de la National Library of Ireland, Dublin ; Willy Cumming de la National Monuments Division, Office of Public Works, Dublin ; Eileen Dunne et Sharon Fogarty du National Museum of Ireland, Dublin ; Joris Minne du Northern Ireland Tourist Office, Belfast ; Dr Tom MacNeil de Queen's University, Belfast ; Sheila Crowley de St Mary's Pro-Cathedral, Dublin ; Paul Brock du Shannon Development Centre ; Tom Sheedy du Shannon Heritage and Banquets, Bunratty Castle, comté de Clare ; Angela Sutherland de Shannon-Erne Waterway, comté de Leitrim ; Máire Ní Bháin de Trinity College, Dublin ; Anne-Marie Diffley de la Trinity College Library, Dublin ; Pat Maclean de l'Ulster Museum, Belfast ; Harry Hughes de la Willie Clancy School of Traditional Music, Miltown Malbay, comté de Clare.

Concours d'appoint

Kathleen Crowley, Rory Doyle, Peter Hynes, David O'Grady, Mary O'Grady, Madge Perry, Poppy.

Autorisations de photographier

L'éditeur tient à remercier tous ceux qui lui ont donné l'autorisation de prendre des photos dans les cathédrales, églises, musées, restaurants, hôtels, magasins, galeries et autres sites, trop nombreux pour les citer tous.

Crédit photographique

hg = en haut à gauche ; hc = en haut au centre ; hd = en haut à droite ; chg = au centre en haut à gauche ; ch = au centre en haut ; chd = au centre en haut à droite ; cg= au centre à gauche ; c = au centre ; cd = au centre à droite ; cbg = au centre en bas à gauche ; cb = au centre en bas ; cbd = au centre en bas à droite ; bg = en bas à gauche ; bc = en bas au centre ; bd = en bas à droite.

Malgré tout le soin que nous avons apporté à dresser la liste des auteurs des photographies publiées dans ce guide, nous demandons à ceux qui auraient été involontairement oubliés de bien vouloir nous en excuser. Cette erreur serait corrigée à la prochaine édition de l'ouvrage.

L'éditeur tient à remercier les particuliers, organismes et agences de photos suivants qui l'ont autorisé à reproduire leur clichés :

Aer Lingus/Airbus Industrie : 350 hc ; AKG, Londres : National Museum, Copenhagen/Erich Lessing 24 cg ; Allsport : David Rogers 26 cb ; Steve Powell 45 hc ; Appletree Press Ltd, Belfast (*Irish Proverbs* © illustrations Karen Bailey) 327 cg. Bord Fáilte/Irish Tourist Board : 22-23, 23 hg, 238 hg, 238 hd, 330 c ; © Bristol City Museums and Art Gallery : 30 bg ; © British Library : *Richard II's Campaigns in Ireland* Ms.Harl.1319, f.18 35 hg ; © British Museum : 31 bg ; © Bushmills Ltd : 258 bg.

© Central Bank of Ireland : *Lady Lavery as Cathleen ni Houlihan*, John Lavery 13 ch, 344 (tous les billets et pièces à l'exception de hd), 345 ; © Chester Beatty Library, Dublin : 99 hd ; © Classic Designs/LJ Young Ltd, Blarney : 327 c ; Bruce Coleman Ltd : Frances Furlong 16 hg ; Gordon Langsbury 16 cg ; Patrick Clement 16 cbg, 16 bg ; Uwe Walz 16 cd ; MR Phicton 16 cbd ; Adrian Davies 16 bd ; George McCarthy 17 hg, 17 bg, 17 bd, 130 hg ; Kim Taylor 17 hc ; Mark Boulton 17 hd ; Hans Reinhard 17 hcb, 154 hg ; Rodney Dawson 17 cg ; Pekka Helo 17 cd ; Dr Eckhart Pott 17 cb ; R Wanscheidt 17 cbd ; Uwe Walz 177 cb ; © Cork Examiner : 27 hg ; © Cork Public Museum : 33 chg ; Joe Cornish : 8-9, 17 chg, 133 bd, 204 b, 215 bd, 262 hd, 336-337 ; Crawford Municipal Art Gallery : *The Meeting of St Brendan and the Unhappy Judas*, Harry Clarke 166 bg.

Derry City Council : 250 hd ; Michael Diggin : 18 hg, 145 b, 155 cd, 156 chg, 157 hd, 198 bg, 217 h, 218 hd, 218 cg, 219 chd, 332 hg, 333 hg, 333 b, 339 bd, 343 cg, 346 b, 356 bg ; Bill Doyle : 206 bg ; GA Duncan : 44 cb, 44 hg ; © Dundee Art Galleries and Museums : *The Children of Lir*, John Duncan 25 hc.

ET Archive : 25 bg ; Mary Evans Picture Library : 9 (dessin), 22 hg, 24 hd, 24 bg, 24 bd, 25 chg, 32 bg, 35 bc, 36 bg, 42 bg, 51 (dessin), 75 cg, 87 bg, 113 (dessin), 273 bd, 279 (dessin), 337 (dessin).

© Stephen Faller Ltd, Galway : 326 chg ; © Famine Museum Co Rosscommon : 211 hd ; Jim Fitzpatrick : 77 bg.

Gill and MacMillan Publishers, Dublin : 43 bg ; Tim Graham : 94 hd ; Ronald Grant Archive : *The Commitments*, Twentieth Century Fox 21 bd ; © Guinness Ireland Ltd : 96 bg, 97 hg, 97 bg, 97 bd.

Hulton Deutsch Collection: 20 cbg, 21 hd, 40 bd, 44 cbd, Reuter 45 cbd, 60 bg.

Illustrated London News Picture Library : 40 chd ; Images Colour Library : 53 hg, 221 bc ; Inpho, Dublin : 26 chg, Billy Stickland 26 bd, Lorraine O'Sullivan 27 bd ; Irish Picture Library, Dublin : 36 chg, 39 hg, 42 hg ; © Irish Times : 126 bd ; © Irish Traditional Music Archive, Dublin : 23 bg.

Jarrold Colour Publications : JA Brooks 60 bd ; Michael Jenner : 235 cd.

Timothy Kovar : 76 bg, 103 hg, 106 bg.

© Lambeth Palace Library, Londres : Plan de la ville de Bellaghy, Ulster, établi par la compagnie Vintners de Londres, 1622 (ms. Carew 634 f.34) (détail) 37 chd ; Frank Lane Picture Agency : Roger Wilmshurst 178 bc ; © Leeds City Art Gallery : *The Irish House of Commons*, Francis Wheatley 38 chg.

Hugh McKnight Photography : 99 bg ; Mander and Mitcheson Theatre Collection : 22 cg ; Mansell Collection : 38 bg, 43 chd, 79 bg, 260 bc ; Archie Miles : 200 bd ; John Murray : 49 bg, 94 cg, 120 c ; © Museum of the City of New York : donation de Mme Robert M. Littlejohn, *The Bay and Harbor of New York 1855*, Samuel B Waugh 40-41.

National Concert Hall, Dublin : Frank Fennell 107 bg ; © National Gallery of Ireland, Dublin : *WB Yeats and the Irish Theatre*, Edmund Dulac 20 hd, *George Bernard Shaw*, John Collier 20 cd, *Carolan the Harper*, Francis Bindon 22 hd, *Leixlip Castle*, école irlandaise 39 chg, *The Custom House, Dublin*, James Malton 39 bd, *Queen Victoria and Prince Albert Opening the 1853 Dublin Great Exhibition*, James Mahoney 41 bg, *The Houseless Wanderer*, JH Foley 68 hg, *Pierrot*, Juan Gris 68 hd, *For the Road*, JB Yeats 68 chg, *L'Arrestation du Christ*, Le Caravage 69 chd, *Le Château de Bentheim*, Jacob van Ruisdaël 69 cg, *Judith avec la tête d'Holopherne*, Andrea Mantegna 69 cbd, *The Sick Call*, Matthew James Lawless 69 bg, *Jonathan Swift, Satirist*, Charles Jerval 80 bc, *James Joyce*, Jacques-Émile Blanche, *Interior with Members of a Family*, P Hussey 124 bd, *William Butler Yeats, Poet*, JB Yeats 225 hg, *The Last Circuit of Pilgrims at Clonmacnoise*, George Petrie 242 hd ; © National Gallery, Londres : *Aux Bains de mer*, Edgar Degas 89 bd ; © National Library of Ireland, Dublin : 21 chg, 21 cbd, 29 b, 32 hg, 32 cbg, 34 bg, 36 hg, 36 cbg, 38 cbg, 40 hg, 40 chg, 40 bg, 41 hg, 42 cbg, 43 hg, 43 cbd, *St Stephen's Green*, James Malton 50-51, 133 hd, 170 chd, 236 b ; © National Museum of Ireland, Dublin : 3, 30 hg, 30 cbg, 30 cb 30 cbd, 30-31, 31 c, 31 cbg, 31 bd, 32 chg, 33 cb, 33 bd, 57 cd, 64, 65 ; The National Trust, Irlande du Nord : *Lord Castlereagh* d'après Lawrence 274 hg,

Hambletonian, George Stubbs 275 hg, 275 chd ; THE NATIONAL TRUST PHOTOGRAPHIC LIBRARY : Patrick Prendergast 264 bg, Matthew Antrobus 265 b, Will Webster 269 bd, John Bethell 276 hg, Will Webster 278-279 ; NATURE PHOTOGRAPHERS : Paul Sterry 178 cbg, B Burbridge 179 bc ; NORTHERN IRELAND TOURIST BOARD : 26 hd, 250 cg, 265 hd, 328 cg, 329 hg ; NORTON ASSOCIATES : 72 cbg.

KYRAN O'BRIEN : 107 hd ; © THE OFFICE OF PUBLIC WORKS, IRLANDE : 164 bg, 238 cg, 239 hg, 239 cd, 240 bd, 242 hg; OXFORD SCIENTIFIC FILMS : Frithjof Skibbe 178 hg.

MICHAEL PALFRAMAN : 260 hg ; WALTER PFEIFFER STUDIOS, DUBLIN : 23 hd, 23 chd, 23 c, 23 cd, 23 cbd, 23 bd ; PHOTO FLORA : Andrew N Gagg 178 bd ; PHOTOSTAGE : Donald Cooper 106 hd, 107 hg ; POPPERFOTO : 44 chg, 44 bd, 45 hg, Reuter/Crispin Rodwell 45 hd.

RANGE PICTURES : 41 chd ; THE REFORM CLUB, LONDRES : 41 cbd ; REPORT/DEREK SPIERS, DUBLIN : 44 hg, 44 hd, 270 bg, 270 bd ; RETNA PICTURES : Chris Taylor 22 bg, Jay Blakesberg 22 bd ; RETROGRAPH ARCHIVE, LONDRES : © Martin Ranicar-Breese 63 bd ; REX FEATURES : 45 ch, Sipa Press 45 cbg, 45 bd, 45 bg.

SHANNON DEVELOPMENT PHOTO LIBRARY : 330 hg ; SHANNON-ERNE WATERWAY : 227 bc ; THE SLIDE FILE, DUBLIN : 14 bc, 15 h, 15 c, 16 chg, 16 chd, 20 chg, 27 chd, 27 cbg, 27 bg, 30 chg, 46 chg, 46 bg, 47 cb, 48 chg, 48 chd, 48 cb, 48 bg, 49 chd, 75 hd, 75 bd, 114 chg, 121 bd, 130 cg, 130 bd, 138 bd, 143 bd, 177 bd, 203 hg, 205 hd, 206 cb, 206 bd, 207 bc, 216 bd, 219 hd, 222 hg, 222 b, 224 hd, 229 b, 232 hg, 234 hg, 240 hg, 242-243, 244 chd, 262 cbg, 329 bd, 330 bd ; SPORTSFILE, DUBLIN : 27 hc ; DON SUTTON INTERNATIONAL PHOTO LIBRARY : 282 bd.

© TATE GALLERY PUBLICATIONS : *Captain Thomas Lee*, Marcus Gheeraedts 36 bd ; TOPHAM PICTURE SOURCE : 39 bc, 53 bg ; © TRINITY COLLEGE, DUBLIN : Ms.58 *(Book of Kells)* f.129v 4 hd, *The Marriage of Princess Aoite and the Earl of Pembroke*, Daniel Maclise 34 chg, Ms.57 *(Book of Durrow)* f.84v 53 cd, Ms.57 *(Book of Durrow)* f.85v 61 cd, Ms.58 *(Book of Kells)* f.129v 62 chd, Ms.58 *(Book of Kells)* f.34r 62 cg, Ms.58 *(Book of Kells)* f.28v 62 cbd, Ms.58 *(Book of Kells)* f.200r 62 b ; TRIP : R Drury 15 bd, 132 c.

© ULSTER MUSEUM, BELFAST : *The Festival of St Kevin at the Seven Churches, Glendalough*, Joseph Peacock 28, *The Relief of Derry*, William Sadler II 36-37, 37 cbd, 42 chg, 249 cbd, 270 cbg.

VIKING SHIP MUSEUM, STRANDENGEN, DANEMARK : aquarelle de Flemming Bau 33 hg.

© WATERFORD CORPORATION : 33 bg, 34 hg, 34 cbg, 35 bg ; © WRITERS MUSEUM, DUBLIN : 20 hg.

PETER ZÖLLER : 12, 14 hg, 46 hc, 46 cd, 47 chd, 47 bg, 192, 208-209, 211 bg, 212, 228, 241 hd, 334 hg.

Page de garde, début : photos de commande, à l'exception de PETER ZÖLLER : hg, hc, cb.

Couverture : photos de commande, à l'exception de © TRINITY COLLEGE, DUBLIN : début hg.

Carte routière de l'Irlande